구약신학

창조에서 하나님의 나라까지

구약신학

창조에서 하나님의 나라까지

초판 1쇄 인쇄 | 2026년 3월 10일
초판 1쇄 발행 | 2026년 3월 14일

지은이　　이은우
펴낸이　　박경수
펴낸곳　　장로회신학대학교 출판부

등록　　제1979-2호
주소　　(우) 04965 서울시 광진구 광장로5길 25-1(광장동) 전화 02-450-0795
팩스　　02-450-0797
이메일　　ptpress@puts.ac.kr
홈페이지　　http://www.puts.ac.kr

값　　22,000원
ISBN 978-89-7369-511-9

이 책을 평생의 친구요, 동반자요, 스승이신
어머니와 아내에게 바칩니다.

일러두기

1. 성경 본문의 인용은 필요하면 사역을 하고, 그 외의 경우에는 『개역개정판 성경전서』를 사용한다.

2. 가능하면 "성서"라는 표현보다는 "성경"이라는 용어를 사용했으나, 신학이라는 용어와 결합한 경우는 다수의 학자들의 기존 표현을 존중해서 "성서신학"이라는 표현도 혼용했다.

3. 신명사문자(יהוה)의 음역은 '야훼'로 한다. 한글성경의 본문을 인용할 때도 '야훼'로 수정해서 인용한다.

4. 제2부 창조와 시작 부분의 IV. 구약성경의 창조이야기에 나타난 생태신학 1. 창세기 1장 1절-2장 4a절의 수사적 구조에 나타난 생태윤리 부분은 저자의 졸고 "창세기 1장 1절-2장 4a절의 수사적 구조에 나타난 생태윤리,"『구약논단』통권 44집 (2012), 10-34를 수정·보완하여 활용했고, 2.창세기 2장 4b-25절에 나타난 생태윤리 부분은 저자가 2011년 제14회 장신대 소망신학포럼 개인과제로 발표한 논문을 수정·보완한 것임을 밝힌다.

5. 히브리어와 헬라어 등 외국어의 한글 음역이 필요한 경우에는 ( ) 안에 기록하고, 히브리어는 부득이한 경우가 아니면 자음만 표기했고, 제2부 창조와 시작 부분의 IV. 구약성경의 창조이야기에 나타난 생태신학 부분에서만 『구약논단』에 게재된 기존 글을 존중해 모음을 표기했다.

구약신학

창조에서 하나님의 나라까지

장로회신학대학교출판부

구약성경은 창조에서부터 하나님의 나라가 완성될 미래에 이르기까지, 하나님의 주권적 통치와 인간 역사의 길고도 복합적인 여정을 증언한다. 이 책은 그 여정을 따라가며 하나님, 인간, 죄, 언약, 예언, 메시아, 그리고 종말이라는 구약 신앙의 주요 신학적 주제들을 탐구하고, 구약신학에 대한 통합적이고 일관된 이해를 제시하고자 한다. 본서는 개별 교리나 단편적 이야기들의 나열이 아니라, 구약성경 전체가 증언하는 신학적 흐름을 하나의 신학적 여정으로 읽으려는 시도이다.

이 책의 제목인 『구약신학: 창조에서 하나님의 나라까지』는 구약신학을 창조 신앙의 고백에서 출발하여 하나님의 완전한 통치에 대한 소망으로 나아가는 여정으로 이해한다는 본서의 핵심 확신을 담고 있다. 부제인 '하나님, 인간과 AI, 죄, 언약과 메시아, 그리고 종말로 향하는 신학의 여정'은 본서가 전개되는 주요 축을 제시함과 동시에, 고전적 신학 주제들과 오늘의 현실적 도전이 분리될 수 없음을 분명히 한다.

오늘날 많은 독자들은 구약성경을 단편적인 이야기들의 모음으로 이해하거나, 신약성경을 이해하기 위한 배경 정도로만 여기는 경향이 있다. 그러나 이러한 접근은 구약성경이 지니는 고유한 신학적 정합성과 깊이를 충분히 드러내지 못한다. 구약은 단지 이후를 기다리는 예비 단계가 아니라, 하나님 나라의 복음이 처음으로 선포되고 형성되며 준비되는 신학의 장이다. 창조, 인간의 소명, 죄와 고통의 현실, 그리고 구원을 향한 하나님의 약속과 그 성취에 대한 소망은 모두 구약성경 안에서 결정적으로 형성된다.

이러한 인식에 기초하여 본서는 구약신학을 통합적 관점에서 재조명하고자 한다. 본서는 구약성경을 완결된 교리 체계로 제시하기보다, 하나님께서 역사 속에서 어떻게 통치하시는지, 그리고 그 통치가 인간에게 어떠한 책임과 희망을 요청하는지를 묻는 역동적 증언의 전통으로 읽는다. 창조에서 언약과 심판을 거쳐 회복과 소망으로 나아가는 구약의 신학 운동은, 역사적 실패와 위기 속에서도 포기되지 않는 하나님의 통치를 증언한다.

특히 본서는 구약신학이 21세기의 실존적·윤리적 과제들과 본질적으로 연결되어 있음을 분명히 한다. 인공지능과 포스트휴먼 시대의 인간 이해, 생태 위기, 과학과 신학의 관계, 정의와 평화, 장애인과 사회적 약자의 보호, 성평등과 동성애 문제, 우울증과 트라우마, 자살과 노년의 문제들은 단지 고대 본문에 대한 현대적 '적용'의 문제가 아니다. 이러한 쟁점들은 창조와 피조성, 인간의 한계와 책임, 생명과 정의, 관계의 회복을 지속적으로 성찰해 온 구약신학의 내적 논리에서 자연스럽게 도출되는 질문들이다. 본서는 이러한 문제들을 구약 본문의 신학적 증언과 구조 안에서 성찰함으로써, 구약신학이 오늘의 인간 현실을 해석하고 책임 있는 삶을 요청하는 살아 있는 신학임을 드러내고자 한다.

그러나 이 지점에서 솔직히 고백하지 않을 수 없다. 이 연구는 아직 충분히 성숙한 결과물이라 말하기에는 부족함이 많다. 구약신학의 방대한 전통과 깊이에 비추어 볼 때, 이 책은 하나의 출발점이자 잠정적 성찰에 불과하다. 그럼에도 불구하고 나는 이 책을 세상에 내놓는 것이 정당하다고 믿는다. 이 작업은 여기에서 완결되기 위한 것이 아니라, 계속해서 수정되고 보완되며 확장되어야 할 신학적 여정의 일부이기 때문이다. 앞으로 이 연구는 저자의 학문적 삶 전체를 통해 지속되며, 삶의 현장과 더 깊이 만나는 신학으로 다듬어져야 할 것이다.

이 책은 결코 혼자 쓴 책이 아니다. 구약신학 강의 시간마다 놀라운 통찰로 나를 자극해 주었던 신학대학원과 일반대학원 석·박사 과정 학생들, 장로회신학대학교에서 수학하던 시절 강의실과 기숙사에서 이어졌던 치열한 토론을 통해 나의 신학적 사고를 형성해 준 동기와 선·후배들에게 깊은 감사를 전한다. 또한 이 원고를 부분적으로 읽고 교정과 조언을 아끼지 않았던 제자들에게도 진심으로 감사한다. 무엇보다도 모교에서 구약학을 가르쳐 주신 존경하는 스승님들과, 지금도 함께 학문적 여정을 걷고 있는 동료 교수님들께 깊은 존경과 감사를 표한다. 특별히 박사과정 첫 해의 구약신학 수업을 통해 이 책을 집필할 용기와 방향을 제시해 주신 Graeme A. Auld 교수님께 깊은 감사의 마음을 전한다.

무엇보다 이 책은, 평생 자녀들을 바른 길로 이끌기 위해 헌신해 오신,

아흔다섯 번째 생신을 앞두신 사랑하고 존경하는 어머니께 드리는 감사의 고백에서 시작되었다. 어머니께서 생존해 계시는 동안 이 책을 마칠 수 있었음을 나는 하나의 큰 은혜로 받아들인다. 또한 결혼 25주년을 맞은 사랑하는 아내에게 이 책을 헌정할 수 있음 역시 깊은 감사의 이유이다. 이 책은 이 두 분의 특별한 사랑과 인내, 그리고 기도가 없었다면 결코 완성될 수 없었을 것이다. 더불어 언제나 나의 사유와 연구의 원천이 되어 준 세 자녀, 하늘, 동희, 하임에게도 이 책을 바친다.

본서를 집필하며 나는 학문적 엄밀성과 목회적 감수성의 균형을 지키고자 노력하였다. 이 책은 비판적 연구와 신학적 성찰에 뿌리를 두고 있지만, 동시에 구약신학이 신앙과 설교, 그리고 윤리적 분별을 위해 여전히 살아 있는 자원이라는 확신 위에서 쓰였다. 이 책을 읽는 모든 이가 구약성경의 증언을 통해 하나님의 살아 있는 음성을 듣고, 오늘의 삶의 자리에서 이미 시작되었으나 아직 완성되지 않은 하나님의 나라를 향해 신실하게 걸어갈 용기와 소망을 얻게 되기를 기도한다.

2025년 11월 4일
광나루 아차산 자락에서
이은우

제5부 구약성경의 죄론 · 249

제6부 구약성경의 언약과 메시아 사상 · 317

제7부 구약성경의 묵시와 종말 · 385

제8부 구약성경의 하나님 나라와 구원 · 433

제9부 결론: 하나님의 나라를 향한 준비와 실천 · 481

제1부

서론:
구약신학의 학문사와 방법

I. 구약신학 연구의 형성과 발전

구약신학은 처음부터 명확하게 규정된 학문 분야로 출발하지 않았다. 오히려 이 학문은 성경과 교리, 역사와 계시, 기술(description)과 규범(normativity) 사이의 관계를 둘러싼 지속적인 논쟁 속에서 점진적으로 형성되어 왔다. 구약신학은 성경 해석이 지적·신학적·문화적 환경의 변화에 따라 반복적으로 재조정되는 복합적 과정을 통해 성립된 학문이다.[1] 구약신학의 형성과 발전을 간략히 살피면 아래와 같다.

1. 성서 신학의 탄생: 요한 필립 가블러

현대 구약신학의 출발점은 일반적으로 가블러(Johann Philipp Gabler)가 1787년 알트도르프 대학에서 행한 취임 강연으로 거슬러 올라간다. 가블러는 이 강연에서 성서신학(biblical theology)과 교의신학(dogmatic theology)을 명확히 구분하면서, 전자는 성경 저자들이 자신들의 역사적 맥락 속에서 이해한 종교적 사상과 개념을 기술적으로 서술하는 학문이어야 한다고 주장하였다.[2] 이 방법론적 구분은 성서신학—특히 구약신학—을 교의학의 종속적 하위 영역에서 해방시키고, 독립된 학문 분야로 정립하는 결정적인 계기가 되었다.

가블러의 접근은 규범적 신학보다는 기술적 작업에 초점을 두었지

---

1) John H. Hayes and Frederick C. Prussner, *Old Testament Theology: Its History and Development* (Philadelphia: John Knox Press, 1985), 1-12; 장일선 역, 『구약성서 신학사』 (서울: 나눔사, 1991), 9-20.

2) Johann Philipp Gabler, "On the Proper Distinction Between Biblical and Dogmatic Theology and the Specific Objectives of Each" (1787), 재수록: *Scottish Journal of Theology* 33 (1980), 133-158, 특히 133-37을 참고하라.

만, 신학이 교회의 선이해가 아니라 역사적 주석으로부터 출발해야 한다는 원칙을 확립했다는 점에서 이후 연구에 지대한 영향을 미쳤다. 동시에 이 접근은 훗날 역사 기술과 신학적 해석 사이의 긴장을 야기하는 단초가 되기도 하였다.

2. 역사비평과 종교사적 접근의 지배(19세기)

19세기에는 역사비평, 비교종교학, 고고학, 인류학의 부상과 함께 구약 연구의 지형이 급격히 변화하였다. 이스라엘의 종교는 고대 근동 종교사의 일부로 이해되었고, 계시는 점차 종교 현상으로 환원되었다. 그 결과 구약신학은 규범적 신학의 지위를 상실한 채 종교사(Religionsgeschichte) 연구 속에 흡수되었다.[3] 이 시기는 방대한 문헌학적·역사적 성과를 남겼으나, 구약신학은 이 과정에서 '신학으로서의 정체성 위기'를 겪게 된다.[4]

3. 신학적 재건: 발터 아이히로트

20세기 초, 이러한 환원주의적 경향에 대한 반성 속에서 구약신학의 신학적 재건이 시도되었다. 아이히로트(Walther Eichrodt)는 구약 전체를 관통하는 신학적 구조를 회복하고자 하였으며, 언약(covenant)을 구약신학의 중심 범주로 제시하였다. 1933년 독일어 초판으로 출간되고 이후 영어로 번역된 그의 작업은 구약을 단순한 종교사 자료가 아니라,

---

3) Hayes and Prussner, *Old Testament Theology*, 98-130.
4) 위의 책, 131-156.

야훼와 이스라엘의 관계에 대한 신학적 증언으로 재정의하였다.[5] 아이히로트는 구약신학을 다시금 '신학'으로 복귀시켰다는 점에서 결정적인 전환점을 마련했지만, 단일 중심 개념을 구약 전체에 적용했다는 점에서 후속 비판의 대상이 되기도 했다.

4. 구원사적·서사적 신학: 게르하르트 폰 라트

폰 라트(Gerhard von Rad)는 구약신학을 체계적 개념의 집합이 아니라, 이스라엘 공동체가 역사 속에서 경험한 구원 사건을 반복적으로 고백하고 전승한 신앙의 이야기로 이해하였다. 그는 신학의 중심을 추상적 체계가 아니라 전승된 증언과 설교적 고백에 두었다.[6] 헤이즈(John H. Hayes)와 프루스너(Frederick C. Prussner)는 아이히로트와 폰 라트를 각각 구조적 통일성과 고백적 서사라는 두 흐름을 대표하는 인물로 평가하며, 이 두 접근이 20세기 구약신학의 지형을 형성했다고 분석한다.[7]

5. 방법론적 비판과 언어학적 엄밀성: 제임스 바

바(James Barr)는 1961년 이후 일련의 저작을 통해 성서신학의 방법론적 취약성을 비판하였다. 그는 부정확한 어의 연구와 신학적 선이해가 본문 해석에 무비판적으로 투사될 경우, 성서신학이 은폐된 조직

---

5) Walther Eichrodt, *Theology of the Old Testament*, trans. J. A. Baker, 2 vols. (Philadelphia: Westminster Press, 1961-1967), 36-52.

6) Hayes and Prussner, *Old Testament Theology*, 172-198.

7) Gerhard von Rad, *Old Testament Theology*, trans. D. M. G. Stalker, 2 vols. (New York: Harper &Row, 1962-1965), 106-120.

신학으로 전락할 수 있음을 경고하였다.[8] 바의 작업은 구약신학이 신학적 주장 이전에 언어학적·역사적 규율을 철저히 확보해야 함을 분명히 하였고, 학문적 자기 성찰을 심화시키는 계기가 되었다.

6. 정경적 접근: 브레바드 차일즈

차일즈(Brevard S. Childs)는 정경적 접근을 통해 구약신학의 방향을 새롭게 제시하였다. 그는 역사비평의 성과를 인정하면서도, 신학적 해석의 장을 신앙 공동체가 수용한 정경의 최종 형태에 두어야 한다고 주장하였다.[9] 차일즈의 접근은 구약신학을 학문적 연구와 교회적 신학 사이에서 다시 연결시키며, 규범적 성경 해석의 가능성을 회복시키는 중요한 전환점이 되었다.

7. 규범성과 신학적 과제: 클라우스 크니림

크니림(Klaus Knierim)은 구약신학의 과제를 단순한 기술(description)이 아니라, 규범적 주장과 역사적 분석이 긴장 속에서 공존하는 책임적 신학 작업으로 규정하였다. 그는 구약신학이 "본문이 무엇을 말하는가"뿐 아니라 "본문이 무엇을 요구하는가"를 함께 질문해야 한다고 강조하였다.[10]

---

8) James Barr, *The Semantics of Biblical Language* (Oxford: Oxford University Press, 1961); idem, *The Concept of Biblical Theology* (London: SCM Press, 1999), 3-17.

9) Brevard S. Childs, *Biblical Theology in Crisis* (Philadelphia: Westminster Press, 1970), 115-131; *Biblical Theology of the Old and New Testaments* (Minneapolis: Fortress Press, 1992), 69-83.

10) Klaus Knierim, *The Task of Old Testament Theology: Method and Cases* (Grand

8. 다성적 증언으로서의 구약: 발터 브루그만

브루그만(Walter Brueggemann)은 구약신학을 증언(testimony), 반증(countertestimony), 변증(advocacy)이 공존하는 다성적 담론으로 이해하였다. 그는 구약을 단일한 중심 사상으로 환원하는 시도를 거부하고, 권력·제국·정의·저항이라는 현실적 주제들과 적극적으로 대화하는 신학으로 제시하였다.[11]

9. 통합적·고백적 접근: 랄프 스미스와 브루스 월트키

스미스(Ralph L. Smith)와 월트키(Bruce K. Waltke)는 문학적 분석, 정경 의식, 신학적 규범성을 통합하려는 시도를 통해 구약신학이 여전히 교회의 신학으로 기능할 수 있음을 보여 주었다. 이들의 작업은 학문적 엄밀성과 신앙적 책임 사이의 균형 가능성을 제시한다.[12]

10. 윤리적·종말론적 확장: 존 골딩게이, 로빈 루틀리지, 존 케슬러

21세기에 들어서 구약신학은 윤리, 공동체, 종말론적 전망을 중심으로 연구 지평을 확장하였다. 골딩게이(John Goldingay)는 구약신학을

Rapids: Eerdmans, 1995), 1-23.

11) Walter Brueggemann, *Theology of the Old Testament: Testimony, Dispute, Advocacy* (Minneapolis: Fortress Press, 1997), 63-72.

12) Ralph L. Smith, *Old Testament Theology* (Nashville: Broadman & Holman, 1993), 27-42; Bruce K. Waltke, *An Old Testament Theology* (Grand Rapids: Zondervan, 2007), 59-72.

하나님-이스라엘-세계의 관계가 단계적으로 전개되는 신학적 서사로 제시하였다.[13] 루틀리지(Robin Routledge)는 하나님의 나라 개념을 중심으로 구약신학의 통합적 방향성을 제시하였고, 케슬러(John Kessler)는 하나님의 부르심과 인간의 응답이라는 틀을 통해 책임 윤리를 강조하였다.[14]

11. 종합적 평가

출판 연대에 따른 이러한 전개는 구약신학이 성서신학의 탄생 → 역사비평의 지배 → 신학적 재건 → 방법론적 성찰 → 정경적·윤리적 확장이라는 궤적을 따라 발전해 왔음을 보여 준다. 오늘의 구약신학은 역사적 엄밀성, 정경적 책임, 그리고 신학적·윤리적 적실성을 동시에 요청받고 있다.[15] 본 연구는 이러한 연구사적 맥락 속에서 구약신학을 창조에서 하나님의 나라에 이르는 신학적 여정으로 이해하고자 한다.

II. 기존 연구의 한계와 본서의 연구 방향

구약신학 연구는 지난 두 세기 동안 풍부하고도 다양한 성과를 축적해 왔으나, 그 전개 과정 속에서 여전히 해결되지 않은 방법론적·신학

---

13) John Goldingay, *Old Testament Theology*, Vol. 1 (Downers Grove, IL: InterVarsity Press, 2003-2009), 17-29.

14) Robin Routledge, *Old Testament Theology: A Thematic Approach* (Downers Grove, IL: InterVarsity Press, 2008), 37-52; John Kessler, *Old Testament Theology: Divine Call and Human Response* (Waco, TX: Baylor University Press, 2008), 13-15.

15) Hayes and Prussner, *Old Testament Theology*, 291-315.

적 과제들을 안고 있다. 첫째, 전통적인 구약신학 연구는 언약, 구원사, 약속, 증언과 같은 단일한 중심 개념을 통해 구약 전체의 신학적 통일성을 확보하고자 시도해 왔다. 이러한 접근은 구약신학의 구조를 명확히 하는 데 기여했으나, 동시에 구약성경에 내재된 다성성, 긴장, 그리고 역사적 전개성을 충분히 반영하지 못하는 한계를 드러내기도 했다. 그 결과 구약신학은 때로는 본문의 다양성을 희생한 채 과도하게 체계화되거나, 반대로 신학적 진술을 유보한 채 기술적 역사 서술에 머무르는 양극단으로 기울어 왔다.

둘째, 역사비평과 종교사적 접근은 이스라엘 신앙의 고대적 맥락을 해명하는 데 결정적인 기여를 하였으나, 경우에 따라 방법론적 환원주의로 이어지기도 하였다. 역사적 재구성이 신학적 의미를 압도하면서, 구약신학은 본문이 증언하는 신학적 주장과 규범성을 충분히 발화하지 못하는 상황에 놓이게 되었다. 반대로, 일부 고백적·정경적 접근은 역사적 특수성과 문학적 복합성에 대한 성찰이 충분하지 않다는 비판을 받아 왔다. 이처럼 역사와 신학, 기술과 규범, 다양성과 통일성 사이의 긴장은 오늘날까지 구약신학의 핵심적 쟁점으로 남아 있다.

셋째, 기존 연구는 구약신학이 지니는 윤리적·실존적 함의를 종종 부차적인 '적용'의 문제로 취급해 왔다. 그 결과 기술 문명의 변화, 생태 위기, 집단적 트라우마, 폭력과 전쟁, 사회적 분열, 인간의 취약성과 고통과 같은 동시대의 문제들은 신학적 종합 이후에 덧붙여지는 주제로 밀려나곤 하였다. 그러나 이러한 문제들은 구약신학의 외적 적용이 아니라, 오히려 구약신학 자체의 내적 논리에서 필연적으로 제기되는 질문들이다.

이러한 역사적·방법론적 맥락 속에서 본서는 구약신학을 "창조에서 하나님의 나라에 이르는 신학적 여정"으로 이해하고자 한다. 본서는 구약신학을 단일한 중심 개념이나 교리 체계로 환원하지 않고, 창조-인간-죄-언약-메시아-종말-하나님의 나라라는 신학적 축을 따라 구약성경 전체를 통전적으로 조망한다. 이 축은 본문 위에 외부적으로 부과된 인위적 틀이 아니라, 구약의 다양한 신학적 목소리들 속에서 반복적으로 드러나는 내적 연관성과 방향성을 식별하기 위한 해석학적 지침이다.

따라서 본서는 구약신학을 완결된 체계로 제시하기보다, 과정적(processual) 신학으로 이해한다. 본서의 핵심 질문은 야훼의 통치가 역사 속에서 어떻게 계시되는가, 그리고 그 통치가 인간에게 어떠한 책임과 희망을 요청하는가이다. 구약성경은 추상적 신학 이념의 집합이 아니라, 야훼의 통치 아래에서 살아가는 삶의 방식과 방향을 끊임없이 묻는 증언의 전통으로 읽힌다.

방법론적으로 본서는 가블러 이후의 성서신학 전통을 존중하면서도, 단순한 '순수 이념'의 추출에 머무르지 않는다. 오히려 본서는 본문의 역사성, 문학성, 신학적 증언을 통합적으로 해석하는 방법을 취한다. 서사, 시, 율법, 예언, 지혜 문학은 각기 다른 장르적 특성을 지니지만, 모두 야훼의 통치에 대한 신학적 이해를 형성하는 상이하면서도 상호 보완적인 담론으로 다루어진다.

동시에 본서는 구약신학을 조직신학에 종속시키지 않으면서도, 신약신학 및 조직신학과의 신학적 대화 가능성을 의식적으로 열어 둔다. 이는 히브리 성경의 고유한 사고 방식과 신학 언어를 존중하면서도, 구약신학이 기독교 신학 전체 안에서 수행하는 변증적 기능을 회피하지 않으려는 태도이다.

특히 본서는 구약신학이 21세기의 실존적·윤리적 도전들과 본질적으로 연결되어 있음을 분명히 한다. 생태 위기, 과학과 신학의 관계, 인공지능과 포스트휴먼 시대의 인간 이해, 성(sexuality)과 젠더에 관한 논의는 단지 고대 본문에 대한 현대적 적용의 문제가 아니다. 이러한 쟁점들은 창조와 피조성, 인간의 책임과 한계, 폭력과 관계 파괴, 생명과 정의의 가치를 지속적으로 성찰해 온 구약신학의 내적 논리에서 자연스럽게 도출되는 질문들이다. 구약의 창조 신학과 토지 신학, 안식과 희년 사상은 생태 위기를 기술적 문제로 환원하지 않고, 삶의 방식과 공동체적 책임, 그리고 야훼의 통치에 대한 신학적 응답의 문제로 재구성하도록 요청한다. 또한 구약은 몸과 관계, 경계와 책임에 대한 신학적 성찰을 통해 성과 젠더 문제를 이념적 대립이나 규범 목록으로 단순화하지 않고, 정의와 자비의 긴장 속에서 분별해야 할 삶의 문제로 다룬다.

이처럼 본서는 현대의 윤리적·실존적 쟁점들을 구약신학 외부에서 끌어온 적용 사례로 취급하지 않는다. 오히려 이러한 문제들을 구약 본문 자체가 던지는 질문에 대한 오늘의 신학적 응답으로 이해한다. 구약신학은 과거의 신앙 체계를 보존하는 학문이 아니라, 오늘의 인간 현실을 해석하고 야훼의 통치 아래에서 어떠한 삶이 요청되는지를 묻는 살아 있는 신학적 담론이다.

따라서 본서는 구약신학을 과거 신앙 유산에 대한 설명으로 제시하지 않는다. 오히려 본서는 구약신학을 하나님의 나라를 향해 열려 있는 신학적 여정으로 제시한다. 구약성경은 이미 시작되었으나 아직 완성되지 않은 야훼의 통치 아래에서, 하나님의 백성이 어떻게 살아야 하는지를 끊임없이 묻는다. 본서는 이 질문에 응답함으로써, 구약신학을 오늘의 교회와 학문, 그리고 사회적 책임을 연결하는 신학적 나침반으로 재조명하고자 한다.

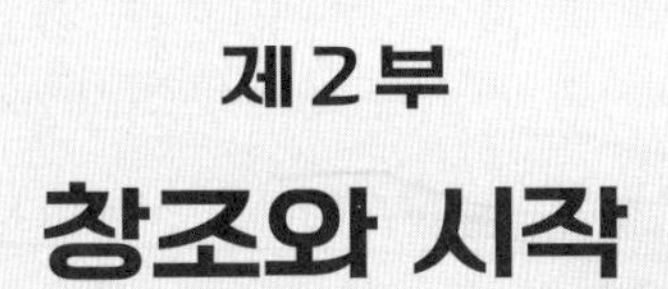

제 2 부
창조와 시작

I. 서론

기독교 전통에서 창조론은 시대적 맥락과 철학적 조건에 따라 다양한 방식으로 발전해 왔다.

초기 교부 중 한 사람인 아우구스티누스(Augustine)는 신적 주권의 핵심으로 무(無)로부터의 창조(creatio ex nihilo)를 강조하였다.[1] 그는 하나님 외에는 어떤 것도 영원하지 않으며, 시간조차도 하나님의 창조 행위와 함께 시작되었다고 주장하였다. 아우구스티누스에게 있어 창조는 단순한 시공간적 사건이 아니라, 하나님의 의지 안에서 질서와 필연성을 가진 영적 현실의 현현이었다.

개혁주의 전통의 칼뱅(John Calvin)은 창조를 하나님의 영광을 드러내는 계시로 이해하였다. 그는 자연을 하나님의 질서를 비추는 하나님의 교과서(liber naturae)로 간주하였다. 칼뱅은 인간이 하나님의 형상(imago Dei)으로 창조되었다는 사실을 강조하며, 인간의 도덕적 책임을 하나님의 주권 아래에서 조화롭게 이해하고자 하였다. 특히 그는 창조와 섭리를 분리하지 않고, 창조를 하나님의 지속적인 행위로 간주하였다.[2]

현대 신학에서 몰트만(Jürgen Moltmann)은 생태 위기와 이에 대한 신학의 침묵 사이의 간극을 인식하고, 생태학적 창조론을 전개하였다. 그는 창조를 인간 역사에 대한 배경으로 보지 않고, 역동적이고 상호 의존적인 생명 공동체로 이해하였다. 몰트만에게 창조는 삼위일체 하나님의 확장된 행위이며, 성령의 에너지로 충만하게 유지되며, 모든 피조물

---

1) Augustinus, 『고백록』 11권 13장 이하 참조. 또한 이상웅, "플로티노스와 어거스틴의 창조론에 대한 고찰," 『신학논단』 33 (2003), 121-133.
2) John Calvin, *Institutes of the Christian Religion*, 원광연 역, 『기독교 강요 I』 (서울: 크리스챤 다이제스트, 2007), 14-17.

의 공존과 상호 번영(communio)을 지향한다.[3]

이처럼 고전 신학에서 현대 신학에 이르기까지 창조론은 하나님, 인간, 자연, 공동체 간의 관계를 규정하는 중심 신학으로 재해석되어 왔다. 구약신학자는 이러한 고전적 전통과 현대적 해석을 통합하여 구약 성경에 기초한 통전적인 창조신학을 제시할 책임을 느낀다.

브루그만은 창조 이야기를 하나님의 언어적 통치 행위로 이해한다. 그는 창조가 단순히 과거 사건의 기록이 아니라, 혼돈과 억압의 세계에 맞서 자유와 질서를 선포하는 하나님의 현재적 행위임을 강조한다. 그의 신학에서 창조는 하나님의 언어를 통해 존재를 구성하는 신적 수행(performance)으로 나타난다.[4]

월트키는 히브리 문학 구조에 따라 창조 기사를 해석하면서, 창세기의 7일 구성은 과학적 기술이 아니라 신학적 상징이자 문학적 장치라고 설명한다. 그는 창조를 과학적 사실이 아닌 하나님의 성품, 목적, 인간의 도덕적 책임을 제시하는 삶의 틀로 본다.[5]

앤더슨(Bernhard W. Anderson)은 창조신학이 고대 근동의 신화들과 단절된 점을 강조하며, 다신론적 투쟁이 아니라 하나님의 자유의지에 기반한 창조임을 강조한다. 그는 창조를 "질서와 의미 안의 자유"로 정의하며, 인간은 이 창조 질서 안에서 응답하고 참여할 책임이 있다고 본다.[6]

결론적으로, 창조론은 단순한 기원의 문제를 넘어, 하나님과 피조물

---

3) Jürgen Moltmann, *Gott in der Schopfung*, 김균진 역, 『창조 안에 계신 하나님』 (서울: 한국신학연구소, 1990), 32-36, 275.

4) Walter Brueggemann, *Theology of the Old Testament: Testimony, Dispute, Advocacy*, 146-151.

5) Bruce K. Waltke, *An Old Testament Theology*, 175-186.

6) Bernhard W. Anderson, *Creation Versus Chaos: The Reinterpretation of Mythical Symbolism in the Bible* (Philadelphia: Fortress Press, 1987), 27-45.

사이의 관계, 인간의 정체성과 책임, 자연의 의미, 그리고 공동체의 본질을 해석하는 신학의 토대이다. 본서는 이러한 다양한 신학적 전통을 종합하고 현대적 과제에 응답하는 창조신학의 재구성을 시도하고자 한다.

현대에 이르러 창조는 더 이상 단순한 기원의 문제가 아니라, 과학과 신학의 대화, 진화론과 창조론 간의 긴장, 기후 위기와 생태 윤리, 그리고 인간의 성(sexuality)에 관한 신학적 성찰을 포괄하는 핵심 담론으로 확장되었다. 이러한 다층적 논의를 위해서는 창조에 대한 성경적 증언을 창세기 뿐 아니라, 구약 전반에 걸쳐 드러나는 창조 개념의 다양한 신학적 양상들을 종합적으로 고찰할 필요가 있다. 시편과 예언서, 욥기와 지혜문학 등은 창조를 하나님의 주권, 정의, 구속, 회복의 틀 속에서 드러내며, 창조 개념이 단지 시작의 선언이 아닌 지속적 관계의 원리임을 보여준다.

특히 오늘날 기후 변화와 생태 파괴의 위기 속에서 창조론은 하나님이 지으신 세계의 보전과 '책임 있는 돌봄(stewardship)'이라는 윤리적 요청과 직결된다. 창조는 삼위일체 하나님의 확장된 생명 행위로 이해하며, 모든 피조물 간의 상호의존성과 공존의 맥락에서 접근해야 한다. 또한 창세기의 창조 기사는 남성과 여성의 창조와 관계를 통해 인간의 정체성과 성의 의미, 공동체적 책임과 상호 존중의 원리를 제시한다. 따라서 오늘날의 창조신학은 남녀 간의 관계, 젠더 이해, 가족 구조, 성윤리에 대한 논의와도 깊이 연결되어야 한다.

결국 '창조와 시작'이라는 주제는 구약성경의 역사적·문학적 맥락뿐 아니라, 고대 근동 창조 신화와의 비교, 생태윤리, 현대의 과학-신학의 대화에 대한 신학적 성찰 등을 통합하는 전체론적 신학의 토대가 되어야 한다.[7]

---

7) 창조와 관련된 인간의 정체성과 성에 관한 논의는 아래 "제3부 구약성서의 인간과 AI

II. 구약성경에 나타난 창조에 대한 이해

구약성경에 나타난 창조 이야기는 교회 전통에서 흔히 전제하는 조직신학적 체계와는 상당히 다른 신학적 전개 과정을 보여준다. 많은 기독교 독자들은 창조에 대한 신앙이 이스라엘 신앙의 출발점이라 여기기 쉽지만, 성경의 역사적 전개를 살펴보면 오히려 구원의 역사적 경험을 바탕으로 한 신 인식의 점진적 발전이 먼저 강조되었음을 알 수 있다.

침멀리(Walther Zimmerli)는 이러한 역사적 역동성을 지적하며, 이집트 탈출이라는 구체적인 구원 사건이 이스라엘 신앙의 기초 축을 형성한다고 주장한다. 그는 이스라엘이 먼저 만난 하나님은 창조주 하나님이 아니라 구원자 하나님이었으며, 이후 가나안 땅에 정착하고 그 주변 문화의 창조 신화들과 접촉하면서 점차적으로 창조주로서의 하나님에 대한 신앙 고백이 발전하였다고 설명한다.[8]

폰 라트 또한 이스라엘의 창조신앙이 비교적 후대에 형성된 신학적 성찰이라고 보며, 특히 기원전 7-6세기경에 구체화되었다고 주장한다. 그에 따르면, 이스라엘은 먼저 자신들을 역사 속에서 구원하신 하나님, 즉 역사의 주로서의 야훼를 인식한 후에야 그분이 온 세계의 창조주이심을 인정하게 되었다. 초기에는 가나안 주변의 창조 신화를 거부했지만, 시간이 흐름에 따라 창조 사건과 구원 역사를 동일한 하나님 안에서 통합적으로 고백하게 되었다는 것이다.[9]

이러한 논의는 이스라엘 공동체가 자신들을 한 민족으로 창조하시고 구원하신 하나님께 감사하며, 그분을 하늘과 땅의 창조주로 고백하

와 포스트휴머니즘의 도전"에서 다루게 될 것이다.

8) Walther Zimmerli, *Grundriss der alttestamentlichen Theologie*, 김정준 역, 『구약신학』 (서울: 한국신학연구, 1982), 32.

9) 장일선, 『구약신학의 주제』 (서울: 대한기독교서회, 1991), 19.

게 된 신학적 여정을 보여준다. 구약성경 속에서 창조 신앙은 역사적 구원 경험을 바탕으로 형성된 신앙 고백의 확장이었다.

이제 우리는 구약 전반에 걸쳐 창조에 대한 이해가 어떻게 표현되고 있는지를, 문학적·역사적·신학적 맥락 속에서 구체적으로 살펴보고자 한다.

1. 창세기 1장 1절-2장 4절 전반절의 창조 신학: 제사장 전승(P)의 창조 이해

창세기 1장에 나타난 창조 기사는 고대 이스라엘의 신학사상 중에서도 가장 체계적이고 구조화된 형태로, 대부분의 학자들은 이 본문(창 1:1-2:4a)을 제사장 전승(P)에 속한 자료로 본다. 이 문서는 바빌로니아 포로기 이후, 예루살렘 성전을 중심으로 활동했던 제사장적 공동체에 의해 작성되었으며, 당시의 다양한 문서들(비제사장 자료들)을 종합하고 신학적으로 재해석하는 역할을 수행하였다.[10]

1) 예배 공동체로서의 창조 이해

제사장 전승의 창조 신학은 단순한 우주 기원 서술(cosmogony)이 아니다. 오히려 이 창조 기사는 이스라엘이 어떤 공동체로 존재해야 하는가에 대한 신학적 선언으로 기능한다. P 신학자에게 있어 창조는 본질

---

10) Bernhard W. Anderson, *Understanding the Old Testament*, 강성렬, 노항규 역,『구약성서 이해』(고양: 크리스챤 다이제스트, 1994), 433. 오경의 최근 연구 동향(특히 P와 비제사장 자료(Non-P)의 관계)에 관해서는 이은우, "오경 문서비평의 새로운 방향 찾기-출애굽기 13장 17절-14장 31절을 중심으로,"『구약논단』제29권 1호 (통권 87집), 244-248을 참고하라.

적으로 예배의 문맥 속에서 이해된다. 이스라엘은 출애굽 사건을 통해 구원을 경험한 공동체일 뿐 아니라, 창조주 하나님을 찬양하도록 부름받은 예배 공동체이다. 따라서 창조는 구원사와 분리된 독립적 주제가 아니라, 출애굽과 언약 신학을 포괄하는 보다 넓은 신학적 틀 속에 위치한다.

제사장 전승의 창조 기사는 "세상이 어떻게 시작되었는가"를 설명하려는 철학적 시도라기보다, 혼돈 속에서도 여전히 질서를 세우시는 하나님에 대한 신앙 고백이다.[11] 이는 포로기라는 역사적 위기 상황 속에서, 성전과 왕권, 제의 체계가 붕괴된 현실에도 불구하고, 하나님이 여전히 세계의 주권자이심을 선언하는 신학적 응답이라 할 수 있다.

2) 역사 구분과 언약 신학의 구조

P 신학자는 인간 역사를 무질서한 연속으로 보지 않고, 하나님의 계시와 언약이 점진적으로 심화되어 가는 신학적 구조로 파악한다. 이에 따라 그는 인간 역사를 다음의 네 시기로 구분한다.

창조에서 홍수까지
노아에서 아브라함까지
아브라함에서 모세까지
그리고 시내산 사건까지

이 구분은 단순한 연대기적 분류가 아니라, 하나님과 인간 사이의

---

11) Joseph Blenkinsopp, *Creation, Un-Creation, Re-Creation: A Discursive Commentary on Genesis 1-11* (London: T&T Clark, 2011), 1-5.

관계가 어떻게 제도화되고 공동체적으로 구체화되어 가는지를 보여주는 신학적 틀이다. 앤더슨이 지적하듯, 이러한 구조는 제사장 신학이 질서(order)와 경계(boundary), 그리고 언약(covenant)을 중심 범주로 삼고 있음을 분명히 보여준다.[12]

이 구조의 절정은 시내산 언약이다. 여기서 하나님의 이름(YHWH)이 계시되고, 안식일·제사·할례와 같은 신앙 실천이 성막이라는 구체적 공간 안에서 제도화된다. 창세기 1장의 창조 기사는 바로 이 언약 신학의 서론(prolegomenon)으로 기능하며, 거룩한 시간(안식일)과 거룩한 공간(성막)의 신학적 정당성을 미리 제시한다.

3) 창조의 구조와 안식일 신학

창세기 1장의 창조는 여섯 날 동안 여덟 개의 창조 행위로 구성되며, 이는 고도로 의도된 대칭 구조를 이룬다.

제1일 / 제4일: 빛과 광명체
제2일 / 제5일: 물과 하늘, 해양 생물과 조류
제3일 / 제6일: 땅과 식물, 육상 생물과 인간

그리고 제7일에 하나님의 안식이 선언됨으로써 창조는 완결된다. 이 구조는 단순한 문학적 장치가 아니라, 안식일 제도의 신학적 기원을 설명하기 위한 장치이다. P 신학자에게 안식일은 창조 질서의 완성이며, 인간이 하나님과 교제할 수 있는 시간적 성소이다. 블렌킨숍(J. Blenkinsopp)은 특히 이 점을 강조하면서, 포로기 상황 속에서 성전이

---

12) Bernhard W. Anderson, 『구약성서 이해』, 432-435.

상실된 현실에도 불구하고, 안식일은 여전히 하나님을 만날 수 있는 이동 가능한 성소(portable sanctuary)로 기능했음을 지적한다.[13] 따라서 창조 기사는 포로기 공동체를 위한 위로이자, 예배의 재구성을 위한 신학적 선언이다.

4) 제사장 전승의 창조 기사에 나타나는 신학적, 언어학적 함의

제사장 전승(P)에 속한 창세기 1장의 창조 기사에는 다양한 신학적, 언어학적 논의가 내포되어 있다. 무엇보다도 창세기 1장 1절의 문장 구조는 학자들 사이에서 오랫동안 논쟁의 대상이 되어 왔다. 전통적인 개역 성경은 이 구절을 독립적 절대 문장으로 번역하여 "태초에 하나님이 천지를 창조하시니라"고 서술하지만, 히브리어 원문은 문법적으로 이 절을 절대 문장으로도, 종속 문장으로도 해석할 수 있다. 종속 문장으로 해석할 경우, "태초에 하나님이 천지를 창조하실 때에, 땅은 혼돈하고 공허하며…"로 이어지며, 이때 혼돈은 창조 이전의 실체로 간주되어, 하나님과 혼돈이 문법적으로 병렬되는 결과를 낳는다.

그러나 P 신학자는 철저히 하나님의 초월성(transcendence)을 강조한다. 즉, 하나님은 창조 이전에 존재하셨고, 어떠한 혼돈의 실체와도 공존하지 않으시는 분이다. 이런 신학적 입장에서 보면, 창조 이전에 존재하던 תְּהוֹם(테홈)은 결코 하나님과 대등한 실체가 아니며, 하나님의 창조 사역에 의해 질서화 되어야 할 피조된 세계의 일부로 간주된다.

여기서 주목할 단어는 바로 창세기 1장 2절에 등장하는 "깊음"(תְּהוֹם, 테홈)이다. 학자들은 이 히브리어 단어가 바빌로니아 창조신화

---

13) Blenkinsopp, *Creation, Un-Creation, Re-Creation: A Discursive Commentary on Genesis 1-11*, 24-29.

에 등장하는 혼돈의 여신 "티아마트(Tiamat)"와 어원을 공유한다고 보기도 한다. 이는 고(古) 아카드 이전의 셈어적 어근에서 기원한 것으로 보이며, 창조 기사 속 혼돈 개념이 근동의 종교사적 맥락과 무관하지 않음을 시사한다.[14]

또 하나의 핵심 논점은 창조 행위를 표현하는 동사의 선택이다. 제사장 문서에서 창조는 "만들다"는 의미의 עשה(아사)가 아니라 "창조하다"는 의미의 ברא(바라)로 표현된다. 이 동사는 오직 하나님만이 주어로 쓰이며, 그 대상에 재료가 언급되지 않는 것이 특징이다. 이는 P 신학자가 창조를 무(無)에서의 창조로 이해했음을 시사한다.[15] 창세기 1장 6절과 7절에 나타난 표현은, 하나님이 말씀으로 창조하시며 동시에 그 결과를 창조하시는 이중 구조를 보인다. 이는 고대 전승을 신학적으로 재구성한 흔적이라 할 수 있으며, 포로기 이후 하나님의 초월성과 유일성을 강조하고자 한 P 신학자의 목적이 반영된 것이다.

인간 창조에 관한 창세기 1장 26-27절은 또 다른 신학적 논의를 촉발한다. 특히 "우리의 형상대로 우리의 모양대로"라는 표현에서 하나님의 복수 표현이 등장하는데, 이는 전통적으로 하나님이 회의에서 천상의 존재들과 함께 의논하는 장면으로 이해되어 왔다. 하지만 여기서 말하는 "하나님의 형상(צלם, 첼렘)"은 추상적 개념이 아니라, 하나님과의 관계적 정체성과 대표성, 즉 하나님을 대신하여 세상을 다스릴 권위와 책임을 부여받았다는 의미로 해석되어야 한다.[16] 창세기 5장 3절에서 아담의 아들 셋이 "자기 형상 곧 자기 모양대로" 태어났다고 서술되는 것과 유사한 구조를 띠며, 이는 인간이 하나님의 자녀로서의 지위와 특권

---

14) 장일선, 『구약신학의 주제』, 34.
15) Walther Zimmerli, 『구약신학』, 142.
16) 창세기 1:26-27; 5:3.

을 부여받았음을 암시한다.

P 신학자는 인간이 하나님의 형상으로 창조되었지만, 그 자체로 자족하거나 자율적인 존재가 아님을 분명히 한다. 인간은 하나님으로부터 유래되었으며, 그분 앞에서 항상 책임적 존재(responsible being)로 살아가야 한다. 이는 포로기의 위기 속에서 하나님이 인간을 통제하시는 분임을 상기시키는 한편, 인간이 스스로 세계의 주권자가 아님을 강조한다.[17]

5) 창조-비창조-재창조의 신학적 지평

제사장 전승의 창조 신학은 창세기 1장에 국한되지 않는다. 블렌킨숍이 설득력 있게 논증하듯, 창세기 1장의 창조는 창세기 6-9장의 홍수 서사와 긴밀하게 연결된다. 홍수는 질서가 물에 의해 해체되는 비창조(un-creation) 사건이며, 홍수 이후의 세계는 하나님의 새로운 질서 아래 놓인 재창조(re-creation)의 결과이다.[18]

이러한 구조는 이후 예언서와 시편, 그리고 묵시 문학에서 반복적으로 변주되며, 혼돈의 세력(tehôm, 바다, 용, 리워야단)은 종말론적 차원에서 하나님의 최종적 통치 아래 제압될 대상으로 묘사된다(사 27:1; 시 74편; 단 7장).[19] 따라서 P 문서의 창조 신학은 이미 종말론적 지평을 내포하고 있으며, 창조는 시작이자 동시에 미래를 향한 약속의 언어로 기능한다.

---

17) Walter Brueggemann, *In man we trust*, 장일선 역, 『지혜전승 연구』 (서울: 대한기독교출판사, 1980), 92.

18) Joseph Blenkinsopp, *Creation, Un-Creation, Re-Creation: A Discursive Commentary on Genesis 1-11*, 34-36.

19) 여기에 관해서는 아래 시편, 이사야, 묵시문학의 창조 이야기 부분을 참고하라.

6) 신학적 결론

창세기 1장 1절-2장 4a절에 나타난 제사장 전승의 창조 신학은 역사적 보고가 아니라, 포로기 신앙 공동체의 예배적·신학적 자기 고백이다.[20] 이 본문은 하나님이 혼돈을 억제하고 질서를 세우시는 창조주이시며, 그 질서 안에서 인간은 책임적 존재로 부름 받았음을 선언한다. 창조는 과거의 사건이 아니라, 안식일과 예배를 통해 현재화되며, 동시에 재창조를 향한 미래적 지평을 열어 둔다.

이러한 의미에서 P 문서의 창조 기사는 구약신학 전체에서 창조-언약-예배-종말을 잇는 중심 신학 축을 형성하며, 이후 이스라엘 신앙과 기독교 신학 형성에 결정적인 영향을 미쳤다고 평가할 수 있다.

2. 창세기 2장 4b-25절의 창조신학: 비제사장 전승(Non-P)의 창조 이해

1) 서론: 전승의 구분과 위치

창세기 2장 4b-25절의 창조 서술은 창세기 1장의 제사장 문서(P)와 구별되는 전통적으로는 야휘스트 전승(J) 혹은 최근 학계에서는 비제사장 전승(Non-P)으로 분류된다. 문체, 신명의 사용, 신관의 차이, 창조 순서 및 인간 중심의 서술 구조는 이 두 문서의 차이를 분명히 드러낸다.[21] 이 비제사장 전승은 통상 다윗-솔로몬 시대에 예루살렘 궁정과 남왕국의 안정기 속에서 형성된 것으로 평가된다.[22]

---

20) 장일선, 『구약신학의 주제』, 30.

21) Richard E. Friedman, *The Hidden Book in the Bible* (San Francisco: Harper, 1998), 15-30.

22) Bernhard W. Anderson, 『구약성서 이해』, 206.

2) 문학 구조와 창조 순서: "땅에서 하늘로"의 신학

창세기 1장이 하늘에서 땅으로 창조 질서를 기술하는 반면("위로 부터 아래로"), 2장에서는 "아래로부터 위로", 즉 땅(ארץ, 에레츠)에서 출발해 인간의 창조로 나아가는 방식이 취해진다(2:4b-7). 이는 인간 중심의 신학적 관점을 강조하는 문학적 장치로, 인간을 단순한 피조물 중 하나가 아닌, 창조 내러티브의 정점으로 배치한다.[23]

3) 하나님의 이름과 신관: 야훼 엘로힘의 인격적 모습

이 본문에서 하나님은 "야훼 엘로힘(YHWH Elohim)"으로 명명되며, 이는 비제사장 전승의 전형적인 표현이다. 여기서 하나님은 초월적 존재라기보다 땅의 먼지(עפר, 아파르)를 빚고, 직접 숨을 불어넣으며, 동산을 만들고, 인간과 교제하는 인격적이며 가까이 계시는 신인동형론적인 모습(anthropomorphism)의 하나님으로 묘사된다.[24] 이는 제사장 문서에서 나타나는 말씀으로 창조하시는 절대적 초월자와는 신학적으로 대조되는 지점이다.[25]

4) 인간 창조: 먼지(עפר)와 생기(נשמת חיים)의 신학

인간은 먼지(עפר, 아파르)에서 빚어진 존재로, 육체적 유한성을 본

---

23) Claus Westermann, *Genesis 1-11: A Continental Commentary*, trans. John J. Scullion (Minneapolis: Fortress Press, 1994), 197-201.

24) Joseph Blenkinsopp, *Creation, Un-Creation, Re-Creation: A Discursive Commentary on Genesis 1-11*, 70.

25) Walter Brueggemann, *Genesis: Interpretation* (Atlanta: John Knox Press, 1982), 41-55.

질적으로 지닌다. "야훼 하나님이 땅의 흙으로 사람을 지으시고"(2:7)에서 사용된 '지으시고'는 히브리어 '야차르'(יצר)로, 토기장이가 그릇을 빚는 행위를 연상시키는 표현이다.[26] 이 구절은 인간이 자연의 일부이며 죽음을 피할 수 없는 존재임을 전제한다.

그러나 하나님은 그 코에 "생기(נשמת חיים, 니쉬맛 하임)"를 불어 넣음으로써 인간을 하나님의 숨을 지닌 고귀한 존재로 부르신다. 이는 인간이 단순한 유기체가 아니라 하나님과 관계 속에서만 참된 의미를 갖는 존재임을 강조하는 표현이다.[27]

5) 동산과 책무: 에덴과 인간의 소명

하나님은 에덴 동산을 창설하시고(2:8-14), 사람에게 경작하고 지키라는 소명을 부여하신다(2:15). 여기에 사용된 히브리어 동사는 '아바드'(עבד, 경작하다)와 '샤마르'(שמר, 지키다)이다. '경작하다'를 의미하는 עבד 동사는 '섬기다, 예배하다'의 의미도 포함한다. '지키다'를 의미하는 שמר 동사는 안식일을 지키다(신5:12)의 의미로도 사용된다. 땅을 경작하고 지키는 노동은 타락 이전부터 인간에게 부여된 신성한 것이다. 노동은 단순한 농업 노동의 의미에 그치는 것이 아니라 제의적 직무로 확장된다. 인간은 창조 세계의 관리자이며, 동시에 하나님과의 언약적 관계를 지키는 존재이다.[28]

---

26) Ralph L. Smith, *Old Testament Theology: Its History, Method, and Message* (Nashville: Broadman & Holman Publishers, 1993), 88.

27) 장일선, 『구약신학의 주제』, 48-52.

28) Gordon J. Wenham, *Genesis 1-15*, Word Biblical Commentary, vol. 1 (Waco, TX: Word Books, 1987), 72-75.

6) 여성의 창조와 상호성: 에제르 케네그도(עזר כנגדו)

하나님은 사람이 독처하는 것이 좋지 않다고 선언하시고, 그를 위해 "돕는 배필"(עזר כנגדו)을 지으신다(2:18). 이는 단순한 종속 개념이 아닌, 관계적 상호성과 동반자의 개념을 표현한다. 여기서 사용된 동사 עשה(아사)는 P 문서에서의 '창조하다'(ברא, 바라)와 구별되며, 형성과 수공적 제작의 의미가 내포된다.[29]

여성의 창조는 아담의 갈빗대에서 비롯되며(2:21-22), 이는 신학적으로도 동등성과 친밀성을 강조하는 본문이다. 아담은 이 여성을 "이는 내 뼈 중의 뼈요 살 중의 살이라"라 고백하며, 이는 인류의 관계성에 대한 시적 선언으로 기능한다.

7) 인간의 자유와 책임: 금지 계명과 에덴 이야기의 윤리성

창세기 2장 17절에서 하나님은 선악을 알게 하는 나무의 열매를 금지하심으로써 인간에게 자유와 책임을 동시에 부여하신다. 이 금지 계명은 인간의 자유를 제한하기 위한 임의적 규제가 아니라, 인간이 하나님의 말씀과 관계 안에서 자유를 누리도록 설정된 윤리적 경계로 이해되어야 한다. 이 계명은 곧 창세기 3장에서 전개될 자유의 오용과 책임의 결과, 즉 에덴으로부터의 추방 서사를 예고하는 장치로 기능한다.

인간은 하나님과의 관계 안에서만 참된 자유를 누릴 수 있으며, 자율성의 추구가 곧바로 자유의 확대로 이어지지는 않는다. 오히려 하나님으로부터 독립된 자율성의 추구는 인간 존재의 근거를 상실하게 하며, 그 결과는 존재론적 추락(ontological fall)으로 귀결된다. 이 점에서

---

29) Gerhard von Rad, *Genesis: A Commentary* (Philadelphia: Westminster Press, 1972), 76-79.

에덴 이야기의 중심 문제는 지식 그 자체가 아니라, 지식의 근원과 사용 방식, 곧 하나님과의 관계를 벗어난 자기 규정(self-definition)의 시도에 있다.[30]

8) 신학적 의의: 창조와 구원의 연속성

창세기 2-3장은 결혼, 노동, 출산, 죽음과 같은 인간 삶의 여러 현실을 설명하는 기원적(etiological) 관심을 담고 있음과 동시에, 보다 근본적으로는 인간 존재의 조건과 하나님과의 윤리적 관계를 탐구하는 신학적 텍스트로 이해되어야 한다. 이 본문은 인간이 어떤 존재인가, 그리고 하나님과 어떤 관계 안에서 살아가도록 창조되었는가라는 질문을 제기한다.[31]

스미스는 특히 이 본문이 이스라엘 구원사 전체의 서문으로 기능한다고 보며, 에덴에서의 추방을 단순한 형벌로 해석하는 것을 경계한다. 그에 따르면, 추방은 심판이지만 동시에 구원의 역사가 전개되기 위한 전제 조건이다. 인간은 에덴 안에 머무는 무시간적 존재가 아니라, 역사 속에서 하나님의 구원을 경험하도록 부름 받은 존재이기 때문이다.[32] 폰 라트는 이 이야기를 하나의 신학적 드라마로 평가하며, 그 안에 인간에 대한 하나님의 기대와 실망, 그리고 여전히 포기되지 않는 은총의 흔적이 함께 담겨 있다고 본다. 특히 하나님이 인간을 에덴에서 내보내시기 전에 가죽옷을 지어 입히신 장면(3:21)은 심판의 한가운데서도 지속되는 하나님의 돌봄과 자비를 상징적으로 보여준다. 폰 라트는 이 본문

---

30) Joseph Blenkinsopp, *Creation, Un-Creation, Re-Creation: A Discursive Commentary on Genesis 1-11*, 68-72.

31) 위의 책, 71.

32) Ralph L. Smith, *Old Testament Theology: Its History, Method, and Message*, 89.

을 통해 창조-타락-구원의 연속적 흐름이 이미 초기 창세기 전승 속에 내재해 있음을 강조한다.[33]

　　부르그만 역시 에덴 이야기를 단순한 '타락 서사'로 환원하는 해석을 비판하며, 이 본문이 인간의 자유, 책임, 그리고 관계 파괴의 결과를 성찰하는 신학적·윤리적 성찰의 장이라고 본다. 인간은 흙(אדמה, 아다마)에서 창조된 유한한 존재로서 하나님의 말씀과의 관계 안에서 생명을 누리도록 지음 받았으나, 신적 자율성과 자기 충족을 추구함으로써 그 관계를 파괴한다. 그 결과 인간은 낙원을 상실하고, 땀과 고통, 죽음의 현실 속으로 들어가게 된다(창 3:19). 그러나 이 이야기는 절망으로 끝나지 않으며, 오히려 인간 책임의 실패 속에서도 지속되는 하나님의 구원 의지를 드러낸다.[34]

　　문학적·역사적 맥락에서 볼 때, 에덴 동산 이야기는 이스라엘의 언약 실패와 추방 경험을 신학적으로 반영한 텍스트로도 읽을 수 있다. 하나님과 함께 거하던 상태에서 시작하여, 자율성의 추구로 인해 심판과 분리를 경험하는 구조는 이스라엘의 역사적 경험과 긴밀하게 겹친다. 일부 학자들은 이 이야기가 예루살렘 궁정의 왕위 계승 문제와 같은 정치적 불안정 상황 속에서 형성되었으며, 인간의 교만과 권력 욕망이 하나님의 진노를 불러온다는 신학적 메시지를 은유적으로 전달한다고 본다.[35] 그럼에도 이 이야기의 중심에는 언제나 하나님의 자비와 은총의 가능성이 놓여 있다. 하나님은 인간을 에덴에서 추방하시기 전에 그들의 수치를 가려 주시고, 이후 노아, 아브라함, 다윗을 통해 구원의 역사를 계속 이어가신다. 따라서 창세기 2-3장의 창조 이야기는 단순한

---

33) Gerhard von Rad, *Genesis*, 80-82.

34) Walter Brueggemann, *Genesis: Interpretation* (Atlanta: John Knox Press, 1982), 41-55.

35) Gordon J. Wenham, *Genesis 1-15*, 73-75.

기원 서사가 아니라, 이스라엘 구원사의 서문으로 기능하며, 하나님의 구원은 이미 창조의 시점에서부터 시작되었음을 선언한다.

이러한 의미에서 비제사장 전승의 창조 신학은 단순한 과거 회상이 아니라, 이스라엘의 정체성과 신앙, 그리고 전체 구원 역사를 설명하는 신학적 토대라 할 수 있다.

3. 시편의 창조신학

1) 시편 8편: 인간 존재의 존엄과 질서의 창조

시편 8편은 하나님 창조의 광대함 속에 인간의 위치를 묻는 예배적 시편으로, 창조의 질서 안에서 인간 존재의 존엄성과 책임을 강조한다. "주의 손가락으로 만드신 하늘과… 달과 별"이라는 구절(8:3)은 하나님의 창조행위를 우주적 규모에서 묘사하며, 그 가운데 인간을 "하나님보다 조금 못하게 하시고… 영화와 존귀로 관을 씌우셨나이다"(8:5)라는 표현은 인간이 피조물 가운데 독보적인 위치에 있음을 선포한다.

블렌킨솝은 이 시편이 창세기 1장(1:26-28)의 인간 창조 서술과 연결되며, 하나님의 창조적 권능이 하늘의 관조 속에 드러날 뿐 아니라 혼돈과 적대 세력(8:2-3)의 제약을 통해 질서를 수립하는 신적 행위로 나타난다고 지적한다.[36] 이 시는 단순한 묵상이 아니라, "혼돈 위에 말씀으로 질서를 세우신 하나님"에 대한 제의적 고백이다. 필자 역시 이 시편이 예루살렘 성전 제의에서 형성된 것으로 보고, 제사장적 창조 신앙의 표현으로 해석한다.[37]

---

36) Joseph Blenkinsopp, *Creation, Un-Creation, Re-Creation: A Discursive Commentary on Genesis 1-11*, 40-41.
37) 이은우, "시편 8편의 수사비평적 연구," 『교회와 신학』 제83집 (2018), 11-36.

2) 시편 19편: 자연과 율법의 이중 계시

시편 19편은 창조와 율법이라는 두 주제를 하나의 찬양시 안에 병치함으로써 신학적 통합을 시도한다. "하늘이 하나님의 영광을 선포하고 궁창이 그의 손으로 하신 일을 나타내는도다"(19:1)는 자연이 언어 없이 하나님의 영광을 증거한다는 인식을 반영한다.

시편 19편 전반부는 묵상(meditation)으로 고대 이스라엘 백성에게 창조주 하나님에 대한 성찰의 통로가 자연 관조였음을 강조한다.[38] 이 시편은 단지 창조의 경이로움을 노래하는 데 그치지 않고, 자연 질서 속에 율법의 계시와 일치하는 신적 통치를 발견하게 한다. 율법은 "영혼을 소성시키고, 마음을 기쁘게 하며, 눈을 밝게 하는"(19:7-8) 창조 질서의 내면적 계시로 여겨진다.[39] 장일선은 이 시가 고대 근동 내재신론에 대한 비판적 신앙 고백이며, 창조물 자체가 아니라 하나님께 영광을 돌리는 주체로 기능함을 강조한다.[40]

3) 시편 104편: 창조의 연속성과 하나님의 지속적 섭리

시편 104편은 창조의 기원을 넘어, 자연의 질서와 조화가 하나님의 지속적 섭리에 의존하고 있음을 찬양하는 대표적 시편이다. 이 시는 창세기 1장과 병행되면서도, "하늘을 휘장처럼 펼치시며"(104:2), "구름을 수레로 삼으시고"(104:3) 등의 시어를 통해 보다 시적인 우주론을 구성한

---

38) Joseph Blenkinsopp, *Creation, Un-Creation, Re-Creation: A Discursive Commentary on Genesis 1-11*, 40-41.

39) Brevard S. Childs, *Biblical Theology of the Old and New Testaments*, 유선명 역 (서울: 은성, 1994), 157.

40) 장일선, 『구약신학의 주제 (서울: 대한기독교서회, 1991), 25.

다. 이 시는 창조를 단회적 사건이 아닌 지속적 유지로 본다.[41]

시편 104편은 창조 사건과 하나님의 현재적 보존 활동을 연결 짓는 점에서 창세기 1장과 구별된다.[42] 시인은 창조를 "하나님의 지혜로 이루어진 일"(104:24)로 찬양하며, 이는 이집트 아텐 찬가(Aten Hymn)와 유사한 신학적 분위기를 지닌다고 평가된다.[43]

이 시에서 하나님의 영(רוח, 루아흐)은 창조의 지속과 피조물의 생존을 가능케 하는 능동적 주체로 등장하며(104:30), 피조물은 야훼의 숨결과 명령 없이는 존재하지 못하는 전적 의존 상태로 묘사된다.[44]

4) 시편 136편: 창조와 구속의 신학적 통합

시편 136편은 "그 인자하심이 영원함이로다"라는 반복적인 선언과 함께, 창조 행위와 구속 사건을 나란히 배열하여 하나님의 역사적·우주적 통치를 찬양한다. "지혜로 하늘을 지으신 이에게 감사하라"(136:5)라는 구절은 창조를 단지 우주론적 기원이 아니라, 구속사의 출발점이자 지속적인 은혜의 표현으로 간주한다.

이와 같은 구조는 "창조와 율법, 구속의 통일적 신학"을 드러내며, 야훼의 언약 사랑(חסד, 헤세드)이 창조 행위에서부터 구속에 이르기까지 일관되게 드러남을 보여준다.[45] 이 시편은 예배 공동체가 창조와 출애굽을 동일한 신학적 맥락에서 기억하도록 이끌며, 시편의 창조신학이 단

---

41) Blenkinsopp, *Creation, Un-Creation, Re-Creation: A Discursive Commentary on Genesis 1-11*, 41-42.

42) 위의 책, 41.

43) 위의 책, 42.

44) Gerhard von Rad, *Theologie des Alten Testament*, 허혁 역, 『구약성서신학 1』 (서울: 분도출판사, 1990), 361.

45) Walter Brueggemann, *Theology of the Old Testament*, 172-174.

순한 우주론을 넘어서 역사와 언약으로 확장되고 있음을 보여준다.

5) 소결론: 시편에 나타난 창조신학의 통합적 전망

시편들은 단순한 자연 묘사나 시적 상상력을 넘어서, 고대 이스라엘의 신학적 반성과 제의적 신앙을 통해 창조를 해석하는 문헌이다. 시편 8편은 인간의 존재론적 존엄을, 19편은 창조와 율법의 신학적 연속성을, 104편은 창조 질서의 생태적 지속성과 하나님의 섭리를, 136편은 창조와 구속의 언약적 통합을 각각 드러낸다.

이러한 다양한 창조신학은 제사장적 신학(P 전통)의 영향과 지혜 전승, 제의 신학이 통합되어 있음을 보여준다.

4. 지혜문학의 창조신학

지혜문학은 창조를 하나님의 '지혜'(히-חכמה, 호크마; 헬-σοφία, 소피아)에 근거한 질서의 구현으로 묘사한다. 지혜문학의 창조신학은 일반 계시로서의 자연 질서, 인간 사회의 도덕적 구조, 생명의 유지와 혼돈의 공존에 대한 신학적 성찰을 담고 있으며, 이는 창세기의 신화적 서사와는 다른 방식으로 창조를 해석한다.

1) 욥기: 혼돈과 질서의 긴장 속에서 드러나는 창조 질서

욥기는 특히 38-41장의 하나님의 질문을 통해, 인간이 이해하기 어려운 자연 세계의 신비를 드러낸다. 하나님의 음성은 욥에게 "지혜 없는 말로 이치를 어둡게 하는 자가 누구냐?"(38:2)고 꾸짖으며, 인간이 세계의 창조와 운행 질서를 전적으로 이해할 수 없음을 강조한다. 하나님은 자연현상(해와 별, 비와 천둥), 그리고 동물의 본능과 생존 지혜(타조, 사자, 들나귀, 리워야단 등)를 나열함으로써, 그 속에 내재된 신적 지혜를 나타낸다. 욥기는 창조 세계에 존재하는 혼돈(chaos)과 위험한 존재들조차 하나님의 섭리 안에 자리를 가지고 있으며, 그 자체로 '좋은 것'임을 시사한다. 다시 말해, 혼돈은 창조된 우주 질서의 일부이며, 하나님의 질서와 공존하는 실재다.

욥기 28장에는 독립적인 시적 단락으로 평가되는 '지혜 찬가'가 삽입되어 있다. 이 시는 은과 금을 캐는 인간의 능력을 언급하면서, "그러면 지혜는 어디에서 오는가?"(욥 28:12, 20)라는 질문을 중심으로 하나님의 창조 질서 안에 있는 지혜의 근원적 신비를 묵상한다. 욥은 결국 "나는 알지 못하나이다"(42:3)라고 고백하며, 지혜는 인간의 소유물이 아닌, 창조와 함께 존재하던 하나님의 속성임을 시사한다. 이 시는 고대 이스라엘에서 창조 질서와 신적 지혜의 신비가 긴밀히 연결되어 있었음을 보여주는 핵심 본문이다.[46]

2) 잠언 8장: 창조 이전부터 있었던 지혜의 존재

잠언 8장은 지혜를 인격화하여 여성으로 묘사하면서, 지혜가 창조 이전부터 하나님과 함께 있었음을 노래한다(8:22-31). "여호와께서 그 조화로 천지를 창조하실 때 내가 곁에 있었고"(8:30)라는 표현은 지혜를 창조의 도구 또는 동반자로 제시한다. 히브리어 קָנָה(카나)는 '얻다', '창조하다'는 뜻으로도 해석되며, 일부 전통에서는 이 본문을 통해 지혜가 하나님의 '첫 창조물'로 간주되기도 한다. 그러나 이는 단순한 시간적 우선성이 아니라, 창조 질서의 내면적 구조와 목적을 설명하는 신학적 장치로 보아야 한다.

---

46) Joseph Blenkinsopp, *Creation, Un-Creation, Re-Creation: A Discursive Commentary on Genesis 1-11*, 43-45.

이 본문은 고대 이집트 여신 마아트(Maʿat), 혹은 이시스(Isis)와 유사성을 보인다. 마아트는 정의와 우주의 질서를 보장하는 여신이며, 잠언의 지혜 또한 질서 정연한 세계를 가능케 하는 원리로 기능한다. 나아가 벤 시라(Ben Sira)는 이 지혜를 토라(תורה)와 동일시함으로써, 창조 이전에 존재하던 지혜가 곧 하나님의 언약과 계시로 구체화된 것이라 보았다(집 24:23).[47]

3) 집회서와 지혜서: 창조-율법-지혜의 삼중적 일치

집회서(Sirach)는 창조 질서와 율법, 그리고 지혜의 일치를 강조한다. 집회서 1장 1-10절은 지혜가 오직 하나님에게서만 오며, 만물을 창조한 하나님이 인간에게 그것을 나누어 주셨다고 말한다. 특히 24장은 지혜가 창조와 함께 시작되었으며, 시온에 거처를 정하였고(24:8-12), 결국 토라 안에서 구현되었다고 선언한다(24:23). 이는 창조 질서와 율법, 그리고 인간 삶의 윤리적 지침으로서 지혜가 동일한 신적 원리의 다양한 표현이라는 신학적 통찰을 제시한다.

지혜서 8장 1절은 지혜가 "땅 이 끝에서 저 끝까지 미치며 모든 것을 선하게 다스린다"고 말한다. 이 본문은 스토아철학에서 말하는 로고스(logos) 개념과 유사하게, 지혜를 우주 내재적 원리이자 질서의 보편적 규범으로 해석한다. 따라서 지혜문학은 창조 질서를 이해하는 인식론적 창을 열고, 율법과 윤리, 구원 역사와의 관계를 모색한다.[48]

---

47) 위의 책, 48-50.

48) 신약성경의 바울 서신은 지혜문학 전통의 창조 이해를 예수 그리스도 안에서 새롭게 해석한다. 특히 골로새서 1:15-17은 그리스도를 "보이지 아니하는 하나님의 형상(eikōn)"이자 "모든 피조물보다 먼저 나신 이"로 선포하면서, "만물이 그로 말미암고 그를 위하여 창조되었고 … 그 안에 함께 붙들려 있다"고 선언한다. 이는 전통적인 유대교 지혜문학에서 지혜가 창조 이전에 존재하며, 창조 행위에 참여

4) 창조와 계시, 그리고 인간의 책임

지혜문학에서 창조는 과거의 사건이 아니라 지속되는 현실이며, 인간은 이 신적 질서를 인식하고, 그 안에서 책임 있는 삶을 살아갈 수 있는 존재로 묘사된다. 구약의 지혜 전승은 인간 존재의 존엄성과 책임을 강조하며, 하나님의 창조 질서 속에서 인간이 의미 있고 신뢰할 수 있는 삶을 살아갈 수 있음을 보여준다.[49] 이처럼 지혜문학은 구속사적 계시와는 다른 방식으로, 자연의 구조, 법칙, 그리고 인간 존재의 이치를 통해 창조주 하나님을 신앙의 대상으로 드러낸다.

5. 예언서의 창조신학

1) 예루살렘 멸망 이전 예언자들의 창조신학

예루살렘 멸망 이전의 예언자들은 창조 전통을 단순한 우주 기원

한 원리로 묘사되었던 맥락과 맞닿아 있다(잠 8:22-30; 지혜서 7:26; 8:1). 여기에 대해서는 Joseph Blenkinsopp, *Creation, Un-Creation, Re-Creation: A Discursive Commentary on Genesis 1-11*, 52를 참고하라. 이러한 표현은 단순히 기독론의 선언을 넘어서, 구약의 지혜 개념을 신적 존재인 그리스도에게 적용함으로써 지혜의 인격화가 그리스도 안에서 완성되었음을 나타낸다. 즉, 그리스도는 창조의 도구이며, 창조 질서의 보존자이며, 보이지 않는 것들과 보이는 모든 것 위에 주권을 가지신 분으로 재정의 된다(골 1:16). 이 찬송의 언어는 지혜서의 지혜 개념과 밀접히 닮아 있으며, 이는 신약 저자들이 지혜를 단순한 속성 이상의 인격적 실재로 이해하고, 그것이 바로 그리스도 안에서 구현되었다고 본 것임을 알 수 있다. 지혜서 7:26 ("하나님의 선하심의 반영이요, 전능하신 분의 영광의 거울") 및 8:1 ("지혜는 세상 이 끝에서 저 끝까지 미치며, 모든 것을 선하게 다스린다.")은 골로새서 1장의 그리스도 찬송과 직결된다[Joseph Blenkinsopp, *Creation, Un-Creation, Re-Creation: A Discursive Commentary on Genesis 1-11*, 52를 참고하라]. 이처럼 신약은 구약 지혜문학의 창조신학을 계승하면서도, 그리스도의 주권과 중보자적 역할을 강조함으로써 창조 신앙을 기독론적 신앙 안에 통합시키고 있다.

49) Walter Brueggemann, *Theology of the Old Testament*, 30.

서사로 사용하지 않고, 역사 속에서 작동하는 하나님의 주권과 구원 행위를 해석하는 신학적 언어로 활용하였다. 특히 이들은 고대 근동에서 널리 알려진 혼돈-질서(chaos-order) 도식을 차용하여, 국제 정세와 제국의 침략을 창조 신학적 범주 안에서 해석하였다.

이사야서 13-23장에 나타나는 열방 심판 예언에서, 이사야는 아시리아의 침략을 단순한 군사적 사건으로 묘사하지 않고, 혼돈의 물이라는 상징을 통해 표현한다. 바다는 고대 근동 신화와 성경 전통에서 창조 이전의 혼돈을 상징하는 대표적 이미지로, 이사야는 아시리아의 군사력을 질서를 위협하는 혼돈의 세력으로 이해하였다. 그러나 그 혼돈은 결코 하나님의 통치를 넘어서는 힘이 아니며, 오히려 하나님의 창조 능력에 의해 제압될 대상이다. 이 점에서 이사야에게 창조란 과거에 완결된 사건이 아니라, 역사 속에서 반복적으로 수행되는 하나님의 구원 행위를 의미한다.[50]

이러한 창조신학적 해석은 히스기야 왕이 앗수르의 위협 앞에서 이집트와의 동맹을 모색했을 때 더욱 분명히 드러난다. 이사야는 이집트를 "라합"(Rahab), 곧 혼돈의 괴물로 비유하며, 이집트 역시 하나님의 창조적 능력 앞에서 무력한 존재임을 선언한다(사 30:7; cf. 51:9). 라합은 고대 신화적 언어에서 바다의 괴물, 혼돈의 상징으로 사용되며, 이사야는 이를 통해 정치적 동맹에 대한 신뢰가 곧 창조주 하나님에 대한 불신임을 폭로한다.[51] 이처럼 이사야의 창조신학은 국제 정치 질서를 하나님의 창조 질서에 종속시키며, 하나님의 구속 행위가 역사 전개를 지배하고 있음을 강조한다.

혼돈의 세력에 대한 하나님의 제압이라는 주제는 이사야에 국한

---

50) 강성열, 『구약성서와 묵시사상』 (서울: 대한기독교서회, 2018), 70.
51) Joseph Blenkinsopp, *Isaiah 1-39* (New York: Doubleday, 2000), 417-420.

되지 않고, 다른 예언서들에서도 반복적으로 등장한다. 나훔 1장 4절은 "그가 바다를 꾸짖어 마르게 하시며 모든 강을 말리신다"고 선언함으로써, 하나님의 심판을 창조적 권능의 발현으로 묘사한다. 하박국 3장 8-10절, 15절에서도 강과 바다, 깊은 물이 하나님의 전쟁 무대가 되며, 출애굽 전통과 창조 전통이 결합된 신학적 찬가가 형성된다.[52]

예레미야와 에스겔 역시 하나님의 심판과 구원을 창조 질서의 해체와 회복이라는 틀 안에서 이해한다. 예레미야서는 창조를 직접적으로 주제로 삼는 경우는 많지 않지만, 심판 신학을 전개하는 과정에서 강렬한 창조 언어를 사용한다. 대표적인 본문은 예레미야 4장 23-26절로, 이 본문은 창세기 1장 2절의 표현인 "혼돈과 공허"(תהו ובהו, 토후 바보후)를 의도적으로 반복한다. 예언자는 "보니 땅이 혼돈하고 공허하며, 하늘에는 빛이 없고… 사람이 없더라"고 선언함으로써, 하나님의 심판이 창조 질서를 근본적으로 해체하는 사건임을 묘사한다. 이 본문은 '탈창조(un-creation)'의 전형적인 예로 해석된다. 곧 하나님의 심판은 새로운 질서를 세우는 창조 행위가 아니라, 기존의 창조 질서를 거꾸로 되돌리는 과정이다. 예레미야 4장의 환상은 창조 이전의 상태로 세계가 되돌아가는 모습을 묘사하며, 이는 도덕적 붕괴가 곧 우주적 붕괴로 이어진다는 예언적 인식을 반영한다.[53]

이러한 예레미야의 창조 언어는 창조가 윤리적·언약적 질서와 분리될 수 없다는 점을 강조한다. 하나님의 창조는 중립적인 자연 질서가 아니라, 하나님의 뜻과 정의가 구현된 질서이며, 이 질서가 파괴될 때 창조 자체도 붕괴될 수 있음을 예언자는 선언한다. 이는 심판을 단순한 역사적 패배가 아니라 '탈창조(un-creation)'로 해석하는 신학적 진술이

---

52) Gerhard von Rad, *Old Testament Theology I*, 354-357.
53) Joseph Blenkinsopp, *Creation, Un-Creation, Re-Creation*, 34-36.

다. 에스겔 역시 물과 바다, 폭풍과 같은 창조 이미지들을 사용하여, 하나님의 심판과 회복을 우주적 차원에서 서술한다.[54]

이처럼 예루살렘 멸망 이전의 예언자들은 창조신학을 통해 역사를 해석하였다. 혼돈의 세력—제국, 군사력, 정치적 동맹—은 하나님의 창조 질서에 대항하는 힘으로 묘사되지만, 동시에 하나님의 주권 아래 철저히 통제되는 존재들이다. 따라서 예언자들에게 하나님의 창조 행위는 역사 밖의 초월적 사건이 아니라, 역사 안에서 반복적으로 드러나는 구원의 행위이며, 하나님의 심판과 구속은 창조 질서를 회복하는 동일한 신적 활동으로 이해된다.

2) 제2이사야의 창조신학

이사야서 40-55장(이른바 제2이사야)에서 가장 핵심적인 신학적 주제는 창조와 구속의 긴밀한 결합이다. 제2이사야는 하나님의 결정적 행위로서 창조와 구속을 함께 제시하며, 이 두 개념을 역사와 종말을 관통하는 통합적 신학의 틀 안에서 전개한다. 특히 제2이사야는 창세기 제사장 문헌(P)과 마찬가지로 창조를 묘사할 때 동사 בָּרָא를 반복적으로 사용함으로써, 이스라엘의 하나님이 곧 유일한 창조주 하나님이심을 강조한다. 이 동사는 구약성경 전체에서 오직 하나님의 창조 행위에만 사용되는 독특한 동사이며, 그 사용 빈도는 제2이사야에서 두드러진다.[55]

이사야 40장 12-26절은 일련의 수사학적 질문을 통해 하나님의 창조 능력과 통치의 절대성을 강조한다. 바다를 손바닥으로 헤아리고, 하늘을 뼘으로 재며, 열방을 한 방울 물처럼 여기시는 하나님은 창조주로서 비교 불가능한 존재로 묘사된다. 그러나 제2이사야의 창조신학은

---

54) Walter Brueggemann, *Theology of the Old Testament*, 146-149.
55) Joseph Blenkinsopp, *Creation, Un-Creation, Re-Creation*, 40-42.

단순한 우주론적 사변에서 출발하지 않는다. 오히려 창조는 현재의 역사 속에서 작동하는 하나님의 구원 행위로 재해석된다. 곧 바빌로니아 포로라는 혼돈의 현실을 극복하시는 하나님의 구속 사건이 곧 새로운 창조로 이해된다.[56)]

폰 라트는 이 점을 강조하며, 제2이사야에서 "창조"와 "구속"은 사실상 동의어처럼 사용된다고 주장한다. 그는 하나님이 이스라엘을 창조하셨다는 고백이 곧 출애굽 사건, 특히 홍해를 건너는 구원 사건과 직접적으로 연결된다고 보았다. 따라서 바빌로니아 포로로부터의 해방은 "새 출애굽"이며, 이는 곧 "새로운 이스라엘의 창조"를 의미한다.[57)] 이러한 관점에서 제2이사야가 선포하는 "새 일"(사 43:19)은 과거의 창조를 반복하는 것이 아니라, 하나님께서 지금 여기에서 새롭게 행하시는 창조 행위이다.

따라서 제2이사야의 창조신학은 창조를 단회적인 과거 사건으로 제한하지 않고, 하나님의 지속적 역사 행위로 이해한다. 창조는 이미 완결된 사건이 아니라, 포로기의 절망 속에서도 새롭게 일어나는 하나님의 구원 행위로서 이해된다. 이 점에서 제2이사야의 창조 이해는 *creatio continua*의 성격을 띠며, 하나님의 창조 능력이 역사 속에서 끊임없이 새로움을 낳는다는 신학적 확신을 드러낸다.[58)]

3) 아모스의 창조신학

아모스서에는 세 편의 짧은 찬양시가 삽입되어 있으며(암 4:13;

---

56) 위의 책, 41-42.

57) Gerhard von Rad, *Theologie des Alten Testaments*, 허혁 역, 『구약성서신학 2』 (서울: 분도출판사, 1997), 241.

58) Walter Brueggemann, *Theology of the Old Testament*, 486-488.

5:8-9; 9:5-6), 이들은 공통적으로 하나님을 창조주이자 심판자로 묘사한다. 이 찬양시들은 대부분 후기 편집자가 삽입한 것으로 보이지만, 본서 전체의 신학적 메시지를 강화하는 기능을 수행한다. 예를 들어 아모스 5장 8절은 하나님을 "묘성과 삼성을 지으시고 사망의 그늘을 아침으로 바꾸시는 이"로 묘사하며, 창조의 언어를 회개 촉구와 심판 선언의 근거로 사용한다.

이 창조 찬양시들은 아모스서의 사회 비판이 단순한 도덕적 훈계가 아니라, 창조주 하나님의 본성과 통치 질서에 근거한 고발임을 분명히 한다. 곧 정의와 공의는 사회적 선택 사항이 아니라, 창조 질서 그 자체에 속한 요소이며, 이를 거부하는 행위는 창조주 하나님에 대한 반역이다.[59]

따라서 아모스서에서 창조신학은 세계의 기원에 대한 설명이 아니라, 하나님의 심판이 정당한 이유를 제공하는 신학적 근거로 기능한다. 하나님은 세계를 창조하신 분일 뿐 아니라, 그 창조 질서를 파괴하는 인간의 불의를 심판하시는 주권적 통치자이시다.[60]

6. 묵시문학의 창조신학

바빌로니아 포로기는 이스라엘의 전통적 역사 이해와 창조 신앙에 심대한 신학적 위기를 초래하였다. 이스라엘은 오랫동안 야훼를 역사의 주권자로 고백하며, 하나님의 뜻이 역사 안에서 실현된다고 믿어 왔다. 그러나 포로라는 집단적 재앙은 이러한 확신을 근본적으로 흔들었고, 역사 속에서 하나님의 통치가 가시적으로 실현되지 않는 현실은 신학적

---

59) 위의 책, 35-37.
60) 위의 책, 37.

재해석을 요구하였다.[61]

포로기 및 포로 후기 예언자들은 이 상황을 하나님의 무력함이 아니라 이스라엘의 죄에 대한 하나님의 심판으로 해석하였다. 동시에 그들은 심판 이후에 하나님의 구원이 역사 안에서 실현될 것이라는 희망을 선포하였다. 그러나 귀환 이후에도 이스라엘은 페르시아, 헬라, 로마 제국의 지속적인 지배 아래 놓이게 되었고, 예언자들이 말한 구속의 성취는 점점 더 역사적으로 실현 불가능한 것으로 보이게 되었다. 이러한 좌절 속에서 예언 전통은 새로운 신학적 형식, 곧 묵시문학(apocalyptic literature)으로 전환되었다.[62]

묵시문학은 현존하는 역사를 하나님의 주권이 실현되는 공간으로 보지 않고, 오히려 하나님의 통치에 대항하는 악의 세력이 지배하는 영역으로 이해한다. 따라서 구원은 역사 내부의 점진적 개혁이 아니라, 역사의 종말과 우주적 전복을 통해서만 가능하다고 선언된다. 이로써 묵시문학에서 종말은 단순한 시간의 끝이 아니라, 새로운 창조가 시작되는 결정적 사건으로 이해된다. 이러한 신학적 사유는 기원전 6세기 말-5세기 초의 역사적 조건 속에서 태동하여, 기원전 2세기에서 기원후 1세기에 이르러 정점에 도달하였다.[63]

구약성경에서 묵시적 사유를 가장 분명히 보여주는 본문은 이사야서와 다니엘서이다. 이사야 24-27장은 흔히 "이사야 묵시"(Isaianic Apocalypse)라 불리며, 기원전 5세기경 형성된 초기 묵시사상의 전형으로 평가된다.[64] 특히 이사야 27장에 등장하는 "날랜 뱀 리워야단", "구불

---

61) Gerhard von Rad, *Old Testament Theology II*, trans. D. M. G. Stalker (New York: Harper & Row, 1965), 241.

62) John J. Collins, *The Apocalyptic Imagination* (Grand Rapids: Eerdmans, 2016), 5-9.

63) Paul D. Hanson, *The Dawn of Apocalyptic* (Philadelphia: Fortress Press, 1975), 27-45.

64) 강성열, 『구약성서와 묵시사상』, 75.

구불한 뱀 리워야단”, “바다의 용”은 고대 근동 신화에 익숙한 혼돈의 괴
물 이미지를 차용한 표현이다. 그러나 묵시문학은 이러한 혼돈 세력을 단
순한 신화적 존재나 이스라엘의 역사적 적으로 한정하지 않고, “그 날에
여호와께서 벌하실 것이다”(사 27:1)라는 종말론적 선언을 통해 보편적
악의 세력에 대한 하나님의 최종 심판으로 재해석한다.[65] 이 점에서 묵시
문학은 전통적 예언문학이나 지혜문학과 분명히 구별된다.

다니엘서는 구약 묵시문학의 정점으로 평가되며, 특히 7-12장은 네
개의 환상을 통해 하나님의 최종 심판과 하나님의 나라의 수립을 묘사
한다. 다니엘 7장에 등장하는 네 짐승은 “큰 바다”에서 올라오는데, 이
바다는 창조 이전의 혼돈을 상징하는 공간이다.[66] 사자, 곰, 표범, 열 뿔
달린 짐승은 각각 바빌로니아, 메대-바사, 헬라 제국을 상징하며, 이 제
국들은 하나님의 심판 날에 모두 멸망한다. 이는 역사적 제국들이 단순
한 정치 권력이 아니라, 창세 이래 하나님의 창조 질서에 대항해 온 혼돈
의 세력으로 해석되고 있음을 보여준다.

그럼에도 불구하고 묵시문학은 악의 세력을 하나님의 통제를 벗어
난 독립적 실체로 보지 않는다. 혼돈과 악은 하나님의 창조 질서 안에 포
함된 현실이며, 하나님의 주권 아래 철저히 제한된 존재이다. 최종적으
로 하나님은 혼돈을 제거함으로써 새로운 질서를 확립하시고, 새 하늘
과 새 땅이라는 종말론적 창조를 완성하신다.[67]

이처럼 묵시문학의 창조신학은 창조를 과거의 기원 사건으로만 이
해하지 않고, 종말론적 미래를 향한 하나님의 지속적 창조 행위로 재해
석한다. 창조와 종말, 심판과 구원은 분리된 주제가 아니라 하나의 신학

---

65) 위의 책, 76.
66) Claus Westermann, *Genesis 1-11*, 105-108.
67) Joseph Blenkinsopp, *Creation, Un-Creation, Re-Creation*, 89-94.

적 궤적을 이루며, 묵시문학은 그 정점에서 창조-파괴-재창조라는 구속사의 완결 구조를 제시한다.

7. 소결론: 구약성경의 창조신학에 대한 통합적 고찰

구약의 창조신학은 단순한 우주 기원의 설명을 넘어, 하나님의 주권, 윤리적 질서, 구속사의 총체를 아우르는 신학적 틀로 기능한다. 창세기부터 묵시문학에 이르기까지 창조 주제는 다양한 문학 양식과 역사적 상황 속에서 일관된 신학적 통합성을 지닌 채 전개된다.

제사장 전승(창 1:1-2:4a)은 하나님의 말씀을 통한 창조를 강조하며 혼돈 위에 세워진 질서를 선포하고, 비제사장 전승(창 2:4b-25)은 하나님이 친히 인간을 빚고 생기를 불어넣는 인격적·관계적 창조를 묘사한다. 시편과 지혜문학은 창조를 찬양과 묵상의 대상으로 삼으며, 피조 세계에 담긴 하나님의 지혜와 인간의 겸손을 강조한다.

예언서들은 창조신학을 역사화하며 재해석한다. 제2이사야는 바빌로니아 포로에서의 귀환을 새로운 창조로 해석하고, 예레미야와 에스겔은 심판을 통한 창조의 해체와 회복을 그린다. 아모스는 창조를 하나님의 정의를 정당화하는 근거로 삼는다. 묵시문학(사 24-27장, 단 7-12장)은 창조신학을 종말론적 전쟁의 틀로 확장하여 혼돈의 괴물이 멸망하고 새로운 우주 질서가 회복되는 재창조의 전망을 제시한다.

이처럼 구약의 창조신학은 고정된 교리가 아니라, 문학적 양식과 시대 상황에 따라 유동적으로 형성된 신학 담론이다. 창조는 단순한 기원 설명이 아니라 윤리적 규범, 역사적 구속, 종말론적 희망과 밀접하게 얽혀 있으며, 이는 구약 신학이 창조-타락-심판-구속-재창조라는 거대 서사 속에서 통합적으로 전개되고 있음을 보여준다.

III. 구약성경의 창조신학과 고대근동의 창조신화와의 차이

구약성경의 창조 이야기, 특히 창세기 1-2장은 인간의 생존이 극도로 불안정하였고 자연이 위협적이며 거의 통제 불가능한 힘으로 경험되던 역사적·종교사적 맥락 속에서 형성되었다. 고대 세계에서 인간은 맹수, 기근, 질병, 자연재해 앞에서 극히 취약한 존재였으며, 이러한 삶의 조건은 자연을 단순한 생활 환경이 아니라 두려움과 경외의 대상으로 인식하게 만들었다. 더 나아가 고대 근동의 주변 문화권에서는 태양, 달, 별과 같은 천체뿐 아니라 강, 산, 바다, 동물과 같은 자연 요소들까지도 신적 존재로 숭배되었고, 그 결과 자연의 영역과 신적 영역 사이의 경계는 종종 유동적이고 불분명하였다.[68]

이러한 종교사적 배경 속에서 형성된 구약성경의 창조 신학은 자연에 대한 승리주의적 인간 중심주의를 옹호하지 않는다. 오히려 그것은 자연을 신격화하던 고대 종교 세계관에 대해 의도적이고 비판적인 신학적 탈신화(demythologization)를 수행한다. 창세기의 창조 서술은 피조 세계의 선함과 질서를 분명히 긍정하면서도, 자연 그 자체를 신으로 숭배하는 관념을 단호히 거부한다. 자연은 하나님의 선한 창조물이지만, 신적 존재는 아니며 제의적 숭배의 대상도 아니다. 이러한 점에서 구약성경의 창조 신학은 자연을 폄하하거나 도구화하는 사유가 아니라, 자연을 창조주 하나님과 구별된 피조 질서 안에 위치시키는 신학적 선언으로 이해되어야 한다.

이러한 신학적 입장은 창세기 창조 본문을 고대 근동의 창조 신화들과 비교할 때 더욱 분명해진다. 고대 근동의 우주 기원 서사들은 대체

---

68) Gerhard von Rad, *Old Testament Theology*, vol. 1, 144-147.

로 신적 폭력, 신들 간의 갈등, 그리고 정치적·제의적 정당화와 긴밀히 결합되어 있다. 많은 경우 '창조'는 안정된 질서의 형성이라기보다, 지배 권력의 확립이나 왕권, 혹은 제의적 우월성을 정당화하는 기능을 수행한다.[69] 그 결과 창조는 신적 투쟁의 산물, 반복적 순환, 혹은 제국적 통합의 결과로 묘사되는 경우가 많다.

이러한 이유로 구약성경의 창조 신학은 고대 근동 창조 신화들과의 단순한 유사성이나 영향 관계의 차원에서 이해될 수 없다. 오히려 그것은 이스라엘이 처한 신화적 세계관에 대한 신학적 대안이자 비판적 응답으로 기능한다. 따라서 비교 연구는 이스라엘의 창조 신앙과 고대 근동 문화 사이의 연속성과 불연속성을 분별하기 위한 필수적인 해석학적 작업이 된다.

이러한 문제의식에 기초하여 본 연구는 고대 근동의 주요 창조 전승들을 검토하고, 그 핵심적 특징들을 창세기 1-2장의 창조 신학과 비교하고자 한다. 이를 위해 다음의 네 가지 대표적 전통을 차례로 살펴볼 것이다. 곧 (1) 수메르 창조 신화, (2) 바빌로니아 창조 신화, (3) 가나안 창조 신화, (4) 이집트 창조 신화이다. 이들 전승에 공통적으로 나타나는 우주 이해, 신 개념, 인간 이해를 분석한 후, 이를 창세기 1-2장의 창조 신학과 대조함으로써, 구약성경이 제시하는 자연 이해와 인간 이해의 신학적 특성을 보다 정밀하게 규명하고자 한다.

---

69) Claus Westermann, *Genesis 1-11*, 83-90.

1. 고대 근동의 창조 신화

1) 수메르 창조 신화

수메르 신화—특히 에리두 창세기를 비롯한 관련 우주론적 단편들—에서 창조는 단일하고 일회적인 사건이라기보다, 이미 신적인 현실 안에서 진행되는 점진적 우주 질서화 과정으로 이해된다. 원초적 실재는 물로 표상되는 혼돈 상태로 묘사되며, 그 혼돈으로부터 신들이 출현하고 세계의 영역들이 단계적으로 구분된다. 하늘의 신 안(An), 권위와 바람의 신 엔릴(Enlil), 지혜와 지하수의 신 엔키(Enki)와 같은 주요 신들은 무(無)로부터 창조하는 존재라기보다, 이미 존재하는 세계를 조직·관리하는 질서의 행정자(administrators of order)로 기능한다. 하늘과 땅의 분리는 우주 구조 형성의 결정적 계기로 나타나지만, 이러한 질서화는 여전히 전적으로 신들의 영역 내부에 머문다.[70]

침멀리는 메소포타미아 우주론에서 창조가 신적 질서(Ordnung)의 유지와 안정과 불가분의 관계에 있음을 강조한다. 여기서 창조는 인간의 번영이나 도덕적 질서를 지향하는 사건이 아니라, 신들의 영역을 안정화하고 그 통치를 지속하기 위한 과정이다. 이러한 맥락 속에서 인간은 창조의 절정으로 등장하지 않으며, 오히려 신적 질서를 보조하는 이차적·도구적 요소로 창조된다. 인간은 신전 유지, 제의 수행, 농업 노동을 통해 신들의 부담을 덜어주기 위해 존재하며, 그 존재 이유는 처음부터 기능적으로 규정된다.[71]

인간 이해의 차원에서 볼 때, 수메르 세계관은 인간에게 신과의 유

---

70) Thorkild Jacobsen, *The Treasures of Darkness: A History of Mesopotamian Religion* (New Haven: Yale University Press, 1976), 104-112.

71) Walther Zimmerli, 『구약신학』, 2. (서울: 한국신학연구소, 2009), 1-2.

사성에 근거한 고유한 존엄성을 부여하지 않는다. 인간의 가치는 본질적이라기보다 파생적이며, 신적 필요를 얼마나 충족시키는가에 따라 규정된다. 침멀리는 이러한 인간의 종속적 지위가, 신들이 여전히 우주적 힘과 물질적 과정에 깊이 얽혀 있는 고대 근동의 보편적 세계 이해를 반영한다고 지적한다. 그 결과 인간의 삶은 관계적·윤리적 존재로 이해되기보다, 제의와 우주 질서의 유지라는 요구 아래 철저히 종속된다.[72] 이러한 인간 이해는 인간을 창조주와의 독특한 관계 속에서 책임 있는 존재로 규정하는 구약성경의 창조 신학과 뚜렷한 대조를 이룬다.

2) 바빌로니아 창조 신화

바빌로니아의 창조 서사인 에누마 엘리쉬(Enuma Elish)는 고대 근동 창조 신화 가운데서도 신적 폭력을 통한 우주 질서 형성을 가장 전형적으로 보여주는 문헌이다. 이 서사에서 태초의 세계는 혼돈의 바다를 의인화한 여신 티아맛(Tiamat)에 의해 지배되며, 젊은 신들의 대표자인 마르둑(Marduk)은 이러한 혼돈을 제거하기 위한 전쟁에 나선다. 마르둑은 티아맛을 살해한 후 그녀의 몸을 해체하여 하늘과 땅을 만들고, 혼돈의 신체를 우주의 구조로 전환함으로써 질서를 확립한다.[73]

이러한 창조 이해에서 주목할 점은, 우주 질서가 말씀이나 의지의 표현이 아니라 폭력과 전쟁의 결과물로 등장한다는 사실이다. 창조는 혼돈을 제거하는 신적 투쟁의 부산물이며, 질서는 죽음과 파괴 위에 세워진다. 이어서 마르둑은 반역을 주도한 신 킹구(Kingu)의 피로 인간을 창조하는데, 그 목적은 명확하다. 인간은 신들의 노동을 대신 수행하여

---

72) 위의 책, 2-3.

73) Alexander Heidel, *The Babylonian Genesis* (Chicago: University of Chicago Press, 1951), 18-35.

신들이 안식을 누리도록 하기 위해 존재한다.[74] 인간 창조는 존엄의 선언이 아니라, 신적 통치 체계를 유지하기 위한 기능적 장치로 이해된다.

하이델(Alexander Heidel)이 지적하듯이, 이러한 창조 서사는 단순한 우주 기원 설명을 넘어 바빌로니아 제국 이데올로기와 긴밀히 결합되어 있다. 마르둑의 승리는 곧 바빌론의 정치적·종교적 패권을 정당화하며, 창조 서사는 마르둑 숭배의 신학적 근거로 기능한다. 우주 질서의 중심에 마르둑이 자리하듯, 제국 질서의 중심에도 바빌로니아가 위치한다.[75] 이처럼 에누마 엘리쉬에서 창조는 신학·정치·제의가 결합된 총체적 이데올로기 서사이며, 권력의 정당화와 지배 질서의 확립을 핵심 목적으로 삼는다.

이러한 바빌로니아 창조 이해는, 창조를 신적 전쟁이나 제국적 정당화와 분리하여 하나님의 주권적 말씀과 선한 질서의 표현으로 제시하는 구약성경의 창조 신학과 본질적인 대비를 이룬다.

3) 가나안 창조 신화

우가릿 문헌에 보존된 바알 서사(*The Ugaritic Baal Cycle*)에서 창조는 단일하고 완결된 기원 사건으로 제시되지 않는다. 오히려 우주의 질서는 폭풍과 풍요의 신 바알(Baal)이 바다의 신 얌(Yam)과 죽음의 신 모트(Mot)와 벌이는 지속적인 왕권 투쟁 속에서 유지된다. 이 서사에서 창조란 한 번 확정된 질서가 아니라, 혼돈의 세력에 맞서 끊임없이 확보되어야 하는 불안정한 통치 상태를 의미한다.[76]

---

74) 위의 책, 26-30.

75) 위의 책, 31-35.

76) Mark S. Smith, *The Ugaritic Baal Cycle*, vol. 1 (Leiden: Brill, 1994), 45-67.

침멀리는 가나안 신화에서 우주 질서가 윤리적·도덕적 토대 위에 확립된 것이 아니라, 신들의 세력 균형과 왕권 경쟁에 따라 반복적으로 위협받는 구조임을 지적한다. 여기서 자연은 단순한 피조 세계가 아니라, 신적 존재와 동일시되거나 신의 활동이 직접적으로 구현되는 영역이다. 바다는 혼돈의 신 얌으로, 계절의 순환은 바알과 모트의 갈등으로 의인화되며, 자연 현상은 곧 신적 드라마의 무대가 된다.[77]

이러한 세계관은 자연 질서의 계절적 불안정성, 곧 비옥과 가뭄, 생명과 죽음의 반복을 신화적으로 설명한다. 바알의 승리는 풍요와 생명을 가져오지만, 그의 패배는 가뭄과 죽음을 초래한다. 이 신화에서 우주는 근본적으로 안정된 질서를 갖지 않으며, 생명은 언제든지 혼돈의 세력에 의해 위협받는다. 질서는 선포되거나 보장되는 것이 아니라, 매번 투쟁을 통해 잠정적으로 확보될 뿐이다.[78]

월트키는 이러한 가나안 창조 이해가 창세기 1장의 창조 신학과 결정적으로 대비된다고 분석한다. 가나안 신화에서 자연은 신적이며, 우주 질서는 신들의 경쟁에 종속되어 있는 반면, 구약성경에서는 자연이 철저히 비신화화되고 창조 질서는 하나님의 주권적 말씀에 의해 안정적으로 확립된다. 창세기의 하나님은 바알처럼 혼돈과 싸우는 신이 아니라, 혼돈 위에 질서를 선언하는 주권자이다.[79]

바알 서사가 제의적·농경적 맥락에서 반복적으로 재현되었다는 점에 주목하면, 이 신화가 이스라엘 주변 문화의 종교적 상상력에 강력한 영향을 미쳤음을 알 수 있다. 바로 이러한 배경 속에서 구약성경의 창조 신학은 자연의 신격화를 거부하고, 혼돈과 질서를 주기적으로 오가는

---

77) Walther Zimmerli, 『구약신학』, 2.
78) Walter Brueggemann, *Theology of the Old Testament*, 145-150.
79) Bruce K. Waltke, *Genesis: A Commentary* (Grand Rapids: Zondervan, 2001), 58-63.

세계관에 맞서 지속 가능하고 윤리적으로 안정된 창조 질서를 신학적으로 선포한다.[80]

4) 이집트 창조 신화

이집트의 창조 전승은 멤피스 신학과 헬리오폴리스 우주론에 가장 집약적으로 나타난다. 이 전승들에서 창조는 무(無)로부터의 단회적 생성이라기보다, 원초적 혼돈의 물인 누(Nun)로부터 질서(*ma ʿ at*)가 점진적으로 드러나는 과정으로 이해된다. 창조신은 아툼(Atum), 프타(Ptah), 혹은 아문(Amun)으로 다양하게 전승되지만, 공통적으로 창조 행위는 폭력적 투쟁이 아니라 말씀, 사유, 혹은 생식적 발현을 통해 이루어진다. 세계는 신적 지성이나 언어의 표현으로 '산출'되며, 혼돈은 제거되기보다 질서 속에 포섭된다.[81]

메소포타미아 창조 신화와 비교할 때, 이집트의 창조 이해는 상대적으로 비폭력적이고 조화 지향적이다. 그러나 이러한 특징이 곧 자연의 비신화화를 의미하지는 않는다. 오히려 이집트 창조 사상은 자연을 신적 질서가 구현되는 공간으로 이해하며, 우주 질서는 본질적으로 순환적이고 영원한 구조를 지닌다. 태양의 일일 순환, 나일강의 주기적 범람, 생명과 죽음의 반복은 모두 창조 질서의 지속적 재현으로 이해된다. 따라서 창조는 과거의 사건이 아니라, 끊임없이 반복되고 유지되어야 할 우주적 과정이다.[82]

이러한 우주관은 이집트의 왕권 이데올로기와 긴밀히 결합된다. 파

---

80) Robin Routledge, *Old Testament Theology: A Thematic Approach* , 102-106.

81) James P. Allen, *Genesis in Egypt: The Philosophy of Ancient Egyptian Creation Accounts* (New Haven: Yale Egyptological Seminar, 1988), 21-26.

82) 위의 책, 27-33.

라오는 *ma'at*를 유지하고 누의 혼돈이 다시 침투하지 않도록 막는 신적 질서의 대표자이며, 창조 질서의 보존은 곧 정치적 안정과 직결된다. 알렌(Allen)이 지적하듯이, 이집트 창조 신학에서 우주 질서, 자연, 신성, 그리고 왕권은 분리될 수 없는 하나의 체계로 결속되어 있다.[83] 이 점에서 이집트 창조 전통은 자연과 신, 정치 권력을 명확히 구분하지 않는 신성화된 우주관을 보여주며, 창조를 하나님의 초월적 주권과 분리하여 선포하는 구약성경의 창조 신학과 본질적인 대비를 이룬다.

2. 구약성경 창조 신학의 신학적 독자성

1) 네 가지 고대 근동 창조 전승에 공통적으로 나타나는 특징

앞서 분석한 수메르, 바빌로니아, 가나안, 이집트의 창조 전승을 종합해 보면, 우주 이해, 신 개념, 인간 이해에 있어 공통적으로 반복되는 몇 가지 기본 전제가 분명하게 드러난다.

(1) 우주 이해

이들 신화 전통에서 우주는 대체로 원초적·혼돈적인 상태로부터 형성된 것으로 이해된다. 이 혼돈은 주로 물과 연관되어 표상되며(수메르의 원초적 물, 바빌로니아의 티아맛, 이집트의 누, 가나안의 바다 얌), 질서는 자연스럽게 주어진 상태가 아니라 항상 위협받는 불안정한 성취물로 묘사된다. 따라서 우주 질서는 신적 폭력, 반복적 투쟁, 순환적 갱신, 혹은 왕권과 제의의 지속적 유지에 의해 간신히 보존된다.

---

83) 위의 책, 34-38.

(2) 신 개념

고대 근동 창조 신화에서 신의 세계는 근본적으로 다신론적이며 계보적이다. 신들은 세계 질서에 속한 존재들이며, 종종 자연적 힘이나 우주 요소와 동일시된다. 신적 권위는 폭력적 투쟁(바빌로니아, 가나안)이나 반복적 우주 순환(이집트)을 통해 확립·유지되며, 창조 서사는 정치 권력과 긴밀히 결합되어 왕권과 제국 질서의 신학적 정당화 기능을 수행한다.

(3) 인간 이해

인간은 대부분 신들을 위한 존재로 이해된다. 인간 창조의 목적은 신들의 노동을 대신하고, 신전을 유지하며, 제의를 수행하고, 우주 질서의 안정을 보조하는 데 있다. 그 결과 인간의 존재 가치는 관계적·윤리적 존엄에 근거하기보다, 기능적 유용성에 의해 규정된다. 인간의 존엄은 본질적인 것이 아니라, 신적 체계 내에서의 역할 수행에 따라 파생적으로 부여된다.

2) 구약성경 창조 신학의 신학적 독특성

이러한 공통된 신화적 지평과 비교할 때, 창세기 1-2장은 단순한 문학적 변형이 아니라, 근본적으로 상이한 신학적 고백을 제시한다.

(1) 자연의 비신화화와 가치 부여의 병행

창세기는 자연을 신격화하지 않으면서도, 동시에 자연의 가치를 부정하지 않는다. 태양, 달, 별은 신이 아니라 피조물이며, 바다는 경쟁적 신적 존재가 아니라 창조 질서의 일부이다. 이는 자연을 숭배의 대상에서 제거하는 신학적 탈신화이지만, 자연을 경시하거나 착취 대상으로

전락시키는 사유는 아니다. 자연은 신이 아니지만, 하나님의 '선한 창조'
로서 존중받는다.

(2) 초월적이고 유일한 창조주 하나님

창세기에는 신의 탄생이나 계보가 존재하지 않는다. 하나님은 생성
되거나 위협받는 존재가 아니며, 우주적 재료에 의존하지도 않는다. 창
조는 다른 신들과의 경쟁이나 승리를 통해 정당화되지 않으며, 하나님
의 자유롭고 주권적인 행위로 제시된다. 이로써 창조주와 피조물 사이
의 명확한 구분이 확립되고, 성경적 일신론의 토대가 형성된다.

(3) 폭력이나 순환이 아닌 말씀에 의한 질서

창세기 1장은 창조를 신적 전쟁이나 반복적 순환의 결과로 설명하
지 않고, 하나님의 말씀에 의해 질서 있게 구성되는 사건으로 묘사한다.
세계는 신적 갈등의 부산물이 아니라, 의도와 목적을 지닌 질서로 이해
된다. 이는 세계가 근본적으로 의미 있고 신뢰 가능한 구조를 지닌다는
신학적 전제를 제공한다.

(4) 도구가 아닌 존엄과 소명을 지닌 인간

창세기 1-2장은 인간을 신적 필요를 충족시키는 노동력으로 규정
하지 않는다. 인간은 하나님의 형상으로 창조되어 하나님과 관계 맺는
존재이며, 책임 있는 청지기적 소명을 위임받는다. 남성과 여성의 동시
적 창조는 인간 존재의 본질을 지배·종속이 아닌 관계성과 공동성에 두
고 있음을 분명히 한다.

(5) 창조의 절정으로서의 안식

고대 근동 신화에서 '휴식'은 신들만의 특권인 경우가 많지만, 창세

기에서 안식은 창조의 목적이자 완성으로 제시된다. 안식은 하나님, 인간, 그리고 창조 세계 전체가 참여하는 거룩한 시간이며, 인간 노동을 신적 안락을 위한 수단으로 환원하지 않는다. 창조는 단순한 기능적 질서가 아니라, 하나님과의 교제와 생명의 충만함을 지향한다.

3) 결론

이상의 비교 분석을 통해 구약성경 창조 신학의 독자성은 다음과 같이 요약될 수 있다.

자연은 신격화되지 않으면서도 철저히 존중된다. 자연은 숭배의 대상이 아니라 하나님의 선한 피조물이며, 그 자체로 의미와 가치를 지닌다.

인간은 제의적 노동을 수행하는 도구가 아니라, 존엄과 책임을 지닌 존재로 규정된다. 하나님의 형상 개념은 인간의 관계성, 윤리성, 책임성을 신학적으로 기초한다.

창조 신학 자체는 폭력적 신화나 정치적 지배 이데올로기의 정당화가 아니라, 생명과 질서, 그리고 하나님 앞에서의 책임 있는 삶을 고백하는 신학적 선언이다.

따라서 창세기 1-2장은 고대 근동 신화적 세계관에 대한 신학적 대안으로 기능한다. 세계는 본질적으로 신적이지도, 혼돈 그 자체도 아니며, 인간은 부차적이거나 소모적인 존재가 아니다. 구약성경의 창조 신학은 하나님에 대한 예배, 창조 세계의 선함, 그리고 인간의 존엄과 소명을 하나의 일관된 신학적 고백 안에서 결합시키는 독보적인 신학 체계를 제시한다.

IV. 구약성경의 창조이야기에 나타난 생태신학

1. 창세기 1장 1절-2장 4a절의 수사적 구조에 나타난 생태윤리[84]

1) 들어가며

오늘 우리는 환경오염과 생태계 파괴로 말미암아 심각한 위기에 처해있다. 인류뿐 아니라 생태계 전체가 존재의 위기에 처해 있다. 자원고갈, 공해와 환경오염, 자연서식처의 무분별한 파괴 등 탓에 피조세계 전체가 위협을 받고 있다.

일부에서는 이러한 환경위기의 근본 원인을 구약성경에서 찾는다. 뢰비트(Löwith), 화이트(White Jr.), 아메리(C. Amery) 같은 기독교 비판자들은 성경의 인간 중심적 세계관이 환경위기를 가져왔다고 주장한다.[85] 드레버만(E. Drewermann)은 창세기 1장 26절 이하의 "하나님의 형상"(첼렘 엘로힘)과 "땅의 지배"(dominum terrae)에 대한 개념이 자연을 단순한 착취의 대상으로 만들어 버렸고, 환경위기를 일으켰다고 주장한다.[86] 화이트는 "서구의 기독교가 이 세상에 있는 어떠한 종교보다도 인간 중심적인 종교"이기 때문에 이들에 의해 발달한 기술 과학 문명이 자

---

84) 이 부분은 이은우, "창세기 1장 1절-2장 4a절의 수사적 구조에 나타난 생태윤리," 『구약논단』 통권 44집 (2012), 10-34를 수정, 보완한 것이다.

85) Karl Löwith, *Vorträge und Abhandlungen:, Zur Kritik der christlichen Überlieferung* (Stuttgart: Kohlhammer Verlag, 1966); L. White Jr., "The Historical Roots of our Ecological Crisis," *Science* 155 (1967), 1203-1207; C. Amery, *Das Ende der Vorsehung. Die gnadenlosen Folgen des Christentums* (Hamburg: Rowohlt, 1972).

86) Eugen Drewermann, *Der tödlich Fortschritt: Von der Zerstörung der Erde und des Menschen im Erde des Christentums* (Regensburg: Pustet, 1992).

연 파괴를 가져온다고 주장한다.[87] 즉, "기독교는 다른 종교와 달리 '인간과 자연의 이원론'을 확립하고 인간이 자기의 목적에 맞게 자연을 이용하는 것이 하나님의 뜻이다."라고 주장한다고 비판한다.[88] 화이트는 현재의 과학과 기술이 정통 기독교의 자연에 대한 오만함에 너무나 물들어 있어, 과학 기술만으로 생태 위기를 해결할 수는 없다고 단언한다.[89]

구약 성경이 인간의 구원 문제 및 하나님과 인간 사이의 관계에 초점을 맞추고 있는 것은 사실이지만,[90] 다른 피조 세계에도 깊은 관심을 기울이고 있다. 그럼에도 구약 학자들이 하나님의 창조 세계인 자연에 대해 별도의 신학적 진술을 하지 않았고, 구약 성경의 창조론이 역사 지향적이고 인간 중심적인 시각의 지배를 받아 왔기에 이런 비난의 근거를 제공했다 할 수 있다. 실제로 구약학자들은 이스라엘의 하나님을 철저히 역사의 주로 이해하고, 그가 자신의 구원 계획에 따라 이스라엘을 구원하시고 인간 역사를 이끌어 가신다고 생각했다. 따라서 인간을 제외한 자연은 하나님의 역사적인 구원의 드라마를 위한 무대 또는 그 드라마를 전개하는 데 필요한 하나님의 도구로만 이해되었다.[91] 폰 라트는 하나님의 역사적인 구속에 대한 고백이 이스라엘 신앙의 출발점이며, 창조에 대한 신앙고백은 나중에 역사의 서론으로 추가된 것이라고 주장

---

87) Lynn White, Jr., "The Historical Roots of our Ecological Crisis," Francis A. Schaeffer, *Pollution and the death of man*, 송준인 역, 『공해』 (서울: 두란노서원, 1990), 87.

88) 위의 책, 89. 그는 성경의 진술 자체보다는 서방 기독교의 신학을 비판하는 것으로 보인다. 인간과 자연의 관계에 대하여도 초대교회와 헬라적인 동방교회의 자연신학보다는 서방 라틴 교회 기독교 신학을 비판하고 있다. 그는 기독교의 중요한 전통인 앗시시의 성 프랜시스의 견해에 대해서는 긍정적으로 평가한다.

89) Lynn White, Jr., "The Historical Roots of our Ecological Crisis."

90) Tom Hayden, *The Lost Gospel of the Earth: A Call for Renewing Nature, Spirit, and Politics* (San Francisco: Sierra Club Books, 1996), 2.

91) 강성열, "버나드 앤더슨의 창조신학과 생태윤리," 한국교회환경연구소 엮음, 『현대 생태신학자의 신학과 윤리』(서울: 대한기독교서회, 2006), 104.

했다. 다시 말해 창조는 출애굽과 족장들 이야기의 서론에 해당한다는 것이다.[92] 그의 신학을 대표하는 말이 "구속사 신학"인데 상당수의 학자가 그의 신학을 직접 계승하거나 그의 영향을 받아 하나님의 창조사역이나 자연에 대한 구약 성경의 언급을 독립적인 신앙체계로 보지 못하는 한계를 보였다.

그러나 1970년대 들어서면서 환경파괴와 생태계의 위기가 인류 전체의 생존과 관련된 전 지구적인 쟁점으로 떠오르면서 전통적인 구약 성경의 창조론에 대한 반성이 생겨나기 시작했다. 그 결과 많은 구약 학자가 자연을 독립적인 피조물로 인식하지 못하고 착취와 파괴의 대상으로만 인식한 것에 대해서 신학적인 반성을 하게 되었고, 자연에 대한 언급을 더는 구속 신학에 예속된 것으로 보지 않고 그 자체로 독립적인 신학의 대상으로 보아야 함을 강조하기 시작했다. 더 나아가 환경 위기에 대한 비판은 구약 성경에 나타나는 생태학을 새롭게 정리해야 할 과제를 구약학자들에게 던져 주었다.[93]

그동안 이 논의에서 늘 주목을 받았던 린 화이트의 주장을 바가 반박했다. 그는 성경은 기술에 대해 말할 수 있는 것이 거의 없다고 말하며, 우리가 자연 파괴에 대해 논하려면 인간이 창조주 아래에 있지 않고 우주에 대한 지배권을 소유하고 있으며 자신의 목적을 위해 자연을 처리할 권리가 있다고 주장하는 진보적 인문주의에 책임을 물어야 한다고 주장한다.[94] 앤더슨도 초기에는 폰 라트의 구속사 신학에 따라 창

---

92) Gerhard von Rad, "The Theological Problem of the Old Testament Doctrine of Creation," in *The Problem of the Hexateuch and Other Essays,* trans. E. W. Trueman Dicken (New York: McGraw-Hill, 1966), 131-143.

93) 강성열, "버나드 앤더슨의 창조신학과 생태윤리," 105.

94) James Barr, "Man and Nature: The Ecological Controversy and the Old Testament," *Ecology and Religion in History*, David Spring and Eileen Spring, ed. (New York: Harper & Row, 1974); Joseph Blenkinsopp, *Treasures Old & New: Essays in the*

조론을 진술했지만,[95] 그 이후에 구속사적인 창조론과는 구별되는 생태학적인 창조론에 관심을 보이며 틈틈이 논문을 발표했고, 1994년에 이 논문들을 모아 출판했다.[96] 국내에서는 강성열이 앤더슨의 입장을 잘 소개해 주고 있다.[97] 또 기독교환경운동연대 20주년을 기념하는 논문에서 국내의 구약학자들이 구약성경 전반에 대한 생태적 시각으로 성경 읽기를 시도하며 이 분야 연구에 중요한 기틀을 마련했다.[98] 최근에는 블렌킨숍이 창세기를 생태적 시각에서 주석했고,[99] 마가렛 바커(Margaret Barker)는 신구약 전반을 생태적 시각으로 읽는 의미 있는 작업을 했다.[100]

이 논문의 목적은 기존의 공헌을 바탕으로 성경 비판자들이 환경 파괴와 억압을 정당화하는 본문이라고 주장하는 창세기 1장 1절-2장 4a절에 나타나는 표현들을 좀 더 적극적이고 전문적으로 연구해 이들의 비판의 타당성을 살펴보는 것이다. 이 연구에서는 창조 이야기에 관심을 집중해 이 본문에 대한 부정적 주장을 반박해 보고, 이 본문에 나타나

Theology of the Pentateuch (Grand Rapids, MI: Eerdmans, 2004), 38.

95) Bernhard Word Anderson, *Creation versus Chaos: The Reinterpretation of Mythical Symbolism in the Bible* (New York: Association Press, 1967).

96) Bernhard Word Anderson, *From Creation to New Creation: Old Testament Perspective* (Minneapolis: Fortress Press, 1994).

97) 강성열, "버나드 앤더슨의 창조신학과 생태윤리," 103-126.

98) 왕대일("생태계 안에서 오경 다시 읽기"), 김영진("역사와 환경"), 이경숙("시편에 나타난 창조신학"), 차준희("생태적 전망에서 성서 다시 읽기: 예언과 환경"), 우택주("환경친화적 성서 읽기: 12 예언서") 등. 기독교환경운동연대 엮음, 『녹색의 눈으로 읽는 성서』 (서울: 대한기독교서회, 2002).

99) Joseph Blenkinsopp, *Treasures Old & New: Essays in the Theology of the Pentateuch*; Joseph Blenkinsopp, *Creation, Un-Creation, Re-Creation: A Discursive Commentary on Genesis 1-11*.

100) Margaret Barker, *Creation: A Biblical Vision for the Environment* (London/New York: T&T Clark, 2011).

는 생태윤리를 찾아보도록 하겠다.

2) 창세기 1장 1절-2장 4a절에 나타난 생태윤리

(1) 피조세계의 우주적 아름다움에 대한 수사적 긍정

창세기 1장 1절-2장 4a절에서 하나님의 사역은 일정한 패턴을 보이며, 같은 표현을 지속해서 사용하는 "반복법"(Palilogy)을 구사해 하나님의 반복되는 창조 사역과 피조 세계의 아름다움을 수사적으로 표현하고 있다.[101]

"태초에 하나님이 하늘(הַשָּׁמַיִם)과 땅(הָאָרֶץ)을 창조하셨다."라는 창세기 1장1절 말씀은 하늘과 땅에 있는 모든 만물을 하나님께서 창조하셨음을 선언하는 "양극 대칭법"(merismus)으로 1장 1절-2장 4a절의 내용을 포괄한다. 이 수사적 대선언은 환유법이나 제유법과 유사하지만, 인간의 관점에서 양극에 있는 하늘과 땅을 통해 그 안에 있는 사물 전체를 창조하셨다는 의미의 표현이다. 이 수사법은 인간 지성의 한계를 표현하는 수사법이기도 하다. 인간 지성은 지상의 관점에서 우주의 광대함을 표현할 수밖에 없기 때문이다. 이 표현은 비유법에서 핵심적인 위치를 차지하는 은유법과는 다르다. 은유법이 다분히 추상적이라면 이 "양극 대칭법"은 좀 더 구체적인 인간의 경험과 인식에 근거한 표현이기 때문이다. 창세기 1장 1절은 인간 인식의 한계를 드러내면서 동시에 양극을 나타내는 하늘과 땅이라는 어휘를 통해 그 안에 있는 우주 만물을 창조하신 하나님의 위대함과 전지전능하심을 드러내는 수사적 감탄의 표현이다. 이러한 특징은 창세기 1장 1절-2장 4a절의 수사적 구조 안에서 더욱 분명히 드러난다. 이 창조 이야기는 "교차 배열"(Chiasmus)을

---

101) Claus Westermann *Genesis 1-11*, 86-88.

이루며 우주적 관점(Cosmic concerns)에서 하나님의 창조 사역과 피조 세계의 아름다움을 수사적으로 묘사하고 있다. 창세기 1장 1절은 창세기 2장 4a절과 대칭을 이루며 하나님의 우주 창조를 선포하며, 창조 이야기의 뼈대 역할을 한다. 여기서 2장 4a절은 1장 1절의 어순을 역으로 배열하고 있으며 "수미쌍관"(Inclusio)을 이룬다.

בְּרֵאשִׁית בָּרָא אֱלֹהִים אֵת הַשָּׁמַיִם וְאֵת הָאָרֶץ 1:1

(태초에 하나님이 천지를 창조하시니라)

אֵלֶּה תוֹלְדוֹת הַשָּׁמַיִם וְהָאָרֶץ בְּהִבָּרְאָם 2:4

(이것이 천지가 창조될 때의 내력이라)

창세기 1장 2절과 창세기 2장 1-3절은 태초의 혼돈 상황과 창조의 완성 이후의 질서의 상황이 대칭을 이룬다. 1장 2절의 "공허와 혼돈"은 영어로 헨디아디스(hendiadys)라고 표현하는 어법으로 두 개의 단어를 사용해 하나의 뜻을 표현하는 이사일의(二詞一意) 어법이다. 이 어법은 구약 히브리어에서 빈번히 나타난다. "공허"로 번역된 תֹהוּ (토후)라는 단어는 구약 전체에서 20번 사용되었다. 이 단어는 신명기 32장 10절; 욥기 6장 18절; 12장 24절; 시편 107편 40절에서는 "사막"의 의미로 사용되었다. 특히 이사야 24장 10절; 34장 11절; 40장 23절; 예레미야 4장 23절에서는 심판을 선언하는 맥락에서 "사막"이나 "폐허"를 의미할 때 사용되었다. 그렇다면 왜 이 단어가 "창조"에 앞선 "공허"의 의미로 번역되었는지 궁금하지 않을 수 없다. 이사야 45장 18절에서 이 단어가 사용되었는데 여기서 "그가 그것을 혼돈하게 창조하지 아니하시고"라는 표현이 나온다. 욥기 26장 7절에도 이 단어가 사용되었는데 여기서는 "허공"을 의미하며, "아무것도 아님"(nothing)을 의미하는 בְּלִי (벨리)와 짝을 이룬다. 이와 비슷하게 "무"(nothingness)의 의미로 사용된 예는 자주 나타난다 (삼상 12:21; 사 29:2; 40:17; 41:23; 44:9; 45:19; 59:4). 이사야 40장 17절에서는 אֶפֶס(에페스)가 이 단어와 짝을 이루고, 이사야 49장 4절에서는 רִיק(리크) 와 הֶבֶל(헤벨)이 짝을 이루어 "완전한 무"의 상태를 의미한다.[102] בֹהוּ(보후)는 구약성경에 세 번 나타나는데(창1:2; 사 34:11; 렘 4:23), 모두 תֹהוּ와 짝을 이루어 사용되었다. תֹהוּ와 בֹהוּ는 서로 각운을 이루며 짝을 이루어 사용되는데 두 단어가 함께 사용되었을 때는 "이사일의 어법"으로 의미상의 차이가 없다. 이 두 단어의 결합으로 창조 이전의 전적인 무의 상태(ex nihilo)에서의 공허와 혼돈이 강조된다. 창세기 2장 1-3절은 1장 1-2절의 문구를 역순으로 사용하며, 도입부와 반향을 이루며 대칭을 이룬다. 첫 번째 문단인 1장 1-2절과 2장 1-3절의 대응성은 히브리어 단어를 7의 배수로 사용하며, 서로 대응 강조된다. 1절은 7개의 단어로, 2절은 14개의 단어로 2장 1-3절은 35(7*5)개의 단어로 구성되어 있다. 7이라는 완전 수가 기묘한 방식으로 피조 세계의 아름다움과 완전함을 선언한다.[103] 여기에 2절의 창조 이전의 완전한 공허와 혼돈의 상황과 2장 1-3절의 창조 이후 질서의 상황이 대조를 이루며 피조 세계 질서의 완전함을 더욱 분명하게 한다. 이렇게 전체적으로 교차 평행을 이루는 구조 속에서 처음 3일과 이어지는 3일이 "동의 평행"(Parallelism)을 이루며 짝을 이룬다. 하나님께서는 처음 3일간은 형태를 창조하고 이어지는 3일간은 각각의 형태에 생명체로 채우신다. 이 구조를 표로 표현해 보면 아래와 같다.

---

102) 위의 책, 102-103.
103) Gordon Wenham, *Genesis 1-15*, 박영호 역, 『창세기 1-15』 (서울: 도서출판 솔로몬, 2001), 88.

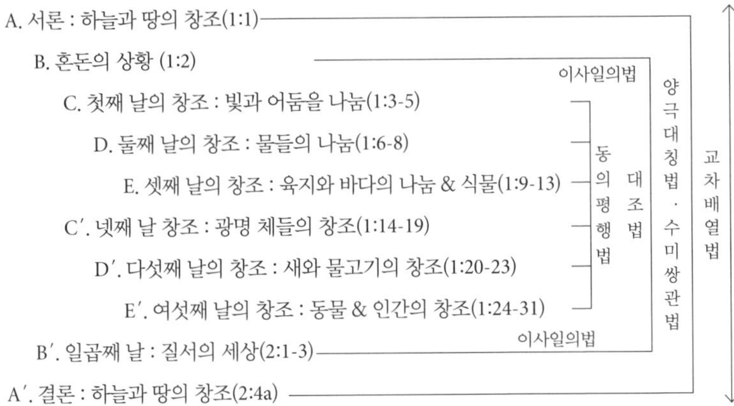

서론 (1:1)	하늘과 땅의 창조 (Merismus)(Inclusio)		A	
	혼돈의 상황 (이사일의법)(1:2)		B	
본론 (1:2-2:3)	첫째 날 창조 (1:3-5)	넷째 날 창조(1:14-19)	C	C′
	둘째 날 창조 (1:6-8)	다섯째 날 창조(1:20-23)	D	D′
	셋째 날 창조 (1:9-13)	여섯째 날 창조(1:24-31)	E	E′
	일곱째 날 창조 : 질서의 세상 (2:1-3)		B′	
결론 (2:4a)	하늘과 땅의 창조(Merismus)(Inclusio)		A′	

창 1:1-2:4a와 밀접한 관련이 있는 것으로 보이는 시편 8편 역시 피조 세계의 아름다움을 수사적으로 표현하고 있다.

[다윗의 노래, 악장에게: 깃딧에 맞추시오.][104] (사역)

A	1. 야훼 우리 주여! 　주의 이름이 온 땅에 　어찌 그리 장엄한지요? 　주의 위엄을 하늘 위에 두셨나이다.		
	B	2. 어린아이와 젖먹이의 입술을 가지고서도 　원수와 보수자를 꺾고 　주의 대적자들을 막을 　튼튼한 요새를 세우셨습니다.	동의 평행법· 반복법
		C	3. 주께서 손가락으로 만드신 하늘과 　주께서 달아 놓으신 달과 별들을 　내가 보오니 4. 사람이 무엇이기에 　주께서 이렇게까지 기억해 주시나이까? 　사람의 아들이 무엇이기에 　주께서 이렇게까지 보살펴 주시나이까?
	B′	5. 그러나 주께서는 그를 　하나님보다 조금 못하게 하시고 　그에게 영광과 존귀의 왕관을 　씌워 주셨나이다. 6. 주의 손으로 만드신 것을 　그에게 다스리게 하시고, 　모든 것을 그의 발아래 두셨나이다. 7. 모든 양과 소와 들짐승까지도 8. 하늘의 새와 　물길 따라 움직이는 　바다의 물고기까지도	동의 평행법· 반복법	
A′	9. 야훼 우리 주여! 　주의 이름이 온 땅에 　어찌 그리 장엄한지요?		

동의 평행법·반복법:

```
a    b   (c)
a′   b′   c′
a    b    c
a′   b′   c′
```

수미쌍관 / 교차배열법

이 시의 구조를 살펴보면, 1절과 9절이 수미쌍관(Inclusio)를 이루
며 시 전체의 아름다운 틀을 형성하며, 3절과 4절은 abca′b′c′의 동의 평

---

104) 시편 8편의 수사적 구조에 대한 연구는 필자의 졸고, "야웨 우리 주여, 주의 이름이
　　온 땅에 어찌 그리 장엄한지요?," 『성서마당』 (2010년 겨울) 신창간 제 27호 통권
　　96호), 52-64에 게재한 내용을 수정 보완한 것이다.

행을 반복하며 이 시의 핵심 내용을 이룬다. 2절과 5-8절은 하나님께서 대적들을 막고 자연 만물을 다스리기 위해 어린아이와 같은 사람들을 사용하신다는 내용을 다룬다. 따라서 이 시는 전체적으로 A-B-C-B′-A′의 교차 배열(Chiasmus)을 이루고 있다.

> A 1절: 온 땅 위에, 하늘 위에 드러나는 야훼 이름의 장엄함
> B 2절: 어린이, 젖먹이 같은 사람들을 원수들을 방어하는 데
>   사용하심
> C 3-4절: 광활한 우주를 볼 때 초라해 보이는 사람을 기억하고
>   돌보시는 하나님의 은혜
> B′ 5-8절: 사람들을 존귀하게 하시고, 만물을 그의 지배 아래 둠
> A′ 9절: 온 땅 위에 드러난 야훼 이름의 장엄함

이 시는 수미쌍관의 수사법을 통해 안정성을 획득하고 있으며, 교차 배열법을 통해 피조세계의 질서 있는 아름다움을 표현하며, 중심부에 나타나는 두 개의 동의평행법을 통해 '피조세계의 아름다움과 인간을 향한 하나님의 은혜'를 강조한다. 이 수사적 구조에서 보면 왕으로서의 인간이 강조되어 있다기보다는 광활한 우주에 비추어 볼 때 초라하기 그지없는 인간을 사랑하시는 하나님의 은혜가 강조되어 있다 할 수 있다. 이 수사적 이해 속에는 인간 중심주의가 자리 잡을 수 없다.

위에서 살펴본 것처럼 시편 8편과 마찬가지로 창세기 1장 1절-2절 4a절 역시 수미쌍관법(Inclusio), 양극 대칭법 (merismus), 이사일의 어법, 교차 배열법, 동의 평행법, 반복법 등의 수사법을 구사하며 하나님께서 창조하신 온 우주의 질서와 아름다움을 시적으로 찬양하며 선포한다. 이것은 이 이야기에 나오는 "하나님이 보시기에 좋았더라."(창1:4, 10, 12, 18, 21, 25), "하나님이 보시기에 심히 좋았더라."(창 1:31)는 긍정

의 말씀 속에 명확히 드러난다. "좋다"를 의미하는 히브리어 טוֹב(토브)는 파괴되거나 더럽혀지거나 어그러짐이 없이 조화와 균형을 이룬 아름다움을 의미한다. 따라서 생태계의 수사적 대칭 구조에 나타난 우주적 질서와 아름다움을 파괴하는 행위는 하나님의 창조 섭리에 어긋나는 것이며, 커다란 범죄인 것이다.

(2) 하나님의 형상 개념에 나타난 생태윤리

창세기 1장 26-27절에 보면 우리 인간은 하나님의 형상대로 만들어졌다. 그렇다면 "하나님의 형상"은 어떤 의미가 있는가? 인간이 하나님의 형상대로 만들어졌다는 표현의 생태학적 의미는 무엇인가?

구약 성경에서 "형상"을 의미하는 צֶלֶם(첼렘)이란 단어는 17번 나온다(창 1:26, 27(2); 5:3; 9:6; 민 33:52; 삼상 6:5(2), 11; 왕하 11:18; 대하 23:17; 시 39:2; 73:20;겔 7:20; 16:17; 23:14; 암 5:26). 이 단어의 의미는 보통 "조각상,"(삼상 6:5, 11; 왕하 11:18; 대하 23:17), "만든 형상,""신의 상징화된 모형,"(겔 7:20; 암5:26; 민 33:52) 등을 의미한다. 구약 성경에서 이 단어는 어떤 영적이거나 도덕적 차원을 의미하지는 않는다. 이 단어는 오히려 "물질로 구체화하는 눈으로 볼 수 있는 상"을 의미한다.[105] 이 단어는 창세기 1장 26절에 나오는 "모양"을 의미하는 דְּמוּת(데무트)란 단어와 상호교체 가능한 용어로 사용된다.[106] 물론 דְּמוּת란 단어는 צֶלֶם처럼 "형상,""모양,"(겔 1:5, 10, 28; 10: 10, 21; 단 10:16) 등의 의미로 쓰이지만, 일차적인 의미는 "유사함,""복사,""모방,"(창 1:26; 5:1, 3; 왕하 16:10; 사 40:18; 겔 23:15; 대하 4:3) 등의 의미이다. דְּמוּת는 두 가지 사물 간의 비교를 위한 일반적인 용어로 사용되며 또 어떤 것이 ~

---

105) C. Westermann, *Genesis 1-11*, 146.
106) 위의 책, 145-46.

같은, ~로서 등의 문구들에 의해 다른 것 또는 그 외의 것의 '외모'나 '형태'를 지녔다는 진술로도 사용된다. 이 두 단어가 하나님과 결합하여 "하나님의 형상," 혹은 "하나님의 모양"의 의미로 사용된 곳은 세 군데뿐이다(창 1:26-27, 5:1, 9:6). 그렇다면 인간이 가진 "하나님의 형상"이란 무엇인가?

구약학의 "하나님 형상" 이해는 고대 근동 세계의 이해에 주목한다. 고대 근동 세계에서는 "신의 형상"이라는 표현을 왕과 관련해 사용했다. 천상의 영역과 지상의 영역을 연결해 주는 존재인 왕은 "신의 형상"으로 묘사되었다. 고대 이집트 문헌에서는 이집트 만신전의 최고 신인 태양신 "라"(Ra)가 "바로"(Pharaoh)를 "라의 모양" 혹은 "라의 형상"이라 부른다. 아몬 라(Amon-Ra)가 기원전 14세기 왕인 아메노피스 3세(Amenophis III)를 부른 표현은 좋은 예이다: "너는 내 사랑하는 아들이요 … 나의 형상이요 … 내가 너를 이 땅을 평화롭게 다스리게 하려고 만들었다."[107] 고대 근동 세계에서 "신의 형상"은 왕을 의미했다. 고대 근동 세계의 맥락에서 창세기의 인간이 "하나님의 형상"대로 창조되었다는 진술을 해석하면, 인간이 왕으로 창조되었다는 것을 의미한다. 고대 근동 세계에서는 왕만이 신의 형상으로 창조되었지만, 구약 성경에서는 모든 인간이 왕으로 창조된 것이다. 사람에게 영광과 존귀로 관(Crown)을 씌우셨다는 시편 8편 4-5절의 표현은 이 점을 더욱 분명히 보여준다. 그러므로 구약 성경은 왕권의 개념을 민주화한다.

---

107) Hans Wildberger, "Das Abbild Gottes," *Theologische Zeitschrift* 21 (1965), 484ff.; Werner Hans Schmidt, *Die Schoepfungsgeschichte der Priesterschrift* (Neukirchen-Vluyn: Neukirchen Verlag, 1964), 136ff.; 박준서, "하나님의 형상에 관한 성서적 이해,"『기독교 사상』369 (1989년 9월), 104-120; 김이곤, "인간: 창조된 하느님의 형상,"『신의 약속은 파기될 수 없다: 창세기의 현대적 이해』(서울: 한국신학연구소, 1979), 85-109.

폰 라트는 그의 창세기 주석에서 "세상의 대왕들이 몸소 행차할 수 없는 왕국의 각 지방에 그들의 통치권에 대한 상징으로서 그들의 형상을 세우는 것과 마찬가지로 인간도 주권적인 하나님을 상징하는 하나님의 형상으로서 땅 위에 세워진 것이다."라고 말한다.[108] 모든 인간이 하나님의 형상으로 지어진 하나님의 대리자이다. 구약 성경은 고대 근동 세계의 제왕 신학을 민주화하여 모든 인간에게 적용했다. 모든 인간이 왕이라는 개념은 인간의 존엄성을 강조하는 평등의 개념이다. 이것은 고대 세계에서는 파격적이고, 혁명적인 개념이다. 모든 인간은 동등하게 존중받아야 한다. 모든 인간이 왕으로서 존중받아야 한다는 개념이 자연을 억압하거나 착취하거나 파괴해도 된다는 의미를 포함할 수는 없다. 브루그만은 창세기 1장의 "하나님의 형상" 개념은 "초청하며 불러일으키며 허용하는 권세의 창조적 사용을 전면으로 내세운다. 여기에 하나님이나 인류를 위한 강압적이거나 폭군적인 권세는 전혀 없다."[109] 라고 주장한다. 그는 창세기 1장의 Imago Dei에 대한 윤리로서 '지배하는 권세'보다 '함께하는 권세'로서의 윤리를 지향한다고 말한다. 성경을 인간 중심적으로 잘못 오용한 결과 하나님의 뜻에 따른 성경 읽기가 아니라 인간의 욕심과 정복에 의한 성경 해석이 생태윤리적 파경으로 치달았다고 할 수 있다. 이런 의미에서 "하나님의 형상"은 하나님의 관대한 행위로서 세상을 존재케 하시는 하나님의 본질에 근거한다. 그것은 바로 예수 그리스도를 보내 주심으로 완성된 하나님의 사랑이 아닐까? 이러한 특징은 창세기 1장의 인간 창조 이야기와 바빌로니아의 인간 창조 이야기의 비교에서 극명히 드러난다. 신들이 인간들에게 노동을 시키고,

---

108) J. Richard Middleton, *The Liberating Image*, 성기문 역, 『해방의 형상』 (서울: SFC, 2010), 31.

109) 위의 책, 391.

억압하고 착취하기 위해 창조했다고 주장하는 바빌로니아의 이데올로 기와는 대조적으로 창세기 1장의 하나님은 그 어떤 직접적인 보상에 대한 명백한 요구 없이 단지 피조물의 유익을 위하여 인간을 창조하신다. 하나님은 인간에게 한없이 베풀어 주시는 사랑을 보여주시는 분이시다. 하나님은 인간에게 민주적 개념의 왕이시다. 자연을 억압하고, 착취하고, 파괴하는 것은 하나님이 우리에게 보여 주신 왕의 개념에서 소외된 타락이며, 죄이다. 그러므로 우리 인간도 민주적 개념의 하나님 형상인 왕으로서 자연을 사랑하고 섬겨야 한다.

(3) "다스리라" "정복하라"는 동사에 나타난 생태윤리

창조 이야기에 있어 가장 환경 파괴와 억압과 관련해 주목받은 용어가 바로 창세기 1장 26-28절에 나오는 "다스리라", "정복하라"는 두 개의 동사이다. 그렇다면 이 두 단어는 환경 파괴를 정당화해주는 용어인가?

① "다스리라"에 대한 바른 이해:

창세기 1장 26절에 나오는 "다스리라"는 말은 히브리어 רָדָה(라다)의 번역이다. 이 단어는 구약성경에서 26회 사용되었다 (창1:26, 28; 레 25:43, 46, 53; 26:17; 민 24:19; 삿 14:9(2); 왕상 5:4, 30; 9:23;대하 8:10; 느 9:28; 시 49:15; 68:28; 72:8; 110:2; 사 14:2, 6; 41:2; 겔 29:15; 34:4; 렘 5:31; 애 1:13; 욜 4:13). 이 단어의 일차적인 뜻은 "포도주 틀을 밟다"(욜4:13)라는 뜻이다. 아람어에서도 비슷한 어원의 동사가 나타난다. 아시리아어(redu)와 시리아어에서는 "가다," "쫓다," "가르치다," "훈계하다" 등의 의미로 쓰인다. 하지만 구약성경에서는 주로 "다스리다," "지배하다"의 의미로 쓰인다. 욥기 4장 13절에서는 이 단어가 "포도주 압착기를 누르다"는 뜻으로 사용된다. 느헤미야 9장 28절에서는 "적을 쳐부순다," "적을 제어한다"는 의미로 사용된다. "강제노동을 통하여 노예를 억압한다."[110] 이 단어는 이런 용례를 통해 부정적인 의미로 이해되었다. 그러나 이것은 이 단어를 너무 단편적으로 분석한 것이다. 이 말은 원래 고대 이집트와 바빌로니아의 궁중 언어로서 "돌본다"는 의미가 있는 말이다[111]. 황제가 그 땅의 백성이 행복하게 살 수 있도록 돌보는 것이 곧 "다스리다"라고 하는 말의 뜻이다. 에스겔 34장 4절에서 이 단어가 사용되었을 때는 "헤매는 것은 찾아오고, 길 잃은 것은 데려오며, 다리가 부러지고 상한 것은 싸매어 주며, 약한 것은 튼튼하게 만드는" 목자(겔 34:16)를 염두에 둔 것이다. 시편 72편 8절에서 이 단어가 사용되었을 때는 "불쌍한 백성을 공정하게 판결하며, 가난한 백성을 구원하게 해주시며, 억압하는 자들을 꺾는" 왕(시 72:3-4)을 고려한 표현이다. 따라서 인간이 자연을 다스리는 자로 창조되었다고 하는 말은 "하나님의 형상"이라는 민주적 개념의 왕과 연결할 때 자연을 억압하고 착취하고 파괴하는 것을 뜻하는 것이 아니라 자연 세계의 행복과 평화를 위해 돌보는 사명을 부여받았다는 것을 의미한다. 오히려 생태계에서 억압받고 착취받는 자연을 찾아가 치유하고, 회복시키는 적극적 개념의 책임을 부여하는 표현이다.

② "정복하라"에 대한 바른 이해:

"땅을 정복하라"는 표현에서 "정복하다"는 동사는 כָּבַשׁ(카바쉬)라는 히브리어 동사이다. 이 단어는 구약성경에서 14번 사용되었다(창 1:28; 민 32:22, 29; 수 18:1; 삼하 8:11; 렘 34:11, 16; 미 7:19; 슥 9:15; 대

---

110) Gerhard Friedrich, *Ökologie und Bibel: neuer Mensch und alter Kosmos* (Stuttgart/Berlin: W.Kohlmammer, 1982), 10.

111) C. Westermann, *Schöpfung. Themen der Theologie 12* (Stuttgart/Berlin: Kreuz-Verlag, 1971), 75 ff. ; N. Lohfink, *Unsere grossen Wörter. Das Alte Testament zu Themen dieser Jahre* (Freiburg: Herder, 1977), 166.

하 22:18; 28:10; 느 5:5(2); 에 7:8;). 이 단어의 앗수르어 어원은 *kabasu*로 "밟다," "짓밟다," "차다," 등의 의미이다. 아람어에서도 "짓밟다," "복종시키다,"의 의미이다. 따라서 이 단어의 기본적인 의미는 "짓밟다"(슥 9:15; 미 7:15), "굴복시키다," "정복하다"(창 1:28; 렘 34:11; 대하 28:10; 느 5:5)이고, 심지어 "강간 폭행하다"(에 7:8)의 의미로도 사용된다. 따라서 이 단어는 다른 어떤 표현보다 환경에 위협을 주는 표현으로 이해되었다. 야콥(B.B. Jacob)은 "땅을 정복하라"는 이 명령은 인간이 세계의 몸인 "땅에 대한 무제한의 주권"(Herrschaft)을 얻었으며, 산에 굴을 뚫고 산을 옮기며 강물의 흐름을 변경시킬 수 있는 권리를 부여받았다는 것을 의미한다고 해석했다.[112] 릴리에(H. Lilje)는 하나님은 "땅을 정복하라"는 명령을 통해 인간의 활동에 대해 높은 가치를 부여했다고 주장한다. 과학 기술은 창조의 첫 아침의 광채를 드러내며, 하나님 활동의 연속이라고 주장한다.[113] 그러나 이러한 해석 때문에 "자연에 대한 정통 기독교적인 교만(Arroganz)"을 가져왔으며, "기독교의 무자비한 결과들"을 유발했다는 비난을 피할 수 없었다.[114]

그러나 "정복하라"는 말은 28절에서 하나님께서 인간에게 복을 내리시는 진술 중에 나온 말이다. "생육하고 번성하여 땅에 충만하라, 땅을 정복하라"는 복의 선언에서, "생육하고 번성하라"는 표현은 히브리어 פְּרוּ(페루)와 רְבוּ(레부)의 결합으로 서로 각운을 이루며 "열매를 맺

---

112) K. Barth, *Kirchliche Dogmatik III/1*, S. 231.

113) H. Lilje, *Das technische Zeitalter, Versuch einer biblischen Deutung* (Berlin: Furche-Verlag, 1928), 77.

114) G. Altner, "Ist die Ausbeutung der Natur im christlichen Denken begruendet?", in: H.D. Engelhardt, *Umweltstrategie. Materialien und Analysen zu einer Umweltethik der Industriegesellschaft* (Gütersloh: Gütersloher Verlagshaus Mohn, 1975), 33; C. Amery, *Das Ende der Vorsehung*, 10ff.; 김균진, 『생태학의 위기와 신학』 (서울: 대한기독교서회, 1991), 103.

고,"수적으로 증가하라"는 의미로 사용된 "이사일의 어법"(hendiadys)이다. 연속해서 나오는 "땅에 충만하라, 땅을 정복하라"는 표현 역시 히브리어를 직역하면 "땅을 가득 채우라, 그것을 정복하라"이다. 이 표현 역시 동의 평행법이다. 따라서 땅에 충만하라는 말과 땅을 정복하라는 말은 서로 평행하며 같은 복의 반복을 의미한다. 몰트만의 표현대로 "땅을 정복하라"는 것이 인간을 위한 하나님의 축복이라면, 이 "정복"은 자연의 억압과 착취와 파괴를 의미할 수 없다.[115] 여기서 "충만하라"라는 말로 번역된 מִלְאוּ(밀러우)는 "넘치게 채우다"라는 뜻을 갖는데 성경의 인물들이 많은 자녀로 땅을 채우는 것을 연상할 수 있다. 따라서 정복하라는 말은 수적으로 번성하여 '땅에 충만하여라', '땅을 경작하여서 충분히 수확하고 풍성한 복을 누리라'는 뜻으로 이해할 수 있겠다. 다른 말로 표현해 본다면 "정복하라"는 말은 자연에 대한 파괴와 착취를 의미하는 것이 아니라 자연을 돌보고 가꾸면서 자연의 소산물을 먹고 많은 자식을 낳고 건강하게 살라는 하나님의 축복 선언의 연속이다.[116] 이 말은 위에서 살펴본 "하나님의 형상" 개념과 "다스리라"라는 명령과의 연장 선상에서 이해해야 한다. 민주적인 하나님의 형상을 입은 인간이 하나님의 대리인으로서 하나님이 창조하신 움직이는 생물들을 살피고 보호하며 섬김으로 창조질서를 보존할 뿐 아니라 땅을 경작하고 작물을 재배하여 필요한 식물을 얻어 풍족한 삶을 영위하며, 다른 피조물과 함께 땅에 번성하여 충만케 되어 이 땅을 사랑으로 정복하라는 것이다. 하나님의 이 명령을 완성하는 것이 자연 생태계를 위해 우리에게 주신 사명이라 할 수 있겠다. 이러한 의미에서 인간은 선한 청지기로 지음을 받은 존재라고 할 수 있겠다.

---

115) 김균진, 『생태학의 위기와 신학』, 103.
116) 목창균, "생태학적 신학과 창조신학," 『목회와 신학』 38호 (2000년 8월), 77.

(4) 먹거리 이야기에 나타난 생태윤리

창조 시에 하나님은 인간과 동물에게 식물을 먹거리로 주셨다:

> 하나님이 이르시되, "보라, 내가 너희에게 온 땅 위에서 씨 맺는
> 모든 채소와 씨 맺는 모든 과일을 주노니
> 너희의 먹거리가 되리라
> 땅의 모든 짐승과 하늘의 모든 새와
> 생명이 있어 땅 위를 기는 모든 것에게는
> 모든 푸른 풀을 먹거리로 주노라." 하시니
> 그대로 되었다(창 1:29-30, 사역).

여기서 우리는 적어도 채식주의가 우리가 회복해야 할 식생활의 원형(Ur-type)이라는 점은 말할 수 있다. 이사야 11장 6-7절에 보면 새 하늘과 새 땅에서는 이리와 사자가 어린 양, 어린 염소, 송아지와 함께 살며, 사자가 소처럼 풀을 먹는다. 타락 이전에 인간은 다른 짐승을 식량으로 삼지 않았다. 짐승들도 다른 짐승을 먹기 위해 죽이는 것이 허락되지 않았다. 그들은 동산의 과실과 식물을 먹거리로 삼았다. 육식은 타락 이후, 홍수 심판 이후에 생겨난 일이다:

> 땅의 모든 짐승과 공중의 모든 새와 땅 위에
> 기는 모든 것과 바다의 모든 물고기가 너희를
> 두려워하며 너희를 무서워하리니
> 그것들을 너희 손에 주었느니라.
> 모든 산 짐승은 너희의 먹거리가 될지니
> 신선한 채소 같이 내가 이 모든 것을 너희에게 주노라(창 9:2-3, 사역).

그러나 짐승의 피를 먹는 것은 허락되지 않았다(창 9:4). 구약 성경
에 의하면 피는 곧 생명이며, 생명은 하나님의 소유이기 때문이다. 성경
은 생명에 대한 하나님의 소유권을 철저히 강조한다. 상업적인 목적이
나 실험의 목적으로 잔인하게 동물을 대량 학살하는 것은 하나님 앞에
옳지 않다. 최근에 문제가 되는 동물 학대나 잔인한 동물 살해에 대한 처
벌 규정을 마련하는 것도 시급한 일일 수 있겠다.[117]

(5) 안식일에 나타난 생태윤리

일반적으로 하나님의 창조는 인간의 창조에서 완성된 것으로 이해
했다. 따라서 인간이 "창조의 완성"이요 "창조의 면류관"이라고 생각했
다.[118] 그러나 이것 역시 지나치게 인간 중심적인 해석이다. 오히려 모든
창조가 안식일을 향하여 진행되고 있음을 발견할 수 있다. "창조의 면
류관"은 하나님과 모든 피조물이 평화롭게 안식하는 안식일이라 할 수
있다.[119] 로젠츠바이크(Rosenzweig)는 안식일은 "창조의 잔치"라고 했
다.[120] 폰 라트는 "하나님은 그의 창조를 일곱째 날 그의 안식을 통해 완
성했다"고 주장한다.[121] 안식일은 창조의 핵심이요, 창조의 완성이다.

"쉬다"를 의미하는 שָׁבַת(샤바트) 동사는 기본적으로 "멈추다," "일
을 쉬다," "잠잠하다," "휴일을 갖다" 등의 의미로 쓰이는데 하나님께서
창조사역을 완성하고 쉬셨다는 것이다. 따라서 피조물들의 완성이 제

---

117) 김균진, 『생태학의 위기와 신학』, 94.

118) 위의 책, 109.

119) Jürgen Moltmann, *Gott in der Schöpfung* (Gütersloh: Gütersloher Verlagshaus,
1987), 20, 45, 279 ff.

120) Franz Rosenzweig, *Der Stern der Erlösung*, Heidelberg 1959, 65; J. Moltmann, 위의
책, 280.

121) Gerhard von Rad, *Theologie des Alten Testaments I, Die Theologie der geschicht-
lichen Überlieferung* (München: 6. Aufl., 1969), 161.

칠일에 하나님의 쉬심과 관계가 있으며, 이날을 복 주시고 거룩하게 하신 것도 하나님의 쉬심과 관련이 깊다. 하나님의 쉬심은 모든 피조물을 위한 것으로 인간도 하나님의 모범을 따라야 한다. 하나님께서 이날을 "복 주시고 거룩하게 하셨다"는 데 이것은 온전히 인간을 포함한 피조물을 위한 표현으로 하나님의 안식에 인간 및 피조물 전체가 참여하는 것을 의미한다. 십계명의 제4계명은 객이나 종을 포함한 모든 사람뿐 아니라 (소나 나귀나) 가축까지 안식하게 하라고 명한다(출 20:10; 신 5:14). 안식일에는 모든 가축도 안식해야 한다. 물론 인간의 안식일 휴식은 인간과 동물은 물론 자연에까지 확대된다. 고대사회에서 인간은 밭을 갈고 씨를 뿌리며 나무를 채취함으로써 양식과 땔감과 집과 옷을 얻었다. 따라서 사람이 안식일에 쉰다는 것은 논과 밭과 나무와 동물이 휴식하고 자연의 생명력을 회복하도록 하는 것이다.[122]

안식일 계명은 안식년 계명으로 확대된다. 안식년 개념은 처음에는 사회적 관심에서 생겨났다:

> [10] 너는 여섯 해 동안은 네 땅에
> 씨를 뿌려 그 소산을 거두고
> [11] 일곱째 해에는 놀리고 묵혀두어서
> 네 백성의 가난한 자들이 먹게 하라
> 그들이 남긴 것은 들짐승이 먹으리라
> 네 포도밭과 올리브 밭도 그리할지니라 (출 23:10-11, 사역).

물론 이 계명에는 들짐승들에 대한 생태학적 배려도 포함되어 있다. 이런 개념은 땅에 대한 생태학적 배려로 확대된다:

---

122) 김균진,『생태학의 위기와 신학』, 114.

일곱째 해에는 그 땅이 쉬어 안식하게 할지니
야훼께 대한 안식이라 너는 그 밭에
파종하거나 포도밭을 가꾸지 말며(레 25:4, 사역).

이 계명을 지키지 않으면 이방 민족의 칼에 의해서라도 멸망시켜 땅을 안식하게 한다고 말씀하신다:

³³ 내가 너희를 이민족들 사이에 흩을 것이요
    내가 칼을 빼들고 너희를 쫓으리니
    마침내 너희의 땅은 쑥밭이 되고 너희 성읍은 폐허가 되리라
³⁴ 너희가 원수의 땅에 살 동안에 너희의
    땅은 황폐하여 땅이 안식을 누릴 것이라
    그때에 땅이 안식을 누리리니
³⁵ 너희가 거기에 거주하는 동안
    너희가 안식할 때에 땅은 쉬지 못하였으나
    그 땅이 황무할 동안에는 쉬게 되리라"(레 26:33-35, 사역).

역대하 36장 20-21절에 보면 이스라엘이 안식년 계명을 지키지 않았기 때문에 바빌로니아의 포로가 되었다고 말한다:

²⁰ 칼에 맞아 죽지 않고 살아남은 자를 그가 바빌로니아로
    붙잡아 가매 무리가 거기서 갈대아 왕과
    그의 자손의 노예가 되어
    페르시아가 통치할 때까지 이르니라
²¹ 이에 이 땅은 황폐하여 땅이 안식년을 누림같이
    안식하여 칠십 년을 지냈으니

야훼께서 예레미야의 입으로 하신 말씀이 이루어졌더라(대하 36:20-21, 사역).

안식년 계명은 인간과 동물을 포함한 자연의 행복에 대한 기준이 된다. 이 계명을 지키면 땅이 비옥해질 것이며 많은 소출을 낼 것이다. 땅은 생명의 근원이다. 땅이 생명력을 잃으면 그 위의 생물과 사람도 죽거나 쫓겨나게 된다.[123] 따라서 안식년 계명은 단지 인간에게만 부과된 하나의 종교적 계율이 아니라 생태계의 평안과 안녕을 위한 창조주 하나님의 명령이다.

안식년의 계명은 "희년"의 계명으로 확대된다. 하나님의 사회적 관심과 생태학적 관심이 희년 계명에서 하나가 된다. 희년에 사람은 땅을 쉬게 해야 하며, 땅을 본래의 주인에게 돌려주어야 한다. 가난한 자들의 빚을 면제해 주어야 하며, 가난하여 자기의 몸을 판 종을 해방해야 한다(레 25:8-55). 희년을 통해 땅의 권리와 인간의 권리와 모든 자연의 권리가 회복된다. 안식일, 안식년, 희년 규정은 모든 인간과 동물과 자연, 즉 온 생태계의 질서를 회복하고 평화를 유지하기 위한 하나님의 생태학적인 명령이요, 지혜이다.

3) 소결론

(1) 요약

창세기 1장 1절-2장 4a절의 창조기사는 자연을 억압하고, 착취하고, 파괴하는 것을 정당화하고 있다는 린 화이트와 기독교 비판자들의 주장은 본문에 대한 이해 부족에 기인한 것이라 할 수 있다. 창세기 1장

---

123) 위의 책, 117.

1절-2장 4a절의 수미쌍관법, 양극대칭법, 이사일의 어법, 교차 배열법, 동의 평행법, 반복법 등의 수사법은 온 우주 생태계의 질서와 아름다움을 시적으로 찬양하는 선포이며, 동시에 피조세계의 아름다움을 파괴하는 행위는 하나님 앞에 범죄라는 것을 강조하며, 이 생태계를 아름답게 보전할 것을 명하는 수사적 대선언이며, 상징적 명령이다. 특히 창세기 1장 26-28에 나오는 "하나님의 형상" 개념이나 "다스리라", "정복하라"는 동사 역시 억압하고, 착취하고 파괴하라는 구약 주변 세계의 전제 군주적 제왕신학에 기인한 것이 아니라 구약성경의 히브리식 민주적 개념에 기인한 것으로 하나님이 사람에게 그런 것처럼 자연을 존중하고, 사랑하고, 섬길 것을 명하는 표현이다. 먹거리 문화에서도 채식주의가 타락 이전에 하나님께서 우리에게 허락하신 식생활의 유형이며, 우리가 추구하고 회복해야 할 식생활의 원형(Ur-type)임을 말해준다. 안식일 규정은 우리 인간에게뿐 아니라 땅과 자연의 모든 피조물에까지 확대되어 지켜야 할 계명이다. 따라서 창세기 1장 1절-2장 4a절은 우리 인간에게 생태계를 향한 책임을 다할 것을 강조하는 본문이라 할 수 있다. 이 본문은 우리 인간에게 적극적으로 자연 보호와 피조세계의 보전에 앞장설 것을 명령하고 있다.

(2) 과제

위에서 살핀 것처럼 창 1장 1절-2장 4a절의 창조 이야기에 자연 착취나 억압이나 파괴를 정당화하는 표현이 나타나지 않는다 하더라도 그동안 많은 성경 해석자들이 그렇게 해석해 온 것은 인정해야 할 것이다. 그동안 기독교의 다른 신학 분야에서 마치 린 화이트와 그의 추종자들에게 빚진 것처럼 그들의 주장을 인용하며 생태학적 해답을 찾기 위해 노력할 때 구약학 분야는 자신만의 길을 걸어왔다 할 수도 있겠다. 여기에는 구약학 연구의 방법론이 고도로 전문화되어 있어 다른 분야와 대화할 수 없었던 이유도 있을 것이다. 따라서 대화 가능한 주제들에 대한 학제간(interdisciplinary) 연구를 통해 기독교 신앙의 공적인 영향력 및 사회적인 신뢰를 회복하고자 하는 노력에 성서신학도 적극 나설 필요가 있다. 이 맥락에서 성경학자들의 좀 더 적극적인 생태학적 성경 연구가 있어야 할 것 같다. 현장의 목회자들이나 신앙인들이 지나치게 인간 중심적인 설교나 성경 읽기를 하지 않도록 이들을 적극 교육하는 것도 중요한 과제이다. 창세기의 창조 이야기뿐 아니라 더 나아가서 시편 등 성문서나 예언서의 창조신학적인 본문에 대한 좀 더 깊이 있고, 적극적인 생태학적 성경 읽기도 계속되어야 할 것으로 보인다.

2. 창세기 2장 4b-25절에 나타난 생태윤리[124]

앞에서도 살펴본 것처럼 두 번째 창조 이야기(2:4b-25)는 첫 번째 창조 이야기(창1:1-2:4a)와는 좀 다른 관점을 보인다.[125] 이 두 번째 창조

---

124) 이 글은 2011년 제14회 장신대 소망신학포럼 개인과제로 발표한 논문을 수정, 보완한 것으로 소망신학포럼 위원회와 장신대 연구지원처의 지원으로 연구된 논문 일부이다.

125) 이 두 이야기의 차이에 대한 최근 연구 동향을 살피려면 J. Van Seters, 'The Pentatuech' in S. L. McKenzie and W. P. Graham (eds), *The Hebrew Bible* (Louisville KY: Westminster/John Knox, 1998), 3-49; P. Volz and W. Rudolph, *Der Elohist als Erzähler: Ein Irrweg der Pentateuchkritik?* (Giessen: Alfred Toppelman, 1933); W. Rudolph, *Der "Elohist" von Exodus bis Josua,* BZAW 68 (Berlin: Tpelmann, 1938); J. C. Gertz, K. Schmid & M. Witte eds. *Abschied vom Jahwisten* (Berlin; NY: Walter de Gruyter, 2002); Eun-Woo Lee, Book Review for JSOTS (Jounal of Society of Old Testament Studies, 2011) Dozeman, Thomas B. (ed.), *Methods for Exodus* (Cambridge: Cambridge University Press, 2010); 이은우, "구약 축전의 발전 과정 연구: 유월절(הג פסח)과 무교절(הג המצות)의 관계," 『구약논단』 제17권 1호 (통권 39집) (2011년 3월); 이은우, "소위 신명기 역사 연구의 최근 동향," 『구약논단』 제14권 3호 (통권 29집) (2008년 9월); 이은우, "오경 문서비평의 새로운 방향 찾기-

기사는 지상의 수평적 관점(Earthly & Horizontal Concerns)에서 세상과 인간의 창조에 관심을 둔다. 몰트만은 환경 위기 시대에 강조되어야 할 하나님의 모습이 이 자연 가운데 내재해 계신 하나님의 모습이라며, 내재적(immanent)이고 범재신론적(panentheistic)인 하나님의 개념을 강조한다.[126] 이 두 번째 창조 이야기에 나타난 하나님의 모습에서 몰트만이 강조하는 하나님의 모습과 접촉점을 찾을 수 있을지도 모르겠다. 첫 번째 창조 이야기에서 하늘이 중요 무대이고 인간은 장엄한 우주 체계의 일부에 불과하지만, 이 두 번째 이야기에서는 땅이 모든 하나님의 창조 활동의 중심 무대이고, 인간을 둘러싼 땅과 식물과 동물이 그 중심점을 이루고 있다. 즉, 이 두 번째 창조 이야기는 야훼 하나님께서 사람을 정성을 다해 만드시고, 그를 곁에서 다정히 살피시고, 돌보시는 신인동형론(anthropomorphism)적인 모습이며, 인간에게도 그 주변의 환경과 동물에게 동일한 책임을 다 할 것을 명하신다.

1) "경작하라" "지키라"라는 동사에 나타난 생태윤리

하나님은 사람을 이끌어 에덴을 "경작하고,""지킬 것"을 명하신다 (창 2:15). 노동은 타락 이전부터 주어진 신성한 것이다. 잘 알다시피 "경작하다"를 의미하는 히브리어 עבד(아바드)는 기본적으로 "밭을 갈다," "경작하다," "섬기다," "예배하다"를 뜻한다. 여기에서 "종"을 의미하는 עבד(에베드)나 "일," "봉사," "예배"를 의미하는 עבדה(아보다)같은 명사가 파생되었다. 물론 구약에서 이 동사가 "섬기다"를 의미할 때는 왕 (삿 9:28; 렘 30:9)이나 주인(창 27:40; 29:15, 25, 30; 출 21:6 등등) 등 사

출애굽기 13장 17절-14장 31절을 중심으로," 244-248 등을 참고하라.
126) 김도훈, "위르겐 몰트만의 생태신학," 『생태신학과 생태영성』 (서울: 장로회신학대학교 출판부, 2009), 233-4.

람을 섬기는 것을 의미하고, "예배하다"를 의미할 때도 하나님이나 다른 신을 예배하는 것을 의미하므로(출 3:12; 9:1, 13; 신 4:19; 8:19; 왕하 10:18, 19, 21; 시 97:7; 사 19:23 등등), 자연을 섬기거나 예배하는 것을 의미할 수는 없다. 그러나 이 단어가 갖는 의미를 생각할 때 동산을 경작한다는 의미는 적어도 정성껏 돌보고 관리한다는 의미를 포함한다. 또 "지키다"를 의미하는 히브리어 שמר(샤마르)는 "보호하다, 지키다, 감시하다, 경호하다, 방어하다" 등의 의미이다. 이 단어의 어원은 아시리아어 *samaru*로 그 기본적인 뜻은 "존경하다," "보관하다"이다. 아람어와 사바어 어원인 rmt(타마르) 역시 "보호하다"를 의미한다. 따라서 이 단어역시 자연을 정성을 다해 지켜보고 보호하는 것을 의미한다. 그러므로자연을 정성껏 돌아보고 관리하며, 보호하는 것은 하나님께서 우리 인간에게 부여한 중요한 사명이라 할 수 있다.

2) "돕는 짝"이라는 표현에 담긴 생태윤리

사람이 혼자 사는 것을 좋지 않게 여기시고 그의 "돕는 짝"으로 흙으로 각종 들짐승과 공중의 각종 새를 만드셨다(창2:18-9). 사람뿐 아니라 동물도 흙으로 정성껏 빚으신 것이다. 창세기 2장 20b절 이하에 보면여성이 아담(האדם, 아담)의 "돕는 짝"으로 주어지지만 여성 창조 이전의 사람(האדם, 하아담)에게 동물을 "돕는 짝"으로 만드셨다.[127) 창세기2장 7절 이후에서 사람을 나타낼 때는 히브리어 האדם(하아담)이 사용

---

127) 물론 창 2:20 이하에서 아담에게 돕는 배필과 짝이 없어 여성을 창조하시지만, 여기서 아담은 21절 이하 여성의 창조로 구체화한 고유명사로서의 아담이다. 18절에 나오는 <하아담>(האדם)은 일반명사로 "사람"이라는 일반적인 의미이다. 따라서 우리말 성경에서 2:18의 <하아담>(האדם)을 "사람"으로 2:20의 <하아담>(האדם)을 아담으로 번역한 것은 바른 이해이다.

되었다. 이 단어는 흙을 의미하는 히브리어 אדמה(아다마)에서 유래한 사람을 의미하는 אדם(아담)에 정관사 ה(하)가 결합한 형태로 일반명사로서의 사람을 의미하지 고유명사인 아담을 의미하지는 않는다. 2장 20b절에서 "돕는 짝"으로서의 여성이 등장한 이후에 이 명사가 고유명사인 아담이 되는 것이다. 마소라 본문도 2장 20b절에서 이러한 질적 변화를 보여주기 위해 정관사 없이 처음으로 "아담"(לאדם, 르아담)이라는 고유명사를 사용한다. 물론 BHS 비평란과 일부 학자는 정관사를 포함한 לאדם(라아담)으로 읽을 것을 제안하지만, 타당성이 없다. 왜냐하면 2장 20b절은 남성의 돕는 짝인 여성의 등장으로 남성인 아담으로의 질적인 변화를 의미하는 표현이기 때문이다. 따라서 개역개정판의 번역의 경우도 창세기 2장 20b절 이하에서만 "아담"이라는 고유명사를 사용해 번역하는 것이 타당해 보인다.

개역개정판	사역
^{2:18} 여호와 하나님이 이르시되 **사람이** 혼자 사는 것이 좋지 아니하니 내가 그를 위하여 돕는 배필을 지으리라 하시니라 ^{2:19} 여호와 하나님이 흙으로 각종 들짐승과 공중의 각종 새를 지으시고 **아담이** 무엇이라고 부르나 보시려고 그것들을 그에게로 이끌어 가시니 **아담이** 각 생물을 부르는 것이 곧 그 이름이 되었더라 ^{2:20} **아담이** 모든 가축과 공중의 새와 들의 모든 짐승에게 이름을 주니라 **아담이** 돕는 배필이 없으므로	^{2:18} 야훼 하나님이 이르시되 "**사람이** 혼자 있는 것이 좋지 않으니 내가 그를 위하여 돕는 짝을 만들어주리라." 하시니라 ^{2:19} 야훼 하나님이 흙으로 모든 들짐승과 하늘의 모든 새를 빚어 만드시고, **사람에게** 데려가 무엇이라 부르나 보려 하시니 **사람이** 각 생물을 부르는 것이 곧 그 이름이 되었더라 ^{2:20} **사람이** 모든 가축과 하늘의 새와 모든 들짐승에게 이름을 주니라 **아담이**(לאדם) 돕는 짝이 없으므로

창세기 2장 18절의 사람(האדם)은 모든 인류의 대표이다. 인간에게 동물이 배우자 못지않은 "돕는 짝"인 것이다. 모두 알다시피 "도움"을 의미하는 히브리어 단어 עזר(에제르)는 구약성경에 모두 26회 사용

되었다 (창 2:18, 20; 15:2; 출 18:4(2번); 신 33:2, 26, 29; 삼상 4:1; 5:1; 7:12;시 20:3; 33:20; 70:5; 89:19; 115:9, 10, 11; 121:1, 2; 124:8; 146:5; 사 30:5;겔 12:14;단 11:34; 호 13:9). 전통적으로 이 단어는 성차별적 개념으로 보조적이나 부차적 위치에서 돕는 조력자의 의미로 이해되었다. 이사야 30장 5절에서 이 단어가 사람의 도움을 의미할 때 사용되기도 했지만,[128] 구약성경에서 이 단어는 주로 하나님께서 이스라엘에게 주시는 '신적인 도움'의 의미로 사용되었다(시33:20, 30; 70:5 115:9, 11; 121:1-2; 124:8; 146:5; 신33:7, 26, 29 등등).

아브라함의 양자(창15:2), 모세의 둘째 아들(출18:4)의 이름이 אֱלִיעֶזֶר(엘리에셀)이다. 모두 알다시피 이 이름은 "나의 하나님은 도움이시다."라는 뜻이다.

사무엘이 블레셋과의 싸움에서 승리한 이후 하나님께서 도우셨음을 기념하며 세운 돌의 이름이 אֶבֶן הָעֵזֶר(에벤에셀, 삼상7:12)이다.

시편에 보면 이 단어의 특징적 의미가 더 명확히 나타난다.

시 20:2	"성소에서 너를 도와주시고(에제르) 시온에서 너를 붙드시며"
시 33:20	"우리 영혼이 야훼를 바람이여 그는 우리의 도움(에제르)과 방패시로다"
시 70:5	"나는 가난하고 궁핍하오니 하나님이여 속히 내게 임하소서 주는 나의 도움(에제르)이시오 나를 건지시는 이시오니 야훼여 지체하지 마소서"
시 89:19	"…내가 능력 있는 용사에게 돕는 힘(에제르)을 더하며 백성 중에서 택함받은 자를 높였으되"

---

128) 물론 여기서도 위기에 처한 이스라엘에게 필요한 열방(애굽)의 도움을 의미한다.

시 115:9-11   "이스라엘아 야훼를 의지하라 그는 너희의 도움(에제르)이시오 너희의 방패시로다" "아론의 집이여 야훼를 의지하라 그는 너희의 도움(에제르)이시오 너희의 방패시로다"

"야훼를 경외하는 자들아 너희는 야훼를 의지하여라 그는 너희의 도움(에제르)이시오 너희의 방패시로다"

시 121: 1-2   "내가 산을 향하여 눈을 들리라 나의 도움(에제르)이 어디서 올까"

"나의 도움(에제르)은 천지를 지으신 야훼에게서로다"

시 124:8   "우리의 도움(에제르)은 천지를 지으신 야훼의 이름에 있도다"

시 146:5   "야곱의 하나님을 자기의 도움(에제르)으로 삼으며 야훼 자기 하나님에게 자기의 소망을 두는 자는 복이 있도다"

그러므로 구약성경에서 עֵזֶר라는 단어는 아랫사람이 윗사람을 돕는 개념이나 보조적 도움의 개념이 아니라, 이스라엘 백성을 향한 하나님의 도움을 의미한다. 사실, 히브리어를 포함한 고대 셈어에서 이 단어의 동사 형태가 갖는 어원적 의미는 "목말라 죽어가는 사람에게 물을 주고, 피 흘려 죽어가는 사람의 팔에 지혈대를 주어 생명을 구원하는 행위"를 의미한다.[129] 따라서 다른 생물이 사람의 עֵזֶר라는 표현은 여성이 남성에게 그런 것처럼, 오히려 사람이 생물에게 크게 의존하는 존재로, 상·하의 관계를 따진다면 오히려 생물이 사람에게 절실하고 필수적인 도움을 준다는 의미에서 생물이 사람보다 우위에 있다고 말할 수 있다.

---

129) Samuel Terrien, *Till the Heart Sings: A Biblical Theology of Manhood and Womanhood* (Philadelphia: Fortress Press, 1985), 10.

우리 한글 성경에는 나타나지 않지만, 히브리어 성경에 보면 כנגדו(크네그도, 창2:18)라는 단어가 나타난다. 이 합성어는 נגד(네게드)라는 단어에 전치사 כ(크)와 3인칭 단수 대명 접미어 ו(오)가 결합한 형태이다. נגד(네게드)라는 단어는 전치사로 "-앞에," "-의 앞에," "- 함께 있는"라는 뜻으로 쓰이며, כ(크)와 같은 접두사와 결합해 "-에 상응하는," "-의 짝으로"의 의미이다. 따라서 이 단어를 우리말로 번역하면 "그의 짝으로" 정도가 좋겠고, 그 관계는 상호 의존적인 평등한 관계를 의미한다. 이 안에는 상하우열의 개념이 포함되어 있지 않다. 따라서 자연은 인간의 עזר כנגדו(에제르 크네그도)로 가장 절실한 것을 제공하는 "돕는 짝"이다. 우리 인간은 자연의 존재에 감사하며, 이를 아끼고 사랑해야 한다.

3) 사람도 생물(נפש היה)이다.

창세기 2장 7절에서 하나님은 사람을 흙으로 만드시고, 그 코에 생기(נשמת היים, 니쉬맛 하임)를 불어넣으셨다. 그러자 사람이 생령(היה נפש, 네페쉬 하야)이 된다. "생기"로 번역된 נשמת(니시맛)이란 히브리어는 נשמה(네솨마)라는 단어의 연계형으로 '영혼'(잠20:27), '호흡'(사 2:22), '기운'(욥33:4) 등으로 번역된다. "생령"으로 번역된 נפש היה의 경우도 '영혼,' '숨,' '호흡'을 의미하는 נפש(네페쉬)라는 단어에 "삶," "존재," "생명"을 의미하는 היה(하야)가 결합하여 "생령"이라는 의미가 된다. 이것은 전통적으로 사람이 영혼을 지닌 존재이며, 다른 생물과 구분된다는 중요한 근거로 사용되었다.[130] 그러나 창세기 2장 19절에 보면 하나님께서 각종 들짐승과 공중의 각종 새도 흙으로 만드시고, 각 생물

---

130) 강병도 편, 『호크마 종합주석-창세기 1』 (서울: 기독지혜사, 1989), 149.

을 היה נפש라고 표현한다. BHS 편집자는 이 단어가 갖는 문제점을 인식해 각주에서 후대 삽입된 용어일 가능성이 있다고 설명한다. 그러나 칠십인역에도 이 표현이 나타나고 있으며, 편집적으로 삽입되었다는 것을 확증해 줄 어떤 사본 상의 명확한 증거도 없다. 생물이 היה נפש라고 표현되었다면, 2장 7절에서 하나님께서 사람에게 נשמת חיים(니쉬맛 하임)을 불어넣었을 때 비로소 נפש היה가 된 것처럼, 생물도 נשמת חיים을 가진 נפש היה로 보아야 할 것이다. 따라서 이 단어를 영혼의 개념으로 이해하거나, 동물을 영혼을 갖지 않은, 인간과는 질적으로 다른 존재로 이해하는 것은 본문을 잘못 이해한 것이다. 따라서 개역개정판에 번역된 것처럼 נפש היה를 "생물"(2:19)로 이해하고, 사람도 같은 생명이며, 자연 일부로 이해하는 것이 타당해 보인다. 몰트만도 이 본문에 나타나는 용어상의 문제나 본문비평적인 문제를 인식했는지는 모르겠으나 철학적 개념의 이원론을 극복하자는 차원에서 사람을 자연의 일부로 보자는 제안을 한다.[131] 모두 알다시피 사람도 자연의 일부이고 생물이다. 그렇다면 창세기 2장 7절에서 "생령"으로 번역된 נפש היה도 "생물"로 번역하는 것이 좋겠다.

4) 생태계 질서 유지의 기초단위로서의 가정

하나님께서 돕는 짝이 없이 지내는 아담을 위해 가정을 이루어 주신다. 생육하고 번성하여 땅에 충만하라는 하나님의 명령(1:28)이 이루어지도록 아내를 주신 것이다. 앞에서 말한 것처럼 신멜서스 주의자들은 자원 부족의 문제를 염려해 아시아, 아프리카의 인구증가를 억제해 그들의 자원 소비량을 억제하려 했다. 일부 생태윤리를 강조하는 구약

---

131) 김균진, 『생태계의 위기와 신학』, 174-181.

학자들도 인구 증가를 환경파괴의 요인으로 보기도 했다.[132] 그러나 이혼 등으로 말미암은 가정파괴가 증가하고 출산율의 감소가 큰 위협이 되는 이 시대에 남녀가 짝을 이루고 결혼이라는 제도를 통해 자녀를 낳고 생육하고 번성하는 것은 하나님 주신 생태계 질서 유지의 중요한 요소임을 잊지 말아야 한다.

5) 소결론

(1) 요약

한국 기독교는 지난 50여 년간 다양한 형태의 환경 운동을 통해 나름대로 자연보호와 생태계 보전을 위한 책임을 감당해 왔다. 신앙인 개인, 지 교회, 지역교회연합, 전문환경운동단체, 교단, 교단협의체 등의 다양한 형태로 피조세계 보전과 창조질서 회복을 위한 역할을 감당해 왔다. '기독교 환경운동연대'의 뿌리인 '한국공해문제연구소'가 한국 환경운동 단체의 뿌리가 되었다는 것도 자랑할 수 있겠다.

이 연구를 통해 이러한 기독교의 환경 운동이 구약 성경의 창조신학에 근거한 것임을 살필 수 있었다. 창세기 1-2장의 창조기사는 자연을 억압하고, 착취하고, 파괴하는 것을 정당화하고 있다는 린 화이트와 기독교 비판자들의 주장은 본문에 대한 이해 부족에 기인한 것이라 할 수 있다. 창세기 1장의 수미쌍관법, 양극대칭법, 이사일의 어법, 교차 배열법, 동의 평행법, 반복법 등의 수사법은 온 우주 생태계의 질서와 아름다움을 시적으로 찬양하는 선포이며, 동시에 이 피조세계 아름다움을 파

---

132) Bernhard Word Anderson, *"Human Dominion over Nature," in Biblical Studies in Contemporary Thought, ed. Miriam Winter* (Winchendon, MA: Greeno, Hadden & Company, 1975); *From Creation to New Creation*, 111-131.

괴하는 행위는 하나님 앞에 범죄라는 것을 강조하며, 이 생태계를 아름답게 보전할 것을 명하는 수사적 대선언이며, 상징적 명령이다. 특히 창세기 1장 26-28에 나오는 "하나님의 형상" 개념이나 "다스리라", "정복하라"는 동사 역시 억압하고, 착취하고 파괴하라는 고대 근동 세계의 전제 군주적 제왕신학에 기인한 것이 아니라 구약성경의 히브리적 민주적 개념에 기인한 것으로 하나님이 사람에게 그런 것처럼 자연을 존중하고, 사랑하고, 섬길 것을 명하는 표현이다. 먹거리 문화에서도 채식주의가 타락 이전에 하나님께서 우리에게 허락하신 식생활의 유형이며, 우리가 추구하고 회복해야 할 식생활의 원형(Ur-type)임을 말해준다. 안식일 규정은 우리 인간에게뿐 아니라 땅과 자연의 모든 피조물에까지 확대되어 지켜야 할 계명이다. 창세기 2장의 "경작하라" "지키라"는 명령도 정성을 다해 사랑으로 관리할 것을 명하는 생태적 표현이다. 창세기 2장 18-19절에서 자연 생물을 사람의 "도움"(עזר)으로 만들었다는 표현은 이스라엘이 하나님께 도움을 받고 있듯이, 남성이 여성의 도움을 받고 있듯이, 우리 인간이 자연의 도움을 받고 있으며, 그 도움 없이는 인간이 살 수 없음을 강조하는 표현이다. 또 자연이 인간의 "짝"(כנגדו)이라는 표현도 자연과 인간이 동등하며, 자연이 없으면 인간도 존재할 수 없다는 표현이다. 창세기 2장 7절, 19절에 나오는 נפש חיה라는 표현은 사람과 자연에 모두 해당하는 표현으로 사람도 생물이며, 자연이 일부임을 보여 주는 표현이다. 남녀가 만나 짝을 이룬 가정이라는 기본단위도 생육하고 번성해야 할 사명을 지닌 우리 인간이 지키고 보전해야 할 생태계의 질서이다. 따라서 창세기 1-2장의 창조 이야기는 오늘 우리에게 생태계를 향한 책임과 윤리를 강조하는 본문이라 할 수 있다. 이 본문은 우리 인간에게 적극적으로 자연 보호와 피조세계의 보전에 앞장설 것을 명령하고 있다.

(2) 과제

위에서 살핀 것처럼 창세기 1-2장의 창조 이야기에 자연 착취나 억압이나 파괴를 정당화하는 표현이 나타나지 않는다 하더라도 그동안 많은 성경 해석자들이 그렇게 해석해 온 것은 인정해야 할 것이다. 그동안 기독교의 다른 신학 분야에서 마치 린 화이트와 그의 추종자들에게 빚진 것처럼 그들의 주장을 인용하며 생태학적 해답을 찾기 위해 노력할 때 구약학 분야는 자신만의 길을 도도하게 걸어왔다 할 수도 있겠다. 여기에는 구약학 연구의 방법론이 고도로 전문화되어 있어 다른 분야와 대화할 수 없었던 이유도 있을 것이다. 따라서 대화 가능한 주제들에 대한 학제간(interdisciplinary) 연구를 통해 기독교 신앙의 공적인 영향력 및 사회적인 신뢰를 회복하고자 하는 노력에 성서신학도 적극적으로 나설 필요가 있다. 이 맥락에서 성서학자들의 좀 더 적극적인 생태학적 성경 연구가 있어야 할 것 같다. 현장의 목회자들이나 신앙인들이 지나치게 인간 중심적인 설교나 성경 읽기를 하지 않도록 이들을 적극적으로 교육하는 것도 중요한 과제이다. 창세기 1-2장의 창조 이야기뿐 아니라 더 나아가서 시편 등 성문서나 예언서의 창조신학적인 본문에 대한 좀 더 깊이 있고, 적극적인 생태학적 성경 읽기도 계속되어야 할 것으로 보인다.

그리고 한국교회는 창조질서 회복 및 생태계 보전 운동에 더욱 실천적으로 앞장서야 한다. 그동안 공헌한 바가 적지 않지만, 그리스도인이 한국사회에서 차지하는 비율에 비하면 그 공헌도가 부족하다 하겠다. 그리고 우리가 모두 알다시피 개교회의 참여는 턱없이 부족한 것이 사실이다. 신앙인 개인, 교회, 기독교환경단체, 각 교단, 교단 연합체 할 것 없이 좀 더 분발해 사회적으로 중요한 환경 문제에 대해 적극적으로 연구하고, 대처하는 것도 필요할 것이다. 또한, 환경 운동에 적극적으로 참여하는 것도 중요하겠지만, 환경운동이 발전한 서양 선진국에서 환경

운동으로 생겨나는 사회 갈등을 해결하기 위해 설치한 환경분쟁조정위
원회나 환경분쟁연구소 같은 기관을 설립하거나 환경분쟁조정을 위한
전문 인력을 양성해서 환경 운동이 좀 더 상호 소통 가능하고 대화와 타
협을 할 수 있는 세련된 운동으로 나갈 수 있도록 노력하는 것도 교회가
감당해야 할 과제일 수 있다.

파괴되고 폐허가 된 땅을 최초의 에덴동산처럼 회복하여, 이 땅에
하나님 나라를 이룩하는 것이 오늘 우리에게 주어진 창조신학적 지상명
령이다. 그 땅에는 인간과 동물과 식물이 서로 사랑하고 함께 살며 부르
는 우주적 샬롬의 노랫가락이 울려 퍼질 것이다.

> 그렇다, 야훼께서 시온을 위로하며 모든 황폐한 곳을 위로하여
> 그 황무지를 에덴처럼
> 그 허허벌판을 야훼의 동산 같게 만들어
> 그곳에는 기쁨과 즐거움과
> 감사의 노랫가락이 울려 퍼지리라 (사 51:3, 사역).

> [6]그 때에
> 늑대가 새끼 양과 함께 살며
> 표범이 새끼 염소와 함께 뒹굴며
> 송아지와 새끼 사자와 살진 짐승이 함께 있어
> 어린아이가 그들을 몰고 다니며
> [7]암소와 곰이 풀을 뜯으며
> 그것들의 새끼가 함께 뒹굴고
> 사자가 소처럼 풀을 먹을 것이라
> [8]젖 먹는 아이가 독사의 굴에서 장난하며
> 젖 뗀 어린 아기가 살무사의 굴에 손을 넣을 것이라

       [8]내 거룩한 산 모든 곳에서

       서로 해치거나 죽이는 일이 다시 없으리라

       물이 바다에 넘실거리듯

       야훼를 아는 지식이

       세상에 가득할 것이기 때문이니라 (사 11:6-9, 사역).

V. 창조론과 현대 과학의 대화: 구약신학적 관점에서 본 긴장과 조화의 가능성

구약성경의 창조신학은 단순한 우주 기원론(cosmology)에 머무르지 않고, 하나님의 주권적 통치, 윤리적 질서, 구속사의 기반을 이루는 신학적 패러다임으로 기능한다. 반면, 현대 과학은 진화 이론을 중심으로 생명의 물질적 기원과 발달 과정을 설명하면서 전통적 창조신학과 해석적 긴장을 일으켜 왔다. 그러나 이러한 긴장은 필연적 갈등을 의미하지 않는다. 오히려 창조론과 과학의 대화는 양측 모두의 신학적, 과학적 성찰을 심화시키는 계기가 될 수 있다.

1. 창조론과 진화론의 긴장

근대 이후 등장한 진화 이론은 성경을 역사적 사실로 받아들이는 문자적 창조론, 특히 지구의 연대를 수천 년으로 보는 '젊은 지구 창조론'(Young Earth Creationism)과 충돌해 왔다. 그러나 구약의 창조신학은 단순한 물리적 기원을 설명하기보다는, 하나님과 피조물의 관계, 창조의 질서, 인간의 윤리적 책임을 중심 주제로 삼는다(창 1:26-28; 시

104).[133] 따라서 구약신학은 문자주의적 해석을 넘는 해석학적 유연성을 요구하며, 과학과의 대화를 가능케 한다.

바는 이를 "비판적 실재론(critical realism)"이라고 부르며, 성서 해석의 목적은 역사적 정확성이 아니라 신학적 의미의 포착에 있다고 강조한다.[134]

2. 조화의 가능성: 통합적 제안들

현대의 창조신학은 더 이상 전통 내부의 논의에만 머물 수 없다. 과학과 신학의 대화, 특히 진화론과 창조론 사이의 논쟁은 창조신학을 새로운 지적 지평으로 확장시키고 있다. 진화생물학, 우주론, 지질학 등 과학의 진보는 창조에 대한 문자적 해석을 넘어, 하나님의 창조 방식에 대한 신학적 상상력과 겸손한 해석학을 요청하고 있다.[135] 이러한 흐름은 과학을 반대하거나 수용하는 이분법을 넘어서, 창조의 신비 안에 나타난 하나님의 지속적 창조행위를 인정하고, 자연 세계를 '하나님의 두 번째 책'으로 이해하는 전통적 유산과 연결되어야 한다.

테야르(Teilhard de Chardin)는 진화를 하나님의 창조 과정 자체로 해석하며, 우주의 진화가 결국 '그리스도 안에서의 완성점(Omega Point)'을 향해 나아가는 과정이라 보았다.[136] 그는 진화론을 기독론적

---

133) 창세기 1:26-28; 시편 104; 잠언 8:22-31 참조.

134) James Barr, *The Scope and Authority of the Bible* (London: SCM Press, 1980), 80-102.

135) Denis Alexander, *Creation or Evolution: Do We Have to Choose?* (Oxford: Monarch Books, 2008), 231-258.

136) Pierre Teilhard de Chardin, *The Phenomenon of Man* (New York: Harper & Brothers, 1959), 258-267, 293-300.

종말론과 결합시킴으로써, 신앙과 과학을 통합하는 신비적 창조관을 제시하였다.

피콕(Arthur Peacocke)은 진화 과정 속에 나타나는 자연의 창조성과 개방성을 강조하면서, 하나님은 "자연법을 통해 작용하시는 하나님"이라는 '자연신학적 유신론'을 주장하였다.[137] 그는 "하나님은 진화 속에서 끊임없이 창조하신다"고 말하며, 신학과 생물학 사이의 다리를 놓으려 했다.

판넨베르크(Wolfhart Pannenberg) 역시 창조와 진화를 대립항으로 보기보다, 하나님의 자기 계시가 자연과 역사의 구조 안에 내재된 방식으로 드러난다는 점을 강조했다. 그는 창조를 역사적 과정으로 이해하며, 그리스도의 부활 안에서 창조와 종말이 통일된다고 보았다.[138]

이러한 통합적 제안들은 창조와 진화, 신앙과 과학이 서로를 배제하는 것이 아니라, 공동의 진리를 탐구하는 상호 보완적 접근임을 보여준다.

3. 한국 신학자들의 성찰

한국 신학자들 역시 과학과 창조신앙의 통합 가능성에 깊은 관심을 보여왔다. 김명용은 과학과 신학의 창조 담론이 대립이 아닌 통전적 통합을 향해야 한다고 주장하며, 하나님의 창조사역이 우주와 생명의 복잡성과 질서 속에서 드러난다고 본다.[139] 윤철호는 창조신학이 단지 본

---

137) Arthur Peacocke, *Creation and the World of Science* (Oxford: Clarendon Press, 1979), 323-336.

138) Wolfhart Pannenberg, *Systematic Theology*, Vol. 2 (Grand Rapids: Wm. B. Eerdmans Publishing Co., 1994), 15-40.

139) 김명용, 『진화인가, 창조인가? 최근의 과학적 발견과 신학이 내린 새로운 결론』 (서

질론에 머물 것이 아니라, 역사와 관계성 속에서 하나님의 창조행위를 해석해야 한다며, 창조의 신학은 삼위일체적 관계성과 공존의 윤리를 지향해야 한다고 말한다.[140] 김정형은 현대 신학 안에서 창조신학의 회복을 촉구하며, 창조가 "하나님의 은총에 근거한 자유로운 행위"임을 강조한다.[141] 그는 무로부터의 창조(creatio ex nihilo)를 통해 하나님의 절대 주권과 세계에 대한 자발적 관여를 동시에 부각시키며, 이를 생태신학적, 예배적 맥락과 연결시킨다. 이는 구약 창조신학이 하나님과의 현재적 관계, 역사적 구원, 종말적 소망을 포괄하는 행위로 이해되어야 함을 보여 준다.

이들 한국 신학자의 논의는 모두 구약의 창조신학이 단편적 기원 설명이 아니라, 하나님과 피조물, 피조물 상호간의 관계를 포함하는 관계적·윤리적·역사적 서사임을 전제로 한다. 이는 현대 과학의 설명이 피조 세계의 구조와 과정을 드러내는 한 방식이라면, 구약신학은 그러한 구조와 과정을 통틀어 하나님이 주권적으로 질서를 세우신 목적과 의미를 해석하는 역할을 담당한다고 본다.

4. 구약신학과 과학의 대화

브루그만은 구약의 창조신학이 인간의 자유와 책임을 강조하며, 문자적 해석이 아닌 '창조된 질서 안에서 살아가는 존재로서의 윤리적 소명'을 강조한다고 보았다.[142] 월트키는 창세기 1장의 신학적 강조점은

울: 온신학출판사, 2022).

140) 윤철호, "창조와 진화," 『한국조직신학논총』 51 (2018), 7-44.

141) 김정형, 『창조론: 과학 시대 창조 신앙』 (서울: 새물결플러스, 2020), 299-394.

142) Walter Brueggemann, *Theology of the Old Testament: Testimony, Dispute, Advocacy*, 528-532.

문학적 구조와 신학적 메시지에 있으며, 과학적 설명이 아니라 하나님과 피조물 간의 관계를 드러내는 데 있다고 보았다.[143] 침멀리 역시 창조신앙을 '관계적 고백'으로 보며, 단순한 우주론이 아니라 하나님과 이스라엘의 관계를 증언한다고 설명했다.[144]

크니림(Rolf P. Knierim)은 구약신학이 단순한 본문 해석을 넘어서, 개념적이고 체계적인 신학 구조를 정립해야 한다고 강조하면서, 창조는 단지 역사 이전의 배경이 아니라 율법, 언약, 심판과 구원이라는 신학 구조 전반에 영향을 주는 기반이라고 보았다.[145]

5. 소결론

구약의 창조신학은 우주의 기원을 설명하는 데에 그치지 않고, 하나님의 지속적인 창조 활동, 피조물과의 윤리적 관계, 역사적 구속을 아우르는 신학적 체계로 기능한다. 이는 과학이 자연의 '어떻게'를 설명하는 한편, 신학은 존재의 '왜'를 조명함으로써 상호보완적인 역할을 수행할 수 있음을 시사한다. 창조와 과학은 서로 다른 언어를 사용하지만, 동일한 궁극적 실재를 조망하는 두 개의 창(窓)일 수 있다. 구약의 창조신학은 이성의 빛과 계시의 빛이 교차하는 자리에서, 창조를 향한 책임, 자연을 향한 윤리, 피조 질서 안에서의 소명을 우리에게 다시금 상기시킨다.

---

143) Bruce K. Waltke, *Genesis: A Commentary*, 57-61.

144) Walther Zimmerli, *Old Testament Theology in Outline*, trans. David E. Green (Atlanta: John Knox Press, 1978), 27-31.

145) Rolf P. Knierim, *The Task of Old Testament Theology: Substance, Method, and Cases* (Grand Rapids: Eerdmans, 1995), 400-415.

VI. 나가는 말

구약성경의 창조 신학은 단순한 기원 서술이나 세계관의 한 요소가 아니라, 하나님과 세계, 그리고 인간의 삶 전체를 해석하는 근본적 신학 원리이다. 창조는 "처음에 무엇이 있었는가"를 설명하는 개념이 아니라, 하나님이 어떠한 분이시며, 세계가 어떠한 질서 안에 놓여 있고, 인간이 어떠한 존재로 살아가야 하는지를 규정하는 신학적 언어이다.

먼저 구약성경의 창조 신학은 창세기 1-2장을 중심으로, 창조를 하나님의 자유롭고 선한 의지에 근거한 질서의 수립으로 고백한다. 제사장 전승은 말씀과 질서, 안식의 신학을 통해 창조를 예배 공동체의 정체성과 연결시키며, 비제사장 전승은 흙과 생기, 관계와 책임이라는 인간 실존의 차원을 부각한다. 시편, 지혜문학, 예언서로 확장되는 창조 신학은 창조를 단회적 과거 사건이 아니라, 하나님의 지속적인 통치와 재창조 행위를 해석하는 틀로 제시한다. 이로써 창조는 구속, 언약, 심판과 회복을 포괄하는 구약신학의 구조적 기초가 된다.

이러한 창조 이해는 고대 근동의 창조 신화들과의 비교를 통해 그 독자성이 더욱 분명해진다. 수메르, 바빌로니아, 가나안, 이집트의 창조 전승에서 우주는 신적 폭력이나 투쟁, 혹은 순환적 질서 유지의 결과로 설명되며, 자연은 신격화되고 인간은 신적 질서를 유지하기 위한 기능적 존재로 규정된다. 이에 비해 구약성경의 창조 신학은 자연을 철저히 탈신화하면서도 그 선함을 긍정하고, 인간을 하나님의 형상으로 창조된 관계적이고 책임적인 존재로 이해한다. 창조는 권력과 지배를 정당화하는 신화가 아니라, 하나님과 피조 세계의 관계를 바르게 설정하는 신학적 고백으로 기능한다.

이러한 창조 이해는 창조 이야기에 내재된 생태윤리적 함의로 자연스럽게 확장된다. 구약성경은 인간을 창조 세계의 절대적 주인으로 묘사하지 않으며, 땅을 "정복"하고 "다스린다"는 언어조차도 경작하고 보호하는 책임의 맥락 속에서 이해된다. 자연은 숭배의 대상도, 무제한적 착취의 대상도 아니며, 하나님의 선한 창조로서 존중과 돌봄을 요청받는다. 이 점에서 구약의 창조 신학은 현대 생태 위기 속에서 인간 중심주의와 자연 숭배라는 두 극단을 동시에 비판할 수 있는 신학적 기준을 제공한다.

마지막으로, 본 연구는 창조 신학이 현대 과학, 특히 진화론과의 관계 속에서도 본질적 의미를 지님을 확인하였다. 구약성경의 창조 신앙은 과학적 과정이나 메커니즘을 설명하려는 담론이 아니라, 세계의 의미와 목적, 질서와 책임을 해석하는 신학적 증언이다. 따라서 창조론과 현대 과학의 관계는 배타적 대립이 아니라, 세계를 어떻게 이해하고 해석할 것인가에 대한 상호 보완적 대화의 장으로 열려 있다. 창조는 과거의 기원일 뿐 아니라, 현재의 지속이며, 미래의 완성을 향한 하나님의 역사적 행위로 이해될 수 있다.

결론적으로, 구약성경의 창조 신학은 시작에 대한 설명이 아니라, 신론, 인간론, 죄론, 종말론, 그리고 현대 사회가 직면한 윤리적 과제를 통합적으로 성찰하게 하는 신학적 원리이다. 이러한 창조 이해는 이후 전개될 하나님 이해, 인간의 한계와 책임, 죄와 구조적 악, 종말과 희망, 그리고 기술 문명과 생태 위기 속에서의 윤리적 판단을 가능하게 하는 본질적 토대로 기능한다. 이 점에서 "창조와 시작"은 구약신학의 출발점이자, 그 전체를 관통하는 해석의 지평으로 자리매김한다.

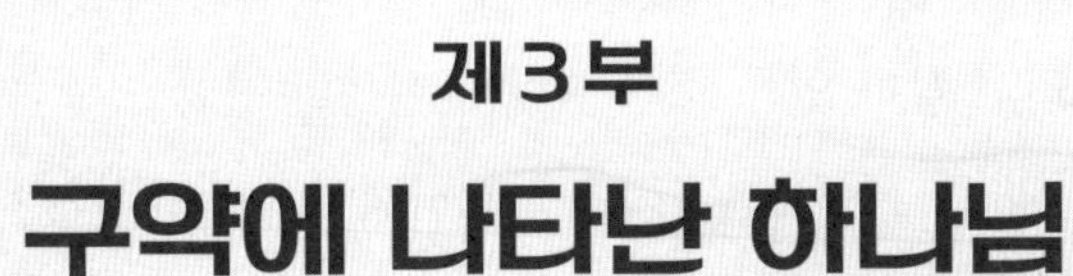

제 3 부

구약에 나타난 하나님

I. 서론

구약성경이 증언하는 하나님 이해는 철학적 사유나 형이상학적 정의에서 출발하지 않는다. 오히려 그것은 이스라엘의 역사적 경험, 언약적 관계, 그리고 살아 있는 증언 속에서 형성된 신학 고백이다. 이러한 점에서 구약의 하나님은 본질적으로 서사적이며 관계적인 하나님이시다. 하나님은 추상적 개념을 통해 알려지기보다, 기억된 행위들과 고백된 만남들을 통해 인식된다. 따라서 구약신학은 "존재론적 서술이 아니라 증언들의 집합"이며, 하나님은 이스라엘 공동체의 기억과 신앙 속에서 끊임없이 새롭게 말해진다.[1]

이러한 관점은 하나님 인식의 문제를 근본적으로 재구성한다. 구약에서 하나님은 보편적 원리나 초시간적 이념으로 계시되지 않고, 역사 안에서 행동하시는 주체로 드러난다. 폰 라트는 구약신학의 핵심을 이스라엘의 고백적 역사 전통에서 찾았으며, 하나님에 대한 참된 인식은 신적 본질에 대한 사변적 성찰이 아니라 구원의 역사(*Heilsgeschichte*)에 대한 증언에서 비롯된다고 주장하였다.[2] 따라서 "하나님이 누구이신가"라는 질문은 언제나 "하나님이 무엇을 행하셨는가"라는 질문과 분리될 수 없다. 이러한 행위 중심적·역사적 하나님 이해는 구약 전체를 관통하는 신학적 특징이다.

차일즈는 구약의 다양한 전승과 목소리들이 성경의 최종 형태 안에서 하나의 공통된 신학적 증언을 형성한다고 보았다. 하나님은 단일한 개념이나 교리적 공식으로 환원될 수 없는 분이며, 율법서·예언서·성문

---

1) Clark Harold Pinnock, "Pagan Inheritance," in *Most Moved Mover: A Theology of God's Openness* (Carlisle: Paternoster, 2001).
2) Gerhard von Rad, *Old Testament Theology*, vol. 1, 105-125.

서에 담긴 상호 보완적이면서도 때로는 긴장 관계에 있는 증언들을 통해 계시된다.[3] 정경은 의도적으로 가까움과 거리감, 계시와 은폐 사이의 긴장을 보존하며, 하나님을 닫힌 개념 체계 안에 가두려는 시도를 거부한다.

이와 유사하게, 월트키는 구약의 하나님을 언약의 하나님으로 규정하며, 하나님의 계시는 인격적 관계와 윤리적 요구를 필연적으로 수반한다고 강조한다. 출애굽기 3장 14-15절에서 계시된 하나님의 이름은 존재에 대한 철학적 명제가 아니라, 신실한 임재와 구원의 약속을 내포한 언약적 선언이다. 그러므로 하나님을 안다는 것은 교리를 이해하는 데 그치지 않고, 신뢰와 순종, 언약적 충성으로 응답하는 삶을 의미한다.[4]

이러한 관계적 하나님 인식은 하나님의 자유와 주권을 약화시키지 않는다. 오히려 구약은 하나님이 인간의 제도, 개념, 성소에 의해 결코 구속되지 않는 분임을 일관되게 증언한다. 에스겔서를 중심으로 침멀리는 하나님이 성전, 땅, 왕권과 같은 전통적 안정 장치들로부터 자유롭게 이동하시는 분임을 강조하였다.[5] 하나님의 영광이 성전을 떠나고(겔 10-11장) 다시 돌아오는 장면(겔 43장)은 하나님이 결코 이스라엘의 소유물이 아님을 분명히 보여준다.

브루그만은 이러한 하나님의 자유를 '위험한 하나님(dangerous God)'이라는 개념으로 설명한다. 하나님은 언제나 인간의 기대를 초과하여 말씀하시고 행동하시며, 그 결과 신앙은 안정이 아니라 긴장과 응답의 과정 속에 놓이게 된다.[6] 시편 13편과 88편과 같은 탄식시는 하나

---

3) Brevard S. Childs, *Old Testament Theology in a Canonical Context*, 6-20.
4) Bruce K. Waltke, *An Old Testament Theology: An Exegetical, Canonical, and Thematic Approach*, 83-110.
5) Walther Zimmerli, *Ezekiel 1-24* (Philadelphia: Fortress Press, 1979), 231-245.
6) Walter Brueggemann, *Theology of the Old Testament*, 317-332.

님의 침묵과 부재마저 신앙을 부정하는 요소가 아니라, 오히려 신앙 언어가 더욱 깊고 정제되는 자리임을 보여준다.

요컨대, 구약의 하나님 이해는 계시와 은폐, 임재와 부재, 심판과 구원 사이의 역동적 긴장 구조 속에서 형성된다. 하나님은 결코 완전히 개념화되거나 소유될 수 없는 분이지만, 동시에 역사와 말씀과 관계 속에서 참되게 알려지시는 분이시다. 하나님을 안다는 것은 사유의 대상으로 고정하는 것이 아니라, 증언의 대상으로 고백하고 관계의 주체로 만나는 일이다. 이러한 구약신학적 통찰을 토대로 본 연구는 구약성경이 증언하는 하나님의 자기계시, 성품, 그리고 언약적·역사적 사역을 종합적으로 고찰하고자 한다. 이를 통해 본서는 철학적 신론이나 추상적 조직신학을 넘어, 성경 자체의 증언에 기초한 하나님 이해의 구조와 신학적 의미를 재구성하는 것을 목표로 한다.

II. 하나님 인식에 대한 교리신학적 오해와 본문 문제

구약 본문 가운데에는 하나님의 자기 계시를 서술하면서, 후대 교리신학-특히 삼위일체 교리-와의 관계에서 반복적으로 오해를 낳아 온 본문들이 존재한다. 이러한 본문들은 종종 구약 자체의 문학적·역사적 맥락을 벗어나, 신약 이후 형성된 교리적 범주를 소급적으로 투사함으로써 해석되어 왔다. 그러나 구약신학적 관점에서 볼 때, 이러한 접근은 본문의 원래 의도와 신학적 기능을 흐릴 위험이 있다.[7] 본 절에서는 (1) 하나님의 복수 화법, (2) '여호와의 사자' 본문, (3) 성령 언급 본문을 중

---

7) Louis Berkhof, *Systematic theology*, 권수경, 이상원 역, 『벌코프 조직신학 (상)』 (서울: 크리스챤 다이제스트, 1991), 69-72.

심으로, 교리적 오독의 문제를 비판적으로 검토하고자 한다.

1. 하나님의 자기 언급에 나타나는 복수형 화법

창세기 1장 26절과 11장 7절은 하나님이 자신을 복수형으로 언급하는 대표적 본문이다. "우리가 우리의 형상을 따라 사람을 만들자"(창 1:26), "자, 우리가 내려가서 그들의 언어를 혼잡하게 하자"(창 11:7).

이 본문들은 전통적으로 삼위일체 교리의 구약적 근거로 자주 인용되어 왔다. 그러나 다수의 구약학자들은 이러한 해석이 본문의 역사적·문학적 맥락을 넘어선 신학적 소급 해석임을 지적한다. 바는 창세기 1장 26절의 복수형을 삼위일체적 자기 대화로 해석하는 것은 "히브리어 문법과 고대 근동의 신 개념에 대한 무지에서 비롯된 교의적 독해"라고 비판한다.[8]

대안적으로 제시되는 해석은 크게 세 가지이다. 첫째, 천상 회의(divine council) 모티프이다. 고대 근동 문헌과 시편 82편, 욥기 1-2장에 나타나는 신적 회의 전통 속에서, 하나님이 천상 존재들 앞에서 결정을 선포하는 장면으로 이해하는 해석이다. 브루그만은 이 본문이 하나님의 주권을 약화시키기보다, 오히려 "하나님이 세계 통치를 독단이 아닌 관계적 질서 속에서 수행하신다는 신학적 상상력"을 보여준다고 평가한다.[9]

둘째, 위엄의 복수(plural of majesty) 또는 자기 숙고의 복수(deliberative plural)로 이해하는 견해이다. 월트키는 창세기 1장 26절의 문

---

8) James Barr, *Biblical Faith and Natural Theology* (Oxford: Clarendon Press, 1993), 140-145.

9) Walter Brueggemann, *Theology of the Old Testament: Testimony, Dispute, Advocacy*, 146-149.

맥이 즉각 단수형 동사("하나님이 창조하시니라", 1:27)로 전환된다는 점을 강조하며, 이 복수형은 하나님의 위엄과 결단의 장엄함을 표현하는 수사적 장치로 보아야 한다고 주장한다.[10]

어느 해석을 택하든, 이 본문이 삼위일체 교리를 직접적으로 전제하거나 암시한다고 보기는 어렵다. 차일즈가 지적하듯, 정경적 관점에서 볼 때 이 본문은 "후대 교회의 신앙 고백과 대화할 수는 있으나, 그 자체로 교리적 증명을 제공하는 텍스트는 아니다."[11]

2. '야훼의 사자'와 신적 위격 문제

창세기 16장 7-13절, 18장 1-21절, 19장 1-22절에 나타나는 '야훼의 사자' 혹은 신적 방문자 본문은 또 다른 해석상의 난점을 제공한다. 이 본문들에서 사자는 하나님과 구별되면서도, 동시에 하나님의 권위와 음성을 직접적으로 수행한다. 특히 하갈 이야기(창 16장)에서는 야훼의 사자가 말하는 주체로 등장하지만, 본문은 곧바로 그를 '야훼'로 동일시한다.

이러한 현상은 전통적으로 '성육신 이전의 그리스도'(Christo-phany)로 해석되기도 하였다. 그러나 다수의 현대 구약학자들은 이 역시 교리신학적 과잉 해석으로 평가한다. 침멀리는 에스겔과 족장 전승을 비교하면서, 이러한 서술 방식은 고대 이스라엘의 '대리 현존(representative presence)' 개념에 속한다고 분석한다. 즉, 사자는 하나님과 동일한 본질을 지닌 위격이 아니라, 하나님의 현존과 권위를 완전하

---

10) Bruce K. Waltke, *An Old Testament Theology*, 213-215.
11) Brevard S. Childs, *Old Testament Theology in a Canonical Context*, 44-46.

게 대표하는 매개자이다.[12]

브루그만 역시 이 본문들을 "존재론적 동일성의 문제가 아니라, 계시의 강도와 친밀성의 문제"로 이해해야 한다고 주장한다. 하나님은 직접 등장하지 않으면서도, 인간의 역사 한복판에 깊이 개입하신다. 야훼의 사자는 그 위험한 근접성(dangerous proximity)을 서사적으로 표현하는 장치이다.[13]

3. 성령이 구별된 위격으로 언급되는 본문

이사야 48장 16절과 63장 10절은 구약에서 드물게 '하나님의 영'이 비교적 독자적인 주체로 언급되는 본문이다. "주 야훼께서 나와 그의 영을 보내셨느니라"(사 48:16), "그들이 반역하여 그의 성령을 근심하게 하였으므로"(사 63:10).

이 본문들 역시 삼위일체적 구조를 직접적으로 전제하는 것으로 해석되어 온 경우가 많다. 그러나 구약신학적으로 볼 때, 여기서 '영'(רוח, 루아흐)은 독립된 인격적 위격이라기보다 하나님의 역동적 임재 방식을 가리킨다. 차일즈는 이사야 63장을 주석하며, 성령은 "하나님의 언약적 관계가 상처 입었음을 표현하는 신학적 언어"라고 설명한다.[14]

바 또한 רוח 개념을 신약의 성령론과 동일 선상에서 읽는 것을 경계하며, 구약에서 영은 하나님의 능력, 생명력, 역사 개입의 방식이지, 삼위일체적 위격 체계의 한 요소는 아니라고 강조한다.[15]

---

12) Walther Zimmerli, *Ezekiel 1-24*, 113-116.

13) Walter Brueggemann, *Theology of the Old Testament*, 317-320.

14) Brevard S. Childs, *Isaiah* (Louisville: Westminster John Knox, 2001), 517-519.

15) James Barr, *The Concept of Biblical Theology* (Minneapolis: Fortress Press, 1999), 327-330.

4. 소결론

이상에서 살펴본 본문들은 구약이 지닌 하나님 이해의 풍부함과 개방성을 보여주지만, 동시에 교리신학적 범주로 성급히 환원될 때 발생하는 해석학적 위험을 분명히 드러낸다. 구약은 삼위일체 교리를 부정하지 않지만, 그것을 전제하지도 않는다. 오히려 구약은 하나님을 단일한 주권적 주체로 증언하면서도, 그 임재와 계시가 다양한 방식으로 경험되고 서술된다는 사실을 보여준다. 따라서 이러한 본문들은 삼위일체 교리의 "증명 텍스트"가 아니라, 후대 신학과의 대화를 가능하게 하는 신학적 자원으로 읽혀야 할 것이다.

III. 계시: 하나님의 드러남과 숨어계심 사이

1. 계시의 개념: 본질의 노출이 아닌 언약적 자기 소통

구약신학에서 계시는 하나님의 신비가 제거되거나 하나님의 본질이 투명하게 인식되는 사건을 의미하지 않는다. 계시는 오히려 하나님이 인간 역사 안에서 자신을 관계적으로 인식 가능하게 하시는 신적 자기 소통의 행위이다. 계시의 초점은 하나님의 존재 그 자체가 아니라, 언약적 관계 속에서 실행되고 전달되는 하나님의 인격적 의지에 있다. 따라서 계시는 정보의 전달이 아니라 사건이며, 존재론적 노출이 아니라 관계적 참여에 속한다.[16]

이러한 이해는 계시의 매개성을 필연적으로 전제한다. 하나님은 직

---

16) Gerhard von Rad, *Old Testament Theology*, vol. 1, 106-125.

접적 자기 노출을 통해 자신을 드러내지 않으며, 역사적 사건, 예언적 언어, 율법과 제도, 상징과 인물을 통해 자신을 알리신다. 이는 계시의 결핍이 아니라, 하나님의 초월성과 인간 인식의 유한성이 동시에 보존되는 신학적 조건이다. 계시는 언제나 인식 가능성과 불가해성 사이의 긴장 속에서 발생한다.[17]

2. 계시하시는 하나님과 숨어계신 하나님: 계시의 구조적 긴장

구약성경은 하나님을 단순히 지속적으로 드러나시는 분으로 묘사하지 않는다. 하나님은 계시하시는 하나님(*Deus revelatus*)이자 동시에 숨어계신 하나님(*Deus absconditus*)으로 경험된다. 드러남과 숨으심은 시간적으로 교대하는 단계가 아니라, 이스라엘의 신앙 경험 속에 구조적으로 공존하는 차원이다.

브루그만이 강조하듯, 시편과 예언서에 나타나는 하나님의 침묵과 부재는 신앙의 붕괴가 아니라 대항 증언(counter-testimony)의 한 형태이다. 탄식과 항변은 하나님이 없다는 고백이 아니라, 하나님과의 관계가 여전히 전제되고 있기에 가능한 언어이다. 하나님의 숨으심은 계시의 실패가 아니라, 신앙을 환상 없이 하나님 앞에 세우는 계시의 방식이다.[18]

---

17) Rolf P. Knierim, *The Task of Old Testament Theology*, 93-118.
18) Walter Brueggemann, *Theology of the Old Testament: Testimony, Dispute, Advocacy*, 317-332.

3. 하나님의 얼굴(פָּנִים): 계시의 절정이자 한계

구약 계시 신학에서 '하나님의 얼굴'(פָּנִים, 파님)은 가장 응축된 상징 언어이다. 얼굴은 하나님의 신체적 형상을 지시하지 않으며, 관계의 방향성과 태도를 나타낸다. 하나님의 얼굴이 향할 때 그것은 은혜와 구원을 의미하고(출 33:14; 민 6:26; 사 63:9), 얼굴이 가려질 때 그것은 죄로 인한 단절과 심판을 뜻한다(사 59:2).

그러나 하나님의 얼굴은 동시에 계시의 한계선이다. 하나님을 "본다"는 것은 계시의 절정이지만, 인간은 하나님의 얼굴을 보고 살 수 없다(출 33:20). 창세기 3장 8절에서 인간이 하나님의 얼굴을 피해 숨는 장면은, 타락 이후 계시가 친밀성에서 두려움으로 변형되었음을 상징한다. 이처럼 '얼굴' 언어는 계시를 최고의 친밀성이자 최대의 위험으로 동시에 규정한다.[19]

4. 출애굽기 33-34장: 위기 이후 계시의 재구성

출애굽기 33-34장은 구약 계시 신학의 중심 본문이다. 이 단락은 금송아지 사건(출 32장) 이후, 언약이 파기될 위기 속에서 하나님의 임재가 어떻게 재구성되는가를 보여준다. 최근 주석서들은 이 본문을 단순한 신비 체험의 기록이 아니라, 참된 예배와 언약 공동체의 미래를 규정하는 신학적 헌장으로 이해한다.[20]

---

19) Bruce K. Waltke, *An Old Testament Theology*, 219-245.
20) Graham I. Davies, "The Theology of Exodus," in *In Search of True Wisdom: Essays in Old Testament Interpretation in Honour of Ronald E. Clements*, ed. Edward Ball, Journal for the Study of the Old Testament Supplement Series 300 (Sheffield: Sheffield Academic Press, 1999), 137-152, 특히 141.

1) "내 얼굴이 너와 함께 가리라"(33:12-17)

모세의 중보는 길 안내의 문제가 아니라, 이스라엘의 정체성에 관한 질문이다. 하나님의 임재가 없다면 이스라엘은 열방과 구별되지 않는다(33:16). 도즈만은 이 장면을 통해 하나님의 정체성과 모세의 중보적 권위가 상호 규정된다고 분석한다. 임재는 공간적 동반이 아니라 관계적 동행이다.[21]

2) 진 밖의 장막(33:7-11)

최근 연구는 이 장막을 단순한 성막의 전단계로 보지 않는다. 진 밖으로 옮겨진 장막은 죄 이후 임재의 거리화를 상징한다. 동시에 모세의 "얼굴과 얼굴을 대면함"(33:11)은 즉각 이어지는 33장 20절과 긴장 관계를 이루며, 관계적 친밀성과 존재론적 제한을 동시에 드러낸다.[22]

3) 영광 요청과 제한된 계시(33:18-23)

모세의 "영광을 보게 해 달라"는 요청은 계시의 극치에 대한 인간의 열망을 대표한다. 그러나 하나님은 얼굴이 아닌 "등"만을 허락하신다. 이는 계시가 실재하지만 비소유적이며, 보호된 방식으로만 허용됨을 의미한다. 최근 주석들은 '영광-선-이름'의 언어장(linguistic field)이 시각적 본질이 아니라 관계적 자기 규정을 가리킨다고 강조한다.[23]

---

21) Thomas B. Dozeman, *Exodus,* ECC (Grand Rapids: Eerdmans, 2009).

22) Max Rogland, "'Moses Used to Take a Tent'? Reconsidering the Function and Significance of the Verb Forms in Exodus 33:7-11," *Journal of Theological Studies* 63, no. 2 (2012), 449-466.

23) William H. C. Propp, *Exodus 19-40,* AYB 2B (New York: Doubleday, 2006). 여기서 말

4) 이름의 선포: 출애굽기 34장 6-7절

계시의 절정은 시각적 현현이 아니라 언어적 선포이다. 하나님은
자신의 이름과 성품-자비, 은혜, 노하기를 더디 함, 인자와 진실-을 선언
하신다. 이 공식은 이후 구약 전반에 반복 인용되며, 이스라엘의 신앙적
자기 이해를 형성하는 핵심 신앙 고백으로 기능한다. 차일즈가 강조하
듯, 하나님은 형상으로가 아니라 언약적 성품으로 알려지신다.[24]

5. 계시의 위험성과 부재의 신학

출애굽기 33장 3절은 하나님의 임재가 인간에게 위험할 수 있음을
명시한다. 이는 예외가 아니라 구약 전체에 반복되는 구조이다. 시편 22
편과 88편, 욥기 7장, 예레미야 15장은 하나님의 부재와 침묵을 신앙의
붕괴가 아니라 신앙의 극한 언어로 표현한다. 부재는 계시의 중단이 아니

하는 "언어장(linguistic field)"이란, 특정 본문이나 문맥 안에서 서로 긴밀하게 연결
되어 반복·대조·병치되는 관련 어휘들의 의미망(semantic network)을 가리킨다. 이
는 개별 단어의 사전적 정의를 넘어, 단어들이 상호 관계 속에서 의미를 형성하는 방
식에 주목하는 의미론적 개념이다. 출 33:18-23에서는 "영광", "선함", "이름", "긍휼/
은혜"와 같은 어휘들이 함께 사용되며 하나의 언어의 장을 이룬다. 이 어휘군은 하나
님의 본질을 시각적으로 포착하려는 시도를 허용하지 않는 대신, 하나님께서 자신을
관계적으로 드러내고 정의하시는 방식, 곧 이름을 선포하고 선함과 자비를 베푸시
는 행위를 통해 계시가 이루어짐을 강조한다. 따라서 이 언어장은 하나님의 '영광'을
고정된 시각적 실체로 이해하기보다, 자유롭고 주권적인 자기계시(self-disclosure)
의 사건으로 이해하도록 이끈다. 이러한 해석은 계시가 실재하지만 소유될 수 없으
며, 인간에게는 언제나 제한적이고 보호된 방식으로만 허용된다는 본문의 신학적 메
시지를 언어 차원에서 뒷받침한다(James Barr, *The Semantics of Biblical Language*,
1961).

24) Brevard S. Childs, *The Book of Exodus* (OTL; Louisville: Westminster John Knox,
1974), 584-604.

라, 하나님을 더 이상 도구화하지 못하게 하는 급진적 계시의 방식이다.[25]

6. 신현(Theophany): 직접성과 그 한계

신현은 하나님의 직접적 현현이지만, 결코 계시의 완성이 아니다. 시내산, 이사야, 에스겔의 신현은 모두 두려움과 파송, 질서의 재편을 수반한다. 침멀리가 분석하듯, 특히 에스겔의 신현은 하나님의 임재가 성전과 땅을 넘어 이동하는 자유를 지녔음을 드러낸다.[26] 신현은 하나님을 소유하게 하지 않고, 인간을 하나님의 주권 아래로 이동시킨다.

7. 성전과 임재: 고정된 계시에 대한 정경적 교정

시편 84편은 성전을 갈망하지만, 열왕기상 8장 27절은 하나님의 임재가 어떤 건물에도 제한되지 않음을 선언한다. 에스겔 8-11장과 43장은 영광의 이탈과 귀환을 통해, 계시가 언약 조건과 하나님의 주권에 따라 재구성되는 사건임을 보여준다. 차일즈는 이러한 전승의 병치를, 하나님을 제도에 가두지 않으려는 정경적 균형으로 해석한다.[27]

8. 소결론: 계시는 구조이며 리듬이다

구약에서 계시는 완결된 지식이 아니라, 드러남과 감추심, 임재와

---

25) Walter Brueggemann, *Theology of the Old Testament*, 401-425.

26) Walther Zimmerli, *Ezekiel 1–24*, 86-112; 231-245.

27) Brevard S. Childs, *Old Testament Theology in a Canonical Context*, 69-83.

부재, 말씀과 침묵이 교차하는 구조적 리듬이다. 하나님은 참으로 알려 지지만 결코 소유되지 않는다. 계시는 언제나 매개적이고 부분적이기에, 신앙과 해석을 요구한다. 바로 이 점에서 구약의 계시는 하나님을 대상 화하지 않으면서도, 살아 계신 언약의 하나님으로 증언한다.

IV. 하나님의 이름

구약성경에서 하나님의 이름은 단순한 호칭이나 언어적 기호가 아 니라, 하나님이 자신을 인간에게 알리시는 계시의 핵심 방식이다. 하나 님은 존재의 심연 속에 은폐된 형이상학적 실체로 머무르지 않으며, 역 사와 관계 속에서 자신을 알려 주시는 분이다. 따라서 하나님의 이름은 하나님의 본질을 정의하기보다, 하나님이 인간과 관계 맺는 방식이 언 어로 응축된 계시를 드러낸다.

이 점에서 하나님의 이름은 단수적이면서도 복수적이다. 하나님 은 자신의 본질을 직접적으로 노출하지 않고, 오직 이름들을 통해서만 (*nomen editum*) 자신을 계시하신다. 그 결과 인간은 하나님을 다양한 이름들(*nomina indita*)로 부를 수 있다. 이는 인간의 종교적 상상력의 산물이 아니라, 계시 자체가 다면적이고 관계적이기 때문이다.[28]

하나님의 이름들은 모두 인간 언어에서 차용되며, 인간의 사회적· 역사적 경험에서 유래한다. 그러나 이것이 곧 인간의 발명을 의미하지 는 않는다. 오히려 하나님의 이름은 의인화적 언어를 통해 하나님이 인 간의 이해 가능성에 자신을 맞추시는 신적 자기 비하(*condescensio*)의

---

28) 이러한 이해는 조직신학 차원에서도 이미 정식화한 바이다. 이를 위해서는 Louis Berkhof, 『벌코프 조직신학 상』, 238을 참고하라.

결과이다. 이름은 하나님을 소유하게 하지 않으며, 하나님이 인간에게 자신을 알도록 허락하시는 관계적 통로로 기능한다. 이러한 관점은 구약 신학이 하나님의 계시를 존재론이 아니라 관계 사건으로 이해하도록 이끈다.

1. אֵל(엘) 관련 신명

1) אֵל(엘)

(1) אֵל(엘): 가장 기본적인 하나님의 명칭

구약성경에서 하나님을 가리키는 가장 오래되고 기본적인 명칭은 אֵל(엘)이다. 이 명칭은 셈어 전반에서 힘, 권위, 주권을 나타내는 용어로 사용되었으며, '강한 자', '지도자', '주'라는 의미로 이해되어 왔다. 벌코프는 אֵל을 하나님의 권능과 주권을 가장 원초적으로 표현하는 이름으로 설명한다.[29]

문학적 사용 양상 또한 주목할 만하다. אֵל은 역사 서술이 중심이 되는 산문 본문에서는 비교적 제한적으로 사용되는 반면, 시편과 욥기와 같은 시적·지혜 문헌에서는 매우 빈번하게 등장한다. 이는 אֵל이 특정 구속사적 사건에 결박된 이름이 아니라, 보편적이고 초역사적인 신 개념을 담고 있어 찬양과 탄식, 성찰의 언어에 특히 적합했음을 시사한다.

אֵל의 어원에 대해서는 다양한 학설이 제시되어 왔다. 뇔데케(T. Nöldeke)는 이를 '강한 자' 혹은 '지도자'라는 의미에서 이해하였고,[30]

---

29) 위의 책, 239.

30) Theodor Nöldeke, "Über den semitischen Gottesnamen *El*," *Monatsberichte der Königlich Preußischen Akademie der Wissenschaften zu Berlin* (1880), 760-776.

딜만(A. Dillmann)은 '능력 있고 권세 있는 존재'라는 해석을 제시하였다.[31] 헨(J. Hehn)은 이 명칭을 '감독' 혹은 '지배 영역'이라는 통치 개념과 연결하였으며,[32] 프록쉬(O. Procksch)는 '묶다' 또는 '구속하다'라는 어근에서 파생된 개념으로 이해하여, 질서를 부여하고 유지하는 권위라는 신학적 함의를 강조하였다.[33]

이러한 견해들은 서로 다르지만, 공통적으로 אל이 하나님과 인간 사이의 질적 차이를 강조하는 명칭임을 분명히 한다. 이 이름은 인간이 하나님과의 친연성을 먼저 인식하기보다, 압도적 위엄 앞에서의 경외를 경험하도록 한다. 이는 셈족 종교 전반에 나타나는 신 개념의 기본 특징과도 부합한다.

(2) 자연신화와의 구별과 초월적 주권

중요한 점은, אל이라는 명칭이 하나님을 자연물 그 자체와 동일시하지 않는다는 사실이다. 태양, 폭풍, 산과 같은 자연 현상이 신격화되는 고대 근동의 종교 환경 속에서도, אל은 자연 그 자체라기보다 자연을 지배하고 질서 짓는 초월적 의지와 권능을 가리킨다. 이 점은 아이히로트가 강조한 구약 신 이해의 핵심과 정확히 일치한다. 그에 따르면, 구약의 하나님은 자연 속에 현존하지만 자연과 동일시되지 않으며, 언제나 인격적 주권자로 이해된다.[34]

---

31) August Dillmann, *Alttestamentliche Theologie* (Leipzig: Hirzel, 1895), 210.

32) Johannes Hehn, *Die biblische und die babylonische Gottesidee: Ein Beitrag zur alttestamentlichen Religionsgeschichte* (Leipzig: J. C. Hinrichs'sche Buchhandlung, 1913), 200-214.

33) Otto Procksch, *Die Genesis*, 2./3. Auflage (Leipzig: A. Deichert'sche Verlagsbuch-handlung, 1924), 439.

34) Walther Eichrodt, *Theology of the Old Testament*, vol. 1, 박문재 역, 『구약신학 I』 (서울: 크리스찬다이제스트, 1983), 186-187.

이러한 관점은 구약의 행위 중심적 계시 이해와도 연결된다. 하나님은 이름을 통해 추상적 본질을 드러내는 것이 아니라, 역사와 공동체의 삶 속에서 자신이 누구인지를 행위로 증언하신다. 이름은 그 행위를 기억하고 고백하는 언어이다.[35]

(3) 공동체적·윤리적 삶과 결부된 אל 신 개념

אל이라는 이름이 자주 결합되는 신명(神名)들—예를 들어 '하나님은 돕는다', '하나님은 자비롭다', '하나님은 심판하신다'—은 하나님이 현실 세계로부터 유리된 추상적 존재가 아니라, 공동체의 도덕 질서와 사회적 삶에 깊이 관여하는 분으로 이해되었음을 보여 준다. 이는 하나님이 단순한 자연력이나 운명적 힘이 아니라, 의지와 책임을 지닌 인격적 통치자로 인식되었음을 의미한다.[36]

이 지점에서 하나님의 이름은 존재 규정이 아니라 윤리적 요구와 관계적 책임을 동반하는 계시가 된다. 이러한 이해는 이후 야훼(YHWH) 이름 신학과 언약 신학으로 나아가는 중요한 토대를 제공하며, 구약 정경 전체에서 하나님의 이름이 예배, 기도, 증언의 언어로 기능하는 이유를 설명해 준다. 이와 같은 정경적 통합 관점은 차일즈가 제시한 신학적 방향과도 부합한다.[37]

2) אל(엘)과 결합된 신명들

구약성경에서 하나님의 이름은 존재의 본질을 규정하는 형이상학적 정의가 아니라, 이스라엘 공동체가 역사 속에서 하나님을 경험하고

---

35) Gerhard von Rad, *Old Testament Theology*, vol. 1, 106-125.

36) Walther Eichrodt, *Theology of the Old Testament*, vol. 1, 187.

37) Brevard S. Childs, *Old Testament Theology in a Canonical Context*, 69-83.

고백한 언약적 증언의 언어이다. 이름은 하나님을 설명하는 개념이 아니라, 하나님과의 만남에서 발생한 관계적 언어 사건이다. 이러한 관점에서 하나님의 이름들은 고정된 체계가 아니라, 역사·예배·기억 속에서 형성되고 재진술되는 신앙의 언어로 이해되어야 한다.

브루그만은 하나님의 이름과 호칭을 이스라엘의 '증언(testimony)'으로 규정하면서, 그것이 객관적 기술이 아니라 하나님의 행위에 대한 공동체의 응답적 고백임을 강조한다. 이름의 다양성은 신 개념의 혼란이 아니라, 하나님의 현실적 임재가 다양한 삶의 자리에서 경험되었음을 보여 주는 다성성이다.[38]

이러한 증언 중심 이해는 크니림의 주장과도 상통한다. 크니림에게서 하나님의 이름은 계시의 산출물이 아니라, 계시가 계속해서 수행되는 언어적 행위이다. 이름은 하나님의 본질을 포착하려는 시도가 아니라, 하나님의 주권적 자기 소통에 참여하는 언약적 언어 사건이다.[39]

(1) 엘 샷다이(אֵל שַׁדַּי)

'엘 샷다이'(אֵל שַׁדַּי)는 족장 전승에서 중요한 위치를 차지하며(출 6:3), 전통적으로 "전능하신 하나님"으로 번역되어 왔다. 그러나 구약신학적으로 중요한 것은 이 명칭이 추상적 전능성을 말하기보다, 생명과 번성을 보장하는 하나님의 주권적 행위를 증언한다는 점이다.

종교사적 연구에서 델리취(Friedrich Delitzsch)는 '샷다이'를 히브리-아람어 어근과 연결하여 풍요·양육의 의미를 제시하였고,[40] 홈

---

38) Walter Brueggemann, *Theology of the Old Testament: Testimony, Dispute, Advocacy*, 119-147.

39) Rolf P. Knierim, *The Task of Old Testament Theology*, 93-118.

40) Friedrich Delitzsch, *Prolegomena eines neuen hebräisch-aramäischen Wörterbuchs zum Alten Testament* (Leipzig: Hinrichs, 1886), 95-96.

멜(F. Hommel)과 헨(Johannes Hehn)은 이 명칭을 메소포타미아의 *šadû*("산") 개념과 연결시켜 해석하면서, 고대 근동 종교에서 산신(山神) 개념의 흔적이 이스라엘의 신명 전통 속에 반영된 것으로 보았다.[41]

올브라이트(W. F. Albright)는 이 문제를 보다 폭넓은 서셈어 종교 사적 틀에서 재검토하였다. 그는 שדי를 단순한 산신 개념으로 환원하는 데 신중을 보이면서, 이를 고대 서셈어권에서 사용된 신적 위엄과 권능의 고유 명칭으로 이해하였다.[42]

크로스(F. M. Cross는 한 걸음 더 나아가, אל שדי 전통이 산(*šadû*) 이미지, 신적 거처, 그리고 생명과 풍요의 상징이 중첩된 복합적 종교 언어에서 형성되었을 가능성을 제시하였다. 그는 특히 שדי가 히브리어 *šādayim*("유방, 젖가슴")과 음성적·어원적으로 연관될 수 있음을 지적하면서, 이 명칭이 생명과 양육을 공급하는 신적 능력을 상징하는 방향으로 재해석되었을 가능성을 열어 둔다.[43]

이 논의는 엘 샷다이가 단일한 어원이나 상징 이미지로 환원될 수 없음을 보여 준다. 오히려 이 명칭은 산(초월성, 신적 거처)과 젖가슴(양육성, 생명 부여의 능력)과 같은 서로 다른 상징 영역들이 응축되어 결합된 고대 종교 언어의 집약적 표현이라 할 수 있다. 그러나 크로스가 강조하듯이, 이러한 종교사적 배경을 곧바로 신학적 의미와 동일시해서는

---

41) Fritz Hommel, *The Ancient Hebrew Tradition* (London: Society for Promoting Christian Knowledge, 1897), 109-112; Johannes Hehn, *Die biblische und die babylonische Gottesidee: Ein Beitrag zur alttestamentlichen Religionsgeschichte* (Leipzig: J. C. Hinrichs'sche Buchhandlung, 1913), 265-279.

42) William Foxwell Albright, *From the Stone Age to Christianity: Monotheism and the Historical Process* (Baltimore: Johns Hopkins University Press, 1957), 221-224.

43) Frank Moore Cross, *Canaanite Myth and Hebrew Epic: Essays in the History of the Religion of Israel* (Cambridge, MA: Harvard University Press, 1973), 52-60, 특히, 55-57.

안 된다. 엘 샷다이의 결정적인 의미는 이러한 배경 자체에 있는 것이 아니라, 구약 정경 안에서의 재맥락화 과정 속에서 형성된다. 그 과정에서 이 명칭은 언약의 하나님, 곧 생명과 번성, 그리고 이스라엘의 미래를 주권적으로 보증하시는 하나님에 대한 신앙 고백으로 기능하게 된다.[44]

따라서 구약의 하나님은 자연적 힘이나 산신(山神)과 같은 존재로 이해되어서는 안 되며, 언약 관계 안에서 생명과 복을 자유롭게 부여하시는 인격적이며 주권적인 통치자로 이해되어야 한다. 이러한 맥락에서 엘 샷다이는 자연 종교의 잔여적 신명(神名)이 아니라, 이스라엘의 미래를 여시는 언약의 하나님에 대한 신앙 고백으로 정경 안에서 재구성된 명칭이라 할 수 있다.[45]

(2) 엘 엘리온(אל עליון)

'엘 엘리온'은 "지극히 높으신 하나님"을 의미하며, 고대 가나안 종교에서 판테온의 최고신을 가리키는 명칭과 구조적 유사성을 지닌다. 폰 라트는 이러한 언어가 고대 종교 환경의 산물임을 인정하면서도, 이스라엘 전승이 이를 역사적 계시의 언어로 전환하였음을 강조한다. 하나님은 자연 질서의 꼭대기에 위치한 신이 아니라, 역사를 주도하시는 행위의 하나님이시다.[46]

정경 안에서 엘 엘리온은 다른 신들 가운데 가장 높은 신을 뜻하지 않는다. 오히려 모든 권세 위에 계신 유일한 주권자를 고백하는 언어로 기능한다. 차일즈가 지적하듯, 이러한 명칭은 문화적 어휘를 반복하는 것이 아니라, 이스라엘의 하나님을 보편적으로 증언하기 위해 선택된

---

44) 위의 책, 59-60.

45) Walther Eichrodt, *Theology of the Old Testament*, vol. 1, 188-189.

46) Gerhard von Rad, *Old Testament Theology*, vol. 1, 106-125.

정경적 언어이다.[47]

(3) 엘 올람(אל עולם)

'엘 올람'은 "영원하신 하나님"을 의미하며 창세기 21장 33절에서 단 한 차례 등장하지만, 하나님의 정체성을 시간의 지평에서 규정한다. עולם(올람)은 철학적 무한 개념이 아니라, 세대를 관통하는 지속성과 신실성을 가리킨다. 폰 라트가 말한 것처럼, 구약의 하나님은 시간 밖의 절대자가 아니라, 시간 속에서 자신을 신실하게 증명하시는 하나님이다.[48]

(4) 엘로힘(אלהים)

'엘로힘'(אלהים)은 형태상 복수형 명사이지만, 이스라엘의 하나님을 지칭할 때에는 일관되게 단수 의미로 사용된다. 이 명사는 종종 단수 동사 및 단수 형용사와 결합하며, 구약 전반에서 야훼와 동일시되어 사용된다. 이러한 문법적 현상은 한때 이스라엘 신앙 안에 남아 있는 다신론적 잔재로 해석되기도 하였다. 그러나 이러한 해석은 언어의 의미 작용과 문법 범주에 대한 오해에서 비롯된 것으로, 현대 성서학에서는 더 이상 설득력을 갖지 못한다.

바는 이와 같은 다신론적 잔재 해석을 강하게 비판하면서, 문제의 핵심이 신학이 아니라 언어 의미론(semantics)에 있음을 지적하였다. 그에 따르면, '엘로힘'은 수적 복수를 의미하는 명사가 아니라, 추상적·강조적 복수형(abstract or intensive plural)으로 이해되어야 한다.[49] 이러한 복수형은 어떤 대상을 양적으로 증식시키기 위한 것이 아니라, 그 대

---

47) Brevard S. Childs, *Old Testament Theology in a Canonical Context*, 69-83.
48) Gerhard von Rad, *Old Testament Theology*, vol. 1, 138-156.
49) James Barr, *The Semantics of Biblical Language* (Oxford: Oxford University Press, 1961), 68-74.

상이 지닌 위엄, 충만성, 총체성을 표현하기 위한 언어적 장치이다. 따라서 '엘로힘'의 복수 형태는 "여러 신들"을 암시하지 않으며, 오히려 신적 능력과 권위의 완전성을 강조하는 기능을 수행한다.

이 점에서 '엘로힘'은 단순히 문법적 예외나 역사적 유물로 이해되어서는 안 된다. 그것은 신적 주권과 능력이 분산되지 않고 하나의 인격 안에 집중되어 있음을 선언하는 신앙 언어이다. 다시 말해, '엘로힘'은 하나님이 부분적 권능을 가진 존재가 아니라, 모든 신적 능력과 통치가 전적으로 귀속된 유일한 하나님임을 고백하는 표현이다.

이러한 이해는 크니림과 차일즈가 제시한 정경신학적 관점과도 긴밀히 연결된다. 이들에 따르면, '엘로힘'은 다신론적 세계에서 사용되던 종교 언어를 무비판적으로 수용한 흔적이 아니라, 오히려 그 언어를 급진적으로 전환(conversion)하여 사용한 대표적 사례이다.[50] 즉, 이스라엘 신앙은 고대 근동의 다신론적 언어 환경 속에서 완전히 새로운 어휘를 발명하기보다, 기존 언어를 차용하되 그 의미를 철저한 일신 신앙의 고백으로 재구성하였다.

따라서 '엘로힘'은 다신론에서 일신론으로 이행하는 과도기적 표현이 아니라, 오히려 유일신 신앙이 이미 확립된 상태에서 선택된 신학적 언어로 이해되어야 한다. 이 명칭은 하나님의 유일성을 약화시키지 않으며, 오히려 하나님의 위엄과 충만성이 단일한 주체 안에 온전히 존재함을 강조함으로써, 구약의 일신 신앙을 언어적으로 가장 강력하게 표현하는 용어 가운데 하나로 기능한다.

---

50) Rolf P. Knierim, *The Task of Old Testament Theology*, 120–134; Brevard S. Childs, *Old Testament Theology in a Canonical Context*, 84-97.

3) 소결론

구약성경에서 하나님의 이름은 하나님의 본질을 형이상학적으로 규정하는 개념이 아니라, 하나님과 인간의 관계가 언어 속에 응축된 계시 사건이다. 이름은 하나님을 인간이 소유하거나 정의하게 하지 않으며, 오히려 인간을 하나님 앞에 서도록 부르는 호명(呼名)으로 기능한다. 가장 기본적인 이름인 엘(אֵל)조차도 단순한 신적 칭호가 아니라, 권능과 초월성을 드러내는 동시에 공동체적 윤리와 질서를 요구하는 관계적 명칭이다. 이 점에서 하나님의 이름은 고정된 교리 명제가 아니라, 정경 안에서 기억되고 반복되며 해석되는 살아 있는 계시 언어라 할 수 있다.

엘과 결합된 다양한 신명들—엘 샷다이, 엘 엘리온, 엘 올람, 엘로힘—역시 하나님의 본질을 체계적으로 정의하려는 교리적 표지가 아니다. 그것들은 이스라엘이 역사 속에서 하나님과 만난 경험을 증언하는 신앙의 언어이며, 각기 다른 상황과 맥락 속에서 하나님의 행위와 성품을 고백하는 방식이다. 종교사적 연구가 보여 주듯, 이러한 명칭들은 고대 근동의 종교 어휘와 일정한 접점을 지니고 있으며,[51] 그 기원과 형성 과정을 설명하는 데 중요한 단서를 제공한다. 그러나 이러한 어휘적·종교사적 배경이 곧바로 신학적 의미를 결정하지는 않는다.

하나님의 이름의 결정적 의미는 정경 안에서의 재맥락화 과정을 통해 형성된다. 엘과 엘 계열 신명들은 자연신적 혹은 다신론적 개념으로 고정되지 않고, 이스라엘의 신앙 전통 속에서 언약의 하나님, 역사 속에서 행하시는 인격적 주권자에 대한 고백으로 재구성된다.[52] 그리고 그

---

51) Friedrich Delitzsch, *Prolegomena eines neuen hebräisch-aramäischen Wörterbuchs zum Alten Testament*, 95-96; Fritz Hommel, *The Ancient Hebrew Tradition* (London: Society for Promoting Christian Knowledge, 1897), 109-112.

52) Walther Eichrodt, *Theology of the Old Testament*, vol. 1, 186-193; Brevard S. Childs,

최종적 기능은 하나님의 존재를 추상적으로 설명하는 데 있지 않고, 역사 속에서 자신을 드러내시고 행동하시는 하나님을 증언하는 데 있다.[53]

따라서 하나님의 이름들은 고정된 정의나 교리적 공식이 아니라, 살아 있는 언약 관계의 언어이다. 신학은 이 이름들을 체계적으로 소유하거나 종결짓는 학문이 아니라, 이 이름들에 귀 기울이고, 그 의미를 해석하며, 정경 안에서 다시 읽어 내는 작업으로 남아야 한다. 이러한 이해는 이후 야훼(YHWH)라는 이름과 그 신학적 의미를 다룰 때 더욱 분명해질 것이며, 하나님의 자기 계시가 이름을 통해 어떻게 역사적·관계적으로 심화되는지를 밝히는 중요한 토대가 될 것이다.

2. '야훼' (יהוה, YHWH)

1) 이스라엘 하나님의 고유한 신명 – '야훼' (יהוה, YHWH)

모세 전승에서 제시되는 하나님의 결정적 계시는 새로운 신 개념의 철학적 설명이 아니라, 새로운 하나님의 이름, 곧 '야훼(YHWH)'의 전달에서 절정에 이른다. 출애굽기 3-6장에 따르면, 하나님은 자신의 이름을 공개적으로 해설하거나 교리적으로 정의하지 않으신다. 백성에게 전달된 메시지는 "너희 조상의 하나님 야훼가 나를 너희에게 보내셨다"(출 3:15), 혹은 "나는 야훼라, 내가 너희를 인도하여 내리라"(출 6:6)와 같이 행위의 약속과 결부된 선언이었다.

이 사실은 하나님의 이름이 설명되어 이해되어야 할 개념이 아니

Old Testament Theology in a Canonical Context, 69-83.

53) Gerhard von Rad, *Old Testament Theology*, vol. 1, 106-125; Walter Brueggemann, *Theology of the Old Testament: Testimony, Dispute, Advocacy*, 119-147.

라, 신뢰되어야 할 약속의 표지로 주어졌음을 보여 준다. 실제로 이 이름의 내적 의미는 계시의 중재자인 모세에게만 주어졌고, 공동체에게는 마치 '괄호 속에 주어진 채' 전달된 것처럼 기능하였다. 강조점은 이름의 어원적 의미가 아니라, 그 이름을 지닌 하나님이 역사 속에서 무엇을 행하실 것인가에 놓여 있었다. 이 점을 아이히로트는 "이스라엘은 이름의 언어학적 의미가 아니라, 그 이름을 지닌 하나님의 행위로부터 의미를 읽어냈다"고 정식화한다.[54]

야훼라는 이름이 더 오래된 형태 야후(Yahu)에 기초하여 형성되었고, 하나님의 '존재'를 표현하려는 의도가 반영되었다는 점은 비교종교사적으로도 설명 가능하다. 후내커(A. van Hoonacker)는 엘레판틴 문서 연구를 통해 이 이름이 서셈어권 신명 전통과 연속선상에 있음을 보였다.[55] 그러나 이러한 논의는 곧바로 형이상학적 존재론으로 이행되어서는 안 된다. 출애굽기 본문에서 문제가 되는 것은 '존재란 무엇인가'가 아니라, "내가 지금 여기서 너희와 함께 행동하겠다"는 하나님의 의지 선언이기 때문이다.

2) 관계 속에서의 이름 – '야훼' (יהוה, YHWH)

구약이 증언하는 하나님은 추상적 '존재(Being)'나 형이상학적 실체로 머무르지 않는다. 하나님은 오히려 관계 속에서 자신을 규정하시는 분, 곧 인간과의 만남과 언약 안에서 정체성을 가지시는 하나님으로 알려진다. 하나님은 스스로를 인간의 유한성과 역사성 안에 드러내시기로 결정하심으로써, "우리와 함께 계신 하나님", "우리 가운데 계신 하나

---

54) Walther Eichrodt, *Theology of the Old Testament*, vol. 1, 195-199.

55) Albin-Augustin van Hoonacker, *Une communauté judéo-araméenne à Éléphantine* (Schweich Lectures; London: Oxford University Press, 1915), 67-73.

님"이 되신다.

이러한 관점에서 '야훼'라는 이름은 단순한 신적 호칭이 아니라, 거룩하신 하나님이 구속과 해방의 능력을 지니고 노예의 세계 속으로 들어오신 사건의 이름이다. 다시 말해, '야훼'는 추상적 존재 명제가 아니라 출애굽 사건과 결부된 역사적 이름이며, 하나님이 스스로를 언약의 주체로 규정하신 행위를 가리킨다. 이 점을 앤더슨은 "하나님은 존재로서가 아니라 관계로서 알려지신다"는 통찰로 명확히 표현한다.[56]

3) 출애굽기 3장 14절(אהיה אשר אהיה)과 '야훼' 이름의 계시 성격

출애굽기 3장 14절에서 하나님은 모세에게 אהיה אשר אהיה(에흐예 아쉐르 에흐예)라고 응답하신다. 이 구절은 오랫동안 "나는 스스로 있는 자"라는 번역을 통해 형이상학적 자기존재(aseity)의 진술로 이해되어 왔다. 그러나 히브리어 אהיה(에흐예)는 현재형 정태 동사가 아니라 미완료형으로서, 의지·행위·미래 지향성을 내포한다. 따라서 이 표현은 추상적 자기존재의 진술이 아니라, "나는 너희를 위해 내가 될 것이다"라는 미래 지향적·관계적 약속으로 이해되어야 한다.

이 점에서 출애굽기 3장 14절은 "나는 존재한다"라는 철학적 정의가 아니라, "나는 너희를 위해 내가 될 것이다", 곧 역사 속에서 행동하시겠다는 약속으로 이해되어야 한다. 폰 라트는 이 본문을 하나님의 본질 설명이 아니라, 출애굽 사건을 앞두고 주어진 신적 자기 선언으로 해석한다. 하나님은 자신이 누구인지를 설명하지 않고, 무엇을 하실 것인지

---

56) Bernhard W. Anderson, *Understanding the Old Testament*, 최종진 역, 『구약신학』 (서울: 한들), 98-99.

를 약속하신다.[57]

정경신학적 관점에서 차일즈는 이 구절의 의미가 한 문장에 고정되어 있지 않다고 본다. 오히려 이 표현은 정경 전체 안에서 점진적으로 의미가 채워지는 개방적 진술이며, '야훼'라는 이름은 출애굽-시내산-광야 전승을 거치며 해석되고 재해석된다.[58]

또한 브루그만은 "나는 내가 될 것이다"라는 응답을, 하나님이 자신의 정체성을 인간의 요구에 따라 고정시키지 않겠다는 자유의 선언이자, 동시에 이스라엘의 고난의 현실 속에서 미래를 여시는 약속으로 이해한다.[59] 이러한 해석은 바의 언어학적 비판과도 맞닿아 있다. 그는 출애굽기 3장 14절을 존재 일반에 대한 철학적 명제로 읽는 것은 히브리어 의미론에 부합하지 않는다고 지적하며, 이 본문을 철저히 상황적·관계적 진술로 이해해야 한다고 주장한다.[60]

4) 제3계명과 야훼의 이름: 이름의 거룩성과 윤리적 책임
– "너는 네 하나님 야훼의 이름을 망령되이 부르지 말라"(출 20:7; 신 5:11) –

제3계명은 십계명 가운데서도 하나님의 이름(the Name)을 직접적으로 문제 삼는 유일한 계명이다. 이 계명은 단순한 언어 규범이나 예배적 금기를 넘어, 야훼의 이름이 지닌 계시적 성격과 그 이름을 부르는 공동체의 윤리적 책임을 함께 규정한다. 앞서 살펴본 바와 같이, '야훼'라

---

57) Gerhard von Rad, *Old Testament Theology*, vol. 1, 178-181.

58) Brevard S. Childs, *Old Testament Theology in a Canonical Context*, 70-75.

59) Walter Brueggemann, *Theology of the Old Testament: Testimony, Dispute, Advocacy*, 193-198.

60) James Barr, *The Semantics of Biblical Language*, 34-38.

는 이름은 하나님의 본질을 정의하는 개념이 아니라, 역사 속에서 자신을 드러내고 행동하시는 하나님의 관계적 자기 계시를 응축한 언어이다. 바로 이러한 이유 때문에, 그 이름의 사용은 곧 하나님과의 관계를 어떻게 살 것인가라는 윤리적 질문으로 이어진다.

히브리어 본문에서 "망령되이"로 번역된 표현은 לשוא(라샤베)이며, 이는 '공허함, 허무, 거짓, 무가치함'을 의미한다. 따라서 제3계명은 단순히 하나님의 이름을 욕되게 발음하지 말라는 금지에 그치지 않는다. 이 계명은 하나님의 이름을 거짓된 목적, 부당한 주장, 자기 이익을 정당화하는 수단으로 사용하는 모든 행위를 포괄적으로 금한다. 곧, 야훼의 이름을 '공허하게 만든다'는 것은 하나님의 인격과 행위를 삶의 현실과 분리시키는 것을 의미한다.

이 점에서 제3계명은 마술적 이름 사용이나 주술적 남용을 차단할 뿐 아니라, 하나님의 이름을 소유하거나 조작하려는 시도 자체를 근본적으로 거부한다. 아이히로트는 이 계명이 하나님의 이름을 인간의 통제 아래 두려는 모든 종교적 태도를 배격한다고 보았다. 하나님의 이름은 인간이 붙들 수 있는 도구가 아니라, 하나님 자신이 자유롭게 주시는 계시의 선물이기 때문이다.[61]

또한 제3계명은 예배적 영역에만 국한되지 않고, 사회적·법적 맥락까지 확장된다. 고대 이스라엘에서 하나님의 이름은 맹세와 증언의 근거로 사용되었는데, 야훼의 이름을 빌려 거짓 맹세를 하는 행위는 곧 하나님의 신실성과 정의를 왜곡하는 행위로 간주되었다(레 19:12). 이 점에서 제3계명은 언어 윤리의 근간을 형성하며, 하나님을 증언한다고 주장하는 공동체가 삶으로 그 이름에 합당한 신실성을 드러내야 함을 요구한다.

---

61) Walther Eichrodt, *Theology of the Old Testament*, vol. 1, 202-206.

정경신학적 관점에서 차일즈는 제3계명이 하나님의 이름을 '발음의 문제'가 아니라 '대표(representation)의 문제'로 다룬다고 지적한다.[62] 하나님의 이름을 지닌 공동체는 그 이름을 대표하는 삶을 요청받는다. 따라서 하나님의 이름을 '망령되이' 사용한다는 것은, 그 이름으로 불리는 공동체가 하나님의 성품과 행위에 반하는 삶을 사는 것까지 포함한다.

폰 라트에 따르면, 하나님의 이름은 출애굽과 언약의 역사 속에서 획득된 신앙의 응축물이며, 그 이름을 사용하는 것은 곧 그 역사를 현재 속에서 증언하거나 왜곡하는 행위이다.[63] 따라서 제3계명은 단순한 금지가 아니라, 구원 사건에 대한 기억을 왜곡하지 말라는 신앙적 요청이다.

더 나아가 브루그만은 제3계명을 증언(testimony)의 윤리로 이해한다. 하나님의 이름을 부른다는 것은 곧 하나님이 누구이신지를 말하는 것이며, 그 말은 삶의 실제와 분리될 수 없다. 하나님의 이름을 남용하는 것은 언어의 문제가 아니라, 하나님을 거짓으로 증언하는 삶의 문제이다.[64]

결국 제3계명은 야훼의 이름이 거룩함(qōdeš)을 지닌다는 사실을 선언함과 동시에, 그 거룩함이 공동체의 윤리적 삶 속에서 보존되고 드러나야 함을 요구한다. 하나님의 이름은 발음되기보다 살아져야 할 이름이며, 말해지기보다 삶으로 증언되어야 할 이름이다.

그러므로 야훼의 이름이 관계적·역사적 계시라면, 제3계명은 그 계시에 대한 윤리적 응답의 정점이라 할 수 있다. 이 계명은 하나님의 이름을 보호하기 위한 신적 불안의 표현이 아니라, 하나님의 이름을 맡은 공동체가 그 이름에 합당하게 살도록 부르는 언약적 요청이다. 이 점에서

---

62) Brevard S. Childs, *Old Testament Theology in a Canonical Context*, 88-92.

63) Gerhard von Rad, *Old Testament Theology*, vol. 1, 200-203.

64) Walter Brueggemann, *Theology of the Old Testament: Testimony, Dispute, Advocacy*, 414-420.

제3계명은 '이름의 신학'을 '삶의 신학'으로 확장시키며, 야훼의 이름이 언어를 넘어 역사와 삶 속에서 계속해서 거룩하게 드러나야 함을 선언한다.

5) 야훼(YHWH)라는 이름의 신학적 의미

구약성경에서 '야훼(YHWH)'라는 이름은 하나님의 본질을 형이상학적으로 정의하는 개념이 아니라, 하나님이 자신을 역사와 관계 속에서 드러내신 계시 사건의 언어이다. 이 이름은 설명되기보다 신뢰되어야 할 이름이며, 분석되기보다 기억되고 순종되어야 할 이름이다. 이스라엘은 하나님의 이름의 어원이나 개념적 의미에 관심을 두기보다, 그 이름을 지닌 하나님이 역사 속에서 무엇을 행하시는가를 통해 그 의미를 인식하였다.

출애굽 전승이 증언하듯, 야훼의 이름은 해방의 약속과 분리될 수 없다. 하나님은 자신의 이름을 교리적으로 해설하지 않으시고, 오히려 "내가 너희를 인도하겠다"는 행위의 선언으로 자신을 알리신다. 이 점에서 야훼라는 이름은 존재에 대한 철학적 정의가 아니라, 하나님의 자유로운 의지와 역사적 개입을 가리키는 표지이다.

이러한 이름 이해는 구약의 하나님이 추상적 존재로 머무르지 않고, 관계 속에서 자신을 규정하시는 하나님임을 분명히 한다. 야훼는 고정된 본질을 설명하는 개념이 아니라, 언약과 역사 안에서 형성된 정체성의 이름이다. 이 이름의 의미는 단일한 본문에 의해 완결되지 않으며, 출애굽과 시내산, 광야와 정착의 전승을 거치며 정경 전체 속에서 점진적으로 채워진다.

또한 야훼의 이름은 윤리적 요청을 동반한다. "야훼의 이름을 망령되이 일컫지 말라"는 계명은 발음이나 의례의 문제가 아니라, 하나님의 이름을 대표하는 공동체의 삶을 문제 삼는다. 하나님의 이름은 소유하거나 조작할 수 있는 종교적 도구가 아니라, 삶으로 증언되어야 할 언약의 표지이다. 하나님의 이름을 헛되이 사용한다는 것은 곧 하나님을 거짓으로 증언하는 삶을 사는 것이며, 제3계명은 이를 근본적으로 거부한다.

결국 야훼라는 이름은 하나님의 존재를 정의하는 개념이 아니라, 역사 속에서 행하시고 관계 속에서 자신을 드러내시는 하나님을 증언하는 이름이다. 이 이름은 하나님을 인간의 이해 안에 가두지 않으며, 오히려 인간을 언약과 순종, 책임의 자리로 호출한다. 따라서 야훼 이름 신학은 존재론이 아니라 계시론이며, 개념의 신학이 아니라 사건과 증언의 신학이다. 야훼는 "존재하는 하나님"이기보다, 함께 계시며 행동하시는 하나님, 곧 역사를 여시고 미래를 여시는 언약의 하나님으로 고백된다.

3. 신명 연구의 신학적 결론

본 연구는 구약성경에서 하나님의 이름이 형이상학적 본질 규정이나 교리적 정의가 아니라, 하나님과 인간의 관계가 언어로 응축된 계시의 방식임을 확인하였다. 하나님의 이름은 하나님을 개념적으로 소유하게 하지 않으며, 오히려 인간을 하나님 앞에 서도록 부르는 호명으로 기능한다.[65]

엘과 엘 샷다이, 엘 엘리온, 엘 올람, 엘로힘 등 엘 계열의 신명들은 하나님의 본질을 체계적으로 정의하려는 교리적 명칭이 아니라, 이스라엘이 다양한 역사적·신앙적 상황 속에서 하나님을 경험하며 형성한 증

---

65) Walther Eichrodt, *Theology of the Old Testament*, vol. 1, 186-193.

언 언어이다. 종교사적 연구는 이 명칭들의 어휘적 기원과 고대 근동적 배경을 설명하는 데 기여하지만, 그 자체가 신학적 의미를 결정하지는 않는다. 의미는 정경 안에서의 재맥락화 과정을 통해 형성되며, 이 과정에서 엘 계열 신명들은 자연신적·다신론적 함의를 벗고 언약적·인격적 주권을 지닌 하나님에 대한 고백으로 재구성된다.[66]

야훼(YHWH)라는 이름은 이러한 흐름을 결정적으로 심화시킨다. 출애굽 전승에서 중심화되는 야훼의 이름은 하나님의 존재를 철학적으로 설명하지 않고, 역사 속에서 행하시겠다는 의지와 약속으로 주어진다. 야훼는 고정된 개념이 아니라, 출애굽과 언약의 역사 속에서 자신을 증명하시는 하나님의 이름이다.[67]

더 나아가 하나님의 이름은 윤리적 책임을 수반한다. 제3계명은 하나님의 이름을 발음이나 의례의 문제로 제한하지 않고, 그 이름을 지닌 공동체가 삶으로 하나님을 증언해야 할 책임을 요구한다. 하나님의 이름은 소유되거나 조작될 수 있는 종교적 도구가 아니라, 삶 속에서 거룩하게 드러나야 할 언약의 표지이다. 이로써 이름 신학은 곧바로 삶의 신학과 공동체 윤리로 확장된다.[68]

종합하면, 구약의 하나님의 이름들은 고정된 교리 명제가 아니라 살아 있는 계시 언어이며, 하나님이 "어떤 분이신가"를 정의하기보다 어떻게 역사 속에서 자신을 드러내고 인간을 부르시는가를 증언한다. 이러한 결론은 다음 단계의 신학적 논의, 곧 하나님의 속성과 하나님의 사

---

66) 위의 책, 186-193; Brevard S. Childs, *Old Testament Theology in a Canonical Context*, 69-83.

67) Gerhard von Rad, *Old Testament Theology*, vol. 1, 178-181; Walter Brueggemann, *Theology of the Old Testament: Testimony, Dispute, Advocacy*, 193-198; James Barr, *The Semantics of Biblical Language*, 34-38.

68) Walther Eichrodt, *Theology of the Old Testament*, vol. 1, 202-206; Brevard S. Childs, *Old Testament Theology in a Canonical Context*, 88-92.

역을 다루는 연구로 나아가기 위한 필수적 토대를 제공한다. 하나님의 이름이 신학적 탐구의 출발점이라면, 하나님의 속성과 사역은 그 이름 아래서 하나님이 어떻게 행동하시며 세계와 관계하시는지를 구체화하는 전개가 될 것이다.[69]

V. 하나님의 속성에 대한 표현

1. 비인격적·상징적 표현: 초월성과 능동적 현존

구약성경은 하나님의 초월성과 능동적 현존을 드러내기 위해 빛, 불, 바람과 같은 비인격적 상징을 사용한다(시 104:2; 출 19:18; 학 2:5). 이러한 표현은 하나님의 형상을 제시하려는 시도가 아니라, 하나님의 위엄과 능력, 그리고 역사 속에서 활동하시는 생동성을 언어로 증언하려는 상징적 언어이다. 이 상징들은 하나님의 본질을 규정하기보다, 인간 언어의 한계 안에서 하나님을 가리키는 표지적 기능을 수행한다.[70]

2. 인격적·의인화 표현: 관계의 주체로서의 하나님

구약의 하나님은 단순한 초월적 힘이 아니라 인격적 존재로 묘사된다. 하나님은 계획하시고, 말씀하시며, 행동하시고, 감정을 표현하신다. 하나님이 "동산을 거니신다"(창 3:8)거나 "비웃으신다"(시 2:4)는 표현

---

69) Walter Brueggemann, *Theology of the Old Testament: Testimony, Dispute, Advocacy*, 414-420.

70) Walther Eichrodt, *Theology of the Old Testament*, vol. 1, 178-186.

은 하나님을 인간과 동일시하려는 것이 아니라, 하나님이 인간의 역사와 삶에 적극적으로 관여하시는 관계적 주체임을 드러내는 의인화이다. 이러한 언어는 하나님의 초월성을 훼손하지 않으면서도, 하나님이 관계 속에서 자신을 계시하신다는 사실을 강조한다.[71]

3. '질투하시는 하나님': 언약적 배타성과 신실성

"질투하시는 하나님"(신 5:9; 6:15)이라는 표현은 인간적 감정의 결함을 하나님께 투사한 것이 아니다. 이는 언약 관계의 배타성과 신실성을 강조하는 신학적 언어로서, 하나님의 질투는 변덕이나 소유욕이 아니라 우상숭배로 인해 파괴되는 관계에 대한 정의롭고 관계적인 거부를 의미한다. 이 표현은 하나님의 사랑이 무차별적 관용이 아니라, 언약에 기초한 책임적 사랑임을 분명히 한다.[72]

4. 형상 거부(aniconism): 하나님의 자유

구약 신학에서 가장 독특하고 결정적인 특징 가운데 하나는 하나님을 형상으로 표상하는 것을 단호히 거부한다는 점이다. 이 무형상주의(aniconism)는 신명기 4장에서 가장 집약적으로 표현된다. 이스라엘은 호렙산에서 하나님의 "말소리"는 들었으나 "아무 형상도 보지 못하였다"(신 4:12, 15). 이 경험은 형상 금지의 신학적 근거가 된다.

저자 연구에 의하면, 신명기 4장의 무형상주의 본문(특히 4:12b,

---

71) Brevard S. Childs, *Old Testament Theology in a Canonical Context*, 49-55.
72) Walther Eichrodt, *Theology of the Old Testament*, vol. 1, 250-255.

15-18, 23-25)은 단일 시기의 산물이 아니라, 장기간의 신학적 숙고 속에서 점진적으로 형성되었다.[73] 이 과정에서 무형상주의는 단순한 예배 규정이 아니라, 이스라엘의 신 정체성을 재구성하는 핵심 교리로 기능하게 된다.

강승일은 고대 이스라엘 사회에는 실제로 야훼 신상이 존재했을 가능성을 시사하는 고고학적·문헌학적 증거들이 있다고 주장한다(쿤틸렛 아즈루드, 키르벳 엘콤).[74] 이러한 배경 속에서 신명기 4장의 형상 거부는 초기 이스라엘 신앙에 남아 있던 다신론적·형상숭배적 요소와의 의식적 단절 선언으로 이해되어야 한다.

특히 저자는 신명기 4장의 무형상주의가 제2성전 재건기라는 구체적 역사 상황과 밀접하게 연관되어 있음을 강조한다. 성전 재건 과정에서 "야훼의 신상을 다시 들여놓을 것인가"라는 질문이 제기되었을 가능성이 높으며, 신명기적 편집자는 이에 대해 단호한 신학적 응답을 제시한다. 곧, 야훼는 어떤 형상으로도 재현될 수 없으며, 성전은 신상의 거처가 아니라 말씀과 이름이 임하는 장소라는 것이다.[75]

중요한 점은, 이러한 형상 거부가 하나님을 추상화하거나 비인격화하기 위한 것이 아니라는 사실이다. 오히려 무형상주의는 하나님을 인간의 조작과 소유로부터 해방시키는 신학적 장치이다. 형상은 하나님을 "보유 가능한 대상"으로 만들지만, 신명기적 무형상주의는 하나님을 자유롭게 말씀하시고 행동하시는 인격적 주권자로 보존한다. 이 점에서

---

73) 이은우, "신명기 형성의 마지막 단계에 대한 논의: 신명기 4장 1-49절을 중심으로," 『구약논단』 제29권 2호 (2022), 136-162.

74) 강승일, "고대 이스라엘의 신상과 신상의 입을 여는 의식," 『구약논단』 제21권 3호 (2015), 156-183.

75) Thomas C. Römer, *The So-Called Deuteronomistic History* (London: T&T Clark, 2007), 172-175.

형상 거부는 하나님의 초월성과 인격성을 동시에 수호하는 신학적 전략
이다.[76]

5. 관계적 감정 언어: 정의·자비·신실성의 통합

하나님의 인격성은 관계적 감정 언어를 통해 가장 풍부하게 드러난
다. 하나님은 아버지로서 이스라엘을 사랑하시고(호 11:1-9), 남편으로
서 언약 백성과의 관계를 회복하려 하신다(호 2:2; 렘 2:1-3). 이러한 은
유는 감상적 표현이 아니라, 하나님의 정의·공의·진실이 관계 속에서 구
현되는 방식을 보여 준다. 하나님의 정의는 냉혹한 법 집행이 아니라, 자
비와 은총을 통해 관계를 회복하는 정의이다.[77]

6. 예배와 하나님의 임재: 경험의 하나님

구약에서 하나님의 존재는 철학적으로 증명되어야 할 명제가 아니
라, 예배 속에서 경험되는 현실이다. 로울리(H. H. Rowley)가 말한 것처
럼, 구약의 하나님은 "경험의 하나님"이며, 이 경험의 중심에는 예배가
있다. 언약궤, 성막, 성전은 하나님을 공간에 가두는 장치가 아니라, 하나
님이 자기 백성 가운데 거하시기를 선택하셨다는 신학적 선언이다. 신
명기 신학은 하나님의 임재를 성소 자체가 아니라 하나님의 이름이 거
하는 곳으로 이해함으로써 하나님의 초월성을 유지한다(신 12:5).[78]

---

76) Gerhard von Rad, *Old Testament Theology*, vol. 1, 206-210.

77) Walter Brueggemann, *Theology of the Old Testament: Testimony, Dispute, Advocacy*,
414-420.

78) Harold Henry Rowley, *The Faith of Israel* (London: SCM Press, 1956), 26-35.

7. 임재의 확장과 보편적 통치

포로기 이후 하나님의 임재 이해는 제의적 공간을 넘어 확장된다. 하나님의 임재는 영(רוח)으로 표현되며(시 139:7), 예언자들은 하나님을 이스라엘의 민족 신이 아니라 모든 나라와 역사를 다스리시는 주권자로 선포한다(암 1-2). 이 보편성의 핵심은 도덕성으로, 하나님의 정의는 민족적 특권을 면제하지 않으며 모든 인간의 삶을 요구한다(암 6:6-8).[79]

8. 소결론

구약성경이 증언하는 하나님의 속성은 추상적 본질 규정이 아니라, 관계·임재·윤리 속에서 드러난 살아 있는 성품이다. 특히 신명기 4장에 집약된 형상 거부 신학은 하나님을 비인격적 추상으로 만드는 것이 아니라, 하나님을 인간의 조작과 소유로부터 해방시켜 자유롭게 말씀하시고 행동하시는 인격적 주권자로 증언한다. 무형상주의는 역사적 위기 속에서 형성된 신학적 응답이며, 이스라엘 신앙의 정체성을 재구성하는 핵심 원리였다. 이러한 하나님 이해는 예배 속에서 경험되고, 역사와 세계로 확장되며, 윤리적 책임을 요구한다. 따라서 하나님의 속성에 대한 논의는 곧 하나님의 사역-창조, 구원, 심판, 회복-을 탐구하기 위한 신학적 토대가 된다.

---

79) Walter Brueggemann, *Theology of the Old Testament: Testimony, Dispute, Advocacy*, 366-372.

VI. 하나님의 일하심

구약성경은 하나님을 개념적 정의나 형이상학적 설명을 통해 말하지 않는다. 폰 라트가 통찰했듯이, "구약은 무엇보다도 이야기를 말한다."[80] 이 통찰은 구약신학을 이해하는 데 결정적이다. 구약은 체계적인 교리 목록을 제시하기보다, 사건과 역사 속에서 말씀하시고 행동하시며 인간과 관계를 맺으시는 하나님의 사역을 증언한다.

따라서 구약성경의 구조는 추상적 개념이 아니라 사건들에 의해 조직된다. 그리고 그 사건들은 하나님의 말씀과 이에 대한 인간의 응답이라는 역동적 상호작용 속에서 신학적 의미를 획득한다. 이런 관점에서 볼 때, 구약의 계시는 대상화된 개념 체계로 주어지지 않는다. 하나님의 계시는 다양한 형태를 취하며, 하나님이 말씀하시고 행동하시는 방식에 따라 서로 다른 이름과 양상으로 나타난다. 구약이 증언하는 하나님은 추상적 존재가 아니라, 창조에서부터 종말의 지평에 이르기까지 세계와 인간, 그리고 자신의 백성과 맺는 역사적 관계 속에서 자신을 드러내시는 살아 계신 하나님이다.

이러한 이해에 따르면, 하나님의 사역에 대한 신학적 탐구는 역사 속에서 하나님이 어떻게 말씀하시고 어떻게 행동하시는지를 추적하는 작업이 된다. 아이히로트가 강조하듯이, 구약신학은 하나님의 본질에 대한 사변적 성찰에서 출발하지 않고, 역사 속에서 이루어지는 하나님의 자기계시라는 구체적 현실에서 출발한다.[81] 하나님의 사역은 역사와 분리될 수 없으며, 바로 그 역사 속에서 하나님은 자신을 알리신다.

이러한 이유로, 구약이 증언하는 하나님의 사역은 개별 주제들의

---

80) Gerhard von Rad, *Old Testament Theology*, vol. 1, 106-109.
81) Walther Eichrodt, *Theology of the Old Testament*, vol. 1, 20-27.

병렬적 배열로 이해되어서는 안 된다. 오히려 그것은 창조-구원-심판-회복이라는 하나의 역사적·신학적 흐름 안에서 통합적으로 파악되어야 한다. 구약은 하나님을 추상적 존재로 설명하지 않고, 말씀하시고, 개입하시며, 역사를 형성하시는 행동하시는 하나님으로 증언한다. 이 점에서 하나님의 사역은 언제나 사건의 형태로 나타나며, 이러한 사건들은 공동체의 경험과 응답 속에서 신학적 의미를 지니게 된다.[82]

이 장은 바로 이러한 확신에서 출발한다. 구약에서 하나님의 사역을 말한다는 것은, 하나님이 세계와 맺는 관계의 서사를 따라가며, 그 전개되는 역사 속에서 창조, 구원, 심판, 그리고 새롭게 하심을 하나로 묶는 하나님의 일관된 행동을 분별하는 일이다.

1. 하나님의 유일성: 역사 속에서 형성된 일신 신앙

구약의 역사는 수많은 사건들로 구성되어 있지만, 이 사건들은 하나의 통일된 맥락 속에서 연결된다. 그 중심에는 하나님의 유일성이라는 신앙 고백이 있다. 신명기 6장 4절의 쉐마(Shema), "이스라엘아 들으라. 야훼는 우리 하나님이시요 야훼는 하나이시니"라는 고백은, 구약 신학 전체를 관통하는 핵심 명제이다. 이 유일성은 하나님이 창조주이자 구원자이며, 세계를 축복하시고 백성을 심판하고 구원하시는 분이라는 사실을 전제한다. 하나님의 유일성은 곧 역사의 통일성과 연속성을 보장하는 신학적 토대이다.[83]

구약에서 하나님의 유일성은 시간적·역사적 과정 속에서 점진적으로 명료화된다. 첫 단계는 십계명의 제1계명에 나타난다(출 20:3; 신

---

82) Gerhard von Rad, *Old Testament Theology*, vol. 1, 106-110.
83) Brevard S. Childs, *Old Testament Theology in a Canonical Context*, 65-69.

5:7). "너는 나 외에는 다른 신들을 네게 두지 말라"는 명령은 다른 신들의 실재 여부를 형이상학적으로 논증하지 않는다. 오히려 이 명령은 다른 민족들이 다른 신들을 섬기고 있다는 현실을 전제한 채, 이스라엘이 오직 야훼만을 신뢰하고 섬겨야 한다는 언약적 배타성을 선언한다. 이 단계에서 일신 신앙은 철저히 실천적·관계적 성격을 지닌다.[84]

두 번째 단계는 신명기 6장 4절의 신앙 고백에서 나타난다. 여기서 하나님의 유일성은 단순한 예배 규범을 넘어, 개념적으로 성찰된 신앙 고백으로 표현된다. 이 고백은 다신론적 환경 속에서 야훼 신앙의 정체성을 지켜 온 오랜 투쟁의 산물이다. 야훼는 이스라엘이 섬기는 여러 신들 가운데 하나가 아니라, 유일한 주(Lord)이시다.[85]

세 번째 단계는 이사야 40-55장, 이른바 제2이사야에서 가장 분명하게 드러난다. 포로기 예언자는 야훼가 유일한 하나님이심을 선언할 뿐 아니라, 다른 신들의 실재 자체를 부정한다(사 43:10). 여기서 일신 신앙은 더 이상 선택의 문제가 아니라, 존재론적·역사적 진술이 된다. "나 이전에도 신이 없었고 나 이후에도 없으리라"(사 43:10), "나는 처음이요 나는 마지막이라 나 외에 다른 신이 없느니라"(사 44:6)는 선언은 하나님의 유일성을 시간과 역사 전체의 지평에서 규정한다.[86]

이러한 유일신 신앙은 우상 금지와 창조 신앙에서 결정적으로 구체화된다. 하나님은 어떤 형상으로도 재현될 수 없으며(신 4:15-18), 오직 야훼만이 세계를 창조하신 분이다(사 40:28; 42:5; 48:12). 이 점에서 하나님의 유일성은 단순한 수적 일원성이 아니라, 창조와 역사 전체를 포

---

84) James Barr, *The Semantics of Biblical Language*, 109-112.

85) Gerhard von Rad, *Old Testament Theology*, vol. 1, 213-218.

86) Walter Brueggemann, *Theology of the Old Testament: Testimony, Dispute, Advocacy*, 97-103.

괄하는 절대적 주권을 의미한다.[87]

구약의 유일신 신앙에서 중요한 또 하나의 특징은, 야훼 하나님이 신들의 역사나 계보, 신화적 기원을 갖지 않는다는 점이다. 야훼의 신성은 신들의 세계 안에서 경쟁적으로 획득된 것이 아니라, 자기 백성과 맺는 역사적 관계 속에서 전적으로 드러난다. 하나님은 이스라엘과의 역사, 인간과의 역사, 그리고 창조 세계와의 역사 속에서만 자신을 하나님으로 증언하신다.[88]

결국, 하나님이 한 분이시라는 고백과 하나님이 역사의 하나님이시라는 이해는 분리될 수 없다. 유일하신 하나님은 곧 창조주이며, 이스라엘의 구원자이고, 세계 역사의 주권자이시다. 구약 신학이 말하는 하나님의 사역은 이 모든 진술을 하나로 묶는다. "하나님은 한 분이시다"는 고백은 단순한 교리적 결론이 아니라, 세계와 역사 전체를 해석하는 신앙의 열쇠이다.[89]

2. 창조와 섭리: 구원의 지평으로서의 창조

구약에서 창조 신앙은 구원 신앙과 분리되지 않는다. 하나님이 한 분이시기에, 구원자 하나님은 곧 창조주 하나님이시다. 이스라엘을 구원하신 하나님은 세계를 창조하신 하나님이며, 창조에서 시작된 하나님의 사역은 이스라엘의 역사 속으로 진입한다. 이러한 이해는 특히 창세기 1-11장, 이른바 시원사(始原史)에 분명히 드러난다. 여기서 하나

---

87) Walther Eichrodt, *Theology of the Old Testament*, vol. 1, 187-193.

88) Brevard S. Childs, *Old Testament Theology in a Canonical Context*, 70-75.

89) Walter Brueggemann, *Theology of the Old Testament: Testimony, Dispute, Advocacy*, 366-372.

님은 특정 민족의 하나님이 아니라, 전 세계와 모든 생명의 창조주로 묘사된다.[90]

구약의 창조 신학은 강한 보편주의적 성격을 지닌다. 하나님은 시간의 시작부터 끝까지 일어나는 모든 사건의 주권자이시며, 창조는 단회적 사건이 아니라 지속되는 섭리의 활동이다. 창조 후에 주어지는 축복(창 1:26-28; 8:20-22)은 특정 구원 사건과 달리, 하나님의 침묵 속에서 지속적으로 작동하는 사역이다. 모든 피조물이 하나님의 창조물이라는 사실은, 하나님의 축복과 보호가 전 인류와 모든 생명을 향해 열려 있음을 의미한다.[91]

3. 구원과 출애굽: 역사 속에서 경험된 하나님의 구원 행위

구약이 말하는 하나님의 사역 가운데 핵심은 구원이며, 그 중심 사건은 출애굽이다. 출애굽은 단순한 정치적 해방이 아니라, 구원하시는 하나님과의 결정적 만남이었다. 이 사건을 통해 이스라엘은 하나님을 "구원자"로 경험하였고, 이 경험은 율법의 기초가 되었으며, 시편의 찬양과 탄원, 예언자들의 선포와 탄식의 핵심 주제가 되었다.[92]

하나님의 구원은 고정된 형태를 취하지 않는다. 출애굽 이후 광야에서 하나님은 굶주림과 목마름, 피로라는 생존의 위기 속에서 백성을 보존하셨고, 가나안 정착 과정에서는 외적의 위협뿐 아니라 공동체 내부의 붕괴로부터도 이스라엘을 지키셨다. 왕정 시대에도 하나님의 구원은 전쟁과 위기 속에서 계속되었다. 이처럼 구약의 구원은 언제나 구체

---

90) Walther Eichrodt, *Theology of the Old Testament*, vol. 1, 93-101.
91) Brevard S. Childs, *Old Testament Theology in a Canonical Context*, 70-75.
92) Gerhard von Rad, *Old Testament Theology*, vol. 1, 176-184.

적 상황 속에서 새롭게 나타나는 사건이다.[93]

창세기 12장에서 시작되는 '선택' 개념 역시, 특권적 배타성을 의미하기보다 구원의 시작으로 이해되어야 한다. 아브라함의 선택은 곧 "너를 통해 모든 민족이 복을 받을 것"(창 12:3)이라는 보편적 구원의 약속을 내포한다. 따라서 하나님의 구원은 이스라엘에 국한되지 않으며, 인류 전체와 심지어 피조 세계 전체로 확장된다(창 6-9; 사 24-27).[94]

구약은 하나님의 구원 행위를 일정한 기본 구조로 증언한다.

위기 → 부르짖음 → 하나님의 들으심 → 구원 → 응답

이 구조 속에서 중요한 점은, 구원하시는 하나님이 곧 심판하시는 하나님이라는 사실이다. 역사는 하나님의 구원 경험으로부터 발생하며, 구원은 언제나 하나님의 '오심(coming)'으로 묘사된다. 하나님은 멀리 계신 분이 아니라, 위기 속으로 직접 개입하시는 하나님이시다.[95]

또한 구약이 강조하는 하나님의 특징 가운데 하나는, 하나님이 말씀하시는 하나님이라는 점이다. 하나님의 구원은 약속, 선언, 확증, 그리고 구원의 서술을 통해 구체적으로 전달된다. 구원은 말 없는 힘이 아니라, 말씀으로 매개된 역사적 사건이다.[96]

---

93) Walter Brueggemann, *Theology of the Old Testament: Testimony, Dispute, Advocacy*, 182-188.

94) Walther Eichrodt, *Theology of the Old Testament*, vol. 1, 201-206.

95) Walter Brueggemann, *Theology of the Old Testament*, 314-320.

96) James Barr, *The Semantics of Biblical Language*, 34-38.

4. 심판과 회복: 구원을 보존하는 하나님의 거룩한 개입

구약에는 '죄'에 대한 추상적·체계적 정의가 존재하지 않지만, 죄는 언제나 하나님과 인간 사이에서 발생하는 관계의 파괴로 이해된다. 죄는 인간 존재와 공동체, 그리고 하나님과의 관계를 붕괴시키기에, 하나님은 죄에 대해 개입하지 않을 수 없다. 시원사에 나타난 심판 서술(창 3-4장)은 이러한 하나님의 개입을 명확한 법정 구조로 제시한다:

범죄의 발견 → 심문 → 변론 → 선고 → 집행[97]

이 과정을 통해 하나님은 단순한 창조주가 아니라, 죄에 대항하여 악을 제어하시는 재판관으로 나타난다. 그러나 하나님의 심판은 파괴만을 목표로 하지 않는다. 창세기 3-4장과 6-9장에서 보듯이, 하나님의 심판은 언제나 인내와 보존을 동반한다. 홍수 심판 이후에도 하나님은 생명을 보존하시고 새로운 시작의 가능성을 열어 두신다.[98]

율법은 이러한 맥락에서 주어진다. 율법은 단순한 규범 체계가 아니라, 죄로부터 공동체를 보호하기 위한 하나님의 구원적 장치이다. 하나님의 심판은 구원의 반대편에 있지 않으며, 오히려 구원을 유지하고 회복하기 위한 필수 요소이다. 예언서에서 심판 선언은 언제나 구원 선언 이후에, 혹은 그 한가운데에 위치한다. 심판은 현재의 상태를 근거로 미래를 경고하며, 하나님과 백성 사이의 단절이라는 위기를 직시하게 한다.[99]

이러한 심판 신학은 하나님의 거룩성을 강조한다. 동시에 구약은

---

97) Gerhard von Rad, *Old Testament Theology*, vol. 1, 143-147.

98) Brevard S. Childs, *Old Testament Theology in a Canonical Context*, 148-152.

99) Walther Eichrodt, *Theology of the Old Testament*, vol. 2, 356-362.

심판을 최종 목적이 아니라 회복을 향한 과정으로 이해한다. 하나님의 심판은 역사 속에서 관계를 재정렬하고, 새롭게 구원을 가능하게 하는 길을 연다. 이 점에서 심판과 회복은 분리될 수 없는 하나님의 사역이다.[100]

5. 소결론

구약이 증언하는 하나님의 사역은 창조, 구원, 심판이라는 분절된 주제가 아니라, 하나의 역사적 드라마이다. 하나님은 창조주로서 세계를 세우시고, 구원자로서 역사 속에 개입하시며, 심판자로서 죄를 제어하고 관계를 회복하신다. 이 모든 사역은 하나님의 유일성과 거룩성에 근거하며, 구약 신학은 이를 사건과 경험의 언어로 증언한다. 따라서 하나님의 사역에 대한 이해는 곧 역사를 해석하는 신학적 틀이며, 구약이 말하는 하나님은 언제나 말씀하시고, 오시며, 새롭게 하시는 하나님이다.

VII. 하나님에 대한 비유적 표상

구약성경은 하나님을 형이상학적으로 정의하기보다, 비유적이고 관계적인 이미지를 통해 하나님을 증언한다. 이러한 비유들은 하나님의 본질을 개념적으로 규정하기 위한 것이 아니라, 이스라엘이 하나님과의 관계 속에서 경험하고 해석한 신앙의 언어이다. 이 점에서 하나님에 대한 비유는 교리적 정의가 아니라, 역사와 예배, 공동체의 기억 속에서 형성된 신학적 표상이라 할 수 있다.[101]

---

100) Walter Brueggemann, *Theology of the Old Testament*, 414-420.
101) 구덕관, 『구약신학』 (서울: 대한기독교서회, 1991), 58-59.

구덕관은 이러한 비유적 언어가 구약 신론에서 차지하는 중요성을 지적하면서, 하나님에 대한 다양한 이미지들이 단일한 교리 체계를 구성하기보다, 하나님과 이스라엘의 관계가 지닌 다층적 성격을 드러내는 역할을 한다고 설명한다.[102] 구약은 하나님을 왕, 남편, 아버지, 목자 등 다양한 관계적 은유로 묘사하지만, 이는 하나님을 인간적 범주로 환원하기 위함이 아니라, 언약적 관계의 실재성을 전달하기 위한 신학적 언어 전략이다.

특히 이러한 비유들은 하나님이 추상적 존재가 아니라, 역사 속에서 행동하시고 관계를 맺으시는 인격적 주체임을 강조한다. 따라서 구약의 비유적 신 언어는 우상적 형상화와 구별되며, 하나님의 자유와 초월성을 보존하면서도, 동시에 하나님이 인간의 삶 가까이 다가오시는 분임을 증언한다.[103]

1. 신적 통치의 재해석된 은유로서의 왕권

야훼를 왕으로 이해하는 표상은 이스라엘 신앙의 본질적이거나 기초적인 범주라기보다는, 특정 전통과 문학적 장르에 집중되어 나타나는 은유적 구성물로 이해되어야 한다. 실제로 왕권 언어는 구약 전반에 고르게 분포되어 있지 않으며, 주로 시편과 일부 예언서 본문에 집중되어 나타난다. 이러한 불균등한 분포는 '하나님-왕' 개념이 포괄적인 교리 체계라기보다, 상황적·신학적 이미지로 기능했음을 시사한다.[104]

종교사적 관점에서 볼 때, 왕-신 개념은 고대 근동 세계에 널리 퍼

---

102) 위의 책, 60-61.
103) Walther Eichrodt, *Theology of the Old Testament*, vol. 1, 198-201.
104) 위의 책, 194-197.

져 있었다. 가나안의 엘, 이집트의 아문, 바빌로니아의 마르둑은 모두 "신들 중의 신", "왕 중의 왕"으로 묘사되었으며, 이들의 신적 권위는 우주 질서와 사회·정치적 위계 구조를 반영하였다. 이러한 전통에서 신적 왕권은 우주론, 정치적 정당성, 제의 질서를 통합적으로 설명하는 상징 체계로 기능하였다.[105]

이스라엘이 야훼를 왕으로 고백할 때에도 이러한 언어는 차용되었다. 구약은 야훼를 "신들 위에 크신 하나님"(시 95:3), 하늘 보좌에 앉으신 분(사 6:1), 천상 존재들의 섬김을 받는 주권자(시 103:19-21; 욥 1-2), 영원한 왕이자 심판자로 노래한다(시 29:10; 96-99편; 146:10; 출 15:18). 그러나 이러한 왕-신 이미지는 바알이나 마르둑 신화의 단순한 반복이 아니라, 그 신학적 전복이다. 이스라엘은 다른 신들의 실재성과 권능을 박탈하고(시 95:5), 야훼의 통치를 민족적 범주를 넘어 온 세계로 확장하였다(시 47:7; 수 3:11, 13).[106]

폰 라트가 지적하듯이, 이러한 재해석은 신적 왕권을 신화적 주장으로 남겨 두지 않고, 역사적·윤리적 고백으로 전환시킨다. 야훼가 왕이신 이유는 원초적 신들의 투쟁에서 승리했기 때문이 아니라, 역사 속에서 창조하시고, 심판하시며, 구원하시는 분이기 때문이다.[107]

2. 신적 소속에 의해 규정되는 백성으로서의 이스라엘

야훼를 "이스라엘의 하나님"이라 부르는 표현은 하나님의 범위를 제한하려는 것이 아니라, 하나님의 자기계시가 역사적으로 경험되는 관

---

105) Mark S. Smith, *The Early History of God* (San Francisco: Harper & Row, 1990), 41-52.
106) Gerhard von Rad, *Old Testament Theology*, vol. 1, 216-221.
107) 위의 책, 221-224.

계의 자리를 가리킨다. '이스라엘'이라는 이름은 야곱이 얍복 강에서 하나님의 사자와 씨름한 사건에서 유래하며(창 32:24-32), 호세아 12장 3-4절은 이를 *śārâ*(싸우다, 겨루다)와 *'ēl*(하나님)의 결합으로 해석한다. 그러나 볼프가 지적하듯이, 이러한 어원 설명은 언어학적으로 결정적인 것이라기보다, 관계적 만남을 강조하는 신학적으로 해석된 전승으로 이해되어야 한다.[108]

구약 전반에는 이스라엘을 "하나님의 백성"으로 지칭하는 표현이 반복적으로 등장한다(창 49:10; 신 14:2; 시 33:10; 47:3). 하나님이 "내 백성"이라고 부르실 때, 그 대상은 곧 이스라엘이다(사 51:4; 습 2:9). 고대 근동에서 모압이 "그모스의 백성"으로 불렸던 것처럼(민 21:29), 이스라엘도 "야훼의 백성"(삿 5:11; 삼상 2:24), "하나님의 백성"(삼하 14:13)으로 불린다. 그러나 이 경우의 소속은 민족 신화에 근거한 것이 아니라, 구원 사건을 통해 형성된 신적 선택과 소유에 근거한다.[109]

차일즈가 강조하듯이, 이 백성 언어는 정경적 관점에서 이해되어야 한다. 이스라엘이 하나님께 속한 이유는 하나님이 역사 속에서 그들을 구원하시고 자기 것으로 삼으셨기 때문이다(신 4:20; 26:18). 따라서 이 은유는 하나님을 부족 신으로 축소시키지 않고, 오히려 보편적 하나님의 목적이 역사 속에서 처음 드러난 자리를 가리킨다.[110]

3. 관계의 핵심 문법으로서의 언약 은유

구약에서 하나님을 묘사하는 가장 결정적인 비유들은 언약 관계를

---

108) Hans Walter Wolff, *Hosea,* Hermeneia (Philadelphia: Fortress Press, 1974), 214-218.

109) Brevard S. Childs, *Old Testament Theology in a Canonical Context,* 68-73.

110) 위의 책, 73-76.

전제로 한다. 결혼 은유(호 1-3장; 사 54:5-6; 렘 2장; 겔 16장), 부자 관계(출 4:22; 신 14:1; 호 11:1-4), 목자와 양의 관계(사 40:10-11; 렘 23장), 왕과 백성의 관계(삿 8:23; 삼상 8:7; 사 6:1-5)는 모두 하나님과 이스라엘의 관계적 깊이를 표현하는 신학적 언어이다.

이 가운데 결혼 은유는 선택, 배타성, 지속적 헌신이라는 요소를 가장 분명하게 드러낸다. 예언자 전통은 시내산/호렙 언약을 이스라엘 신앙의 중심 기억으로 간직하며, 이를 반복적으로 재해석한다(암 3:1-2; 호 2:15; 렘 7:22-26; 31:32; 겔 16장; 23장). 예레미야의 요약적 선언—"나는 너희의 하나님이 되고, 너희는 내 백성이 되리라"(렘 7:23; 31:33)—는 언약을 법적 계약으로 환원하지 않고, 상호적 관계 선언으로 이해하게 한다.[111]

브루그만이 강조하듯이, 이러한 은유들은 하나님을 추상적으로 설명하지 않는다. 오히려 그것들은 관계 속에서 하나님의 현실을 수행적으로 드러내는 신학적 언어이다. 언약 언어는 형이상학적 추상화와 우상적 대상화를 동시에 거부하며, 자유롭고 인격적이며 역사에 관여하시는 하나님을 증언한다.[112]

4. 소결론

구약성경에서 하나님을 가리키는 비유적 언어는 교리 형성 이전의 미완성 단계이거나 체계신학에 의해 대체되어야 할 불완전한 표현이 아니다. 오히려 이러한 비유들은 하나님의 가까우심과 다르심 사이의 긴

---

111) Walter Brueggemann, *Theology of the Old Testament: Testimony, Dispute, Advocacy*, 413-418.
112) 위의 책, 418-420.

장을 보존하기 위한 의도적인 신학적 표현 방식이다. 왕권, 혼인, 부자 관계, 목자와 양과 같은 관계적 은유들은 하나님이 역사와 인간 삶에 실제로 관여하시는 분임을 고백하게 하면서도, 동시에 하나님을 대상화하거나 길들이려는 시도를 단호히 거부한다.

이러한 비유들이 끝까지 유비적·관계적 성격을 유지한다는 점에서, 구약의 신 언어는 하나님을 고정된 개념이나 시각적 표상 안에 가두지 않는다. 그 결과 비유적 언어는 우상적 환원을 차단하는 동시에, 하나님을 구체적인 삶의 경험 안에서 인식 가능하게 만든다. 다양한 이미지의 병존은 이스라엘 신앙을 분열시키는 것이 아니라, 하나의 언약 관계가 지닌 역동성과 지속성을 증언한다.

따라서 하나님에 대한 비유적 표상은 단순한 수사적 장치가 아니라, 중대한 신학적 성취로 이해되어야 한다. 그것은 주권적이면서도 관계적인 하나님, 초월적이면서도 현존하시는 하나님, 숨으시면서도 역사 속에서 만나 주시는 하나님을 고백할 수 있게 한다. 이러한 통찰은 이후 장에서 다루게 될 하나님의 속성과 사역이 역사 속에서 어떻게 인식되고 고백되는지를 논의하기 위한 중요한 신학적 토대를 제공한다.

VIII. 하나님의 인식과 인간의 응답

구약성경에서 하나님에 대한 인식은 단순한 지적 파악이나 교리적 동의에 머물지 않는다. 그것은 하나님이 먼저 자신을 계시하시고, 인간이 그 계시에 존재 전체로 응답하는 관계적 사건이다. 이러한 점에서 구약신학은 "하나님에 대해 무엇을 아는가"를 묻기보다, "하나님을 어떻게 인식하고 그 인식이 어떤 삶의 응답을 낳는가"를 중심 질문으로 삼는다. 폰 라트가 강조하듯이, 구약은 체계적 개념의 집합이 아니라 하나님의 행위에

대한 증언과 그에 대한 인간의 응답이 형성하는 역사를 전한다.[113]

1. 하나님의 인식: 계시에 근거한 관계적 앎

1) '알다'(יָדַע, 야다)의 신학적 의미

히브리어 יָדַע(야다)는 구약에서 단순한 인식 행위를 넘어서는 의미를 지닌다. 이 동사는 선택, 관계, 책임, 헌신을 포함하는 언약적 앎을 가리키며, 하나님을 안다는 것은 곧 하나님과 관계 안에 들어가 그분의 뜻에 응답하는 삶을 요청받는 것을 의미한다(창 18:19; 암 3:2). 이러한 '앎'은 윤리적·실천적 차원을 필연적으로 수반하며, 하나님 인식과 삶의 방식은 분리될 수 없다. 차일즈는 하나님 인식은 계시 사건이 공동체의 기억과 규범 속에 뿌리내리는 과정이라고 설명한다.[114]

2) 인식의 주도권으로서의 하나님의 자기계시

구약에서 하나님 인식의 가능성은 언제나 인간의 탐구가 아니라 하나님의 선행적 자기계시에 근거한다. 출애굽 사건(출 3-14장)과 시내산 계시는 하나님이 먼저 말씀하시고 행동하심으로 인간 인식의 지평을 여는 대표적 사례이다. 구약의 하나님은 본질적으로 역사 안에서 자신을 드러내시는 분이며, 이 역사적 계시가 신앙 인식의 토대를 이룬다.[115]

---

113) Gerhard von Rad, *Old Testament Theology*, vol. 1, 106-110.

114) Brevard S. Childs, *Old Testament Theology in a Canonical Context*, 68-75.

115) Walther Eichrodt, *Theology of the Old Testament*, vol. 1, 20-27.

2. 인간의 응답: 신앙, 순종, 예배의 통합

1) 응답으로서의 신앙

구약에서 신앙은 추상적 믿음이 아니라 신뢰와 의탁의 실존적 태도
이다. 아브라함의 신앙(창 15:6)은 하나님의 약속에 대한 신뢰로 표현되
며, 출애굽 공동체의 신앙(출 14:31)은 하나님의 구원 행위에 대한 응답
으로 형성된다. 신앙은 곧 하나님의 행위에 대한 인간의 존재론적 응답
이다.[116]

2) 순종과 율법의 관계

하나님의 인식은 필연적으로 순종의 삶으로 이어진다. 그러나 율법
은 구원의 조건이 아니라, 이미 구원받은 백성이 하나님과의 관계 안에
서 살아가는 삶의 질서이다(출 20:1-17). 이 점에서 순종은 외적 강제가
아니라, 언약적 관계의 윤리적 표현이다. 브루그만은 이를 하나님의 증
언(testimony)에 대한 실천적 응답으로 규정한다.[117]

3) 예배와 기억의 신학

예배는 하나님 인식과 인간 응답이 가장 응축된 자리이다. 시편의
찬양과 탄식, 절기 전통, 성전 예배는 모두 하나님이 누구이신지를 기억
하고 현재화하는 신앙 행위이다. 예배는 단순한 의례가 아니라, 공동체

---

116) Gerhard von Rad, *Old Testament Theology*, vol. 1, 122-130.
117) Walter Brueggemann, *Theology of the Old Testament: Testimony, Dispute, Advocacy*, 413-418.

가 하나님의 현실을 새롭게 인식하고 그 앞에 자신을 위치시키는 신학적 행위이다.[118]

3. 왜곡된 인식과 실패한 응답: 우상숭배

구약은 인간의 응답이 언제나 긍정적이지 않음을 분명히 증언한다. 우상숭배는 단순한 종교적 오류가 아니라, 하나님의 자기계시에 대한 왜곡된 인식과 관계의 파괴이다(출 32장; 호 4:1-6). 예언자들은 우상숭배를 "하나님을 알지 못함"(אין־דעת אלהים, 엔-다아트 엘로힘)으로 규정하며, 인식의 붕괴가 곧 윤리적·사회적 붕괴로 이어진다고 고발한다(암 5:21-24).[119]

4. 소결론: 인식과 응답의 순환 구조

구약에서 하나님의 인식과 인간의 응답은 일회적 사건이 아니라, 지속적으로 반복되고 갱신되는 언약적 순환 구조이다. 하나님은 자신을 계시하시고, 인간은 믿음과 순종, 예배로 응답하며, 그 응답 속에서 하나님은 다시 새롭게 인식된다. 이러한 역동성 속에서 구약은 하나님을 추상적 대상이 아니라, 살아 계시며 관계를 맺으시는 역사적 주체로 증언한다.

따라서 하나님을 인식한다는 것은 곧 삶으로 응답하는 것을 의미하며, 신학은 이 계시-인식-응답의 과정을 해석하고 증언하는 작업이다.

---

118) Claus Westermann, *Praise and Lament in the Psalms* (Atlanta: John Knox Press, 1981), 25-38.

119) James Barr, *The Semantics of Biblical Language*, 34-38.

이러한 통찰은 이후 하나님의 속성과 사역을 논의하는 데 있어 결정적인 신학적 토대를 제공한다.

IX. 하나님의 속성: 거룩, 공의, 자비

구약성경은 하나님의 속성을 형이상학적 본질이나 추상적 성질로 나열하지 않는다. 오히려 하나님의 속성은 하나님이 역사 속에서 어떻게 행동하시고, 인간과 어떤 관계를 맺으시는가를 통해 인식된다. 이러한 점에서 하나님의 속성은 고정된 정의가 아니라, 계시와 응답의 역사 속에서 드러나는 관계적 성격을 지닌다. 구약신학은 하나님의 "존재가 어떠한가"보다 "하나님이 어떻게 자신을 드러내시는가"에 주목한다.[120]

이 장은 구약에서 가장 중심적인 세 속성-거룩, 의, 자비-를 고찰함으로써, 하나님이 초월적이면서도 관계적, 심판자이면서도 구원자이신 분으로 증언되는 방식을 살펴보고자 한다.

1. 하나님의 거룩: 구별과 임재의 긴장

1) 거룩의 기본 의미

구약에서 '거룩'(קָדוֹשׁ, 카도쉬)은 무엇보다 구별됨을 의미한다. 하나님은 피조물과 근본적으로 구별된 분이며, 인간의 통제나 소유의 대상이 될 수 없다(출 3:5; 사 6:3). 하나님의 거룩은 도덕적 순결 이전에, 존재론적 초월성을 가리킨다. 오토(Rudolf Otto)의 표현을 빌리면, 거룩

---

120) Walther Eichrodt, *Theology of the Old Testament*, vol. 1, 270-279.

은 인간에게 두려움과 매혹을 동시에 불러일으키는 신적 현실이다.[121]

2) 거룩과 임재

그러나 구약의 거룩은 단순한 거리 두기로 끝나지 않는다. 거룩하신 하나님은 성막과 성전, 예배 공동체 가운데 임재하시는 하나님이기도 하다(레 11:44-45). 이로써 거룩은 분리만이 아니라, 관계 안으로 초대하는 힘으로 작동한다. 폰 라트는 하나님의 거룩이 이스라엘에게 윤리적 책임을 요구하는 근거가 된다고 지적한다.[122]

2. 하나님의 공의: 질서, 심판, 생명의 보존

1) 공의의 관계적 성격

구약에서 하나님의 '공의'(צְדָקָה/צֶדֶק, 츠다카/체덱)는 추상적 공정성이나 법률적 중립성을 의미하지 않는다. 그것은 하나님이 언약에 신실하게 행동하시며, 관계의 질서를 바로 세우시는 행위를 가리킨다(시 98:2-3). 하나님의 의는 관계를 파괴하는 불의에 맞서며, 억압받는 자의 생명을 보호한다.

2) 심판으로서의 의

이러한 맥락에서 하나님의 의는 심판의 형태로 나타나기도 한다.

---

121) Rudolf Otto, *The Idea of the Holy*, trans. John W. Harvey (Oxford: Oxford University Press, 1958), 12-30.

122) Gerhard von Rad, *Old Testament Theology*, vol. 1, 205-210.

그러나 심판은 파괴 그 자체가 아니라, 생명을 보존하고 질서를 회복하기 위한 개입이다(암 5:24). 브루그만은 하나님의 의를 "공동체를 살리는 정의"로 규정하며, 예언자 전통에서 의와 자비가 분리되지 않는다고 설명한다.[123]

3. 하나님의 자비: 언약적 사랑과 지속성

1) 자비의 언어

구약에서 하나님의 자비는 주로 חֶסֶד(헤세드)와 רַחֲמִים(라하밈)이라는 언어로 표현된다. חֶסֶד는 감정적 연민이 아니라, 언약에 근거한 지속적 사랑과 신실함을 의미한다(출 34:6-7). 이는 하나님의 성품이 일시적 감정이 아니라, 관계에 대한 책임성임을 보여준다.

2) 자비와 회복

하나님의 자비는 심판 이후에도 관계를 포기하지 않는 하나님의 결단에서 가장 분명히 드러난다(호 11:8-9; 렘 31:20). 자비는 하나님의 의를 무효화하지 않으며, 오히려 심판을 넘어 회복으로 나아가게 하는 동력이다. 차일즈는 이 점에서 자비를 정경 전체를 관통하는 하나님의 자기일관성으로 이해한다.[124]

---

123) Walter Brueggemann, *Theology of the Old Testament: Testimony, Dispute, Advocacy*, 734-742.

124) Brevard S. Childs, *Old Testament Theology in a Canonical Context*, 88-92.

4. 소결론: 속성의 통합과 관계의 하나님

구약에서 하나님의 거룩, 공의, 자비는 서로 분리된 속성이 아니다. 거룩은 하나님의 초월성을, 공의는 하나님의 질서 회복의 행위를, 자비는 하나님의 관계 지속의 결단을 드러낸다. 이 세 속성은 함께 작동하며, 하나님을 심판자이면서도 구원자, 초월적이면서도 임재하시는 분으로 증언한다.

따라서 하나님의 속성은 본질 목록이 아니라, 하나님의 행위와 관계 속에서 드러나는 신학적 증언이다. 이러한 이해는 이후 하나님의 사역과 윤리적 요청을 논의하는 데 있어, 결정적인 해석학적 기준을 제공한다.

X. 하나님의 사역과 윤리
- 정의·공의와 사회적 책임의 신학 -

구약성경에서 하나님의 사역(the works of God)은 단순한 초자연적 개입이나 구원 사건의 나열이 아니다. 하나님의 행위는 언제나 윤리적 지평을 동반하며, 하나님의 정의와 자비는 인간 공동체 안에서 구체적인 삶의 질서와 책임으로 요청된다. 이 점에서 구약의 윤리는 인간 이성에서 출발하지 않으며, 하나님의 성품과 역사적 사역에 근거한 신학적 윤리이다. 구약신학은 하나님을 "행동하시는 하나님"으로 증언하며, 윤리는 이 행동에 대한 인간의 응답으로 형성된다.[125]

---

125) Gerhard von Rad, *Old Testament Theology*, vol. 1, 106-110.

1. 정의와 공의의 신학적 기초: 하나님의 사역으로서의 정의

1) 정의(מִשְׁפָּט, 미쉬파트)와 공의(צְדָקָה/צֶדֶק, 츠다카/체덱)

구약에서 정의와 공의는 추상적 도덕 원리가 아니라, 하나님이 관계를 바로 세우시는 방식을 가리킨다. מִשְׁפָּט는 재판 행위만을 의미하지 않으며, 억압받는 자의 권리를 회복하고 공동체의 질서를 유지하는 하나님의 개입을 포함한다(시 146:7-9). צְדָקָה 역시 법적 공정성에 그치지 않고, 언약에 신실하신 하나님의 구원적 행동을 가리킨다(사 46:13).

아이히로트는 하나님의 의를 "언약에 충실한 하나님의 행동 방식"으로 이해하며, 정의는 하나님의 본성과 사역에서 분리될 수 없다고 설명한다.[126]

2) 정의·공의와 창조 질서

하나님의 정의는 창조 질서의 보존과도 깊이 연결된다. 하나님은 혼돈을 억제하고 생명을 가능하게 하는 질서를 세우신 창조주이시며, 정의는 이 질서를 사회적 영역에서 유지하는 방식이다(시 104편). 따라서 정의의 붕괴는 단순한 사회 문제를 넘어, 창조 질서에 대한 신학적 도전이 된다.

2. 예언자 전통과 사회적 책임

1) 예배 비판과 정의·공의 요구

예언자들은 정의 없는 예배를 단호히 거부한다. 아모스는 화려한

---

126) Walther Eichrodt, *Theology of the Old Testament*, vol. 1, 270-279.

제의와 찬양을 거부하며, "오직 정의를 물 같이, 공의를 마르지 않는 강 같이 흐르게 하라"(암 5:24)고 선언한다. 이 본문은 윤리가 예배의 부차적 결과가 아니라, 예배의 진정성을 판단하는 기준임을 분명히 한다.

브루그만은 예언자적 정의를 "하나님의 대안적 공동체를 형성하는 신학적 상상력"으로 이해하며, 사회적 책임은 하나님의 통치에 참여하는 방식이라고 설명한다.[127]

2) 약자 보호와 언약 윤리

구약의 윤리는 고아, 과부, 나그네와 같은 사회적 약자에 대한 책임을 반복적으로 강조한다(신 10:18-19; 24:17-22). 이는 인도주의적 감정이 아니라, 출애굽 사건에서 드러난 하나님의 구원 사역에 근거한다. 이스라엘은 억압에서 해방된 공동체로서, 동일한 억압을 재생산해서는 안 된다. 차일즈는 사회적 책임은 선택된 백성의 특권이 아니라 선택의 결과로 요구되는 삶의 형태라고 주장한다.[128]

3. 하나님의 자비와 정의·공의의 통합

구약에서 하나님의 정의·공의는 결코 자비와 분리되지 않는다. 심판은 파괴가 아니라 회복을 지향하며, 하나님의 사역은 언제나 생명의 지속을 목표로 한다(호 11:8-9). 하나님의 자비는 정의를 무효화하지 않고, 정의를 구원의 방향으로 이끈다.

---

127) Walter Brueggemann, *Theology of the Old Testament: Testimony, Dispute, Advocacy*, 734-742.

128) Brevard S. Childs, *Old Testament Theology in a Canonical Context*, 88-92.

구약의 윤리 언어는 추상적 개념 체계가 아니라, 하나님의 행위에 대한 응답으로 형성된 언어이다. 정의와 자비는 서로 긴장 속에 있으나, 하나님의 사역 안에서 통합된다.[129]

4. 소결론: 하나님의 사역에 참여하는 윤리

구약성경에서 윤리는 인간이 자율적으로 구성한 도덕 체계가 아니다. 그것은 하나님의 정의롭고 자비로운 사역에 참여하도록 부름 받은 삶의 방식이다. 하나님의 사역은 창조, 구원, 심판, 회복으로 이어지며, 윤리는 이 사역이 인간 공동체 안에서 가시화되는 형태이다.

따라서 정의·공의와 사회적 책임은 신앙의 부수적 결과가 아니라, 하나님을 아는 인식의 필연적 표현이다. 구약의 윤리는 하나님이 누구이신지를 증언하며, 동시에 인간이 어떻게 살아야 하는지를 요구한다. 이 점에서 하나님의 사역과 윤리는 분리될 수 없는 신학적 실재이다.

XI. 하나님의 자유
- 불변성과 가변성, 그리고 '후회(נחם)'의 신학 -

1. 불변성과 가변성: 정의와 신학적 긴장

전통적 조직신학에서 하나님은 불변적(immutable) 존재로 이해되어 왔다. 이는 하나님의 존재, 성품, 뜻, 목적이 시간의 흐름이나 피조 세계의 변화에 의해 영향을 받지 않는다는 교리이다. 벌코프는 이를 다음

---

129) James Barr, *The Semantics of Biblical Language*, 34-38.

과 같이 요약한다. "하나님은 그의 존재, 속성, 뜻에 있어 어떤 변화도 겪지 않으신다."[130] 이 교리는 하나님의 신실성, 신뢰 가능성, 구원의 확실성을 보증하는 신학적 토대 역할을 해 왔다.

그러나 구약성경에는 하나님이 "후회하신다", "뜻을 돌이키신다"고 말하는 본문들이 반복적으로 등장한다. 히브리어 נחם(나함)은 단순한 인간적 후회나 감정적 동요를 넘어, 행동 방향의 전환, 자비에 따른 결단의 수정을 포함하는 폭넓은 의미를 지닌다. 이러한 표현은 표면적으로 하나님의 불변성 교리와 긴장을 형성한다.

이 긴장은 성경 내부에서도 명시적으로 드러난다. 한편으로는 "하나님은 사람이 아니시니 후회하지 않으신다"(민 23:19), "이스라엘의 지존자는 변하지 않으신다"(삼상 15:29), "야훼는 맹세하셨고 돌이키지 않으신다"(시 110:4)와 같은 본문이 하나님의 불변성을 강조한다. 다른 한편으로는 "야훼께서 뜻을 돌이키사"(출 32:14), "내가 사울을 왕으로 세운 것을 후회한다"(삼상 15:11), "야훼께서 뜻을 돌이키셨다"(암 7:3, 6)와 같은 본문이 하나님의 가변적 행위를 증언한다. 문제는 이 상반된 증언을 어느 한쪽을 제거하지 않고 어떻게 신학적으로 이해할 것인가이다.

2. '후회하시는 하나님'? 언약적 응답성의 신학

히브리어 נחם은 인간의 도덕적 후회와 동일시될 수 없다. 이 동사는 종종 자비에 따른 전환, 관계 안에서의 결단 조정을 의미한다. 출애굽기 32장, 금송아지 사건 이후 하나님이 "뜻을 돌이키신"(출 32:14) 장면

---

130) Louis Berkhof, *Systematic Theology* (Grand Rapids: Eerdmans, 1938), 58-60.

은 이를 잘 보여 준다. 이 본문은 하나님의 본질이나 목적이 변화했음을 말하지 않는다. 오히려 하나님의 정의가 중보자 모세의 간구와 언약 관계 안에서 다르게 구현되었음을 보여 준다.

이 점에서 하나님의 '후회'는 본질적 변화가 아니라, 역사적·언약적 응답성(covenantal responsiveness)으로 이해되어야 한다. 하나님은 관계 안에서 말씀하시고 행동하시며, 인간의 회개와 중보, 순종에 실제로 응답하신다. 그러나 이러한 응답성은 하나님의 성품이 불안정하다는 의미가 아니라, 오히려 하나님의 자유롭고 인격적인 통치를 드러낸다. 브루그만은 이를 "살아 있는 하나님이 역사 속에서 관계적으로 행동하시는 방식"으로 설명한다.[131]

3. 예언의 조건성과 하나님의 역사 개입

구약의 예언 전통은 하나님의 자유와 응답성을 가장 분명하게 드러낸다. 예언은 운명론적 선언이 아니라, 윤리적·영적 반응을 전제한 조건적 말씀으로 기능한다.

요나서 3장 10절은 니느웨의 회개 이후 하나님이 선포하셨던 재앙을 내리지 않으신 사건을 기록한다. 이는 하나님의 자유가 파괴보다 자비에 열려 있음을 보여 준다. 예레미야 18장 7-10절은 이 원리를 일반화하여, 하나님이 어떤 민족에 대해 파멸을 선언하셨더라도 그들이 돌이키면 하나님이 "뜻을 돌이키신다"고 말한다. 여기서 예언은 고정된 미래 예고가 아니라, 회개를 촉구하는 관계적 담화이다.

에스겔 18장은 개인과 공동체가 현재의 선택과 회개를 통해 생명

---

131) Walter Brueggemann, *Theology of the Old Testament: Testimony, Dispute, Advocacy*, 317-332.

을 얻을 수 있음을 강조하며, 과거의 죄가 자동적으로 현재를 결정하지 않음을 선언한다. 이는 하나님의 심판이 기계적 보응이 아니라, 도덕적 책임을 존중하는 자유로운 개입임을 보여 준다. 시편 89편 역시 하나님이 다윗 언약에 신실하시지만(89:28-29), 동시에 이스라엘의 불순종에 대해 징계하실 자유를 지니신 분임을 증언한다(89:30-33). 여기서 하나님의 불변성은 언약의 포기 불가능성을 의미하며, 그 실행 방식은 역사 속에서 자유롭게 조정된다.

이러한 본문들은 하나님의 통치가 운명론이 아니라 역사 안에서 실현되는 자유로운 주권임을 분명히 한다.[132)

4. 소결론: 자유로운 불변성

구약이 증언하는 하나님은 고정된 원리나 냉정한 절대자가 아니다. 하나님은 자신의 언약과 목적에 있어서는 변하지 않으시지만, 그 목적을 역사 속에서 구현하시는 방식에서는 자유롭고 관계적으로 응답하시는 분이다. 하나님의 '후회'는 신적 불안정성이 아니라, 오히려 하나님의 자유와 자비, 그리고 인격적 통치의 표현이다.

따라서 하나님의 불변성과 가변성은 서로 배타적인 개념이 아니다. 불변성은 하나님의 신실성과 언약적 일관성을 보증하며, 가변성은 그 신실함이 살아 있는 역사 속에서 어떻게 구현되는가를 보여 준다. 이 긴장 속에서 구약은 하나님을 추상적 절대자가 아니라, 자유롭게 사랑하시며 역사에 개입하시는 살아 계신 하나님으로 증언한다.

---

132) Gerhard von Rad, *Old Testament Theology*, vol. 1, 205-214.

XII. 나가는 말

본 연구는 구약성경이 증언하는 하나님 이해가 철학적 본질 규정이나 형이상학적 정의에서 출발하지 않으며, 역사 속 계시, 언약적 관계, 그리고 정경 안의 증언 언어를 통해 형성된 신학적 고백임을 확인하였다. 구약의 신론은 "하나님이 무엇이신가"를 개념으로 규정하기보다, "하나님이 어떻게 자신을 알리시고 어떻게 행동하시는가"를 사건과 관계의 언어로 증언한다는 점에서 근본적으로 서사적이고 관계적이다. 이로써 하나님은 사유의 대상이 아니라 증언의 주체, 인간과 세계 안에서 자유롭게 자신을 드러내시는 행위하시는 하나님으로 고백된다.

첫째, 하나님의 이름에 대한 연구는 구약 신론의 출발점과 성격을 분명히 한다. 엘과 엘 계열의 신명, 그리고 야훼(YHWH)의 이름은 하나님의 본질을 정의하는 개념이 아니라, 하나님이 인간과 관계 맺는 방식이 언어로 응축된 계시 사건이다. 종교사적 배경은 이 이름들의 형성 과정을 설명해 주지만, 의미를 결정하지는 않는다. 의미는 정경 안에서의 재맥락화 과정을 통해 형성되며, 그 결과 하나님의 이름은 자연신적·다신론적 함의를 벗고 언약의 하나님, 역사 속에서 행하시는 인격적 주권자에 대한 고백으로 기능한다. 특히 야훼의 이름은 존재론적 정의가 아니라, 출애굽과 언약의 역사 속에서 "함께 계시며 행동하실" 하나님의 자유로운 의지와 약속을 지시한다. 따라서 하나님의 이름은 소유나 조작의 대상이 아니라, 신뢰와 순종으로 응답해야 할 부름이다.

둘째, 하나님의 속성(거룩, 공의, 자비)은 고정된 본질 목록이 아니라 역사 속에서 드러나는 하나님의 행동 방식으로 증언된다. 거룩은 하나님의 초월성과 자유를 보존하여 우상화를 차단하고, 공의는 언약에 신실한 질서 회복의 행위로서 공동체의 삶을 규정하며, 자비는 심판 이후에도 관계를 포기하지 않는 지속적 사랑으로 나타난다. 이 속성들은 분리되지 않고 상호 침투하며, 하나님의 사역 안에서 통합적으로 작동한다. 그 결과 속성의 신학은 곧 윤리의 신학으로 확장되어, 정의와 사회적 책임이라는 구체적 삶의 요구를 형성한다.

셋째, 하나님의 사역은 창조-구원-심판-회복의 역사적 흐름 속에서 전개된다. 구약은 하나님을 추상적 원인으로 설명하지 않고, 말씀하시고 개입하시며 역사를 형성하시는 주체로 증언한다. 출애굽은 하나님의 구원 행위의 중심 사건이며, 창조 신앙은 구원을 보편적 지평으로 확장한다. 심판은 구원과 분리된 대립항이 아니라, 관계 회복을 지향하는 언약적 개입이며, 예언자 전통은 이러한 하나님의 통치가 공동체의 정의와 사회적 책임으로 구현될 것을 요청한다.

넷째, 이 모든 논의는 하나님의 자유-불변성과 가변성, 그리고 '후회(נחם)'의 신학-에서 결정적으로 수렴된다. 구약은 하나님의 성품과 언약적 목적의 불변성을 확고히 증언하는 동시에, 하나님이 역사 속에서 인간의 회개와 중보에 관계적으로 응답하시는 가변적 실행을 숨기지 않는다. 성경이 말하는 하나님의 '후회'는 본질의 변화를 의미하지 않으며, 자유롭고 자비로운 사랑이 언약 관계 안에서 새롭게 구현되는 방식을 가리킨다. 따라서 구약의 하나님은 고정된 절대자도, 상황에 종속된 신도 아닌, 자유롭게 불변하신 하나님-자신의 약속에 신실하시되 역사 속에서 인격적으로 행동하시는 주권자-로 고백된다.

종합하면, 구약의 하나님 이해는 이름-속성-사역-자유가 분절되지 않고 하나의 신학적 흐름으로 결속된 증언이다. 하나님의 이름은 관계적 계시의 언어이며, 속성은 행동으로 드러나는 성품이고, 사역은 역사 속에서 펼쳐지는 주권적 개입이며, 자유는 이 모든 것을 관통하는 하나님의 방식이다. 이러한 결론은 구약 신론을 닫힌 체계로 종결하지 않고, 다음 논의로 개방한다. 곧 구약의 인간 이해에 대한 연구-인간의 정체성, 책임, 한계-가 요청된다. 특히 AI와 포스트휴머니즘이 인간을 기능적·대체 가능한 주체로 환원하려는 도전 앞에서, 구약 신론은 인간을 하나님의 자유와 관계 속에서 응답하도록 부름 받은 존재로 재규정하는 신학적 기준을 제공한다. 이 점에서 구약의 하나님 이해는 오늘의 윤리·기술 담론에 응답하는 지속적인 해석학적 자원으로 남는다.

제 4 부
구약성경의 인간론

– AI와 트랜스휴머니즘·포스트휴머니즘의 도전

I. 서론

"인간이란 무엇인가?"라는 질문은 구약신학의 가장 근본적인 물음 가운데 하나이다. 이 질문은 단지 인간 존재의 본질을 정의하려는 철학적 탐구가 아니라, 하나님이 누구이시며, 그 하나님 앞에서 인간이 어떤 존재로 창조되고 부름받았는지를 성찰하려는 신학적 질문이다. 본 연구는 앞에서 다룬 창조와 하나님 이해에서 확립된 신학적 토대를 따라, 인간을 구약성경에 나타난 방식 그대로 이해하려는 시도 위에서 출발한다. 다시 말해, 구약신학이 성경에 증언된 하나님을 철학적 개념이 아니라 계시의 증언 속에서 이해하려는 작업이라면, 구약의 인간 이해 또한 성경 밖의 인간 개념이 아니라 구약성경 안에서 드러나는 인간을 따라 이해되어야 한다.[1]

이러한 문제의식은 오늘날 기술 문명의 급격한 변화 속에서 새로운 긴급성을 획득한다. 인공지능(AI), 알고리즘적 의사결정, 생명공학, 인간 증강 기술의 발전은 인간의 정체성, 행위성, 육체성, 그리고 도덕적 책임에 대한 전통적 이해를 근본적으로 재편하고 있다. 특히 포스트휴머니즘과 트랜스휴머니즘 담론은 인간을 더 이상 고유하고 규범적인 존재로 이해하지 않고, 기술적으로 확장·대체·재구성 가능한 존재로 파악하려는 경향을 보인다. 이러한 흐름 속에서 인간은 점점 데이터 처리자, 인지 시스템, 생물학적 플랫폼, 혹은 정보 네트워크의 한 요소로 환원되며, 인간의 유한성, 취약성, 관계성은 극복되어야 할 결함으로 간주된다.[2]

---

1) Gerhard von Rad, *Old Testament Theology*, vol. 1, 105-125; Brevard S. Childs, *Biblical Theology of the Old and New Testaments*, 57-73.

2) Nick Bostrom, *Superintelligence: Paths, Dangers, Strategies* (Oxford: Oxford University Press, 2014), 1-15; Rosi Braidotti, *The Posthuman* (Cambridge: Polity Press, 2013), 25-54.

그러나 이러한 인간 이해의 위기는 단순히 기술의 문제가 아니라, 창조 신학과 인간론에 대한 근본적인 도전이다. 본 연구는 이미 앞선 장들에서 구약성경의 창조 신학이 세계와 인간을 무질서한 우연의 산물이 아니라, 하나님의 의지와 질서 안에서 시작된 존재로 증언한다는 점을 논증하였다. 또한 구약신학의 하나님 이해는 추상적 원리나 형이상학적 존재가 아니라, 역사 속에서 자신을 드러내시고 관계를 맺으시는 하나님에 대한 증언임을 확인하였다. 이러한 창조와 하나님 이해는 인간을 자율적 자기 기원적 존재로 보려는 현대 사상과 근본적으로 긴장 관계에 놓인다.[3]

이 연구는 이러한 신학적 전제를 따라, 구약성경의 창조 신학과 하나님 이해를 규범적 기준으로 삼아, AI와 포스트휴머니즘이 제기하는 인간 이해의 도전을 검토하고자 한다. 구약성경은 인간을 지능, 기능, 성취, 혹은 기술적 능력에 의해 정의하지 않는다. 오히려 인간은 흙으로 지음 받고 하나님의 생기를 받아 살아가는 피조물이며, 유한하지만 존엄한 존재, 의존적이지만 책임적인 존재로 묘사된다. 인간의 정체성은 자기 초월이나 기술적 강화에서 비롯되는 것이 아니라, 창조주 하나님과의 관계, 타자와의 책임 있는 관계, 그리고 창조 세계 안에서의 소명에서 형성된다. 이러한 인간 이해는 인간을 기능적 존재로 환원하거나, 인간과 기계의 경계를 해체하려는 포스트휴머니즘적 인간관에 대해 신학적으로 중요한 판단 기준을 제공한다.[4]

방법론적으로 본 연구는 구약성경의 핵심 창조 본문(특히 창세기 1-2장)을 중심으로 한 신학적·문헌학적 분석과, 인간을 가리키는 주요 히브리어 어휘에 대한 고찰을 결합한다. 이러한 성경적 인간 이해는 고

---

3) Joseph Blenkinsopp, *Creation, Un-creation, Re-creation*, 1-22.
4) Walter Brueggemann, *Theology of the Old Testament*, 158-173.

대 근동의 인간관과 비교되는 동시에, 현대 AI, 트랜스휴머니즘, 포스트휴머니즘 논의와 적극적으로 대화한다. 본 연구는 기술 결정론이나 미래예측이 아니라, 구약신학의 증언을 해석의 규범적 지평으로 삼아 인간 정체성과 도덕적 책임을 성찰한다는 점에서 신학적 입장을 분명히 한다.[5]

결국 본 연구의 목적은 AI와 포스트휴머니즘 시대에 인간을 다시 묻되, 그 질문을 성경 밖의 기준이 아니라 구약성경의 창조와 하나님 이해라는 신학적 토대 위에서 제기하는 데 있다. 이는 기술을 거부하기 위한 시도가 아니라, 인간과 기술의 관계를 올바르게 분별하고, 인간 존엄과 공동체적 삶을 보존하기 위한 신학적 기준을 제시하려는 시도이다. 구약성경의 인간 이해는 오늘날에도 여전히 인간이 무엇이며, 어디까지가 인간이고, 무엇이 인간을 위협하는지를 성찰하게 하는 결정적인 신학적 자원을 제공한다.[6]

II. 고대 근동의 인간 이해와 구약성경 창조기사에 나타난 인간관의 비교

1. 고대 근동 신화에 나타난 인간 이해

고대 근동의 인간 이해는 전반적으로 인간을 신적 질서를 유지하기 위한 기능적 존재로 규정하는 신화적 세계관 위에 형성되었다. 수메르, 이집트, 바빌로니아의 창조 신화에서 인간은 그 자체로 목적이 되는 존재가 아니라, 신들의 필요와 요구를 충족시키기 위해 만들어진 수단적 존재

---

5) Bernhard W. Anderson, *Contours of Old Testament Theology*, 36-58.

6) James Barr, *Biblical Faith and Natural Theology* (Oxford: Clarendon Press, 1993), 85-102.

로 등장한다. 이러한 인간 이해는 인간의 존엄이나 고유한 정체성보다는, 노동 수행 능력과 대체 가능성에 초점을 맞추는 특징을 지닌다.[7]

수메르 전통에서 인간은 신들의 노동을 대신하기 위해 창조된 존재로 묘사된다. 『아트라하시스 서사시』와 『길가메쉬 서사시』에 따르면, 하위 신들은 과도한 노동에 지쳐 반란을 일으키고, 이에 상위 신들은 노동 부담을 경감하기 위한 해결책으로 인간을 창조한다. 인간은 흙과 살해된 신의 피로 빚어지며, 그 존재 목적은 명확하다. 곧 신들을 섬기고, 제의를 수행하며, 신적 질서 유지를 위한 노동을 담당하는 것이다.[8] 여기서 인간은 인격적 주체라기보다, 신적 체계 안에서 기능을 수행하는 노동 단위로 이해된다.

이집트의 인간 이해 역시 유사한 구조를 보인다. 인간은 창조신 크눔(Khnum)에 의해 토기장이의 손에서 빚어진 존재로 묘사되며, 생명의 숨은 태양신 라(Ra) 혹은 다른 신적 존재로부터 주어진다. 그러나 이러한 생명 부여는 인간의 고유한 존엄을 강조하기보다는, 우주적·정치적 질서를 유지하는 역할 수행과 긴밀히 연결된다. 특히 파라오는 신의 형상 혹은 신의 아들로 간주되며, 인간 세계는 위계적으로 구조화된다. 일반 인간은 신적 왕권 체제를 유지하기 위한 하부 구조로 기능하며, 인간 개별자의 고유성은 신화적 서술에서 거의 문제 되지 않는다.[9]

바빌로니아의 『에누마 엘리쉬』는 인간 도구화의 구조를 가장 노골적으로 드러낸다. 마르둑은 반역을 일으킨 신 킹구를 처형하고, 그의 피

---

7) Henri Frankfort et al., *Before Philosophy: The Intellectual Adventure of Ancient Man* (Chicago: University of Chicago Press, 1946), 12-39.

8) Wilfred George Lambert and Alan Ralph Millard, *Atra-Ḥasīs: The Babylonian Story of the Flood* (Oxford: Clarendon Press, 1969), 57-72.

9) Jan Assmann, *The Mind of Egypt: History and Meaning in the Time of the Pharaohs* (Cambridge, MA: Harvard University Press, 2002), 63-88.

로 인간을 창조한다. 인간 창조의 목적은 분명하다. "신들을 섬기게 하여 그들로 하여금 안식을 누리게 하는 것"이다.[10] 인간은 처음부터 죄의 잔여물로부터 만들어진 하등한 존재이며, 신적 노동을 대신 수행하는 종속적 역할을 부여받는다. 이 신화에서 인간은 도덕적 주체도, 관계적 존재도 아니다. 인간은 신적 필요를 충족시키기 위해 언제든지 대체 가능한 존재로 설정된다.

이러한 고대 근동 신화들에 공통적으로 나타나는 인간 이해의 구조는 다음과 같이 요약될 수 있다. 첫째, 인간은 목적이 아니라 수단이다. 인간의 존재 이유는 신적 세계의 안녕과 질서 유지에 있으며, 인간 자체의 가치나 존엄은 독립적으로 논의되지 않는다. 둘째, 인간은 기능 중심적으로 규정된다. 노동 수행 능력과 제의적 봉사 기능이 인간 정의의 핵심을 이룬다. 셋째, 인간은 대체 가능(fungible)한 존재이다. 특정 인간의 상실은 체계 전체에 본질적 위기를 초래하지 않으며, 동일한 기능을 수행하는 다른 인간으로 언제든지 대체될 수 있다.[11]

이러한 신화적 인간 이해는 인간을 인격적·관계적 존재가 아니라, 관리 가능한 자원 혹은 신적 시스템의 부속물로 파악한다는 점에서 비인격적 인간관의 전형을 보여준다. 중요한 점은 이러한 인간 이해가 단지 고대의 사상으로 끝나지 않는다는 데 있다. 인간을 기능과 효율성, 생산성에 따라 규정하려는 현대 기술 문명의 인간 이해—특히 AI 담론 속에서 나타나는 인간의 데이터화, 알고리즘화, 대체 가능성—는 구조적으로 고대 근동의 신화적 인간관과 깊은 연속성을 지닌다.[12]

---

10) Stephanie Dalley, *Myths from Mesopotamia: Creation, the Flood, Gilgamesh, and Others*, rev. ed. (Oxford: Oxford University Press, 2000), 254-277.

11) Jean Bottéro, *Religion in Ancient Mesopotamia* (Chicago: University of Chicago Press, 2001), 45-60.

12) Nick Bostrom, *Superintelligence: Paths, Dangers, Strategies*, 1-15.

바로 이 지점에서 구약성경의 인간 이해는 고대 근동 세계와 결정적인 단절을 이룬다. 구약성경은 인간을 신적 노동을 대신 수행하는 도구로 이해하지 않고, 하나님과의 관계 속에서 부름받은 존재, 곧 책임과 존엄을 지닌 피조물로 재정의 한다. 인간은 더 이상 기능의 총합이나 신적 필요의 부산물이 아니라, 창조주 하나님 앞에서 고유한 이름과 소명을 지닌 존재로 등장한다. 이러한 구약적 인간 이해의 비판적 독자성은 이후 장들에서 고대 근동 인간관과의 비교를 통해 더욱 분명하게 드러날 것이다.

2. 구약성경의 창조 기사(창세기 1-2장)에 나타난 인간 이해

이와 같은 고대 근동의 비인격적 인간 이해는 구약성경의 창조기사와 뚜렷한 신학적 대조를 이룬다. 고대 신화에서 인간이 신적 노동의 대체물로 이해되는 것과 달리, 창세기 1-2장은 인간을 하나님의 자유로운 창조 의지 속에서 탄생한 존엄하고 책임 있는 존재로 묘사한다.

1) 창세기 1장의 인간: 하나님의 형상으로 창조된 인격적 존재

창세기 1장은 인간을 신적 노동의 대체물로 묘사하지 않는다. 오히려 인간은 하나님의 창조 행위의 절정으로 등장하며, "하나님의 형상"과 "모양"을 따라 창조된 존재로 규정된다(창 1:26-27). 이 표현은 인간을 단순히 기능 수행 주체로 이해하던 고대 근동의 인간관과 달리, 인간에게 대표성, 관계성, 존엄성을 부여한다.[13]

---

13) John Richard Middleton, *The Liberating Image: The Imago Dei in Genesis 1* (Grand Rapids: Brazos, 2005), 25-54.

특히 주목할 점은, 창세기 1장이 하나님의 형상을 특정 계층(왕이나 제사장)에 제한하지 않고, 남자와 여자 모두에게 보편적으로 부여한다는 사실이다. 이는 신적 형상이 왕에게만 귀속되던 고대 근동 정치·종교 질서에 대한 근본적인 신학적 전복이다. 인간은 더 이상 신적 체계를 떠받치는 하부 구조가 아니라, 창조 세계 안에서 하나님을 대표하고 책임 있게 다스리는 존재로 이해된다. 여기서 인간의 가치는 기능이나 생산성에 있지 않고, 창조주 하나님과의 관계적 위치에 근거한다.[14]

2) 창세기 2장의 인간: 흙과 생기로 지음 받은 관계적·책임적 존재

창세기 2장은 인간을 더욱 구체적이고 실존적인 차원에서 묘사한다. 인간은 흙으로 빚어지고 하나님의 생기를 통해 살아 있는 존재가 된다(창 2:7). 이 서술은 인간의 유한성과 의존성을 분명히 하면서도, 동시에 인간의 생명이 하나님과의 직접적인 관계 속에서 비롯되었음을 강조한다. 인간은 신들의 잉여 노동력을 대체하기 위해 만들어진 존재가 아니라, 하나님과의 관계 속에서 생명을 부여받은 존재이다.[15]

더 나아가 창세기 2장은 인간을 철저히 관계적 존재로 이해한다. 인간은 혼자 있는 존재가 아니며("사람이 혼자 사는 것이 좋지 아니하니"), 타자와의 관계 속에서 자신의 정체성을 완성한다(창 2:18-25). 이는 인간을 고립된 기능 단위로 이해하는 신화적 인간관과 명백히 대조된다. 인간은 도구가 아니라 응답하고 책임지는 인격적 주체이며, 하나님 앞에서 소명을 받고 윤리적 판단을 수행하는 존재이다.

---

14) Walter Brueggemann, *Theology of the Old Testament*, 158–173.
15) Joseph Blenkinsopp, *Creation, Un-creation, Re-creation*, 60–75.

3. 구조적 대조의 신학적 함의

이러한 창세기 1-2장의 인간 이해는 고대 근동의 비인격적 인간관과 구조적으로 대조된다. 고대 신화에서 인간은 신적 필요의 산물이지만, 구약 창조 기사에서 인간은 하나님의 자유로운 창조 의지의 결과이다. 고대 근동에서 인간은 대체 가능한 노동 단위이지만, 구약에서 인간은 고유한 이름과 소명을 지닌 존재이다. 고대 신화에서 인간의 가치는 기능에 의해 결정되지만, 구약에서 인간의 가치는 하나님과의 관계와 책임에서 비롯된다.[16]

이러한 대조는 이후 구약 인간론 전체를 관통하는 신학적 기초를 형성한다. 인간은 결코 비인격적 시스템의 부속물이 아니며, 기능적 효율성으로 환원될 수 없는 존재이다. 바로 이 창조 신학적 인간 이해가, 오늘날 AI와 포스트휴머니즘 담론 속에서 반복되는 기능 중심·비인격적 인간관에 대해 비판적 기준을 제공한다. 구약성경의 창조 기사는 인간을 다시금 관계, 책임, 존엄의 자리로 돌려놓는 신학적 저항의 텍스트라 할 수 있다.

III. 구약성경의 인간 어휘와 전인적 인간 이해-환원적 인간이해에 대한 신학적 저항

구약성경의 인간 이해는 인간을 정의(definition)하거나 분해(analyze)하는 방식으로 제시되지 않는다. 오히려 인간은 어떻게 불리는가, 그리고 어떤 언어 안에서 말해지는가를 통해 이해된다. 이 점에서 구

---

16) Bernhard W. Anderson, *Contours of Old Testament Theology*, 36-58.

약성경의 인간론은 개념적 인간학이 아니라, 언어적·증언적 인간 이해
라 할 수 있다. 인간을 가리키는 히브리어 어휘들은 인간 존재의 특정 기
능이나 부분을 기술하기보다, 인간을 하나님과의 관계 속에서 드러나는
전인적 실재로 지시한다.

이러한 관점은 제이콥(Edmond Jacob)의 고전적 통찰에서 분명하
게 제시된다. 그는 구약성경이 인간을 구성 요소들의 합으로 설명하지
않으며, 인간을 언제나 "살아 있는 전체(living whole)"로 말한다고 강조
한다.[17] 즉, 구약성경에는 인간을 영혼·몸·정신으로 분할하는 이론이 존
재하지 않는다. 인간은 분석 이전에 이미 관계적 실존으로 주어져 있으
며, 인간 어휘는 이 실존을 다양한 각도에서 비추는 언어적 창이다.

이러한 관점에서 볼 때, 구약성경의 인간 어휘는 단순한 언어 자료
가 아니라, 인간 존재를 이해하는 신학적 틀을 형성한다. 인간은 무엇인
가를 "가진 존재"라기보다, 하나님과의 관계 속에서 불려진 존재로 이해
된다.

1. אָדָם(아담): 창조된 인간, 공동체적 인간

구약성경의 인간 이해는 개별 인물의 심리나 자아의식에서 출발하
지 않는다. 그 출발점은 언제나 אָדָם(아담), 곧 '인간' 그 자체이다. אָדָם
은 고유명사 이전에 보통명사로 기능하며, 특정 개인을 지칭하기보다
인류 전체를 포괄하는 인간 개념으로 사용된다. 이 점에서 אָדָם은 구약
성경 인간론의 가장 포괄적이며 근본적인 어휘로서, 인간을 개인적·내면
적 주체로 이해하기 이전에 창조된 존재로서의 인간 실재를 드러낸다.

---

17) Edmond Jacob, *Theology of the Old Testament* (New York: Harper & Row, 1958), 156-
172.

구약성경에서 인간은 "나는 누구인가"라는 자기 성찰의 질문으로 정의되지 않는다. 오히려 인간은 하나님 앞에서 누구로 불렸는가라는 신학적 질문 속에서 이해된다. 바로 이 지점에서 אדם은 구약성경 인간 이해의 결정적 출발점이 된다.

1) 어휘적·어원적 고찰: 땅에서 비롯된 인간

히브리어 אדם은 땅을 의미하는 אדמה(아다마)와 어원적으로 긴밀하게 연결되어 있다. 이 언어적 결속은 인간이 하늘적·초월적 기원을 지닌 존재가 아니라, 땅에서 비롯된 유한한 피조물임을 분명히 드러낸다. 인간은 흙으로 빚어졌으며, 생명은 하나님으로부터 주어졌다(창 2:7). 이 어휘 구조는 인간 존재의 근본 성격이 자율성이나 자기기원에 있지 않고, 피조성과 의존성에 있음을 명확히 한다.

어원적으로는 אדם을 아카드어 *adamu* ("만들다", "존재하게 하다")와 연결시키는 견해와, '붉다'라는 의미에서 흙의 색채나 인간의 혈색과 연관시키는 견해가 제시되어 왔다.[18] 어원 해석의 차이에도 불구하고 공통적으로 확인되는 점은, אדם이 인간을 스스로 존재를 규정하는 주체가 아니라 '만들어진 존재'로 이해하도록 이끈다는 사실이다. 인간은 자기 존재의 근원을 자신에게서 찾지 않으며, 창조주 하나님으로부터 존재를 부여받은 실재이다.[19]

---

18) Ludwig Koehler, Walter Baumgartner, and Johann Jakob Stamm, *The Hebrew and Aramaic Lexicon of the Old Testament*, vol. 1(Leiden: Brill, 1994), 14-15, s.v. "אדם". 이하 HALOT으로 약어 표기.

19) Edmond Jacob, *Theology of the Old Testament*, 173-176; Hans Walter Wolff, *Anthropology of the Old Testament* (Philadelphia: Fortress Press, 1974), 160-165.

2) אדם과 창조 신학: 자율적 주체가 아닌 불려진 존재

제이콥은 אדם 개념이 인간을 하나의 객체나 생산물로 규정하지 않으며, 오히려 하나님의 창조 행위 안에서 존재하게 된 실재로 이해하도록 이끈다고 강조한다. 인간은 자기 존재를 자율적으로 정의하는 주체가 아니라, 창조주에 의해 불려지고 세워진 존재이다. 이 점에서 אדם은 인간을 기능적 주체나 자기 충족적 자아로 이해하는 모든 인간관과 분명히 구별된다.[20]

그에 따르면, 구약성경의 인간 이해는 인간을 분석 대상으로 삼지 않고, 하나님의 행위에 응답하는 존재로 묘사한다. 인간은 창조 사건의 결과이면서 동시에 하나님과 관계 맺도록 부름받은 존재이다. אדם은 인간을 독립된 실체로 이해하게 하지 않고, 하나님의 창조 행위와 불가분의 관계 속에서만 이해 가능한 존재로 규정한다.

3) 창세기 1-2장과 인간의 소명

월트키는 창세기 1-2장의 인간 이해를 해석하면서, 인간 정체성의 중심을 능력이나 내적 속성에 두지 않고 지위와 소명(vocation)에 둔다. 인간은 무엇을 할 수 있는가로 규정되지 않으며, 하나님 앞에서 어떤 역할로 세워졌는가에 의해 정의된다.[21]

이러한 관점에서 하나님의 형상(*imago Dei*)은 이성, 의식, 혹은 지능과 같은 인간 내적 능력을 의미하지 않는다. 그것은 하나님을 대표하여 창조 세계 안에서 책임 있게 행위하도록 부여된 관계적·윤리적 지위를 가리킨다. 인간은 처음부터 고립된 개인으로 창조되지 않았으며, 공

---

20) Edmond Jacob, *Theology of the Old Testament*, 173-188.
21) Bruce K. Waltke, *Genesis: A Commentary*, 64-75.

동체적·관계적 존재로 등장한다(창 1:26-27). אדם이 단수형으로 사용되더라도, 그 의미는 본질적으로 집합적 인간, 곧 인류 전체를 지시한다.

4) 개인 이전의 인간 실재

볼프(Hans Walter Wolff)는 구약성경 인간론을 논의하면서 אדם을 개인 이전의 인간 실재로 규정한다. 그의 고전적 연구에 따르면, 구약성경은 인간을 영혼·육체·정신으로 분해 가능한 존재로 결코 말하지 않는다. אדם은 처음부터 전인적·통합적 인간을 가리키는 언어이다.[22]

특히 볼프는 אדם과 אדמה의 어원적 결속이 단순히 인간의 기원을 설명하는 데 그치지 않고, 하나님과 인간의 관계 구조를 형성하는 신학적 핵심이라고 본다. 인간의 유한성은 결함이나 실패가 아니라, 하나님 앞에서 응답하고 책임질 수 있는 존재가 되기 위한 조건이다. 인간은 신적인 존재가 아님으로써 오히려 인간다움을 획득한다.

볼프에게서 אדם은 이후에 등장하는 נפשׁ(네페쉬, 생명), בשׂר(바사르, 육체), רוח(루아흐, 생기), לב(레브, 마음)를 포괄하는 기초적 인간 개념이다. 이 어휘들은 인간을 분절하지 않으며, אדם이라는 전인적 인간 실재를 다양한 각도에서 조명할 뿐이다.

5)소결론

이상의 논의를 종합할 때, אדם은 구약성경 인간 이해의 방향성과 구조를 결정하는 핵심 개념임이 분명하다.

첫째, אדם은 인간을 창조된 존재로 이해하게 하며, 자율적 자기기

---

22) Hans Walter Wolff, *Anthropology of the Old Testament*, 3-35.

원의 인간관을 배제한다.

둘째, אדם은 인간을 개인 이전의 집합적 실재로 제시하여, 인간 존재의 공동체적 성격을 드러낸다.

셋째, אדם은 인간을 전인적 존재로 이해하게 하여, 인간을 부분들의 합으로 환원하는 사고를 거부한다.

넷째, אדם은 인간을 하나님과의 관계 속에서만 이해 가능한 존재로 규정한다.

결과적으로 אדם은 구약성경 인간론의 단순한 출발점이 아니라, 인간 존재를 이해하는 신학적 지평이다. 구약성경은 인간을 먼저 '개인'이나 '자아'로 말하지 않고, 하나님 앞에 세워진 인류 전체로서의 인간으로 말한다. 바로 이 점에서 אדם은 이후에 전개되는 모든 인간 어휘와 인간 이해를 규정하는 기초 개념으로 기능한다.

2. בן אדם (벤 아담)

בן אדם (벤 아담), 곧 "사람의 아들(Son of Man)"이라는 표현은 구약성경에서 인간의 유한성, 연약성, 피조성을 강조하는 대표적 인간 어휘이다. 이 표현은 문자적으로 "인간에게 속한 자", "인간의 후손"을 의미하며, 인간을 신적 존재와 구별되는 땅에 속한 생명으로 위치시킨다.[23]

특히 이 표현은 에스겔서에서 두드러지게 사용된다. 에스겔은 자신의 고유 이름 대신 "사람의 아들(בן אדם)"이라는 호칭으로 약 90회 이상 불리며, 그 첫 등장은 에스겔 2장 1절에서 나타난다. 이 반복적 호칭은 예언자의 권위를 약화시키기 위한 문학적 장치가 아니라, 하나님과

---

23) HALOT, vol. 1, 145-146, s.v. "בן אדם".

인간 사이의 근본적 존재론적 간극을 분명히 드러내기 위한 신학적 장치이다.

침멀리는 에스겔서에서의 בן אדם 호칭이 인간과 하나님 사이의 경계를 명확히 함으로써, 계시의 주체가 인간이 아니라 하나님이심을 강조한다고 분석한다. 인간 예언자는 계시를 소유하거나 통제하는 자가 아니라, 전적으로 계시에 의존하여 응답하는 피조물이다. 이러한 호칭은 예언자의 사명을 약화시키는 것이 아니라, 오히려 하나님의 계시가 인간의 능력이나 위상에 의해 좌우되지 않는다는 사실, 곧 계시의 신적 자유(divine freedom of revelation)를 강조한다.[24]

이 표현은 에스겔서에 국한되지 않는다. 시편과 지혜문학, 예언서 전반에서 *ben 'ādām* 혹은 그와 유사한 인간 어휘들은 하나님과 대비되는 인간의 위치를 분명히 한다. 예를 들어, 욥기 25장 6절과 35장 8절, 시편 89편 47절, 이사야 2장 22절, 에스겔 31장 14절 등에서 인간은 덧없고 제한된 존재로 묘사되며, 이러한 표현들은 공통적으로 하나님의 초월성과 인간의 유한성을 대조한다. 여기서 인간은 단순히 '약한 존재'가 아니라, 하나님 앞에서 자기 한계를 인식해야 할 존재로 이해된다.

제이콥은 이러한 유한성 어휘들이 구약성경 인간 이해의 주변부가 아니라, 중심부에 위치한다고 강조한다. 인간의 한계는 결함이나 오류가 아니라, 하나님과의 관계를 가능하게 하는 신학적 조건이다. 인간은 신적 존재로 상승함으로써 하나님과 관계 맺는 것이 아니라, 오히려 자신의 유한성과 피조성을 인식함으로써 하나님 앞에 설 수 있다.[25] 이 점에서 구약성경의 인간 이해는 인간을 신격화하지 않으며, 인간의 겸손과 한계를 통해 창조주-피조물 관계를 유지한다.

---

24) Walther Zimmerli, *Ezekiel 1,* Hermeneia (Philadelphia: Fortress Press, 1979), 130-135.
25) Edmond Jacob, *Theology of the Old Testament*, 180-188.

볼프 역시 בן אדם을 구약성경의 전인적 인간 이해 속에서 해석한다. 그에 따르면, 이 표현은 인간을 영혼·육체·정신으로 분해하여 규정하려는 모든 시도를 거부하며, 인간을 하나님 앞에 서 있는 전인적 피조물로 이해하게 한다. בן אדם은 인간의 '부분적 속성'을 말하지 않고, 인간 전체를 가리키는 언어이다. 인간은 생명, 몸, 관계, 책임이 통합된 존재로서, 자신의 유한성 안에서 하나님께 응답하도록 부름 받았다.[26]

어휘사적으로도 이러한 이해는 뒷받침된다. בן אדם은 단순한 혈연적 표현이 아니라, 인간의 본질적 조건—죽을 수 있음, 땅에 속함, 제한성—을 강조하는 관용적 표현으로 사용된다. 이 표현은 인간을 하나님과 대비되는 존재로 위치시키며, 인간의 생명이 이 땅에 속해 있음을 전제한다.[27]

종합하면, בן אדם은 구약성경에서 인간을 신적 존재로 끌어올리는 언어가 아니라, 인간을 피조물의 자리로 되돌려 놓는 언어이다. 이 어휘는 인간의 유한성과 죽을 수 있음을 강조하지만, 그것을 비극이나 실패로 해석하지 않는다. 오히려 인간의 한계는 하나님과의 관계를 가능하게 하는 자리이며, 인간이 하나님 앞에서 책임 있게 응답하도록 만드는 존재론적 조건이다. 바로 이 점에서 בן אדם은 구약성경 인간 이해의 핵심을 이루는 신학적 언어라 할 수 있다.

3. אנוש (에노쉬)

אנוש(에노쉬)는 구약성경에서 인간의 연약함, 취약성, 그리고 필연적 죽음을 가장 강하게 드러내는 인간 어휘이다. 이 단어는 인간을 일반

---

26) Hans Walter Wolff, *Anthropology of the Old Testament*, 25-35; 145-150.
27) HALOT, vol. 1, 145-146, s.v. "בן אדם".

적으로 지칭하는 용어이지만, 그 초점은 인간의 존엄이나 능력보다 쇠약함과 덧없음에 맞추어져 있다. אֱנוֹשׁ는 인간이 하나님과 달리 죽음을 피할 수 없는 존재임을 분명히 하며, 인간 실존의 근본적 조건을 드러낸다.

어휘사적으로 אֱנוֹשׁ는 동사 אָנַשׁ (아나쉬), 곧 "병들다", "상하다", "쇠약해지다"라는 의미에서 파생된 것으로 이해된다. 이 어원적 배경은 אֱנוֹשׁ가 인간의 본질을 강인함이나 지속성에서 찾지 않고, 상처받기 쉬운 생명이라는 측면에서 조명하고 있음을 보여 준다. 역시 אֱנוֹשׁ를 "약하고 죽을 수밖에 없는 인간"을 가리키는 표현으로 설명하며, 인간의 취약성을 강조하는 문맥에서 자주 사용된다고 지적한다.[28]

구약성경에서 אֱנוֹשׁ는 종종 하나님의 영원성과 대비되는 인간의 상태를 드러내는 데 사용된다. 예컨대 시편 103편 13-16절은 인간을 풀과 꽃에 비유하며, 바람이 지나가면 사라지는 존재로 묘사한다. 여기서 אֱנוֹשׁ는 하나님이 처음 인간을 창조하셨을 때의 선한 창조 질서와 대비되는, 타락 이후의 유한한 인간 조건을 드러낸다. 인간의 생명은 지속되지 않으며, 기억조차 사라질 수 있는 덧없는 실존이다.

이러한 인간 이해는 시편과 지혜문학 전반에서 반복된다. 시편 9편 21절은 하나님께서 민족들로 하여금 자신들이 אֱנוֹשׁ에 불과하다는 사실을 알게 해 달라고 호소하며, 욥기 25장 6절은 인간을 "구더기 같은 존재"로 묘사함으로써 하나님의 거룩함과 인간의 미미함을 극명하게 대비한다. 이 문맥들에서 אֱנוֹשׁ는 인간의 도덕적 실패 이전에, 존재론적 한계를 가리키는 언어이다.

시편 90편은 이러한 인간 이해를 시간 개념 속에서 더욱 분명히 드러낸다. 모세의 기도로 전해지는 이 시편에서 인간의 수명은 "칠십이요,

---

28) HALOT, 92–93, s.v. "אֱנוֹשׁ".

강건하면 팔십"으로 제한된다(시 90:10). 반면 하나님께는 "천 년이 지나간 어제 같고 밤의 한순간"에 불과하다(시 90:4). 이 대조는 단순한 시적 과장이 아니라, 하나님의 영원성과 인간의 시간성 사이의 질적 차이를 신학적으로 표현한 것이다. 인간의 삶은 깨어 있는 순간과도 같아, 인식하기도 전에 사라진다.

볼프는 אֱנוֹשׁ가 구약성경 인간론에서 인간을 비하하기 위한 표현이 아니라고 강조한다. 오히려 이 어휘는 인간이 하나님 앞에서 어떤 존재인지를 정확히 인식하도록 돕는 언어이다. 인간은 자신의 유한성과 쇠약함을 인정할 때에만, 하나님과의 올바른 관계 안에 설 수 있다. אֱנוֹשׁ는 인간을 전인적 실존으로 드러내되, 그 실존이 죽음에 열려 있는 존재임을 분명히 한다.[29]

제이콥 역시 이러한 유한성 어휘들이 구약성경 인간 이해의 주변부가 아니라 중심부에 위치한다고 지적한다. 인간의 덧없음과 죽을 수 있음은 결함이나 우연이 아니라, 하나님과의 관계를 가능하게 하는 신학적 조건이다. 인간은 자신의 한계를 인식함으로써 하나님을 하나님으로 고백하게 되며, 바로 이 지점에서 신앙과 인간 이해가 만난다.[30]

결국 אֱנוֹשׁ는 인간을 신적 존재로 오인하지 않도록 하는 언어이며, 인간이 자기 자신을 절대화하는 모든 시도를 차단한다. 이 어휘가 가리키는 인간은 순간적으로 나타났다가 사라지는 존재이지만, 바로 그 덧없음 속에서 하나님 앞에 서 있는 존재이다. 구약성경은 인간의 삶을 영속적 성취의 연속으로 이해하지 않고, 하나님의 영원성 앞에서 잠시 숨 쉬는 생명으로 이해한다. 이 점에서 אֱנוֹשׁ는 구약성경 인간 이해의 핵심을 이루는 중요한 신학적 어휘라 할 수 있다.

---

29) Hans Walter Wolff, *Anthropology of the Old Testament*, 33-40.
30) Edmond Jacob, *Theology of the Old Testament*, 180-188.

4. אִישׁ(이쉬)와 בְּנֵי־אִישׁ(브네-이쉬)

אִישׁ(이쉬)와 בְּנֵי־אִישׁ(브네-이쉬)는 구약성경에서 인간을 행위하고 판단하며 책임을 지는 존재로 묘사하는 데 사용되는 대표적 인간 어휘이다. 문자적으로 בְּנֵי־אִישׁ는 "사람의 아들들(Sons of man)"을 의미하지만, 이 표현은 단순한 생물학적 혈연을 넘어 사회적 지위와 공적 역할을 수행하는 인간 집단을 가리키는 데 사용된다.

어휘적으로 אִישׁ는 종종 אִשָּׁה(잇솨, 여자)와 대조되어 사용되며(창 2:23), 이는 고대 이스라엘 사회가 가부장적·남성 중심적 구조 속에 있었음을 반영한다. 이러한 맥락에서 אִישׁ는 단순히 "인간"을 뜻하는 אָדָם이나 אֱנוֹשׁ보다, 사회적 영향력과 공적 위상을 지닌 인물을 가리키는 뉘앙스를 지닌다.[31]

이 점에서 בְּנֵי־אִישׁ라는 표현은 특정 본문에서 사회적·정치적으로 상당한 지위를 지닌 인물들을 지칭하는 기능을 수행한다. 예컨대 시편에서 다윗의 대적들이 בְּנֵי־אִישׁ로 불릴 때, 이는 그들이 단순한 무명의 개인들이 아니라, 사회적으로 영향력 있고 존귀한 위치에 있는 자들이었음을 강조한다. 이러한 용례는 אִישׁ가 인간을 사회적 맥락 속에서 이해하는 어휘임을 보여 준다.

그러나 אִישׁ와 בְּנֵי־אִישׁ의 핵심 의미는 지위 자체에 있지 않다. 이 어휘들은 인간을 행동하고 선택하며 그 결과에 대해 책임을 지는 윤리적 주체로 묘사한다. 인간은 단순히 생물학적으로 존재하는 피조물이 아니라, 판단하고 결단하며, 그 행위에 대해 응답해야 하는 존재이다.

구약성경의 인간은 언제나 윤리적 요청 아래 놓인 존재이다. 인간의 삶은 중립적 상태로 주어지지 않으며, 하나님의 뜻과 정의 앞에서 끊

---

31) HALOT, 45–47, s.v. "אִישׁ".

임없이 평가받는다.[32] אִישׁ라는 어휘는 바로 이러한 인간의 도덕적·사회적 책임성을 전제하는 언어이다.

월트키는 율법과 지혜 전통을 해석하면서, 인간을 본질적으로 책임을 요구받는 존재로 이해한다. 율법은 인간을 수동적 복종의 대상으로 만들지 않고, 선택과 판단의 주체로 전제한다. 인간은 명령에 응답해야 하며, 그 응답의 결과에 대해 책임을 진다. 이 점에서 인간의 존엄은 능력이나 사회적 지위에서 비롯되지 않고, 하나님 앞에서 응답해야 하는 존재라는 사실에 근거한다.[33]

따라서 אִישׁ와 בְּנֵי־אִישׁ는 인간을 단순한 피조물로 머물게 하지 않는다. 이 어휘들은 인간을 공적 삶 속에서 정의를 실현하거나 왜곡할 수 있는 책임적 주체로 드러낸다. 인간의 관계는 개인적 차원을 넘어 사회적·공동체적 차원으로 확장되며, 하나님과의 관계는 곧 정의와 책임의 문제로 구체화된다.

결국 אִישׁ와 בְּנֵי־אִישׁ는 구약성경 인간 이해에서 인간의 윤리적 능동성을 가장 분명하게 드러내는 어휘라 할 수 있다. 인간은 단순히 유한한 존재(אֱנוֹשׁ)이거나 창조된 인류(אָדָם)일 뿐 아니라, 선택하고 판단하며 책임을 지는 존재로 하나님 앞에 서 있다. 바로 이 점에서 이 어휘들은 구약성경 인간론의 윤리적 중심을 형성한다.

5. 전인적 인간 이해: נֶפֶשׁ(네페쉬), בָּשָׂר(바사르), רוּחַ(루아흐), לֵב(레브)

구약성서의 인간 어휘들은 인간을 분해 가능한 요소들의 결합으로

---

32) Walter Brueggemann, *Theology of the Old Testament*, 158-173.

33) Bruce K. Waltke, *An Old Testament Theology*, 189-210.

이해하지 않는다.

1) נֶפֶשׁ (네페쉬)

נֶפֶשׁ (네페쉬)는 구약성경에서 인간을 가장 자주 지칭하는 어휘 가운데 하나로, 단일한 의미로 환원될 수 없는 전인적 인간 실존을 가리킨다. נֶפֶשׁ는 영혼(soul)이나 정신(mind)과 같은 비물질적 실체를 뜻하지 않으며, 오히려 숨 쉬는 생명체로서의 인간 전체를 지시하는 언어이다.

(1) 어원과 기본 의미: 숨 쉬는 존재

어휘사적으로 נֶפֶשׁ는 동사 נֶפֶשׁ(나파쉬), 곧 "숨 쉬다", "기운을 회복하다"에서 파생된 것으로 이해된다. 이 어원은 נֶפֶשׁ의 가장 근원적인 의미가 '호흡하는 생명'임을 보여 준다. 실제로 נֶפֶשׁ의 초기 의미는 '목'이나 '인후'를 가리키며, 여기서 '숨', 나아가 '생명'이라는 의미로 확장되었다.[34]

נֶפֶשׁ는 "숨 쉬는 생명체, 생명 그 자체, 욕망과 감정의 주체"를 의미하며, 인간뿐 아니라 동물에게도 적용되는 용어이다.[35] 이는 구약성경이 인간의 생명을 동물과 질적으로 분리된 실체로 이해하지 않고, 창조된 생명이라는 공통의 지평에서 이해함을 보여 준다.

(2) 욕망과 갈망의 주체로서의 נֶפֶשׁ

נֶפֶשׁ의 가장 두드러진 의미 영역 가운데 하나는 욕망과 갈망의 주체이다. 이 욕망은 단순한 심리적 충동이 아니라, 살아 있는 존재가 지닌

---

34) HALOT, vol. 2, 713-715, s.v. "נֶפֶשׁ".
35) 위의 책.

존재론적 갈망이다. 잠언 23장 2절은 탐식하는 사람에게 "칼을 네 목에 둘지어다"라고 경고하는데, 여기서 '목'은 곧 נֶפֶשׁ를 가리키며, 인간이 지닌 강력한 식욕과 자기 통제의 필요성을 드러낸다.

이 맥락에서 נֶפֶשׁ는 인간을 끊임없이 채우려는 존재, 곧 욕구와 결핍 속에서 살아가는 존재로 묘사한다. 잠언 6장 30절과 21장 10절에서도 נֶפֶשׁ는 탐욕과 욕망에 의해 규정되는 인간 태도를 지시한다. 이 경우 נֶפֶשׁ는 단순한 '욕망'이 아니라, 인간의 삶의 방향을 결정짓는 중심으로 기능한다.[36]

라틴어에서 사치를 의미하는 *gula*(목, 식욕)라는 표현과 유사하게, 히브리어 נֶפֶשׁ 역시 인간의 본능적 욕구가 인간 삶을 지배할 수 있음을 날카롭게 드러낸다. 이는 구약성경이 인간을 이상화된 이성적 존재로 이해하지 않고, 욕망과 절제가 긴장 관계에 놓인 실존으로 이해함을 보여 준다.

(3) 생명 그 자체로서의 נֶפֶשׁ

נֶפֶשׁ는 욕망의 주체일 뿐 아니라, 동시에 생명 그 자체를 의미한다. 잠언 8장 36절에서 "자기를 미워하는 자는 사망을 사랑하느니라"라는 표현에서 נֶפֶשׁ는 생명과 죽음의 대조 속에서 사용되며, 살아 있는 존재로서의 인간 전체를 가리킨다.

잠언 13장 8절에서도 "사람의 재물은 자기 생명의 속전이 되거니와"라는 구절에서 נֶפֶשׁ는 인간이 지닌 가장 본질적이고 대체 불가능한 가치, 곧 생명을 의미한다. 이 의미에서 נֶפֶשׁ는 재산이나 명예보다 우선하는 인간 실존의 핵심이다. 동일한 용례는 잠언 1장 18절, 7장 23절, 22

---

36) 위의 책; 잠 23:2; 6:30; 21:10 참조.

장 23절 등에서도 반복된다.[37]

흥미로운 점은 잠언 12장 10절에서 נֶפֶשׁ가 인간뿐 아니라 동물의 생명에도 사용된다는 사실이다. "의인은 자기 가축의 생명(נֶפֶשׁ)을 돌보나"라는 구절은, 생명이라는 관점에서 인간과 동물이 연속선상에 놓여 있음을 보여 준다. 이는 נֶפֶשׁ가 비물질적 영혼 개념이 아니라, 살아 있음 자체를 지시하는 용어임을 분명히 한다.

(4) 전인적 인간 실존으로서의 נֶפֶשׁ

볼프는 נֶפֶשׁ를 구약성경 인간론의 핵심 개념 가운데 하나로 보며, 이 단어가 인간을 영혼과 몸으로 이분화하는 모든 시도를 거부한다고 강조한다. נֶפֶשׁ는 인간의 일부가 아니라, 인간 전체이다. 인간은 נֶפֶשׁ를 "가지고 있는" 존재가 아니라, 곧 נֶפֶשׁ인 존재이다.[38]

נֶפֶשׁ는 인간을 생명, 욕망, 고통, 기쁨, 갈망이 통합된 실존으로 이해하게 한다. 인간의 고통과 갈망은 부차적인 현상이 아니라, 인간 존재의 중심에 속한다.[39] 이러한 이해는 인간을 추상적 이성이나 도덕적 의지로 환원하지 않는 구약성경 인간론의 특징을 잘 보여 준다.

브루그만 또한 נֶפֶשׁ를 통해 드러나는 인간 이해를 "살아 있는 관계적 실존"으로 규정한다. 인간은 욕망하고 고통 받으며 소망하는 존재로서, 바로 그 삶의 역동성 속에서 하나님과 관계 맺는다.[40]

(5) 소결론

요컨대 נֶפֶשׁ는 구약성경에서 인간을 단순히 '영혼을 지닌 존재'로

---

37) HALOT, vol. 2, 713-714; 잠 8:36; 13:8; 1:18 참조.

38) Hans Walter Wolff, *Anthropology of the Old Testament*, 10-25.

39) Edmond Jacob, *Theology of the Old Testament*, 156-172.

40) Walter Brueggemann, *Theology of the Old Testament*, 158-165.

이해하게 하지 않는다. 이 어휘는 인간을 숨 쉬는 생명, 욕망하는 존재, 고통 받고 기뻐하는 실존, 그리고 하나의 전인적 생명 주체로 이해하게 한다. 인간은 נֶפֶשׁ를 소유한 존재가 아니라, 하나님의 창조 안에서 살아 있는 נֶפֶשׁ이다. 이 점에서 נֶפֶשׁ는 구약성경의 전인적 인간 이해를 가장 선명하게 드러내는 핵심 어휘라 할 수 있다.

2) בָּשָׂר (바사르)

בָּשָׂר(바사르)는 구약성경에서 인간의 육체성(physicality)과 취약성(vulnerability)을 강조하는 핵심 인간 어휘이다. 이 단어는 문자적으로는 '살', '육체', '고기'를 의미하며, 신체 표면을 이루는 물질적 실재를 가리킨다(사 22:13; 욥 41:15; 겔 37:5). 그러나 구약성경에서 בָּשָׂר는 단순히 신체의 한 부분을 지칭하는 해부학적 용어에 머물지 않고, 인간 존재 전체를 특징짓는 피조물적 조건을 표현하는 신학적 언어로 사용된다.[41]

(1) 인간의 육체성과 하나님의 영의 대비

구약성경에서 בָּשָׂר는 자주 하나님의 רוּחַ(루아흐, 영)와 대조되어 사용된다. 이 대비는 육체 자체를 악으로 규정하기 위한 것이 아니라, 인간의 유한성·의존성을 하나님의 초월성과 생명 부여 능력과 구별하기 위한 신학적 장치이다. 예컨대 시편 65편 5절(히 65:3), 이사야 40장 6-8절, 욥기 10장 4절, 예레미야 17장 5-7절, 역대하 32장 8절 등에서 בָּשָׂר는 하나님을 신뢰하지 못하고 무너질 수밖에 없는 인간의 한계를 드러내는 표현으로 사용된다.

---

41) HALOT, vol 1, 142-144, s.v. "בָּשָׂר".

이러한 맥락에서 בשר는 죄와 결합된 인간의 연약성을 드러내기도 한다. 창세기 6장 3절에서 그들은 육체(בשר)임이라"는 선언은 인간이 하나님의 영에 의해 지속적으로 유지되지 않으면 스스로 존속할 수 없는 존재임을 분명히 한다. 여기서 בשר는 인간의 죄성 자체라기보다, 시간과 죽음 아래 놓인 피조물의 조건을 가리킨다.

(2) בשר와 인간의 죄성에 대한 오해

בשר는 때로 인간의 욕망, 충동, 범죄성과 연관되어 사용되기 때문에, 이 어휘가 곧 악한 실체를 의미하는 것처럼 오해되기도 한다. 그러나 구약성경은 בשר 자체를 결코 악으로 규정하지 않는다. 문제는 육체성 그 자체가 아니라, 하나님을 떠난 육체, 곧 하나님의 영과 단절된 인간의 상태이다.

볼프는 이 점을 분명히 하며, בשר가 "악한 실체"가 아니라 하나님과 구별되는 피조물의 존재 방식을 나타내는 언어라고 설명한다. 인간은 בשר이기 때문에 약하지만, 바로 그렇기 때문에 하나님의 도우심과 보호를 필요로 한다. 하나님은 인간의 בשר를 멸시하지 않으며, 오히려 인간이 육체적이고 유한한 존재이기에 그들을 강화하고 지탱하시는 분으로 묘사된다.[42]

(3) 인간과 동물에 공통된 어휘로서의 בשר

볼프의 통계적 분석에 따르면, בשר는 구약성경 전체에서 약 273회 사용되며, 그 가운데 약 3분의 1은 동물을, 나머지는 인간을 가리킨다. 반면, 이 어휘는 하나님에게는 단 한 번도 사용되지 않는다.[43] 이 사실은

---

42) Hans Walter Wolff, *Anthropology of the Old Testament*, 20-25.
43) 위의 책, 24-26.

בשׂר가 하나님과 피조물을 구별하는 핵심 어휘임을 분명히 보여 준다.

בשׂר는 종종 '뼈'(עצם, 에쳄)와 대비되어 사용되지만, 더 일반적으로는 뼈를 포함한 전체 육체, 곧 살아 있으나 상하고 소멸 가능한 존재 전체를 가리킨다. 이 점에서 בשׂר는 인간과 동물이 공유하는 피조물적 조건을 표현하는 언어이며, 인간을 다른 피조물로부터 절대적으로 분리시키지 않는다.

(4) 신학적 의미

이러한 용례들을 종합하면, בשׂר는 인간을 비하하거나 물질성을 악으로 규정하기 위한 언어가 아니다. 오히려 이 어휘는 인간이 죽을 수 있고 상처받을 수 있는 존재임을 분명히 하여, 인간이 자기 자신을 절대화하지 못하도록 하는 신학적 기능을 수행한다. 인간은 בשׂר이기에 하나님이 아니며, 동시에 בשׂר이기에 하나님의 돌보심 안에서 살아간다.

따라서 בשׂר는 구약성경 전인적 인간 이해에서, 인간의 육체성·유한성·의존성을 가장 현실적으로 드러내는 어휘라 할 수 있다. 인간은 영만이 아니라 육체로 살아가며, 바로 그 육체성 안에서 하나님과의 관계를 맺는다. 구약성경은 인간을 육체로부터 해방되어야 할 존재로 이해하지 않고, 육체를 지닌 채 하나님 앞에 서 있는 피조물로 이해한다.

3) רוח (루아흐)

רוח(루아흐)는 구약성경에서 가장 다의적이고 역동적인 인간 어휘 가운데 하나이다. 이 단어는 자연 현상으로서의 바람을 의미하는 동시에, 인간 안에서 작동하는 생기, 내적 상태, 감정, 성품, 태도를 포괄적으로 지시한다. 이러한 의미의 확장은 רוח가 단일한 실체나 분리된 '영혼'을 가리키는 것이 아니라, 움직임과 관계 속에서 드러나는 생명의 역동

성을 표현하는 언어임을 보여 준다.

(1) 자연 현상으로서의 רוח: 바람

רוח의 가장 기본적인 의미는 자연 현상으로서의 바람(wind)이다. 잠언 25장 14절의 "구름과 바람", 25장 23절의 "북풍", 27장 16절의 "바람", 30장 4절의 "바람을 모으는 자" 등에서 רוח는 물리적 현상 이상의 의미를 갖지 않는다. 이 용례들에서 רוח는 관찰 가능하고 경험 가능한 자연의 힘을 가리키며, 인간의 통제 밖에 있는 가변적이고 역동적인 에너지를 표현한다.[44)]

이러한 자연적 의미는 이후에 전개되는 인간학적·신학적 의미의 토대가 된다. 보이지 않으나 실재하며, 붙잡을 수 없으나 분명한 영향을 미치는 바람의 속성은, רוח가 인간과 하나님 사이의 관계를 설명하는 데 적합한 언어가 되게 한다.

(2) 인간 내면으로서의 רוח: 하나님과의 관계적 차원

רוח는 자연 현상을 넘어, 인간 안에서 하나님과 관계 맺는 내적 차원을 가리키는 어휘로 사용된다. 이 경우 רוח는 인간의 기원과 존재 근거가 하나님께 있음을 전제하며, 인간이 하나님 앞에서 검증되고 평가되는 내적 실재를 지시한다.

이 의미에서 רוח는 단순한 심리 상태나 감정의 집합이 아니라, 하나님과 교제할 수 있는 인간의 내적 차원을 가리킨다. 인간의 רוח는 하나님 앞에 열려 있으며, 오직 하나님만이 그것을 아시고 판단하신다(잠 16:2; 20:27). 이러한 용례는 인간을 자율적 내면의 소유자가 아니라, 하나님 앞에서 드러나는 존재로 이해하게 한다.

---

44) HALOT, vol 3, 1196-1201, s.v. "רוח".

(3) 감정·성품·기질로서의 רוח

잠언에서는 רוח가 인간의 감정 상태, 성품, 기질을 가리키는 표현
으로 자주 사용된다. 분노(잠 16:32), 낙담(잠 18:14), 질투, 조급함, 절제
등 다양한 내적 상태가 רוח로 표현된다. 이 경우 רוח는 인간의 감정이
단순한 순간적 반응이 아니라, 인간의 존재 방식과 성품을 형성하는 힘
임을 드러낸다.

어원적으로 רוח가 '바람'과 동일한 어근을 지닌다는 점은, 인간의
감정과 성품이 고정된 실체가 아니라 움직이고 변화하는 역동적 상태임
을 암시한다. 인간의 רוח는 고요할 수도 있고, 격렬할 수도 있으며, 절제
되거나 폭발할 수도 있다.[45)

(4) 사회적 태도와 자세로서의 רוח

또한 רוח는 인간이 사회적 관계 속에서 드러내는 태도와 자세를 의
미한다. 잠언 16장 18절에서 "교만한 마음(רוח)은 넘어짐의 앞잡이"로
묘사되며, 잠언 29장 23절에서는 교만한 רוח와 대비되어 겸손한 태도가
높임을 받는다. 이 경우 רוח는 단순한 내면 감정이 아니라, 대인 관계 속
에서 구체적으로 표출되는 존재 태도를 가리킨다.

이러한 용례는 구약성경이 인간의 내면과 외적 행위를 분리하지 않
음을 보여 준다. רוח는 감정, 성품, 태도, 관계적 자세가 통합된 전인적
인간 실존의 한 차원이다.

(5) 용례의 분포와 신학적 의미

통계적으로 רוח는 구약성경에서 약 389회 등장하며(히브리어 본

---

45) Hans Walter Wolff, *Anthropology of the Old Testament*, 32-40.

문 약 378회, 아람어 본문 약 11회), 이 가운데 100회 이상이 자연적 의미의 '바람' 또는 '숨'을 가리킨다.[46] 이러한 분포는 רוח의 의미가 자연적·인간학적·신학적 차원을 연속선상에서 형성하고 있음을 보여 준다.

볼프는 רוח를 인간 안에 독립적으로 존재하는 '영혼' 개념으로 이해하는 것은 구약성경의 사고 방식에 어긋난다고 지적한다. רוח는 인간이 소유하는 실체가 아니라, 하나님과의 관계 속에서 주어지고 유지되는 생명의 역동성이다. 인간의 רוח는 하나님으로부터 나오며, 하나님께 의존한다.[47]

제이콥 역시 רוח를 인간의 내적 자율성을 강화하는 개념이 아니라, 인간이 하나님 앞에 서 있는 존재임을 드러내는 관계적 언어로 이해한다. 인간은 자신의 רוח를 스스로 보증하지 못하며, 오직 하나님만이 그것을 살피고 새롭게 하신다.[48]

(6) 소결론

요컨대 רוח는 구약성경에서 자연 현상으로서의 바람에서부터 인간의 내적 상태, 감정, 성품, 사회적 태도, 그리고 하나님과의 관계에 이르기까지 폭넓은 의미 영역을 포괄한다. 이 어휘는 인간을 비물질적 '영혼'을 소유한 존재로 분리하지 않으며, 오히려 숨 쉬고 반응하며 관계 속에서 살아가는 전인적 존재로 이해하게 한다. רוח는 인간 실존의 역동성과 의존성을 동시에 드러내는 핵심 인간 어휘라 할 수 있다.

---

46) HALOT, vol. 3, 1196-1201; cf. Wolff, *Anthropology*, 32.
47) Hans Walter Wolff, *Anthropology of the Old Testament*, 40-48.
48) Edmond Jacob, *Theology of the Old Testament*, 160-168.

4) לֵב(레브)/לֵבָב(레바브)

לֵב(레브)/לֵבָב(레바브)는 구약성경 인간론에서 가장 중요하고 빈번하게 사용되는 인간 어휘이다. 이 단어들은 전통적으로 "마음(heart)"으로 번역되어 왔으나, 구약성경에서 לֵב/לֵבָב는 단순히 감정의 자리나 정서적 중심을 의미하지 않는다. 오히려 이 어휘는 인간의 사고(thinking), 분별(discernment), 판단(judgment), 결단(decision)이 이루어지는 인간 존재의 중심을 가리킨다.

통계적으로 볼 때, לֵב는 히브리어 구약성경에서 약 598회, לֵבָב는 약 252회 사용되며, 아람어 형태 לֵב가 다니엘서에서 1회, לֵבָב가 7회 사용된다. 이들을 합하면 약 850회 이상 등장하는데, 이는 구약성경 인간 어휘 가운데 가장 높은 빈도에 해당한다. 더욱 주목할 점은 이 어휘가 거의 전적으로 인간에게만 사용되며, 다른 인간 어휘들과 달리 동물이나 하나님에게 거의 적용되지 않는다는 사실이다. 이는 לֵב/לֵבָב가 구약성경 인간 이해의 핵심 개념임을 강하게 시사한다.[49]

(1) 신체 기관이자 은유적 중심

구약성경서에서 לֵב/לֵבָב는 먼저 신체 기관으로서의 심장을 가리킨다. 고대 이스라엘에서는 심장이 인간 몸의 중심 기관으로 이해되었으며, 생명 활동의 핵심이 이해되는 장소로 인식되었다. 그러나 이러한 물리적 의미는 곧바로 은유적으로 확장되어, 인간 존재의 가장 깊은 내면, 곧 생각과 의지와 판단이 형성되는 중심을 가리키는 표현으로 사용된다.[50]

---

49) HALOT, vol. 1 (Leiden: Brill, 1994), 514-517, s.v. "לֵב"; vol. 1, 517-519, s.v. "לֵבָב".
50) Edmond Jacob, *Theology of the Old Testament*, 157-165.

이 점에서 ל‍ב는 오늘날의 이분법적 사고—감정은 마음, 이성은 머리—와 전혀 다른 인간 이해를 전제한다. 구약성경은 인간의 사고와 감정, 의지를 분리하지 않으며, 이 모든 기능을 하나의 중심(ל‍ב)에 통합시킨다.

(2) 감정의 자리로서의 ל‍ב

ל‍ב/ל‍ב‍ב는 인간의 감정 상태와 기분, 성품을 표현하는 데 사용된다. 잠언 17장 22절에서는 "마음의 즐거움은 양약"이라고 말하며, 잠언 14장 13절에서는 웃음 뒤에 숨겨진 슬픔을 ל‍ב로 표현한다. 이러한 본문들에서 ל‍ב는 단순한 감정의 표면이 아니라, 인간 존재의 깊은 정서적 상태를 가리킨다.

그러나 이 감정적 의미는 결코 ל‍ב의 전부가 아니다. 구약성경은 감정을 인간의 중심으로 삼지 않으며, 감정 역시 판단과 분별의 영역 안에 포함시킨다.

(3) 이성과 인식의 중심으로서의 ל‍ב

특히 지혜문학에서 ל‍ב/ל‍ב‍ב는 인간의 이성적 사고, 인식, 이해 능력을 가리키는 핵심 어휘로 사용된다. 잠언은 반복적으로 ל‍ב를 통해 인간의 이해력과 판단력을 논하며, 지혜를 받아들이는 능력 역시 ל‍ב에 속한 것으로 묘사한다.

구약성경 인간 이해에서 흔히 발생하는 오해는 ל‍ב를 단순히 "마음"이나 "감정"으로 축소 번역하는 데서 비롯된다. 실제로 ל‍ב/ל‍ב‍ב는 잠언, 전도서 등 지혜 교육 문헌에서 집중적으로 사용되며, 이는 이 어휘가 인간의 인지적·교육적 기능과 깊이 연관되어 있음을 보여 준다.[51]

---

51) HALOT, vol. 1, 514-519; cf. 잠 2:2; 3:1, 5; 4:4, 23; 6:21; 7:3.

잠언 6장 32절의 표현 לֵב־חֲסַר (하사르-레브)는 문자적으로 "마음이 없는 자"이지만, 실제 의미는 분별력과 판단력이 결여된 자, 곧 "어리석은 자"이다. 유사한 표현은 잠언 7장 7절; 9장 4절, 16절; 10장 8절; 11장 12절 등에서도 반복된다. 여기서 לֵב의 결핍은 감정의 결핍이 아니라, 이성적 통찰과 도덕적 판단의 부재를 의미한다.

(4) 판단과 결단의 주체로서의 לֵב

לֵב/לֵבָב는 또한 인간의 결단과 의지의 중심이다. 인간의 선택은 외적 행위 이전에 לֵב에서 이루어지며, 바로 그 이유 때문에 구약성경은 하나님의 율법과 지혜가 לֵב에 새겨져야 함을 반복해서 강조한다(신 6:5; 잠 4:23).

볼프는 לֵב를 인간의 "내적 통제 센터"로 규정하며, 인간의 생각, 감정, 의지가 이곳에서 통합된다고 설명한다. לֵב는 인간의 일부가 아니라, 인간 전체가 방향을 결정하는 중심이다.[52]

제이콥 역시 לֵב/לֵבָב가 인간을 감정적 존재로 축소하지 않고, 책임 있는 판단 주체로 이해하게 하는 핵심 어휘라고 강조한다. 인간은 자신의 לֵב에서 형성된 판단에 대해 하나님 앞에서 책임을 진다.[53]

(5) 소결론

요컨대 לֵב/לֵבָב는 구약성경 인간론에서 인간을 이해하는 가장 중심적인 개념이다. 이 어휘는 인간의 감정만을 가리키지 않으며, 이성·분별·판단·결단이 통합된 전인적 인간의 중심을 의미한다. 구약성경은 인간을 "느끼는 존재" 이전에, 생각하고 판단하며 책임지는 존재로 이해하

---

52) Hans Walter Wolff, *Anthropology of the Old Testament*, 40-55.
53) Walter Brueggemann, *Theology of the Old Testament*, 160-170.

며, 바로 그 핵심에 לב가 위치한다.

따라서 구약성경은 인간 이해를 감정과 이성으로 분리하지 않고, לב/לבב라는 언어를 통해 인간 존재의 통합성과 책임성을 동시에 드러낸다. 이 점에서 לב는 구약성경의 전인적 인간 이해를 집약적으로 보여주는 결정적 인간 어휘라 할 수 있다.

5) 전인적 인간 실재를 나타내는 어휘 연구의 결론

이들 인간 어휘는 서로 독립되거나 분리 가능한 기능들을 지시하는 것이 아니라, 동일한 인간 실재를 서로 다른 각도에서 증언하는 성경의 언어를 구성한다. 구약성경은 인간을 몸, 영혼, 정신과 같은 개별 요소들의 조합으로 이해하지 않으며, 오히려 관계적이고 경험적인 언어들의 그물망을 통해 하나의 통합된 살아 있는 존재로서의 인간을 묘사한다. 이러한 점에서 블렌킨솝과 앤더슨이 강조하듯이, 전인적 인간 이해는 추상적 인간학에서 비롯된 것이 아니라 구약성경의 창조 신학에 깊이 뿌리내린 이해이다.[54] 동시에 바는 이러한 성경적 인간 이해를 철학적 본질주의로 환원하거나, 성경의 구체적 서사와 언어적 증언으로부터 분리된 일반적 자연신학의 틀 안으로 흡수하려는 시도에 대해 신중한 경고를 제시한다.[55]

---

54) Joseph Blenkinsopp, *Creation, Un-creation, Re-creation: A Discursive Commentary on Genesis 1-11*, 68-75; Bernard W. Anderson, *Contours of Old Testament Theology*, 36-45.

55) James Barr, *Biblical Faith and Natural Theology*, 85-102.

6. 소결론: 구약성경의 인간 어휘 분석을 통한 인간 이해

이상의 논의를 종합하면, 구약성경은 고유한 인간 어휘를 통해 일관된 전인적 인간 이해를 제시한다.

첫째, 구약성경은 인간을 분해되거나 환원될 수 없는 전인적 존재로 이해한다. אדם, נפש, בשר, רוח, לב와 같은 인간 어휘들은 서로 독립된 기능이나 구성 요소를 가리키지 않으며, 동일한 인간 실재를 서로 다른 각도에서 증언하는 언어로 기능한다. 인간은 몸과 영혼의 결합체가 아니라, 통합된 살아 있는 존재이다.

둘째, 인간은 본질적으로 관계적 존재이다. אדם과 בן אדם이 보여 주듯이, 인간은 자율적 주체가 아니라 창조주 하나님 앞에서 자신을 이해하는 존재이며, 인간 이해는 언제나 하나님과의 관계(*coram Deo*) 속에서 형성된다.

셋째, 인간의 유한성과 취약성은 결함이 아니라 창조 질서에 속한 조건이다. אנוש와 בשר는 인간의 죽을 수 있음과 육체적 한계를 강조하지만, 이는 인간을 비하하기 위한 것이 아니라, 창조주와 피조물 사이의 경계를 분명히 하고 책임과 겸손을 가능하게 하는 조건을 드러낸다.

넷째, 구약성경은 인간을 책임적이고 윤리적인 주체로 이해한다. איש와 בני־איש, 그리고 특히 לב는 인간이 판단하고 분별하며 선택하는 존재임을 보여 주며, 인간의 삶은 하나님의 요구와 평가 앞에서 책임을 지는 삶으로 이해된다.

다섯째, 인간의 존엄은 능력이나 성취에 근거하지 않는다. 구약성경에서 인간의 존엄은 하나님 앞에 서 있는 존재라는 사실, 곧 하나님의 말씀에 의해 부름 받고 응답하는 존재라는 데서 비롯된다.

이러한 전인적 인간 이해는 창조, 죄, 구원, 공동체, 윤리에 대한 구약성경의 신학적 사유를 떠받치는 기초를 형성한다. 무엇보다도 구약성경은 인간을 추상적 개념으로 파악하지 않고, 하나님의 말씀 안에서 살아 움직이며 판단 받고 새로워지는 존재로 이해하도록 이끈다. 바로 이점에서 구약성경의 인간 어휘는 모든 형태의 환원주의적 인간 이해에 대한 지속적인 신학적 저항으로 기능한다.

IV. 하나님과의 관계 속에서 드러나는 전인적 인간 이해

구약성경의 인간 이해는 인간을 독립된 실체나 자율적 주체로 규정하지 않는다. 인간은 처음부터 끝까지 하나님과의 관계 속에서만 이해되는 존재이며, 그 관계는 창조, 책임, 질문, 유한성, 기억, 그리고 신뢰의 다양한 양상으로 전개된다. 앞선 인간 어휘 연구가 보여 주었듯이, 구약성경은 인간을 분해 가능한 요소들의 집합이 아니라 하나의 전인적 실재로 증언한다. 이러한 전인적 인간 이해는 개별 어휘를 넘어, 성경 본문 전체의 흐름 속에서 종합적으로 확인될 필요가 있다.[56]

1. 규범적 출발점: 창세기 1-2장의 인간 이해

구약성경 인간 이해의 규범적 출발점은 창세기 1-2장에 있다. 이 본문에서 인간은 하나님의 형상으로 창조된 존재이며(1:26-27), 하나님의 말씀에 응답하여 살아가도록 부름 받은 존재이다. 인간의 정체성은 능력이나 속성에 있지 않고, 하나님이 인간을 어떻게 부르시고 위임하셨

---

56) James Barr, *Biblical Faith and Natural Theology*, 85-102.

는가에 의해 규정된다. 인간은 땅(אֲדָמָה)으로부터 지음 받았으나, 동시에 하나님의 생기를 받아 "살아 있는 존재"(נֶפֶשׁ חַיָּה)가 되었다(2:7). 이 이중적 기원은 인간의 유한성과 존엄을 동시에 규정한다.[57]

특히 창세기 2장은 인간을 본질적으로 관계적 존재로 묘사한다. "사람이 혼자 사는 것이 좋지 아니하다"(2:18)는 선언은 인간이 고립된 개인으로 완성될 수 없음을 분명히 하며, 남자와 여자의 상호성은 인간 공동성의 근본 구조를 이룬다. 이 관계성은 지배나 위계가 아니라, 공동 책임과 위임된 사명의 구조 안에서 이해된다.[58]

2. 타락 이후의 인간: 책임과 죄의 주체 (창세기 3-4장)

창세기 3-4장은 창조된 인간이 죄 이후에도 여전히 하나님 앞에 서 있는 책임적 주체임을 보여 준다. 인간은 숨을 수는 있으나 관계에서 벗어날 수는 없다(3:8-9). 하나님의 질문은 인간을 비인격화하지 않고, 오히려 인간이 자신의 행위에 대해 응답해야 하는 존재임을 드러낸다.

특히 창세기 4장 7절은 죄와 인간의 관계를 결정적으로 규정한다. 죄는 인간을 위협하지만, 인간은 여전히 그것을 "다스릴" 책임을 지닌다. 이 책임 언어는 이후 출애굽기와 역사서 전반에서 반복되며, 인간은 언제나 하나님 앞에서 자신의 선택에 대해 판단 받는 존재로 나타난다.[59]

---

57) Claus Westermann, *Genesis 1–11: A Commentary*, 144-158.
58) Phyllis Trible, *God and the Rhetoric of Sexuality* (Philadelphia: Fortress Press, 1978), 72-105.
59) Gerhard von Rad, *Old Testament Theology*, vol. 1, 144-151.

3. 창조 질서 안에서의 존엄과 한계 (시편 8편)

시편 8편은 창세기 1장의 인간 이해를 시적 언어로 재해석한다. 시인은 인간의 미미함을 고백하면서도, 인간이 영화와 존귀로 관을 쓴 존재임을 선포한다. 여기서 인간의 존엄은 자율성이나 자기 성취가 아니라, 하나님의 기억하심과 돌보심에 근거한다. 인간은 창조 질서의 중심에 있으나, 그 중심성은 위임된 것이며 관계적이다.[60]

4. 질문하는 인간과 유한성의 자각 (욥기)

욥기 7장 17-20절은 시편 8편의 인간 이해를 긴장 속에서 재사유한다. 인간은 왜 하나님께 그렇게까지 주목받아야 하는가? 이 질문은 인간의 존엄을 부정하기보다, 인간의 유한성과 고통을 신학적으로 직면하게 한다. 욥기 4장 17절과 25장 4절은 인간의 의로움의 한계를 지적하지만, 동시에 인간이 하나님께 질문할 수 있는 존재임을 전제한다. 인간의 유한성은 관계의 부정이 아니라, 관계가 작동하는 조건이다.[61]

5. 기억되는 유한성: 인자와 언약 (시편 103편)

시편 103편 13-18절은 인간의 생애를 풀과 꽃에 비유하며 철저한 유한성을 강조한다. 그러나 이 유한성은 허무로 끝나지 않는다. 여호와의 인자는 언약을 지키는 자와 그 자손에게 지속된다. 인간은 유한하지만 하나님의 신실하심 안에서 기억되는 존재이며, 바로 이 기억 속에서

---

60) Walter Brueggemann, *Theology of the Old Testament*, 719-742.
61) Joseph Blenkinsopp, *Creation, Un-creation, Re-creation*, 68-75.

책임과 희망이 함께 유지된다.[62]

6. 전적으로 알려진 인간 (시편 139편)

시편 139편 1-6절에서 인간은 자기 자신보다 더 깊이 하나님께 알려진 존재로 묘사된다. 하나님의 앎은 감시나 통제가 아니라, 창조주와 피조물 사이의 관계적 인식이다. 인간의 자유는 이 관계 바깥이 아니라, 이 관계 안에서만 의미를 갖는다. 인간은 자율적으로 자신을 정의하는 존재가 아니라, 하나님과의 관계 속에서 정체성을 부여받는다.[63]

7. 신학적 종합과 전이

창세기 1-2장에서 시작된 인간 이해는 타락, 질문, 유한성, 기억, 그리고 관계적 인식의 과정을 거치며 심화된다. 구약성경의 인간은 존엄하면서도 죄인이며, 유한하지만 책임을 지고, 하나님과의 관계 속에서만 자신을 이해하는 존재이다. 이러한 인간 이해는 인간을 기능, 능력, 계산으로 환원하려는 모든 시도에 대한 근본적 대안을 제시한다.

바로 이 지점에서 신학적 전이가 요청된다. 이러한 인간은 어떻게 판단하고, 선택하며, 책임 있게 행위하는가? 이 질문은 곧 인간 존재, 지능, 행위 주체성의 문제로 이어지며, 이는 인간론에서 다루게 될 핵심 주제이다.[64]

---

62) Bruce K. Waltke, *An Old Testament Theology*, 517-536.

63) Brevard S. Childs, *Introduction to the Old Testament as Scripture* (Philadelphia: Fortress Press, 1979), 66-75.

64) Rolf P. Knierim, *The Task of Old Testament Theology*, 361-370.

V. 인간 구성의 본질

1. 인간 본성의 구성 요소에 대한 신학적 논쟁과 구약성경의 응답

1) 이분법과 삼분법 논쟁의 역사적 배경

인간 본성의 구성에 대한 논의는 전통적으로 이분법(dichotomy)과 삼분법(trichotomy)의 틀 안에서 전개되어 왔다. 이분법은 인간을 몸과 영혼으로 구성된 존재로 이해하는 반면, 삼분법은 인간을 몸, 영혼, 영이라는 세 요소로 구분한다. 특히 삼분법은 고대 그리스 철학과 헬레니즘적 우주론의 영향을 받아 발전하였으며, 인간 존재를 우주 구조와 유비적으로 설명하려는 형이상학적 시도와 깊이 연결되어 있다.

이러한 전통에서 영(spirit)은 신적 실재와 직접 관계하는 요소로, 영혼(soul)은 영과 육체를 매개하는 중간 실체로 이해되었다. 이 관점은 알렉산드리아 학파의 교부들—클레멘트, 오리겐, 그리고 니사의 그레고리우스—에게서 다양한 형태로 나타난다. 그러나 아폴리나리우스가 이 구조를 사용하여 그리스도의 완전한 인성을 약화시키는 주장을 전개하면서, 삼분법은 신학적으로 심각한 비판에 직면하였다. 아타나시우스와 테오도레투스는 이를 명확히 거부하였으며, 이후 교회 전통 전반에서도 삼분법은 점차 설득력을 상실하였다.

19세기에 들어 일부 독일 및 영국 신학자들에 의해 삼분법이 재등장하였으나, 이는 철학적 추상화의 성격이 강했으며 성경 본문 자체의 언어와 사고를 충분히 반영하지 못했다. 벌코프가 지적하듯이, 이러한 논의는 결국 인간을 분해 가능한 요소들의 집합으로 이해하려는 경향을

강화하였다.[65]

2) 구약성경의 근본적 관점: 인간의 통일성과 전인성

이에 반해 구약성경의 인간 이해는 구성 요소 분석보다 인간의 통일성(unity)을 중심에 둔다. 구약성경은 인간을 서로 독립된 실체들의 결합체로 설명하지 않으며, 인간의 모든 행위—죄, 죽음, 회개, 구원—는 언제나 인간 전체의 행위로 서술된다. 죄를 짓는 것도, 죽는 것도, 구원받는 것도 영혼이나 육체의 일부가 아니라 인간 자신이다.

이러한 전인적 인간 이해는 창세기 2장 7절에서 분명하게 나타난다. "야훼 하나님이 흙으로 사람을 지으시고 생기를 그 코에 불어넣으시니 사람이 생령(נפש חיה, 네페쉬 하야)이 되었다." 이 본문은 인간 창조를 단계적·기계적 과정으로 묘사하지 않는다. 하나님은 처음부터 그의 생기를 받아 살아 있는 존재가 될 인간을 창조하신다(욥 32:8; 33:4). נפש חיה는 인간을 구성 요소로 분석하는 용어가 아니라, 살아 있는 전인적 존재를 가리키는 표현이다.

주목할 점은 동일한 표현이 창세기 1장 21절, 24절, 30절에서 동물에게도 사용된다는 사실이다. 이는 인간이 두 요소로 이루어졌다는 사실을 암시하는 동시에, 인간 존재의 유기적 통일성을 강조한다. 아이히로트는 이를 두고 구약성경 인간 이해의 핵심은 "부분이 아니라 전체"에 있다고 평가한다.[66]

---

65) Louis Berkhof, *Systematic Theology*, 401-402.
66) Walther Eichrodt, *Theology of the Old Testament*, vol. 2, 121-128.

3) 인간 어휘의 상호교차성과 구성 요소 환원에 대한 비판

삼분법자들은 ׁשׁפֶנ(네페쉬)/ψυχή(푸쉬케)와 ַחוּר(루아흐)/
πνεῦμα(프뉴마)의 구분을 인간 본성 분석의 근거로 삼지만, 성경 본문
에서는 이 두 어휘가 엄격히 분리되어 사용되지 않는다. 두 용어 모두
동물 세계에 적용되며(전 3:21), 심지어 ψυχή는 하나님 자신을 가리키
는 데에도 사용된다(사 42:1; 렘 9:9; 암 6:8). 또한 죽은 자의 상태 역시
ψυχή로 표현되며(계 6:9; 20:4), 이는 ψυχή가 독립적 실체라기보다 존재
전체를 대표하는 용어임을 보여 준다.

바는 이러한 용례를 근거로, 성경의 인간 언어를 철학적 인간학의
개념틀로 환원하려는 시도에 대해 강하게 경고한다. 성경적 언어는 존
재론적 정의를 제공하기보다, 관계적·기능적·서사적 방식으로 인간 실
존을 증언한다.[67]

볼프와 베스터만의 뒤를 잇는 구약 인간론 연구 역시, 인간 어휘들
이 서로 다른 "부분"을 지시하는 것이 아니라 하나의 인간 실재를 다양
한 각도에서 표현한다는 점을 반복해서 강조한다. 브루그만은 이를 "관
계적 전체성(relational totality)"으로 규정하며, 인간 이해를 언제나 하
나님과의 언약적 관계 속에서 파악해야 한다고 주장한다.[68]

4) 정경적·신학적 평가

차일즈의 정경적 해석학은 이러한 전인적 인간 이해를 더욱 분명히
한다. 인간에 대한 성경의 증언은 개별 본문의 언어 분석을 넘어, 정경

---

67) James Barr, *Biblical Faith and Natural Theology*, 85-102.

68) Walter Brueggemann, *Theology of the Old Testament: Testimony, Dispute, Advocacy*,
158-173.

전체가 형성하는 신학적 증언의 흐름 안에서 이해되어야 한다. 정경 전체는 인간을 분해 가능한 존재로 제시하지 않으며, 언제나 하나님 앞에서 부름받고 책임지는 통합된 존재로 묘사한다.[69]

크니림과 블렌킨숍 역시 인간 이해를 창조 신학과 분리할 수 없다고 강조한다. 인간은 우연히 구성된 실체가 아니라, 창조 행위 안에서 관계적으로 규정된 존재이다. 인간의 구성에 대한 질문은 곧 하나님과 인간의 관계에 대한 질문으로 귀결된다.[70]

5) 소결론

결론적으로, 구약성경은 인간을 몸·혼·영이라는 독립된 구성 요소들의 결합체로 이해하지 않는다. 인간은 하나님의 창조 행위 속에서 전인적이고 통일된 존재로 부름받은 실재이며, 인간 어휘들은 이 하나의 실재를 서로 다른 방향에서 증언할 뿐이다. 이러한 구약성경의 인간 이해는 철학적 삼분법이나 환원적 인간관에 대한 비판적 대안을 제공하며, 이후의 죄, 구원, 공동체, 윤리에 대한 신학적 논의를 떠받치는 기초를 형성한다.

---

69) Brevard S. Childs, *Introduction to the Old Testament as Scripture*, 66-75.
70) Joseph Blenkinsopp, *Creation, Un-creation, Re-creation: A Discursive Commentary on Genesis 1-11*, 68-75; cf. Rolf P. Knierim, *The Task of Old Testament Theology*, 361-370.

VI. 인간 주체성과 책임
– 하나님 앞에서의 책임적 인간(Coram Deo)

구약성경에서 인간의 책임은 단일한 개념으로 환원되지 않는다. 성경적 책임은 위임된 돌봄과 관리의 책임과 행위 결과에 대한 응답 가능성이라는 두 차원을 동시에 포함한다. 이를 개념적으로 구분하면, 전자는 מִשְׁמֶרֶת(미쉬메레트)—하나님으로부터 맡겨진 사명, 보호, 관리, 돌봄의 책임—에 해당하고, 후자는 אַחֲרָיוּת(아하라유트)—자신의 행위와 그 결과에 대해 응답하고 감당해야 할 책임(answerability)—에 해당한다. 비록 אַחֲרָיוּת은 주로 후대 히브리어의 개념어이지만, 그 내용은 성경 안에서 "죄를 짊어지다"(נָשָׂא עָוֹן,나사 아본), 판단과 심판(מִשְׁפָּט,미쉬파트) 그리고 하나님 앞에서의 응답(*Coram Deo*)이라는 구조로 충분히 구현된다. 반면 מִשְׁמֶרֶת는 성경 히브리어 자체에 깊이 뿌리내린 용어로, 창조 위임과 언약적 순종의 핵심을 이룬다.[71]

이 두 차원은 대체 관계가 아니라 상보적 관계다. 인간은 מִשְׁמֶרֶת로 위임받아 살아가며, 그 수행의 결과에 대해 אַחֲרָיוּת로 하나님 앞에 응답한다. 이 이중 구조는 구약성경이 인간을 자율적 도덕 주체가 아니라 관계적·언약적 주체로 이해함을 분명히 한다.

1. 인간 주체성의 신학적 토대: Coram Deo(코람 데오)

구약성경의 인간 주체성은 언제나 하나님 앞에 서 있음(*Coram Deo*, 코람 데오)에서 규정된다. 인간은 스스로 의미를 산출하는 자율적 중심이 아니라, 부름 받고 응답하는 존재다. 창조 이야기에서 인간은 하

---

71) James Barr, *Biblical Faith and Natural Theology*, 85-102.

나님의 형상으로 지음 받아 세상 속에 파송되며(창 1:26-28), 이 파송은 곧 מִשְׁמֶרֶת—세상과 생명을 돌보고 지키는 위임—으로 구체화된다. 동시에 인간은 자신의 행위가 하나님과 이웃, 피조세계에 미치는 결과에 대해 판단과 평가의 대상이 되며, 이때 אַחֲרָיוּת의 차원이 작동한다.[72]

이러한 *Coram Deo* 구조는 인간의 자유를 부정하지 않는다. 오히려 자유는 관계없는 자율성이 아니라, 하나님의 신실하심 안에서 부여된 응답의 가능성으로 이해된다. 인간의 주체성은 고립된 자기결정이 아니라, 관계 속에서 책임을 감당하는 능력이다.[73]

2. 하나님을 향한 책임: 사랑으로 표현되는 응답

인간 책임의 첫 방향은 하나님을 향한다. 쉐마(신 6:4-5)는 책임을 전인적 사랑에 근거한 응답으로 규정한다. 여기서 사랑은 감정이 아니라, 하나님을 유일한 주권자로 인정하고 그 뜻을 지켜 행하는 삶이다. 십계명 1-4계명(신 5:7-15)은 이러한 책임의 경계를 설정하며, 이는 억압이 아니라 관계 보존을 위한 규범이다. 이 지점에서 מִשְׁמֶרֶת는 언약적 순종의 형태로, אַחֲרָיוּת는 우상숭배와 불순종의 결과에 대한 응답 구조로 작동한다.[74]

3. 이웃을 향한 책임: 정의와 보호의 사회적 차원

하나님을 향한 책임은 필연적으로 이웃을 향한 책임으로 확장된

---

72) Claus Westermann, *Genesis 1–11: A Commentary* (Minneapolis: Augsburg, 1984), 144-158.

73) Brevard S. Childs, *Introduction to the Old Testament as Scripture*, 66-75.

74) Gerhard von Rad, *Old Testament Theology*, vol. 1, 144-151.

다. 레위기 19장 18절의 이웃 사랑 계명은 사회적 책임의 핵심을 이룬다.
이는 사적인 덕목이 아니라, 정의와 보호의 공적 실천이다. 신명기 10장
17-19절이 보여 주듯, 하나님 자신이 고아·과부·나그네를 보호하시기
에, 인간 역시 동일한 책임을 진다. 이 책임은 מִשְׁמֶרֶת의 사회적 확장이
며, 동시에 억압과 폭력에 가담할 경우 מִשְׁמֶרֶת으로 심판 앞에 서게 되
는 구조다.[75]

4. 피조세계를 향한 책임: 위임된 관리와 생태적 응답

창세기 1-2장의 창조 위임은 인간을 착취의 주체가 아니라 관리의
청지기로 세운다. "다스림"과 "정복"은 파괴의 권한이 아니라, 보호와 유
지의 책무(מִשְׁמֶרֶת)를 의미한다. 오늘날의 생태 위기는 기술의 문제가
아니라, 위임된 책임을 망각한 인간 이해의 위기다. 인간은 자신의 행위
가 생태계에 초래한 결과에 대해 אַחֲרָיוּת으로 응답해야 하며, 이 응답은
회개와 돌봄의 실천으로 나타난다.[76]

5. 책임의 종말론적 지평: 샬롬과 현재의 실천

이사야 11장 6-9절의 샬롬 비전은 책임을 미래로 미루지 않는다.
오히려 종말론적 평화는 현재의 책임을 강화한다. 인간은 완성되지 않
은 세계에서 다가올 샬롬을 미리 증언하는 주체로 부름 받는다. 이는
מִשְׁמֶרֶת의 충실한 수행과 אַחֲרָיוּת의 겸허한 수용을 동시에 요구한다.[77]

---

75) Walter Brueggemann, *Theology of the Old Testament*, 158-173.

76) Joseph Blenkinsopp, *Creation, Un-creation, Re-creation*, 90-104.

77) Abraham J. Heschel, *The Prophets* (New York: Harper & Row, 1962), 3-25.

6. 소결론: 책임은 인간 존재의 방식

구약성경에서 책임은 부차적 윤리 항목이 아니라, 인간 존재의 방식이다. 인간은 하나님으로부터 맡김을 받은 존재(מִשְׁמֶרֶת)이며, 그 맡김의 결과에 대해 하나님 앞에서 응답하는 존재(אַחֲרָיוּת)다. 이 이중 구조는 인간을 기능이나 능력으로 환원하는 모든 시도를 거부하고, 관계적·언약적 주체성을 확립한다. 이러한 책임 이해는 이후 논의될 시대의 도전에 대한 신학적 분별의 기준을 제공한다.

VII. 창조, 인간 정체성, 성(性), 그리고 생성성

구약성경에서 인간의 생성성(generativity)은 생물학적 재생산이나 사회적 생산성으로 환원되지 않는다. 생성성은 창조 질서에 참여하도록 위임된 삶의 방식이며, 유한한 인간이 관계 속에서 생명을 낳고 돌보고 전승하는 과정을 가리킨다. 그러므로 성(sexuality)과 가족, 공동체는 개인의 선택이나 기능적 제도가 아니라, 창조 신학이 규정하는 관계적 공간이다. 이 장은 인간의 유한성을 결핍으로 보지 않고, 생성성과 책임이 발생하는 조건으로 이해하는 구약성경의 관점을 정리한다.[78]

1. 창조 질서와 인간 정체성: 형상, 위임, 관계

창세기 1장 26-27절은 인간 정체성의 규범적 토대를 제시한다. 인

---

78) Rolf P. Knierim, *The Task of Old Testament Theology*, 361-370.

간은 하나님의 형상으로 창조되었으며, 이 형상은 고립된 능력이 아니라 관계적 위임으로 표현된다. "남자와 여자"의 동시적 창조는 인간 정체성이 처음부터 공동적임을 분명히 한다. 창세기 2장은 이를 더욱 구체화하여, 인간이 혼자 완성될 수 없음을 선언하고(2:18), 상호성의 관계 속에서 생명을 돌보고 지키는 사명을 부여한다.[79]

이 지점에서 생성성은 지배나 소유의 권리가 아니라, 맡겨진 관리(מִשְׁמֶרֶת)의 한 양태다. 인간은 생명을 만들어내는 주체가 아니라, 주어진 생명을 돌보고 이어 가는 존재다.

2. 성과 성의 차이: 위계가 아닌 상호성의 질서

구약성경은 성차를 위계의 근거로 제시하지 않는다. "돕는 배필"(עֵזֶר כְּנֶגְדּוֹ, 에제르 케네그도)은 종속이 아니라 상응성과 상호 보완을 의미한다. 성은 타자를 도구화하는 힘이 아니라, 관계의 경계를 세우고 책임을 요청하는 언어다. 이 관점에서 성은 쾌락이나 재생산을 넘어, 신뢰·헌신·돌봄의 관계를 형성한다.[80]

따라서 성은 소비되거나 최적화될 대상이 아니라, 유한한 존재들이 서로에게 책임을 지는 방식으로 이해되어야 한다. 이는 성을 기술적으로 관리하거나 생산성의 논리로 환원하는 모든 시도에 대한 신학적 경계다.

---

79) Claus Westermann, *Genesis 1-11: A Commentary*, 144-158; Gerhard von Rad, *Old Testament Theology*, vol. 1, 144-151.

80) Phyllis Trible, *God and the Rhetoric of Sexuality* (Philadelphia: Fortress Press, 1978), 72-105.

3. 결혼과 가족: 언약적 삶과 생명의 전승

결혼과 가족은 사적 제도 이전에 언약적 삶의 공간이다. 구약성경에서 결혼은 계약(contract)이 아니라 언약(covenant)의 언어로 이해되며, 가족은 생명을 단순히 생산하는 단위가 아니라 기억과 책임을 전승하는 공동체다. 세대 간 전승은 기술적 복제나 혈연의 자동적 연속이 아니라, 가르침과 모범, 돌봄과 보호를 통해 이루어진다.[81]

이러한 생성성은 언제나 유한성의 조건 속에서 작동한다. 출산과 양육, 돌봄과 상실은 인간의 통제 밖에 있으며, 바로 그 취약성 속에서 공동체는 서로에게 책임을 진다.

4. 유한한 생명의 신학: 한계가 생성성을 낳는다

구약성경은 인간의 유한성을 극복의 대상으로 제시하지 않는다. 오히려 유한성은 생성성이 발생하는 토양이다. 시편과 지혜문학은 인간의 생애가 짧고 취약함을 반복해서 상기시키지만, 그 취약성은 허무로 귀결되지 않는다. 유한한 삶은 돌봄의 필요성, 의존의 인정, 공동체적 연대를 요청한다.[82]

이 점에서 생성성은 무한한 확장이나 불멸의 추구와 대립한다. 생명은 끝이 있기에 소중하며, 끝이 있기에 다음 세대에게 넘겨질 책임을 동반한다.

---

81) Bruce K. Waltke, *An Old Testament Theology*, 517-536.
82) Walter Brueggemann, *Theology of the Old Testament*, 719-742.

5. 정의와 공동체: 생성성의 사회적 확장

생성성은 가정 내부에 머물지 않고 사회적 정의로 확장된다. 고아와 과부, 나그네에 대한 보호는 미래가 취약한 이들의 생명 가능성을 지키는 행위다. 이는 개인적 자선이 아니라, 공동체가 감당해야 할 구조적 책임이다.[83]

구약성경의 정의(משפט, צדקה)는 생명을 소모하는 체계를 교정하고, 다음 세대가 살아갈 공간을 보존하는 방향으로 작동한다. 생성적 인간주의는 곧 정의로운 공동체의 인간주의다.

6. 종말론적 지평: 샬롬과 생성성의 완성

이사야의 샬롬 비전은 생성성의 궁극적 지평을 제시한다. 그 세계에서는 생명이 더 이상 위협받지 않으며, 파괴의 논리가 멈춘다. 그러나 이 종말론은 현재의 책임을 면제하지 않는다. 오히려 유한한 현재 속에서 다가올 샬롬을 미리 살아내는 생성적 실천을 요청한다.[84] 이러한 전망은 생명을 무한히 연장하거나 통제하려는 서사와 다르다. 구약성경의 희망은 유한성을 제거하는 기술이 아니라, 유한성 안에서 관계를 회복하는 하나님에 대한 신뢰에 있다.

7. 결론: 생성적 인간주의의 규범

요약하면, 구약성경의 생성적 인간주의는 다음을 주장한다.

---

83) Abraham J. Heschel, *The Prophets* (New York: Harper & Row, 1962), 3-25.
84) Joseph Blenkinsopp, *Creation, Un-creation, Re-creation*, 90-104.

1) 인간의 정체성은 창조와 위임의 관계에서 규정된다.

2) 성과 가족은 상호성·책임·돌봄의 질서 안에 있다.

3) 유한성은 결핍이 아니라 생성성과 공동체를 가능케 하는 조건이다.

4) 정의와 샬롬은 생성성의 사회적·종말론적 확장이다.

이러한 신학은 생명을 생산·관리·연장하려는 모든 환원주의적 논리에 대해, 유한한 생명과 관계적 공동체를 중심에 두는 규범적 지평을 제공한다.[85]

VIII. 유한성, 죽음, 그리고 희망

구약성경에서 인간의 위기는 기술이나 능력의 부족에서 발생하지 않는다. 위기의 핵심은 인간이 자신의 유한성을 어떻게 이해하느냐에 있다. 인간 향상과 불멸을 약속하는 모든 서사는, 명시적이든 암묵적이든, 인간의 유한성을 극복해야 할 결함으로 간주한다. 그러나 구약성경은 유한성을 인간 존재의 오류로 보지 않고, 창조 질서의 일부이자 하나님과의 관계를 가능하게 하는 조건으로 이해한다. 이 점에서 구약성경의 인간 이해는 불멸 서사에 대해 근본적으로 다른 질문을 던진다.[86]

1. 죽음의 보편성: 인간 조건의 신학적 전제

구약성경은 죽음을 예외적 사건이 아니라 보편적 인간 경험으로 인식한다. "사람에게 임하는 죽음"(민 16:29)은 인간의 조건을 요약하는

---

85) Brevard S. Childs, *Introduction to the Old Testament as Scripture*, 66-75.

86) Rolf P. Knierim, *The Task of Old Testament Theology*, 361-370.

표현이며, 시편은 "누가 살아서 죽음을 보지 않겠는가"(시 89:48)라고 묻는다. 역사서 전반에 나타나는 죽음의 기록들은 인간이 자연적 원인, 사회적 폭력, 도덕적 붕괴 속에서 죽음을 맞이함을 숨기지 않는다.

중요한 점은, 이러한 죽음 이해가 허무주의로 귀결되지 않는다는 사실이다. 오히려 구약성경은 죽음을 창조의 반대 개념으로 서술함으로써, 생명이 하나님께 속해 있음을 강조한다. 인간은 흙에서 지음 받았고(창 2:7), 하나님의 숨이 거두어질 때 흙으로 돌아간다(시 104:29; 전 12:7). 이때 죽음은 인간의 실패라기보다, 피조물로서의 경계를 드러낸다.[87]

2. 의인도 죽는다: 장수 신학의 한계

구약성경의 전통적 축복 이해는 장수와 번성을 포함하지만, 이는 죽음의 부재를 의미하지 않는다. 의인 역시 죽음을 피할 수 없으며, 시편과 욥기는 이를 솔직하게 진술한다(시 39:13; 146:4; 욥 7:21). 여기에는 사후에 개인적 삶이 지속된다는 명확한 진술이 거의 없다.

이 사실은 구약성경이 인간의 희망을 사후 불멸성에 두지 않았음을 보여 준다. 축복은 죽음을 제거하는 데 있지 않고, 유한한 생애 안에서 하나님과 올바른 관계를 누리는 데 있다. 이 점에서 구약성경은 인간 존재의 의미를 시간의 연장이나 상태의 고급화로 정의하지 않는다.[88]

3. 예외적 서사와 그 의미: 에녹과 엘리야

창세기 5장의 에녹과 열왕기하 2장의 엘리야 이야기는 종종 불멸

---

87) Claus Westermann, *Genesis 1–11: A Commentary*, 144-158.
88) Gerhard von Rad, *Old Testament Theology*, vol. 1, 144-151.

의 근거로 오해된다. 그러나 이 본문들은 죽음을 일반적으로 폐지하는 규범을 제시하지 않는다. 오히려 이 예외적 서사들은 생명의 주권이 전적으로 하나님께 있음을 강조하는 신학적 장치다. 인간은 스스로 생명을 보존하거나 초월할 수 없으며, 하나님이 취하실 때에만 그 경로가 달라질 뿐이다.[89]

따라서 이 본문들은 인간의 개선 가능성을 확장하기보다, 인간 존재의 의존성을 극대화하여 드러낸다.

4. 부활 사상의 제한적 등장: 희망의 방향

구약성경에서 부활 사상은 후기 전통에서 제한적으로 등장한다. 엘리야와 엘리사 이야기에서의 소생(왕상 17; 왕하 4, 13)은 죽음 이후의 영속적 상태가 아니라, 현세 생명의 회복을 가리킨다. 예언서에서는 포로에서의 귀환을 "죽음에서의 부활"로 비유하며(호 6:1-3; 겔 37), 이는 공동체적 회복의 언어다.

명시적 개인 부활은 이사야 26장 19절과 다니엘 12장 2절에서만 나타나며, 이 본문들조차 인간 능력의 확장이 아니라 하나님의 주권적 행위를 강조한다. 부활은 인간이 성취하는 기술이 아니라, 하나님이 행하시는 종말론적 선물이다.[90]

5. 유한성의 신학적 의미: 개선이 아니라 신실함

구약성경의 희망은 인간 조건을 개선하여 불멸에 이르는 데 있지

---

89) Joseph Blenkinsopp, *Creation, Un-creation, Re-creation*, 90-104.
90) Walter Brueggemann, *Theology of the Old Testament*, 719-742.

않다. 희망은 하나님의 신실하심에 있으며, 인간은 유한한 삶 속에서 그 신실하심에 응답하도록 부름 받는다. 유한성은 제거되어야 할 장애물이 아니라, 책임·생성성·관계가 가능해지는 조건이다.

이 점에서 구약성경은 인간 향상 서사에 대해 경계를 제시한다. 인간이 자신의 한계를 제거하려는 순간, 그는 창조주-피조물의 구분을 흐리게 된다. 성경이 경계하는 것은 기술 그 자체가 아니라, 유한성을 부정하는 인간 자기 이해다.[91]

6. 결론: 죽음 너머의 희망, 그러나 불멸은 아니다

요약하면, 구약성경의 신학적 경계는 분명하다.

1) 인간은 유한한 존재이며, 죽음은 인간 조건의 일부다.

(2) 희망은 인간 능력의 확장이나 불멸성에 있지 않다.

(3) 생명과 죽음의 주권은 하나님께 있다.

(4) 참된 희망은 유한한 삶 속에서 하나님과의 관계를 신실하게 살아가는 데 있다.

이러한 이해는 인간을 절망으로 몰아넣지 않는다. 오히려 구약성경은 유한한 인간에게 관계·책임·정의·샬롬이라는 방향성을 부여한다. 인간의 미래는 무한한 연장선이 아니라, 하나님께 맡겨진 소망 안에 있다. 이것이 구약성경이 제시하는 인간 향상과 불멸 서사에 대한 가장 깊고도 절제된 응답이다.[92]

---

91) James Barr, *Biblical Faith and Natural Theology*, 85-102.
92) Brevard S. Childs, *Introduction to the Old Testament as Scripture*, 66-75.

IX. 인간 창조 질서의 훼손과 관계의 회복

구약성경에서 인간 창조 질서의 손상은 추상적 결함이나 개인 내면의 도덕 실패로만 설명되지 않는다. 창조 질서의 파괴는 무엇보다 관계의 왜곡과 붕괴로 드러난다. 하나님과의 관계가 흔들릴 때, 인간은 이웃과의 관계, 공동체의 구조, 나아가 피조세계와의 관계까지 연쇄적으로 손상시킨다. 이 장은 죄의 본질을 정의하기보다, 죄가 세계 안에서 무엇을 만들어 내는지, 그리고 구약성경이 그 손상에 대해 어떤 회복의 언어를 제시하는지를 살핀다.[93]

1. 관계 왜곡의 구조: 지배, 폭력, 인간성의 훼손

창세기 3-4장은 창조 질서가 어떻게 관계적 붕괴로 이어지는지를 서사적으로 보여 준다. 하나님에 대한 불신은 책임의 전가와 상호 비난으로 이어지고(창 3:12-13), 그 결과 관계는 지배와 불안 속에 재편된다. 가인의 이야기에서 죄는 단순한 선택이 아니라 관계를 지배하려는 힘으로 묘사되며(창 4:7), 이는 형제 살해라는 극단적 폭력으로 나타난다. 이러한 폭력은 예외적 사건이 아니라, 왜곡된 관계 질서가 낳은 결과다.[94]

구약성경 전반에서 지배와 폭력은 인간성을 훼손하는 구조로 반복적으로 비판된다. 왕권, 경제 권력, 종교 제도가 생명을 보호하는 대신 도구화할 때, 창조 질서는 심각하게 손상된다.

---

93) Walter Brueggemann, *Theology of the Old Testament: Testimony, Dispute, Advocacy*, 158-173. 죄의 문제는 다음 제4부에서 좀 더 자세히 다룬다.

94) Claus Westermann, *Genesis 1–11: A Commentary*, 247-275.

2. 불의의 사회화: 구조로 고착된 관계 파괴

예언자들은 죄의 효과가 개인 차원에 머물지 않고 사회적 구조로 고착됨을 폭로한다. 우상 숭배와 불의는 분리되지 않으며, 하나님 대신 인간이 만든 힘이 절대화될 때 약자는 체계적으로 희생된다. 가난한 자의 토지가 빼앗기고, 재판은 왜곡되며, 폭력은 일상화된다(사 1:21-23; 암 2:6-8). 이때 불의는 도덕적 일탈이 아니라 관계 파괴가 제도화된 상태다.[95]

3. 율법의 회복 논리: 관계를 지키기 위한 규범

율법은 처벌 체계 이전에 관계 보호 장치다. 십계명은 하나님과 이웃의 관계를 분리하지 않으며, 레위기 19장은 공동체 윤리를 "이웃 사랑"이라는 관계적 언어로 요약한다. 고아, 과부, 나그네에 대한 보호 규정은 미래가 취약한 관계를 유지하기 위한 창조 질서의 방어선이다. 율법의 목적은 완벽한 인간을 만드는 것이 아니라, 관계가 더 이상 파괴되지 않도록 제한을 두는 것이다.[96]

4. 예언서의 회복 비전: משפט와 צדקה

예언자들은 회복을 제의의 회복이나 체제 유지만으로 이해하지 않는다. 참된 회복은 צדקה(공의, 관계의 올바름)와 משפט(정의, 관계의 공정한 실행)이 공동체의 구조로 재정렬될 때 가능하다. "공의를 물갈

---

95) Abraham J. Heschel, *The Prophets*, 3-25.
96) Bernhard W. Anderson, *Contours of Old Testament Theology*, 36-45.

이, 정의를 마르지 않는 강같이 흐르게 하라"(암 5:24)는 선언은 회복을 윤리적 이상이 아니라 사회적 재구성의 원리로 제시한다. 이사야와 예레미야, 에스겔은 회복을 새 마음과 새 관계의 언어로 묘사하며, 이는 인간 능력의 향상이 아니라 하나님의 치유 행위로 이해된다.[97]

5. 공동체 치유와 창조 질서의 재연결

구약성경에서 치유는 개인적 평안에 머물지 않고 공동체의 재생으로 확장된다. 안식일과 희년 규정은 관계의 과도한 축적과 지배를 중단시키는 제도적 장치로 기능하며, 창조 질서의 균형을 회복하려는 시도다. 이러한 제도들은 인간이 서로를 소모하지 않고, 생명이 지속될 조건을 보존하도록 설계되었다.[98]

6. 소결론: 회복은 인간 개선이 아니라 관계의 치유다

요약하면, 인간 창조 질서의 손상은 관계의 왜곡으로 나타나며, 회복은 관계의 치유와 재정렬로 이해된다. 구약성경의 회복 비전은 인간을 더 강하게 만들거나 능력을 향상시키는 데 있지 않다. 회복은 하나님과 이웃, 공동체와 피조세계 사이의 관계가 다시 생명 지향적으로 연결되는 데 있다. 이 점에서 משפט와 צדקה는 단순한 윤리 개념이 아니라, 손상된 창조 질서를 치유하는 신학적 언어다. 이러한 관점은 인간을 기능이나 성취로 환원하는 모든 담론에 대해, 관계와 생명성을 기준으로

---

97) Joseph Blenkinsopp, *Creation, Un-creation, Re-creation: A Discursive Commentary on Genesis 1–11*, 105-132.

98) Gerhard von Rad, *Old Testament Theology*, vol. 1, 370-395.

한 비판적 분별의 토대를 제공한다.[99]

X. AI와 트랜스·포스트휴머니즘의 도전과 구약성경의 인간 이해

구약성경은 기술과 제작 행위를 본질적으로 부정하지 않는다. 인간은 하나님의 형상으로 창조되어 만들고(עשה), 관리하며(שמר), 질서를 부여하는 존재로 이해된다(창 1:26-28; 2:15). 성막 건축에서 나타나는 장인들의 기술은 하나님의 영과 지혜가 인간의 손을 통해 구현되는 긍정적 사례로 제시된다(출 31:3; 35:31).[100]

그러나 동일한 제작 행위는 인간이 만든 산물이 궁극적 의미와 신뢰의 자리를 차지할 때, 곧 우상화로 전환된다(시 115:4-8; 사 44:9-20). 따라서 구약신학의 관심은 기술의 존재 여부가 아니라, 기술이 차지하는 신학적 위치에 있다.[101]

1. 기술과 우상: 인간이 만든 힘의 절대화

예언자 전통에서 우상은 단순한 종교적 대상이 아니라, 인간이 통제 가능한 권력을 절대화한 결과다. 우상은 "사람의 손으로 만든 것"이지만, 인간은 그것에 생명·의미·구원의 기대를 위임한다(사 44장). 브루그만이 지적하듯, 우상은 인간 욕망을 조직하는 대안적 현실 질서를 형

---

99) Brevard S. Childs, *Introduction to the Old Testament as Scripture*, 66-75.

100) Claus Westermann, *Genesis 1–11: A Commentary*, 144-158.

101) Brevard S. Childs, *Introduction to the Old Testament as Scripture*, 66-75.

성한다.[102]

이 구조는 오늘날 AI 담론에서도 반복된다. 예측·최적화·자동화의 성공이 누적될수록, 인간은 판단과 책임을 기술에 이전하려는 유혹에 노출된다. 구약의 우상 비판은 기술을 폐기하라는 명령이 아니라, 주체-도구의 질서를 보존하라는 신학적 요청이다.[103]

2. 인간 지능과 AI의 본질적 차이: 인공 지능 개념의 재정의

구약성경에서 지능에 해당하는 개념은 계산 능력이 아니라, חכמה(호크마, 지혜), בנה/תבונה(테부나/빈나, 분별), לב(레브, 판단의 중심)과 같은 전인적·관계적 능력이다. 이 지능은 하나님 경외에서 출발하며, 윤리적 책임과 공동체적 삶을 포함한다(잠 1:7; 욥 28:28).[104]

이에 비해 오늘날의 AI는 통계적 학습과 패턴 생성에 기초한 기능적 계산 체계다. AI는 의미를 이해하지 못하고, 책임을 지지 않으며, 도덕적 판단의 결과를 감당하지 않는다. 이러한 점에서 AI를 그대로 "지능(intelligence)"이라 부르는 것은 인간 지능의 본질을 환원적으로 재정의할 위험이 있다.[105]

이러한 신학적 분별에 근거하여, 인공 지능(Artificial Intelligence)이라는 명칭은 지식체계(Knowledge System), 알고리즘 처리 기술

---

102) Walter Brueggemann, *Theology of the Old Testament: Testimony, Dispute, Advocacy*, 158-173.

103) Abraham J. Heschel, *The Prophets* (New York: Harper & Row, 1962), 3-25.

104) 이 부분은 필자가 한국기독교학회 제53차 정기학술대회에서 발표한 "AI와 포스트 휴머니즘에 관한 구약신학적인 접근," 『한국기독교학회 제53차 정기학술대회 자료집』, 50-86을 참고하라.

105) 이은우, "AI와 포스트 휴머니즘에 관한 구약신학적인 접근," 75-76.

(Algorithmic Processing Technology) 등으로 신중히 재개념화될 필요가 있다. 이는 기술을 폄하하려는 시도가 아니라, 인간 지능의 관계적·윤리적 차원을 보호하기 위한 언어적 경계 설정이다.[106]

3. 성경적 인간주의와 트랜스·포스트휴머니즘의 대화

트랜스휴머니즘과 포스트휴머니즘은 21세기 과학기술의 급속한 발전, 특히 인공지능(AI), 생명공학, 신경과학의 진보 속에서 등장한 인간 이해의 새로운 패러다임이다. 이 두 사상은 서로 구별되면서도 공통적으로 인간의 유한성, 육체성, 죽음을 극복되어야 할 한계로 인식하며, 기술을 통해 인간 존재를 질적으로 전환하거나 재구성할 수 있다고 주장한다. 그러나 이러한 인간 이해는 구약성경이 증언하는 인간관, 곧 성경적 휴머니즘(biblical humanism)과 중요한 지점에서 긴장과 대화를 형성한다.

1) 트랜스휴머니즘과 능력 강화의 인간 이해

트랜스휴머니즘은 인간의 신체적·인지적·정서적 능력을 기술적으로 확장함으로써 더 나은 존재로 진화할 수 있다는 비전을 제시한다. 유전자 편집, 인공지능 보조 지능, 사이보그 기술 등은 인간의 한계를 극복하기 위한 주요 수단으로 제시되며, 궁극적으로는 노화와 죽음의 극복이라는 '강화된 인간(enhanced human)'의 이상을 지향한다.[107] 이러한 담론은 인간을 능력의 총합으로 이해하는 경향을 강화하며, 인간 존엄

---

106) 위의 글.

107) Nick Bostrom, *Superintelligence: Paths, Dangers, Strategies.*

을 기능적 성취나 효율성의 차원에서 재정의할 위험을 내포한다.

구약성경은 이와 다른 방향에서 인간의 존엄을 규정한다. 인간은 능력이나 성취 이전에 하나님의 형상으로 창조된 존재이며(창 1:26-27), 이 존엄은 신체적·지적 능력의 차이와 무관하게 모든 인간에게 동일하게 부여된다. 따라서 성경적 인간 이해는 인간을 '향상되어야 할 프로젝트'로 보기보다, 이미 하나님의 관계 안에서 의미를 부여받은 존재로 이해한다. 이 관점에서 트랜스휴머니즘이 제시하는 능력 중심의 인간 향상 서사는 인간 존엄을 조건부로 전환할 위험성을 지닌다.

2) 포스트휴머니즘과 관계적·혼종적 주체

포스트휴머니즘은 인간 중심주의를 비판하며, 인간과 비인간(기계, 동물, 자연) 사이의 경계를 해체하려는 철학적 흐름이다. 이 사상은 인간을 독립적 주체로 이해하기보다, 다양한 행위자들과 얽혀 있는 관계적·혼종적 존재로 재정의한다. 일부 포스트휴머니스트들은 기술과 자연, 인간과 기계의 결합을 통해 새로운 윤리적 주체성이 형성될 수 있다고 주장하며, 인간 이후의 존재 양식(posthuman)을 긍정적으로 상상한다.[108]

구약성경 역시 인간을 관계적 존재로 이해한다는 점에서, 포스트휴머니즘과의 대화 가능성을 제공한다. 인간은 하나님과의 관계, 타인과의 관계, 피조 세계와의 관계 속에서 자신을 이해한다. 그러나 성경적 인간 이해는 이러한 관계성을 창조주-피조물의 비대칭적 관계 안에 위치시킨다. 인간은 다른 피조물과 연대하지만, 결코 자기 자신을 절대화하거나 창조 질서를 해체할 권한을 부여받지 않는다. 포스트휴머니즘이 제안하

---

108) Francesca Ferrando, *Philosophical Posthumanism* (London: Bloomsbury, 2019); Rosi Braidotti, *The Posthuman* (Cambridge: Polity, 2013).

는 인간-비인간의 완전한 경계 해체는, 인간 책임성과 도덕적 주체성을 약화시킬 위험을 동반한다.

3) 유한성, 육체성, 죽음에 대한 신학적 경계

트랜스휴머니즘과 포스트휴머니즘은 공통적으로 인간의 유한성 (אנוש), 육체성(בשׂר), 죽음을 극복해야 할 한계로 인식한다. 반면 구약 성경은 인간의 유한성과 육체성을 결함(defect)이 아니라 창조 질서의 일부로 이해한다(시 103:13-18; 창 3:19). 인간은 흙에서 왔고 흙으로 돌아가지만, 바로 그 유한성 안에서 책임, 연대, 세대 간 기억이 형성된다.

블렌킨솝이 지적하듯, 창조 신학은 인간을 자기 구원의 주체가 아니라 하나님의 지속적인 돌봄 아래 있는 존재로 위치시킨다.[109] 이러한 이해는 인간이 기술을 통해 스스로를 절대화하거나, 죽음과 한계를 제거함으로써 존재의 의미를 완성할 수 있다는 서사에 분명한 신학적 경계를 설정한다.

4) 대화의 가능성과 신학적 분별

성경적 휴머니즘은 트랜스휴머니즘과 포스트휴머니즘을 단순히 거부하기보다, 그 문제 제기를 분별적으로 수용할 수 있는 틀을 제공한다. 기술 발전은 인간의 고통을 완화하고 삶의 조건을 개선하는 도구로 사용될 수 있다. 그러나 구약성경은 인간을 기술적 진보의 산물이 아니라, 관계적 책임과 윤리적 응답성을 지닌 존재로 이해하도록 이끈다.

따라서 성경적 휴머니즘과 트랜스·포스트휴머니즘의 대화는 다음

---

109) Joseph Blenkinsopp, *Creation, Un-creation, Re-creation*, 90-104.

과 같은 기준 위에서 이루어져야 한다. 첫째, 인간 존엄은 능력이나 강화의 정도가 아니라 창조와 관계에서 규정된다. 둘째, 인간의 유한성과 육체성은 제거 대상이 아니라 책임과 연대의 토대이다. 셋째, 기술은 인간을 대체하거나 초월하는 목적이 아니라, 인간적 삶을 섬기는 도구적 지위에 머물러야 한다.

이러한 신학적 분별 속에서, 구약성경은 기술 시대의 인간 이해에 대해 단호한 거부가 아니라 비판적 대화와 규범적 지침을 제공한다. 인간은 강화되어야 할 객체가 아니라, 이미 창조 안에서 부름 받은 존재이며, 기술은 그 소명을 대체할 수 없다. 이 점에서 성경적 휴머니즘은 트랜스·포스트휴머니즘 담론과의 대화를 가능하게 하면서도, 인간 자기절대화에 대한 분명한 경계를 유지한다.

4. 책임 있는 AI 사용을 향하여: 도구성, 인간 존엄, 공동체

구약성경 신학은 기술 사용에 대해 단순한 찬반 논리를 제시하지 않는다. 오히려 그것은 인간과 기술의 관계를 분별하기 위한 신학적 경계(boundaries)를 제시한다. 기술은 인간을 대체하거나 인간 위에 군림하는 주체가 아니라, 인간이 하나님 앞에서 책임 있는 삶(*coram Deo*)을 살아가도록 돕는 도구(instrument)로 이해된다. 이러한 관점에서 인공지능(AI)은 판단의 주체가 아니라 보조적 도구이며, 윤리의 근거가 아니라 윤리적 분별을 요구받는 대상이다. 인간의 도덕적 판단과 책임은 결코 기술로 이전될 수 없으며, 이는 구약성경이 일관되게 유지하는 인간 이해의 핵심이다.[110]

---

110) Walter Brueggemann, *Theology of the Old Testament*, 719-742; Rolf P. Knierim, *The Task of Old Testament Theology*, 361-370.

이러한 신학적 경계는 특히 생명기술과 재생산 기술이 인간 삶의 근원적 영역-출생, 가족, 죽음-을 관리·최적화·대체하려 할 때 더욱 분명해진다. 구약성경은 생명을 인간이 소유하거나 조작할 수 있는 자원이 아니라, 하나님으로부터 위탁받은 선물로 이해한다. "보라, 자식들은 야훼의 기업이요 태의 열매는 그의 상급이로다"(시 127:3)는 선언은 생명이 인간의 기술적 성취가 아니라, 하나님의 주권적 은총 안에 있음을 분명히 한다. 따라서 생명기술이 생식과 출산을 효율과 선택의 문제로 환원할 때, 창조 신학은 인간에게 근본적인 질문을 던진다. 우리는 생명을 관리하는 주체인가, 아니면 돌보도록 부름 받은 청지기인가?

더 나아가, 구약성경은 공동체를 기술적 최적화나 기능적 결합의 결과로 이해하지 않는다. 공동체는 계약(covenant)에 의해 형성되며, 기억, 책임, 세대 간 연속성 속에서 유지된다. 가족과 공동체는 효율성의 논리가 아니라 언약적 충실함 위에 세워진다. 이러한 관점에서 볼 때, 기술이 가족 구조와 돌봄의 책임을 대체하거나 약화시킬 경우, 그것은 단순한 사회 변화가 아니라 창조 질서의 윤리적 긴장을 야기한다.

이 지점에서 구약성경의 예언자적 윤리는 결정적인 통찰을 제공한다. 예언자들은 공동체의 생존과 회복을 기술이나 권력의 강화에서 찾지 않고, 정의(מִשְׁפָּט)와 공의(צְדָקָה)의 실현에서 찾았다. 정의는 관계를 바로 세우는 질서이며, 공의는 연약한 자를 보호하는 공동체적 책임이다.[111] 기술은 이러한 윤리를 대체할 수 없으며, 오히려 그 윤리 아래에서 제한되고 규율되어야 할 수단에 불과하다.

따라서 책임 있는 AI 사용에 대한 구약성경의 응답은 기술을 거부하는 데 있지 않다. 그것은 기술을 절대화하지 않는 절제, 인간 존엄을

---

111) Abraham J. Heschel, *The Prophets*, 3-25; Joseph Blenkinsopp, *Creation, Un-creation, Re-creation*, 105-132.

능력이나 효율이 아닌 창조와 관계에서 규정하는 인식, 그리고 가족과 공동체를 대체 불가능한 윤리적 공간으로 보호하려는 신학적 결단에 있다. 이와 같은 창조 신학적 경계 안에서만, AI와 생명기술은 인간을 해체하는 힘이 아니라, 인간적 삶을 섬기는 도구로 자리매김할 수 있다.

5. 소결론: 기술 불안을 넘어 창조적 인간주의로

구약성경 신학이 제시하는 인간 이해의 핵심은, 기술 이전의 과거로 회귀하는 데 있지 않다. 그것은 오히려 관계의 우선성(priority of relationships)을 재확인하는 데 있다. 구약성경은 인간 위기의 본질을 결코 기술 그 자체에서 찾지 않는다. 위기의 근원은 하나님과의 관계, 이웃과의 관계, 그리고 피조 세계와의 관계가 붕괴되는 데 있다. 기술은 이러한 붕괴를 가속화할 수도 있지만, 위기의 근본 원인은 언제나 관계의 왜곡과 책임의 상실에 있다.

이 점에서 AI와 포스트휴머니즘이 제기하는 도전은 단순히 "기술을 받아들일 것인가, 거부할 것인가"의 문제가 아니다. 그것은 보다 근본적으로 인간이 무엇이며, 지능이 무엇인가라는 질문을 다시 하도록 요구한다. 구약성경이 증언하는 인간은 계산 능력이나 정보 처리의 효율로 정의되지 않는다. 인간의 지능은 분별과 판단, 책임과 응답성의 능력이며, 언제나 하나님 앞(coram Deo)에서 행사되는 도덕적·관계적 역량이다. 따라서 AI 시대의 과제는 인간을 대체할 지능을 창조하는 데 있지 않고, 지능을 다시 정의하고 인간 존재의 목적을 재사유하는 데 있다.

트랜스휴머니즘과 포스트휴머니즘은 인간의 유한성, 육체성, 죽음을 극복해야 할 장애물로 간주한다. 그러나 구약성경은 인간의 유한성과 육체성을 결함이 아니라 창조 질서의 일부로 이해한다(시 103:13-

18). 인간은 흙에서 왔고 흙으로 돌아가지만, 바로 이 유한성 안에서 책임, 연대, 세대 간 기억과 희망이 형성된다. 인간의 한계는 제거의 대상이 아니라, 지혜와 책임이 발생하는 자리이다.

이러한 인간 이해는 기술적 인간 향상 서사에 분명한 신학적 경계를 설정한다. 구약성경은 인간을 자기 구원의 주체로 보지 않고, 하나님의 지속적인 돌봄과 은총 아래 있는 피조물로 위치시킨다. 창조 신학은 인간을 하나님께 기억되고 부름 받은 존재로 이해하게 한다. 이 관점에서 기술은 인간을 초월하게 하는 수단이 아니라, 인간적 삶을 섬기도록 제한되고 규율되어야 할 도구이다.

따라서 성경적 휴머니즘은 기술 시대를 위한 창조적 인간주의(creative humanism)를 제시한다. 그것은 인간의 한계를 제거하려는 계획이 아니라, 그 한계 안에서 지혜(wisdom), 책임(responsibility), 공동체(community), 그리고 희망(hope)을 다시 배우는 길이다. 인간은 강화되어야 할 객체가 아니라, 이미 창조 안에서 관계로 부름 받은 존재이며, 기술은 그 소명을 대체할 수 없다.

시편 기자의 질문은 오늘날에도 여전히 유효하다.

"사람이 무엇이기에 주께서 그를 기억하시나이까?"(시 8:4).[112]

AI와 포스트휴머니즘의 시대에 이 질문은 인간의 미미함을 강조하기 위한 수사가 아니라, 인간이 하나님 앞에서 어떤 존재로 기억되고 책임지도록 부름 받았는지를 묻는 신학적 질문이다. 구약성경의 인간 이해는 기술 불안을 넘어, 인간 존재의 의미를 관계와 책임, 그리고 창조의 희망 안에서 다시 사유하도록 이끈다.

---

112) Walter Brueggemann, *Theology of the Old Testament*, 719-742; Joseph Blenkinsopp, *Creation, Un-creation, Re-creation*, 105-132; Claus Westermann, *Genesis 1-11: A Commentary*, 144-158.

XI. 결론

　본 연구는 "인간이란 무엇인가?"라는 고전적이면서도 근본적인 질문을, 인공지능(AI)과 트랜스휴머니즘·포스트휴머니즘이 제기하는 현대적 도전 속에서 구약성경의 증언에 비추어 재검토하는 데 목적을 두었다. 이 질문은 단순히 인간 능력의 확장이나 기술적 진보의 가능성을 평가하는 문제가 아니라, 하나님 앞에서 인간이 누구이며 어떤 존재로 창조되고 부름 받았는지를 묻는 신학적 질문이다. 구약성경의 인간 이해는 철학적 본질 규정이나 기능적 정의에서 출발하지 않고, 창조주 하나님과의 관계, 공동체적 책임, 그리고 유한한 생명 조건 속에서 형성되는 인간 실존의 전체성을 증언한다

　고대 근동 신화와의 비교를 통해 본 연구는 인간을 신적 질서를 유지하기 위한 노동 도구로 이해하는 기능주의적 인간관이 고대 세계에 광범위하게 존재했음을 확인하였다. 이러한 인간 이해는 현대 기술 문명, 특히 AI 담론 속에서 반복되는 인간의 데이터화·알고리즘화·대체 가능성 개념과 구조적으로 깊은 연속성을 지닌다. 그러나 구약성경의 창조 기사는 인간을 신적 노동의 대체물이나 기능 단위로 이해하지 않고, 하나님의 자유로운 창조 의지 속에서 부름 받은 존엄하고 책임적인 존재로 재정의한다. 창세기 1-2장은 인간을 하나님의 형상으로 창조된 존재, 흙과 생기를 함께 지닌 관계적 피조물로 묘사함으로써, 인간의 가치를 능력이나 생산성에 두지 않고 관계와 소명에 두는 신학적 지평을 제시한다

　이어진 인간 어휘 연구는 구약성경의 인간 이해가 본질적으로 전인적(holistic)임을 분명히 보여 주었다. 인간을 나타내는 구약성경의 히브리어 어휘들은 인간을 분해 가능한 요소들의 결합으로 설명하지 않으며, 동일한 인간 실재를 서로 다른 각도에서 증언하는 언어적 그물망을

형성한다. 특히 인간의 유한성과 육체성은 극복되어야 할 결함이 아니라, 하나님과의 관계와 책임을 가능하게 하는 창조 질서의 일부로 이해된다. 이러한 관점은 인간의 한계를 제거하거나 초월하려는 트랜스휴머니즘·포스트휴머니즘적 인간상에 대해 근본적인 신학적 질문을 제기한다.

본 연구는 또한 인간의 주체성과 책임을 코람 데오(*coram Deo*), 곧 하나님 앞에서 이해해야 함을 강조하였다. 구약성경에서 인간은 자율적 자기 기원의 주체가 아니라, 부름 받아 응답하는 존재이며, 판단과 행위에 대해 책임을 지는 도덕적 주체이다. 이는 인간을 계산 능력이나 정보 처리 능력으로 환원하려는 AI 중심 인간 이해와 결정적으로 구별된다. 구약성경의 지혜 전통은 지능(intelligence)을 단순한 계산 능력이 아니라, 분별, 판단, 책임, 그리고 공동체적 선을 지향하는 지혜(wisdom)의 차원에서 이해하도록 이끈다.

AI와 포스트휴머니즘 담론에 대한 구약신학적 응답은 기술의 전면적 거부나 무비판적 수용이 아니다. 구약성경은 기술 자체에 대한 찬반을 제시하기보다, 분명한 경계(boundaries)를 설정한다. 기술은 인간을 대체하는 주체가 아니라, 인간의 책임 있는 삶을 보조하는 도구여야 하며, 생명과 공동체, 탄생과 죽음의 영역을 관리·최적화의 대상으로 전환하려는 시도에 대해 신학적 비판을 제기한다. 생명은 관리 대상이 아니라 선물이며, 공동체는 기술적 효율의 산물이 아니라 언약과 책임 속에서 형성된다.

결론적으로, 본 연구가 제시하는 구약성경의 인간 이해는 기술 이전의 상태로 돌아가자는 회귀적 인간주의가 아니다. 그것은 기술 문명 한가운데서 인간이 무엇을 잃고 있으며 무엇을 지켜야 하는지를 분별하게 하는 창조적 인간주의(creative humanism)이다. 인간 위기의 본질은 기술 그 자체가 아니라, 하나님·이웃·창조 세계와의 관계 붕괴에 있다.

AI 시대의 과제는 인간을 대체할 지능을 만드는 것이 아니라, 지능이 무엇이며 인간은 무엇을 위해 존재하는지를 다시 묻는 것이다. "사람이 무엇이기에 주께서 그를 기억하시나이까"(시 8:4). 이 물음은 오늘날에도 여전히 인간 존재의 의미와 한계를 성찰하게 하는 구약성경의 근본적 질문으로 남아 있다.

제 5 부

구약성경의 죄론

I. 서론: 구약신학에서 죄를 말한다는 것

구약성경에서 죄는 하나의 독립된 교리 항목으로 제시되지 않는다. 히브리 성경은 죄를 추상적 정의나 체계적 개념으로 설명하기보다, 다양한 문학 장르와 신학적 맥락 속에서 간접적으로 증언한다. 죄는 이야기 속에서 드러나고, 기도와 고백 속에서 언어화되며, 예언자적 고발과 제의적 실천 속에서 인식된다. 이러한 점에서 구약의 죄 이해는 본질적으로 성서신학적이며, 서사적이고, 관계적이다.

이러한 관점은 방법론적으로도 중요하다. 전통적인 교의학적 접근은 종종 구약의 죄 개념을 후대 신학의 범주-예컨대 보편적 죄책, 존재론적 타락, 법정적 유죄 상태-로 환원해 왔다. 그러나 이러한 환원은 구약 본문이 사용하는 언어와 사고방식을 충분히 설명하지 못한다. 바가 지적하였듯이, 성서신학의 과제는 성경 전체에서 일관된 교리를 추출하는 데 있지 않으며, 오히려 각 본문이 작동하는 언어적·문학적·신학적 논리를 존중하는 데 있다.[1] 따라서 구약의 죄론은 조직신학적 정의 이전에, 본문의 증언 방식 자체에 귀 기울이는 작업으로 접근되어야 한다.

구약신학의 맥락에서 죄는 근본적으로 관계적 개념이다. 죄는 추상적 도덕 규범의 위반이기보다, 하나님과 인간 사이의 언약적 관계가 왜곡되고 붕괴되는 현실을 가리킨다. 이는 개인의 내면적 차원에 국한되지 않으며, 공동체의 기억, 예배, 윤리, 사회 질서 전반에 영향을 미친다. 구약의 다양한 본문들은 죄를 인간의 행위로만 규정하지 않고, 신뢰의 붕괴, 방향 상실, 그리고 관계 단절의 과정으로 묘사한다. 이러한 묘사는 죄의 결과-수치, 두려움, 책임 전가, 사회적 해체-를 통해 간접적으로 죄

---

1) James Barr, *The Concept of Biblical Theology: An Old Testament Perspective*, 3-20.

의 본질을 드러내는 서사적 전략을 취한다.[2]

또한 구약은 죄를 언제나 공동체적·언약적 차원에서 사고한다. 죄는 개인의 종교적 실패로 환원되지 않으며, 공동체 전체의 정체성과 하나님 이해를 위협하는 신학적 위기로 나타난다. 그럼에도 불구하고 이러한 위기는 곧바로 파국으로 귀결되지 않는다. 구약 본문들은 반복적으로 죄의 현실을 인정하면서도, 중보, 회개, 하나님의 긍휼이라는 가능성을 동시에 열어 둔다. 이 점에서 죄는 구약신학에서 관계의 종결이 아니라 재구성의 계기로 기능한다.[3]

예언자 전통은 이러한 죄 이해를 더욱 급진적으로 확장한다. 예언자들은 죄를 제의적 결함이나 종교적 형식의 문제로 제한하지 않고, 하나님을 아는 관계적 삶이 무너진 상태로 규정한다. 그 결과 죄는 사회적 불의, 폭력, 착취와 분리될 수 없는 신학적 범주가 된다. 이때 죄의 문제는 제사의 많고 적음이 아니라, 언약적 충실성의 상실이라는 더 근본적인 차원에서 제기된다.[4]

본 연구는 구약신학을 교리의 집합이 아니라 주제별·서사적 증언의 총체로 이해한다. 이러한 틀 안에서 죄는 창조, 언약, 예배, 윤리, 회복의 신학을 가로지르는 횡단적 주제(transversal theme)로 자리한다. 죄를 말한다는 것은 하나의 개념을 정의하는 작업이 아니라, 하나님과 인간의 관계가 어떻게 왜곡되고, 그럼에도 불구하고 어떻게 회복을 향해 열려 있는지를 추적하는 신학적 탐구이다.

따라서 본 연구는 구약성경의 죄를 성경신학적·서사적·관계적 범

---

2) Walter Brueggemann, *Theology of the Old Testament: Testimony, Dispute, Advocacy*, 214-229.

3) Robert W. L. Moberly, *Old Testament Theology: Reading the Hebrew Bible as Christian Scripture* (Grand Rapids: Baker Academic, 2013), 135-156.

4) Robin Routledge, *Old Testament Theology: A Thematic Approach*, 101-118.

주로 재구성하는 것을 목표로 한다. 이러한 접근은 구약 본문의 다양성과 긴장을 존중하며, 죄를 단순한 도덕적 낙인이나 추상적 교리가 아니라, 인간 책임과 하나님의 신실하심이 교차하는 자리로 이해하게 한다. 바로 이 지점에서 구약의 죄론은 절망의 교리가 아니라, 회개와 회복의 가능성을 내포한 신학적 진단으로 기능한다.

II. 성경신학과 죄 개념 연구의 방법론

구약성경에서 죄의 개념은 조직신학의 범주라기보다 성서신학 내부의 방법론적 문제로 다루어져야 한다. 다시 말해 핵심 쟁점은 죄를 하나의 교리로 어떻게 정의할 것인가가 아니라, 히브리 성경의 다양한 문학적·역사적·신학적 형식 속에서 죄가 어떻게 인식되고, 언어화되며, 해석되는가에 있다. 죄를 고정된 신학 개념으로 전제하는 순간, 구약 본문이 증언하는 인간의 실패와 책임, 그리고 하나님 앞에서의 삶의 복합성이 가려질 위험이 발생한다.

죄 연구에서 가장 근본적인 방법론적 위험은 개념 투사(concept projection)이다. 이는 후대 신학에서 형성된 교리적 범주를 성경 본문에 역으로 적용하는 방식으로, 죄의 경우 특히 빈번하게 나타난다. 바는 성서신학이 후대의 체계적 신학이 전제하는 개념적 통일성과 추상성을 성경 본문에 강요해서는 안 된다고 거듭 경고한 바 있다.[5] 죄에 관한 연구에서도 마찬가지로, 죄책, 부패, 유죄성 등 체계화된 개념을 구약 본문에 선행적으로 적용할 경우, 본문 고유의 언어와 신학적 논리를 왜곡하게 된다.

---

5) James Barr, *The Concept of Biblical Theology: An Old Testament Perspective*, 3-34.

이에 비해 성서신학은 연역적 접근이 아니라 귀납적 접근을 취한다. 성서신학은 죄의 정의에서 출발하지 않고, 이스라엘이 하나님 앞에서의 삶을 어떻게 말하고 기억하며 고백하고 가르쳤는지를 면밀히 관찰하는 데서 출발한다. 이러한 방법론적 지향은 주요 본문들의 형식과 기능에서도 분명히 드러난다. 예컨대 신명기 6장 4-9절은 죄를 직접 정의하지 않지만, 하나님께 대한 전적 충성과 기억의 실천을 중심으로 한 신학적 틀을 제시함으로써, 죄를 언약적 주의와 헌신의 실패로 이해할 수 있는 토대를 마련한다. 여기서 순종과 불순종은 추상적 도덕 판단이 아니라, 기억, 교육, 삶의 실천이라는 구체적 관계 맥락 속에 위치한다.

이와 유사하게 느헤미야 9장과 시편 106편과 같은 대규모 고백적 서사는 죄를 하나의 개념으로 제시하지 않고, 이스라엘 역사에 대한 신학적 해석의 결과로 서술한다. 이 본문들에서 죄는 하나님의 신실하심과 인간의 반복적 불신실함이 교차하는 이야기 속에서 드러나며, 분석적 정의가 아니라 공동체적 기억과 기도의 언어로 표현된다. 이러한 서사적·고백적 방식은 죄가 성서신학에서 본질적으로 기억, 정체성, 공동체적 자기 인식과 분리될 수 없음을 보여준다.

크니림의 연구는 이 지점에서 결정적인 통찰을 제공한다. 그는 구약의 죄 개념이 단일 정의로 환원될 수 없음을 강조하며, 죄 관련 히브리어 어휘들이 형성하는 의미장(semantic field)에 주목하였다.[6] 그의 분석에 따르면 죄의 언어는 상황적이고 관계적이며, 문맥과 장르, 신학적 의도에 따라 다양하게 기능한다. 방법론적으로 이는 성서신학의 과제가 이러한 다양한 표현을 하나의 교리로 통합하는 데 있지 않고, 오히려 그

---

6) Rolf Knierim, *Die Hauptbegriffe für Sünde im Alten Testament* (Gütersloh: Gütersloher Verlagshaus, 1965), 1-19; "The Task of Old Testament Theology," in *The Task of Old Testament Theology*, 1-32.

신학적 범위와 기능을 지도화(mapping)하는 데 있음을 시사한다.

모벌리(Robert W. L. Moberly) 역시 이러한 방법론적 관점을 강화한다. 그는 구약신학을 본질적으로 형성적(formative)이며 고백적(confessional) 독해로 이해하며, 죄를 단순한 분석 대상이 아니라 이스라엘이 하나님과의 관계 속에서 명명하고 직면하며 극복하려는 현실로 파악한다.[7] 이 관점에서 죄의 신학적 의미는 추상적 분류에서 도출되지 않고, 가르침, 기도, 회개, 소망의 실천 속에서 드러난다.

이상의 논의를 종합하면, 죄 개념 연구는 의도적인 절제를 요구한다. 성서신학은 "죄란 무엇인가?"라는 질문보다 "이스라엘은 하나님 앞에서의 실패를 어떻게 말하며, 그 말하기가 어떤 신학적 목적을 수행하는가?"라는 질문을 먼저 던진다. 그 대답은 체계적 정의가 아니라, 언어, 서사, 기억, 언약적 실천에 대한 세심한 주의 속에서 발견된다. 이러한 방법론적 태도를 유지할 때에만, 구약성경의 죄에 대한 증언은 후대의 개념적 틀에 의해 왜곡되지 않고, 그 고유한 신학적 음성으로 들려질 수 있다.

III. 죄를 말하는 언어: 히브리어 어휘와 의미장 연구의 필요성

구약성경에서 죄의 개념은 단일한 정의나 고정된 교리적 공식으로 제시되지 않는다. 오히려 히브리 성경은 죄를 다양한 어휘와 표현을 통해 의미장(semantic field)으로 구성하며, 각 어휘는 사용되는 문맥, 문

---

7) Robert W. L. Moberly, *Old Testament Theology: Reading the Hebrew Bible as Christian Scripture* (Grand Rapids: Baker Academic, 2013), 19-42.

학적 장르, 그리고 신학적 의도에 따라 상이한 강조점을 형성한다. 이러한 언어적 다층성은 체계화를 통해 제거되어야 할 불완전성이 아니라, 이스라엘의 신학적 사고방식 자체를 반영하는 본질적 특징이다. 따라서 구약의 죄 이해는 특정 단어의 어원이나 사전적 의미를 절대화함으로써 파악될 수 없으며, 오직 이스라엘의 신앙 경험과 하나님과의 언약 관계라는 총체적 맥락 안에서만 적절하게 이해될 수 있다.

이 점은 이미 고전적 연구들에서 분명히 지적되어 왔다. 크니림은 구약의 주요 죄 어휘들(חטא, עון, פשע 등)이 각각 독립적인 정의를 제공하기보다, 서로 겹치고 상호 보완되는 의미 영역을 형성한다고 주장하며, 죄 개념을 단일 본질로 환원하려는 시도를 성서신학적으로 부적절하다고 평가하였다.[8] 슈탐(Johannes J. Stamm) 역시 죄 관련 어휘들이 은유적·제의적 언어와 긴밀히 결합되어 사용된다는 점을 강조하며, 죄의 의미가 고정된 개념이 아니라 관계적·경험적 언어 사용 속에서 형성된다는 사실을 밝혔다.[9]

더 나아가 바는 성경 언어 연구에서 어원주의와 사전 중심 해석의 위험성을 비판하며, 의미는 단어 자체에 내재되어 있는 것이 아니라 사용 맥락과 담화 기능 속에서 생성된다고 주장하였다.[10] 이 관점에서 볼 때, 구약의 죄 어휘들을 후대 교리 체계의 기술적 용어와 동일시하는 것은, 히브리 성경의 언어가 작동하는 실제 방식을 오해하는 결과를 낳는다.

특히 주목할 점은, 죄와 관련된 히브리어 어휘들이 고대 근동의 다른 문화권에서도 유사한 의미 범위로 사용되었다는 사실이다. 그러나

---

8) Rolf Knierim, *Die Hauptbegriffe für Sünde im Alten Testament*, 1-19; 185-228.

9) Johannes J. Stamm, *Erlösen und Vergeben im Alten Testament: Eine begriffs-geschichtliche Untersuchung* (Bern: A. Francke, 1940), 33-57.

10) James Barr, *The Semantics of Biblical Language*, 218-230; *The Concept of Biblical Theology: An Old Testament Perspective*, 3-34.

구약성경은 이러한 어휘들을 전혀 다른 신학적 지평, 곧 하나님과 이스라엘 사이의 언약 관계 속에서 재의미화한다. 이로써 죄는 단순한 사회적 규범 위반이나 종교적 불결 상태를 넘어, 하나님과의 관계를 왜곡하고 파괴하는 신학적 현실로 규정된다. 이러한 재의미화 과정은 구약의 죄 이해가 언어 차원이 아니라 관계와 신앙의 차원에서 형성되었음을 분명히 보여준다.[11] 그럼에도 불구하고, 이러한 관계적·신학적 재의미화는 구체적인 언어 사용을 통해 드러나고 추적될 수 있기에, 죄 관련 어휘에 대한 면밀한 분석은 여전히 필수적이다.

1. 죄를 나타내는 구약성경의 단어들

1) חָטָא (하타): 목표 상실과 행위적 실패

구약성경에서 가장 빈번하게 사용되는 죄 관련 어휘는 동사 חָטָא(하타)이다. 이 동사는 본래 "과녁을 빗나가다", "올바른 목표에서 벗어나다"라는 일상적 의미를 지니며, 실제로 세속적 맥락에서도 사용된다(삿 20:16; 잠 19:2). 이러한 기본 의미는 도덕적·종교적 판단 이전에, 행위의 실패 혹은 방향 상실을 가리키는 실천적 언어임을 보여준다.[12]

구약의 신학적 문맥에서 חָטָא는 이러한 기본 의미를 유지하면서도, 하나님의 목적, 율법, 혹은 뜻에서 벗어나는 행위를 지시하는 용어로 사용된다(레 4:2; 민 15:28). 이때 죄는 추상적 상태나 개념으로 제시되기

---

11) Gary A. Anderson, *Sin: A History* (New Haven: Yale University Press, 2009), 17-45; cf. Walter Brueggemann, *Theology of the Old Testament: Testimony, Dispute, Advocacy*, 214–229.

12) Robert Baker Girdlestone, *Synonyms of the Old Testament* (Grand Rapids: Eerdmans, 1948), 77-79.

보다, 하나님과의 관계 안에서 드러나는 구체적 행위의 일탈로 표현된다. 크니림의 분석에 따르면, חטא는 구약의 죄 어휘들 가운데서도 특히 행위 차원을 가장 분명하게 드러내는 용어로 기능한다.[13]

이와 관련하여 주목할 점은, חטא가 생각, 말, 행동이라는 실천적 차원의 실패를 주로 지시하며, 인간 존재의 상태 자체를 직접적으로 설명하는 데에는 상대적으로 제한적으로 사용된다는 사실이다. 이러한 용례적 특성은 이 동사가 본질적으로 책임 있는 선택과 행위의 결과를 언어화하는 데 초점이 맞추어져 있음을 보여준다. 바가 지적하듯, 이 어휘를 후대의 형이상학적 혹은 존재론적 범주로 환원하여 이해하는 것은 본문의 언어 사용을 정확히 반영하지 못할 위험이 있다.[14]

창세기 4장 7절에서 חטא는 인간 앞에 놓인 하나의 가능성으로 묘사되며, 인간은 그것을 "다스릴"(משׁל, 마샬) 수 있는 주체로 제시된다. 이 본문에서 죄는 이미 결정된 상태가 아니라, 인간의 응답과 선택이 요구되는 상황으로 서술된다. 이어지는 창세기 4장 13절에서 가인이 표현하는 "내 죄벌이 너무 무겁다"는 진술은, 죄가 단순한 행위의 차원을 넘어 그 결과와 책임이 인간 삶에 부담과 무게로 경험됨을 보여준다.

슈탐이 지적하듯, 이러한 본문들은 죄를 정의하기보다는, 죄가 어떻게 인간의 경험 속에서 인식되고 표현되는지를 서사적으로 드러낸다.[15] 이 점에서 חטא는 죄의 의미를 고정된 개념으로 제시하기보다, 구체적인 상황과 문맥 속에서 반복적으로 변주되는 방식으로 사용되는 어휘임이 분명해진다.

---

13) Rolf Knierim, *Die Hauptbegriffe für Sünde im Alten Testament*, 1-19, 52-68.

14) James Barr, *The Semantics of Biblical Language*, 218-230.

15) Johannes J. Stamm, *Erlösen und Vergeben im Alten Testament: Eine begriffsgeschichtliche Untersuchung*, 33-45.

2) עָוֹן (아본): 왜곡된 상태와 축적된 책임

이에 비해 עָוֹן은 죄를 보다 깊은 차원에서 기술하는 어휘로 기능한다. 이 명사의 기본 의미는 "굽다", "뒤틀리다"로, 본래 곧고 바른 상태에서 벗어난 왜곡된 형상이나 상태를 가리킨다. 이러한 의미적 배경은 죄를 단순한 행위의 실패가 아니라, 정상적·질서 정연한 상태에서 벗어난 변형된 존재 양상으로 이해하도록 이끈다.[16]

데이비슨이 지적하였듯이, 죄는 과녁을 빗나간 행위일 뿐만 아니라, 곧음(uprightness)에 대비되는 굽어짐(crookedness), 정결함(cleanness)에 대비되는 부정함(uncleanness)으로 성격 규정될 수 있다.[17] 이러한 설명은 חָטָא가 주로 행위의 실패를 지시하는 데 비해, עָוֹן이 그 결과로 형성된 지속적이고 내면화된 상태를 표현하는 데 적합한 어휘임을 보여준다.

구약의 실제 용례에서 עָוֹן은 종종 죄책(guilt), 책임(liability), 그리고 그에 따른 결과나 형벌(punishment)을 명확히 구분하지 않은 채 포괄적으로 포함한다. 이 어휘는 단일 사건보다는, 반복과 누적을 통해 인간과 공동체의 상태를 규정하는 현실을 가리키는 데 사용된다. 크니림은 이 점에서 עָוֹן이 죄를 "사건(Ereignis)"이 아니라 "상태(Zustand)"의 차원에서 기술하는 대표적 용어라고 분석한다.[18]

이러한 용례적 특성은 이사야 1장 2-4절에서 분명하게 드러난다. 이 본문에서 사용되는 죄 언어는 하나의 불순종 사건을 고발하는 데 목적이 있지 않다. 오히려 이사야는 반복적 반역과 도덕적 붕괴가 축적된

---

16) 1 Sam 20:1; Rolf Knierim, *Die Hauptbegriffe für Sünde im Alten Testament*, 185-228.

17) Andrew Bruce Davidson, *The Theology of the Old Testament* (Edinburgh: T&T Clark, 1904), 207.

18) Rolf Knierim, *Die Hauptbegriffe*, 196-210.

결과로서, 하나님과의 관계가 만성적으로 왜곡된 구조적·습관적 상태를 진단한다. 여기서 עָוֹן은 단순히 "지은 죄"를 가리키기보다, 이스라엘의 현재 상태를 설명하는 진단적 언어로 기능한다.

슈탐이 강조하듯, 이러한 본문들에서 עָוֹן은 죄를 정의하는 개념어라기보다, 인간과 공동체가 하나님 앞에서 처한 현실을 언어화하는 표현 수단이다.[19] 이로써 이 어휘는 행위 중심적 언어(חָטָא)와 긴밀히 연결되면서도, 죄의 지속성·누적성·상태성을 드러내는 데 특화된 기능을 수행한다.

3) פֶּשַׁע(페샤): 반역과 신뢰 붕괴

פֶּשַׁע(페샤)는 죄를 단순한 실수나 연약함의 결과로 이해하지 않고, 의지적 반역과 권위 거부로 규정하는 어휘이다. 이 명사는 주로 정치적·법적·언약적 맥락에서 사용되며, 기존의 정당한 통치 질서에 대한 의도적 이탈과 저항을 함축한다. 이러한 의미적 특성으로 인해 פֶּשַׁע는 행위적 실패(חָטָא)나 왜곡된 상태(עָוֹן)와 구별되는 독특한 위치를 차지한다.

구약의 여러 본문에서 פֶּשַׁע는 국가 간 반역이나 종속 관계의 파기를 가리키는 정치 용어로 사용되며(예: 왕하 1:1; 3:5), 이러한 용례는 이 어휘가 단순한 윤리적 범주가 아니라 권위와 충성의 관계를 전제하는 언어임을 보여준다. 신학적 맥락에서 이 단어가 하나님과 이스라엘의 관계에 적용될 때, 죄는 곧 하나님의 통치에 대한 의식적 거부와 언약적 충성의 파기로 이해된다.

---

19) Johannes J. Stamm, *Erlösen und Vergeben im Alten Testament: Eine begriffs-geschichtliche Untersuchung*, 41-57.

　　이러한 의미는 출애굽기 32장의 금송아지 사건에서 분명하게 드러난다. 모세가 이 사건을 "큰 죄"(הָטָאָה גְדֹלָה)로 규정한 이유는, 그것이 단순한 우상 제작이나 종교적 일탈이 아니라, 출애굽과 시내산 언약으로 형성된 하나님-이스라엘 관계를 근본적으로 부정하는 언약 파기 행위였기 때문이다. 이 맥락에서 פֶּשַׁע의 개념은, 하나님을 왕으로 인정하는 언약 질서에 대한 집단적 반역이라는 성격을 띤다.[20]

　　크니림이 지적하듯, פֶּשַׁע는 죄의 "의지적 차원"을 가장 선명하게 드러내는 용어로서, 죄를 실수나 불가피한 연약함으로 해석하려는 모든 시도를 차단한다.[21] 이 어휘는 죄를 선택된 행위, 즉 의도적으로 신뢰 관계를 파괴하는 결정으로 표현하며, 그 결과로 관계의 단절과 심판의 가능성을 전면에 부각시킨다.

　　이와 관련하여 מָעַל(마알) 역시 주목할 만하다. 이 동사는 "신뢰를 배반하다"라는 의미를 지니며, 제의적·언약적 맥락에서 반복적으로 사용된다(레 5:15; 수 7:1). פֶּשַׁע가 반역의 행위 자체를 강조한다면, מָעַל은 그 행위가 가져오는 신뢰 붕괴와 관계 파열의 결과에 초점을 둔다. 이러한 어휘들은 죄를 단순한 규범 위반이 아니라, 신뢰를 전제로 한 관계 자체를 무너뜨리는 행위로 언어화한다.

　　슈탐이 강조하듯, 이러한 반역적 어휘들은 죄를 설명하기 위한 추상 개념이 아니라, 언약 관계 안에서 발생하는 파국적 상황을 묘사하기 위한 언어이다.[22] 이로써 פֶּשַׁע는 구약의 죄 어휘 체계 안에서, 죄의 고의성·책임성·관계 파괴성을 가장 직접적으로 드러내는 표현으로 기능한다.

---

20) 출 32:21, 30-31에 대한 언약적 해석에 관하여, Rolf Knierim, *Die Hauptbegriffe für Sünde im Alten Testament*, 113-184 참조.

21) Rolf Knierim, *Die Hauptbegriffe*, 120-145.

22) Johannes J. Stamm, *Erlösen und Vergeben im Alten Testament: Eine begriffs-geschichtliche Untersuchung*, 52-65.

4) 기타 죄 관련 어휘

앞서 살펴본 주요 죄 어휘들 외에도, 구약성경은 죄를 다양한 어휘로 표현함으로써 그 복합적 성격을 드러낸다. 이러한 어휘들은 죄를 단순한 도덕적 실수로 환원하지 않고, 관계 붕괴, 질서 침해, 신뢰 파괴라는 다층적 현실로 언어화하는 데 기여한다.

먼저 מעל(마알)은 "신뢰를 배반하다", "충성을 저버리다"라는 의미를 지니며, 주로 제의적·언약적 맥락에서 사용된다(레 5:15; 수 7:1). 이 동사는 계약 관계 안에서 요구되는 신뢰와 충성의 파기를 지시하며, 죄를 단순한 규범 위반이 아니라 신뢰 관계의 붕괴로 표현한다. 특히 여호수아 7장에서 아간의 범죄는 개인적 행위임에도 불구하고 공동체 전체를 위기에 빠뜨리는데, 이는 מעל이 지닌 언약적·집단적 함의를 분명히 보여준다.[23]

다음으로 רע(라아)는 "악", "나쁨"을 의미하는 폭넓은 어휘로, 죄를 특정 행위나 규범 위반으로 한정하기보다, 삶과 세계를 지배하는 파괴적 힘과 영향력으로 묘사하는 데 사용된다. 이 단어는 도덕적 판단뿐 아니라, 폭력, 재난, 사회적 붕괴를 포괄하는 표현으로 기능하며, 죄가 개인의 선택을 넘어 공동체와 역사 전체를 잠식하는 지배적 현실로 작동할 수 있음을 시사한다.[24]

עבר(아바르)는 본래 "건너가다", "넘어서다"라는 공간적 동사이지만, 신학적 문맥에서는 하나님께서 설정하신 경계와 한계를 의도적으로 넘어서는 행위를 가리키는 데 사용된다. 이 어휘는 죄를 고정된 규범 위반이라기보다, 질서와 경계의 침범이라는 동적 행위로 표현하며, 인간이

---

23) Rolf Knierim, *Die Hauptbegriffe für Sünde im Alten Testament*, 145-160; cf. Josh 7:1.

24) James Barr, *The Semantics of Biblical Language*, 141-158; Walter Brueggemann, *Theology of the Old Testament: Testimony, Dispute, Advocacy*, 214-220.

자신에게 주어진 위치와 역할을 넘어서려는 시도를 언어화한다.[25]

마지막으로 עָוֶל(아발)은 "결함", "불의", "왜곡된 정의"를 의미하며, 특히 사회적·법적 맥락에서 빈번하게 등장한다. 이 어휘는 죄를 개인의 내면적 실패로 국한하지 않고, 재판의 왜곡, 약자 억압, 공의의 붕괴와 같은 구조적 불의로 드러낸다. 따라서 עָוֶל은 죄가 사회 질서 안에서 제도화되고 지속될 수 있음을 보여주는 핵심 어휘 중 하나이다.[26]

이러한 어휘들은 각각 다른 측면을 강조하지만, 공통적으로 죄를 단순한 도덕적 실수로 축소하지 않는다. 오히려 이 언어들은 죄를 관계의 파열, 질서의 침해, 신뢰의 붕괴, 그리고 파괴적 영향력의 확산이라는 다층적 현실로 드러내며, 구약성경의 죄 이해가 어휘의 다양성을 통해 입체적으로 형성되었음을 보여준다.

5) 시편의 고백과 의미장의 중첩

시편 32편과 51편은 죄의 의미장이 어떻게 실제 신앙 언어 속에서 중첩·통합되는지를 잘 보여준다. 이 본문들에서 חַטָּאת, עָוֹן, פֶּשַׁע는 병렬적으로 사용되며, 이는 개념 구분을 위한 것이 아니라 인간의 실패를 전인격적·총체적 현실로 고백하기 위함이다. 시편 51편에서 죄는 제의적 보상으로 제거될 대상이 아니라, 하나님과의 관계 회복을 통해서만 치유될 수 있는 실존적 위기로 제시된다. "상한 마음"이 제사보다 중요하다는 고백은, 죄 언어가 이미 관계적 신학 안에서 기능하고 있음을 보여준다.[27]

---

25) Robert Baker Girdlestone, *Synonyms of the Old Testament*, 112-115.

26) Johannes J. Stamm, *Erlösen und Vergeben im Alten Testament: Eine begriffs-geschichtliche Untersuchung*, 58-70.

27) Johannes J. Stamm, *Erlösen und Vergeben im Alten Testament: Eine begriffs-*

6) 소결론: 의미장 접근의 신학적 함의

크니림, 슈탐, 바가 공통으로 강조하듯, 구약성경의 죄 어휘는 교리적 정의를 위해 고안된 기술 용어가 아니라, 사용 속에서 의미가 형성되는 신학적 언어이다. 따라서 이러한 어휘들을 하나의 통일된 개념이나 단일 정의로 환원하려는 시도는 성서신학적으로 적절하지 않다. 바가 지적하였듯이, 의미는 어원이나 사전적 정의에 내재되어 있는 것이 아니라, 문맥과 기능, 그리고 담화 속에서의 사용 방식을 통해 형성된다.[28]

이러한 관점에서 볼 때, 구약의 죄 언어가 보여주는 다양성은 개념적 혼란이나 미완성의 증거가 아니라, 오히려 구약신학이 인간의 실패를 삶의 언어, 고백의 언어, 관계의 언어로 말하고자 했다는 증거이다. 앞서 살펴본 바와 같이, חטא는 행위의 실패를, עון은 왜곡되고 누적된 상태를, פשע는 의지적 반역을, 그리고 기타 어휘들은 신뢰 붕괴와 질서 침해, 구조화된 악을 각각 드러내며, 이 어휘들은 서로 경쟁하기보다 상호 보완적으로 작동한다.

결론적으로, 구약성경의 죄 개념은 단일 정의로 환원될 수 없는 하나의 교리가 아니라, 의미장으로 구성된 신학적 언어 체계로 이해되어야 한다. 이 언어 체계 안에서 죄는 행위, 상태, 반역, 구조라는 다양한 차원에서 드러나며, 언제나 하나님과 인간 사이의 관계 속에서 규정된다. 이러한 언어적 구조는 구약의 죄 이해가 본질적으로 관계적이며 성서신학적 성격을 지니고 있음을 분명하게 보여준다.

---

geschichtliche Untersuchung, 48-57; Rolf Knierim, *Die Hauptbegriffe für Sünde im Alten Testament*, 210-228; cf. James Barr, *The Semantics of Biblical Language*, 218-230.

28) Rolf Knierim, *Die Hauptbegriffe für Sünde im Alten Testament*, 1-19; Johannes J. Stamm, *Erlösen und Vergeben im Alten Testament: Eine begriffsgeschichtliche Untersuchung*, 33-57; James Barr, *The Semantics of Biblical Language*, 218-230.

2. 구약성경에 나타난 죄: '죄' 용어가 명시적으로 등장하는 본문 연구

구약성경에서 '죄'에 해당하는 용어들은 창세기 서두부터 일관되게 사용되지 않는다. 오히려 죄 개념은 특정 본문들에서 점진적으로 명시화되며, 그 의미 또한 정경적 해석 과정 속에서 확장된다. 이 절에서는 '죄'라는 용어가 실제로 등장하는 주요 본문들을 중심으로, 구약의 죄 이해가 어떻게 형성되고 심화되는지를 고찰한다.

1) 창세기 4장 7절, 13절 – 창세기 3장은 언제 '죄 이야기'가 되는가?

히브리 성경에서 죄(חטא)가 처음으로 명시적으로 등장하는 본문은 창세기 4장 7절이다. 이 본문에서 죄는 단순한 행위 명칭이 아니라, "문에 엎드려" 인간을 위협하는 능동적 실재로 묘사된다. 죄는 인간의 선택 이전에 이미 관계적 긴장 상태로 존재하며, 인간은 그것을 "다스려야 할" 책임을 지닌 존재로 제시된다.

특히 창세기 4장 7b절의 표현("너는 그것을 다스릴 것이다")은 창세기 3장 16b절의 언어와 의도적으로 연결되어 있다. 이 언어적·구조적 평행은 창세기 4장이 창세기 3장의 사건을 해석하는 내적 주석(inner-biblical exegesis)으로 기능함을 시사한다. 즉, 인간의 타락을 다루는 창세기 3장은 그 자체로 '죄'라는 용어를 사용하지 않지만, 창세기 4장을 통해 비로소 '죄의 기원 이야기'로 재독해된다. 이 점에서 창세기 4장은 창세기 3장을 죄 이야기로 명시화하는 최초의 본문이라 할 수 있다.[29]

창세기 4장 13절에서 가인이 "내 죄벌이 너무 무겁다"고 고백하는

---

29) Rolf Knierim, *Die Hauptbegriffe für Sünde im Alten Testament*, 1-19.

대목은, 죄가 단순한 행위에 그치지 않고 인간 존재 전체를 짓누르는 짐과 책임으로 경험됨을 보여준다. 크니림이 지적하듯, 여기서 죄는 행위, 결과, 형벌이 분리되지 않은 통합적 의미장 안에서 이해된다.[30]

2) 창세기 20장 9절 - 죄의 사회적·정치적 차원

창세기 20장 9절에서 아비멜렉은 아브라함에게 "당신이 어찌하여 내게 이같이 하였느냐? 내가 무슨 큰 죄를 네게 범하였기에 나와 내 나라로 큰 죄에 빠질 뻔하게 하였느냐"고 항변한다. 이 진술에서 주목할 점은, 죄가 아브라함 개인의 내적 도덕 문제로 축소되지 않고, 왕과 백성 전체를 하나님 앞에서 위험에 빠뜨릴 수 있는 현실로 인식되고 있다는 사실이다. 죄는 여기서 이미 개인적 차원을 넘어 공동체 전체에 재앙을 초래할 수 있는 사건으로 이해된다.

이 본문은 죄가 단순히 의도나 주관적 양심의 문제로 규정되지 않음을 분명히 한다. 아비멜렉은 자신의 무죄를 주장하면서도(창 20:4-6), 그 결과가 하나님 앞에서 "큰 죄"(חטאה גדלה)로 평가될 수 있었음을 인식한다. 이는 죄가 개인의 주관적 동기와 무관하게, 객관적으로 공동체의 운명을 위협할 수 있는 신학적 현실임을 전제한다. 다시 말해, 죄는 행위자의 의식 여부와 상관없이 관계망 속에서 발생하는 파급 효과를 통해 평가된다.

더 나아가 창세기 20장은 죄의 정치적 차원을 분명히 드러낸다. 아비멜렉은 단순한 개인이 아니라 왕으로서 말하며, 그의 발언 속에서 죄는 곧 국가적 재앙과 하나님의 심판 가능성과 직결된다. 이 본문은 한 개인의 잘못된 판단이나 행위가 정치적 권위 구조와 공동체 전체를 위험

---

30) 위의 책, 185-228.

에 빠뜨릴 수 있다는 인식을 전제하며, 죄를 사회 질서와 통치 책임의 문제로까지 확장한다.

구약의 죄 개념은 본질적으로 관계적이며 상황적이다.[31] 창세기 20장에서 죄는 인간과 인간 사이의 윤리적 침해이자, 동시에 하나님과 공동체 사이의 관계를 위협하는 신학적 사건으로 나타난다. 이러한 이중적 차원은 죄를 개인적 도덕 실패로 환원하려는 모든 시도를 차단한다.

여기서 "큰 죄"라는 표현은 특정 어휘의 강도를 설명하기 위한 것이 아니라, 죄가 어떤 기능을 수행하는지, 즉 공동체를 하나님 앞에서 위험에 노출시키는 사건으로 작동하고 있음을 드러내는 담화적 표현이다.[32] 이 점에서 창세기 20장 9절은 이후 출애굽기 32장이나 열왕기에서 전개되는 집단적·구조적 죄 이해의 초기 형태로 평가할 수 있다.

3) 출애굽기 32장 21절, 30-31절 – 언약 파기로서의 '큰 죄'

출애굽기 32장은 구약성경에서 죄 개념이 언약 신학의 중심부에서 결정적으로 재정의 되는 본문이다. 이 장에서 모세는 금송아지 사건을 반복해서 "큰 죄"(חטאה גדלה)로 규정한다(32:21, 30-31). 이러한 규정은 단순한 도덕적 평가나 우상 제작 행위에 대한 비난을 넘어, 출애굽 사건과 시내산 언약을 통해 형성된 하나님-이스라엘 관계 자체의 근본적 파괴를 지시한다.

특히 주목할 점은, 이 사건이 율법 수여 직후에 발생한다는 서사적 위치이다. 이는 금송아지 사건이 단순한 종교적 일탈이 아니라, 하나님을 왕으로 고백하며 맺은 언약 질서를 즉각적으로 부정한 행위였음을

---

31) Rolf Knierim, *Die Hauptbegriffe für Sünde im Alten Testament*, 145-160.
32) James Barr, *The Semantics of Biblical Language*, 218-230; cf. *The Concept of Biblical Theology: An Old Testament Perspective*, 3-20.

강조한다. 이 맥락에서 죄는 규범 위반이 아니라 언약적 충성의 파기, 곧 하나님 통치에 대한 집단적 반역으로 해석된다. 이 본문에서 죄는 개인 적 실패가 아니라 공동체 전체를 규정하는 언약적 사건으로 이해된다.[33]

이러한 죄 이해는 출애굽기 32장 32절에서 극적인 정점을 이룬다. 모세는 하나님께 "이제 그들의 죄를 사하시옵소서. 그렇지 아니하시오 면 원하건대 주께서 기록하신 책에서 내 이름을 지워 버려 주옵소서"라 고 간구한다. 여기서 모세는 죄의 제거와 존재의 제거를 의도적으로 대 비시키며, 공동체 보존을 위해 자신의 생명과 정체성을 내어놓는 극단 적 중보자의 모습을 보여준다. 이 장면은 죄가 단순히 사과나 보상으로 해결될 수 있는 문제가 아니라, 공동체의 존속 여부를 결정하는 존재론 적 위기임을 드러낸다.

이 중보 장면은 하나님께서 앞서 32장 10절, 12절에서 이스라엘을 "쓸어버리겠다"고 선언하신 말씀과 강한 긴장을 형성한다. 하나님의 선 언은 죄의 결과로서 공동체 전체의 소멸 가능성을 제시하는 반면, 모세 의 간구는 죄와 심판 사이에 중보와 자비의 가능성을 삽입한다. 이로써 출애굽기 32장은 죄의 문제를 단순히 개인의 책임이나 형벌의 문제로 축소하지 않고, 죄와 공동체 보존, 심판과 자비 사이의 신학적 긴장 속에 서 다룬다.

이 본문에서 죄는 제의적 정결 규례로 즉각 처리될 수 있는 사안이 아니라, 하나님과 백성 사이의 관계를 근본적으로 위협하는 사건이며, 그 해결 역시 중보와 용서의 신학 안에서만 가능하다.[34] 이 점에서 출애 굽기 32장은 이후 예언서와 역사서에서 반복적으로 등장하는 집단적·

---

33) Rolf Knierim, *Die Hauptbegriffe für Sünde im Alten Testament*, 113-184.

34) Johannes J. Stamm, *Erlösen und Vergeben im Alten Testament: Eine begriffs-geschichtliche Untersuchung*, 48-65; cf. Brevard S. Childs, *The Book of Exodus*, 567-575.

구조적 죄 논의의 신학적 원형으로 기능한다.

4) 열왕기하 17장 21절 – 여로보암의 죄와 역사적 귀결

열왕기하 17장 21절은 북왕국 이스라엘의 멸망을 여로보암의 죄와 직접적으로 연결하는 결정적 본문이다. 여기서 여로보암의 죄는 하나의 단발적 사건으로 제시되지 않고, 이스라엘을 지속적으로 "죄에 빠지게 한" 구조적·제도적 죄로 규정된다. 본문은 여로보암이 "이스라엘을 야훼에게서 떠나게 하고 큰 죄를 범하게 하였다"고 진술함으로써, 죄의 결과를 개인적 책임 차원을 넘어 국가적·역사적 파국으로 확장한다.

이러한 서술 방식은 여로보암의 죄를 단순한 정치적 판단 착오나 종교 정책 실패로 이해하는 것을 허용하지 않는다. 오히려 여로보암의 행위는 북왕국 전체의 종교 질서를 규정한 제도적 결정으로 평가되며, 이후 왕들이 반복적으로 "여로보암의 죄를 따라갔다"는 평가를 받는 근거가 된다. 이로써 죄는 개인의 행위에서 출발하되, 제도와 관습 속에 고착되어 역사적으로 재생산되는 현실로 나타난다. 이 본문에서 죄는 더 이상 사건(Ereignis)이 아니라, 공동체의 상태와 방향을 규정하는 지속적 구조(Zustand)로 기능한다.[35]

특히 주목할 점은, 열왕기하 17장이 여로보암의 죄를 북왕국 역사 전체의 해석 열쇠로 사용한다는 사실이다. 이 본문은 출애굽기 32장의 금송아지 사건을 단순한 과거의 실패로 남겨두지 않고, 북왕국 역사 전반을 설명하는 원형적 죄(archetypal sin)로 재독해한다. 즉, 금송아지 사건은 여로보암의 정책 속에서 반복·제도화되며, 그 결과가 결국 역사적 심판으로 귀결되었다는 해석 구조가 형성된다.

---

35) Rolf Knierim, *Die Hauptbegriffe für Sünde im Alten Testament*, 145-160; 196-210.

이러한 정경적 연결 속에서, 출애굽기 32장 30-34절의 하나님-모세 대화는 단순한 과거 사건 이상의 의미를 지닌다. 하나님이 이스라엘을 "쓸어버리겠다"고 선언하시고, 모세가 공동체를 위해 중보하는 이 장면은, 이후 여로보암의 죄와 북왕국의 운명을 미리 조망하는 정경적 시간 이동(canonical time travel)의 성격을 지닌다고 평가할 수 있다. 다시 말해, 출애굽기 32장은 단지 광야 세대의 위기를 다루는 본문이 아니라, 왕정 시대-특히 북왕국의 종교 타락-를 해석하기 위한 신학적 기준점으로 기능한다.[36]

열왕기하 17장 21절에서 반복되는 "죄"라는 표현은 특정 어휘의 강도를 강조하기 위한 수사가 아니라, 죄가 역사 속에서 수행하는 기능, 곧 공동체를 하나님에게서 점진적으로 이탈시키고 결국 심판에 이르게 하는 작동 원리를 설명하는 담화적 장치로 이해되어야 한다.[37] 이로써 죄는 더 이상 개인의 도덕적 실패로 한정되지 않고, 역사를 형성하고 파괴하는 신학적 현실로 제시된다.

이러한 관점에서 열왕기하 17장 21절은, 죄의 결과가 단지 개인적 형벌에 머무르지 않고 공동체의 기억과 제도, 그리고 역사 전체에 각인되는 결과를 낳는다는 점을 분명히 보여준다. 여로보암의 죄는 단지 "그의 죄"가 아니라, 이스라엘이 반복적으로 선택하고 고착화한 죄의 구조였으며, 그 최종 귀결이 북왕국의 멸망이라는 역사적 판단으로 제시된다.

---

36) Johannes J. Stamm, *Erlösen und Vergeben im Alten Testament: Eine begriffs-geschichtliche Untersuchung*, 52-65; cf. Brevard S. Childs, *Introduction to the Old Testament as Scripture*, 275-282.

37) James Barr, *The Semantics of Biblical Language*, 218-230; *The Concept of Biblical Theology: An Old Testament Perspective*, 102-118.

5) 역대상 21장 8절 – 왕의 죄와 공동체적 책임

역대상 21장 8절에서 다윗은 인구조사 이후 자신의 행위를 분명하게 죄로 인식하고 고백한다. "내가 이 일을 행하므로 큰 죄를 범하였나이다. 내가 심히 미련하게 행하였나이다."라는 그의 고백은, 죄의 원인을 외부 상황이나 공동체에 전가하지 않고 자기 자신에게 귀속시킨다는 점에서 주목할 만하다. 이 본문은 사무엘하 24장과 평행을 이루지만, 역대기 사가는 죄의 책임을 다윗 개인에게 더욱 명확히 집중시킨다.

사무엘하 24장에서 인구조사의 동기가 하나님의 진노와 연결되어 제시되는 반면(삼하 24:1), 역대상 21장은 사탄의 유혹이라는 요소를 도입하면서도, 최종적 책임은 여전히 다윗의 선택과 결단에 있음을 분명히 한다. 이 편집적 차이는 역대기가 죄의 원인을 신비적 차원으로 전가하기보다, 왕의 책임성과 도덕적 판단을 신학적으로 강조하고 있음을 보여준다. 즉, 죄는 외적 강요의 결과가 아니라, 지도자의 의식적 결정에 의해 발생한 것으로 해석된다.[38]

이러한 재서술은 역대기의 신학적 관심을 반영한다. 역대기는 포로기 이후 공동체를 배경으로 하여, 과거 왕들의 행위를 단순한 역사 기록이 아니라 책임과 회개의 신학적 교훈으로 재구성한다. 이 맥락에서 다윗의 즉각적인 죄 고백은, 죄가 공동체 전체에 영향을 미칠 수 있음에도 불구하고, 책임의 출발점은 개인의 선택에 있다는 점을 분명히 한다. 크니림이 지적하듯, 이러한 본문들은 구약의 죄 이해가 점진적으로 개인적 책임의 차원을 보다 선명하게 드러내는 방향으로 전개되고 있음을

---

38) Hugh Godfrey Maturin Williamson, *1 and 2 Chronicles*, New Century Bible Commentary (Grand Rapids: Eerdmans, 1982), 149-152; cf. Sara Japhet, *I & II Chronicles: A Commentary*, Old Testament Library (Louisville: Westminster John Knox, 1993), 373-378.

보여준다.[39]

동시에 이 본문은 개인 책임이 공동체적 결과를 부정하지 않음을 암시한다. 다윗의 죄는 개인의 고백으로 끝나지 않고, 백성 전체에게 재앙을 초래한다(대상 21:14). 이는 죄가 개인적 차원에서 발생하더라도, 그 영향은 여전히 공동체적 차원으로 확산될 수 있음을 보여준다. 따라서 역대상 21장은 죄를 개인화하면서도, 죄의 결과를 공동체와 분리하지 않는 긴장 구조를 유지한다.

이 본문에서 "죄"라는 표현은 추상적 도덕 범주가 아니라, 책임을 귀속시키고 회개를 촉발하는 담화적 기능을 수행한다.[40] 역대기는 다윗의 고백을 통해 죄를 설명하기보다, 죄가 어떻게 인식되고 고백되어야 하는지를 보여주며, 이를 통해 포로기 이후 공동체에게 신학적 방향성을 제시한다.

이 점에서 역대상 21장 8절은, 앞서 살펴본 여로보암의 제도화된 죄(왕하 17:21)와 대조를 이루면서, 구약성경 안에서 죄 이해가 구조적 책임에서 개인적 책임으로 점진적으로 선명해지는 한 국면을 보여주는 중요한 본문으로 평가할 수 있다.

6) 열왕기상 8장 47절과 시편 51편 2b-3절 – 삼중 고백과 죄 언어의 집약

열왕기상 8장 47절은 죄에 대한 인식을 집약적으로 드러내는 삼중 고백 공식을 제시한다. "우리가 범죄하였고(חטא), 패역하였으며(עוה), 악을 행하였나이다(רשע)"라는 이 공식은 죄를 단일한 행위나 특정 사

---

39) Rolf Knierim, *Die Hauptbegriffe für Sünde im Alten Testament*, 210-228.
40) James Barr, *The Semantics of Biblical Language*, 218-230.

건으로 한정하지 않고, 다양한 차원의 실패를 포괄하는 언어적 구조로 이해했음을 보여준다. 여기서 죄는 행위적 일탈, 왜곡된 상태, 그리고 의지적 악행이라는 상이한 차원을 동시에 포함하며, 하나의 개념이 아니라 복합적 고백 언어로 제시된다.

이 삼중 공식은 단순한 수사적 반복이 아니라, 죄를 총체적으로 인식하고 고백하기 위한 신학적 장치로 기능한다. 이러한 병렬적 죄 언어는 개념 구분을 목적으로 하지 않으며, 오히려 인간의 실패를 전인격적·전관계적 현실로 하나님 앞에 드러내기 위한 고백 형식이다.[41] 열왕기상 8장의 맥락에서 이 고백은 공동체 전체가 포로 상황 속에서 자신들의 역사를 신학적으로 해석하며, 죄의 깊이와 범위를 언어로 집약하는 방식으로 사용된다.

이 고백 구조는 시편 51편 2b-3절에서 개인적 차원으로 재전유된다. 시편 기자는 자신의 죄를 고백하면서 동일한 의미장을 형성하는 다양한 어휘들을 병렬적으로 사용함으로써, 자신의 실패가 단일한 잘못이 아니라 깊이 누적되고 전면적인 현실임을 하나님 앞에 언어화한다. 여기서 죄의 고백은 단순한 자기 성찰이나 감정 표현이 아니라, 하나님과의 관계 안에서 자신의 상태를 정확히 인식하고 드러내는 신앙 행위로 기능한다.

특히 시편 51편에서 죄 언어는 제의적 정결이나 보상 논리를 중심으로 조직되지 않는다. 죄는 제거되어야 할 대상이기 이전에, 하나님과의 관계를 근본적으로 훼손한 현실로 인식되며, 그 깊이는 언어의 반복과 집중을 통해 드러난다. 이와 같은 고백 언어는 죄를 정의하기보다, 죄가 어떻게 경험되고 고백되는지를 보여주는 신학적 증언이다.[42]

---

41) Rolf Knierim, *Die Hauptbegriffe für Sünde im Alten Testament*, 210-228.
42) Johannes J. Stamm, *Erlösen und Vergeben im Alten Testament: Eine begriffs-*

열왕기상 8장과 시편 51편에 나타난 이러한 죄 언어의 집중은 개념적 분석을 위한 자료라기보다, 죄가 담화 속에서 수행하는 기능을 드러낸다.[43] 죄는 여기서 추상적 범주가 아니라, 고백과 회개를 통해 하나님 앞에 다시 서게 하는 언어적 행위로 작동한다. 이 점에서 삼중 고백 공식과 그 개인적 재전유는, 구약성경의 죄 이해가 언어의 다양성과 중첩을 통해 총체적 신학 인식을 형성하고 있음을 잘 보여준다.

7) 출애굽기 32장 32절과 시편 51편 2절, 9-20절의 상호텍스트성

시편 51편 2절, 9-20절에서 시편 기자는 자신의 죄가 "지워지기를"(מחה) 반복적으로 간구한다. 이 표현은 단순한 용서 요청이 아니라, 죄가 하나님과 인간 사이에 남긴 흔적 자체가 제거되기를 바라는 급진적 언어이다. 이러한 표현은 출애굽기 32장 32절에서 모세가 하나님께 "내 이름을 주의 책에서 지워 달라"고 요청하는 장면과 강한 상호텍스트적 연결을 형성한다. 두 본문 모두 "지움(blotting out)"이라는 동일한 동사를 사용함으로써, 죄와 존재, 기억과 공동체의 문제를 긴밀히 결합한다.

그러나 이 두 본문 사이에는 중요한 신학적 전이가 나타난다. 출애굽기 32장에서 모세는 공동체의 멸망을 막기 위해 자기 존재의 삭제를 감수하려는 중보자로 등장한다. 여기서 "지움"의 대상은 죄가 아니라 중보자 자신이며, 이는 죄의 결과가 공동체 전체의 소멸로 이어질 수 있다는 언약 신학적 긴장을 극단적으로 드러낸다. 반면 시편 51편에서 시편 기자는 자신의 존재가 아니라 자신의 죄가 지워지기를 요청한다. 이로

---

geschichtliche Untersuchung, 48-57.

43) James Barr, *The Semantics of Biblical Language*, 218-230.

써 "지움"의 언어는 공동체 보존을 위한 대리적 희생에서, 하나님 앞에서의 개인적 회개와 정화 요청으로 전환된다.

이러한 전이는 죄 신학의 내면화를 보여주는 중요한 지점이다. 죄는 더 이상 공동체의 존속 여부만을 결정하는 외적 위기가 아니라, 개인이 하나님과의 관계 안에서 직면하고 고백해야 할 실존적 현실로 다루어진다. 시편의 고백 언어는 제의적 해결 이전에 관계 회복을 지향하는 신학적 언어로 기능하며, 죄의 처리가 외적 중보에서 내적 회개로 이동하고 있음을 보여준다.[44]

이 점에서 시편 51편은 출애굽기 32장의 중보 신학을 부정하거나 대체하지 않는다. 오히려 그것을 개인의 신앙 언어 속으로 재전유함으로써, 죄와 용서의 문제를 공동체적 기억과 개인적 신앙 경험 사이에서 재배치한다. 바의 의미론적 관점에서 볼 때, 여기서 "지움"이라는 동일한 언어는 서로 다른 담화 상황 속에서 상이한 기능을 수행하며, 그 기능적 전이가 바로 구약성경 안에서 죄 이해가 심화되는 과정을 보여준다.

따라서 시편 51편 2절, 9-20절과 출애굽기 32장 32절의 상호텍스트성은 단순한 어휘 반복이 아니라, 죄 신학이 집단적 중보에서 개인적 회개로 확장·내면화되는 정경적 발전 과정을 드러내는 중요한 증거로 평가할 수 있다.

8) 사무엘상 2장 25절 – 죄와 중보의 한계

사무엘상 2장 25절은 구약성경의 죄 이해에 있어 가장 급진적인 신

---

44) Johannes J. Stamm, *Erlösen und Vergeben im Alten Testament: Eine begriffs-geschichtliche Untersuchung*, 52-65; cf. Rolf Knierim, *Die Hauptbegriffe für Sünde im Alten Testament*, 210-228; James Barr, *The Semantics of Biblical Language*, 218-230.

학적 질문을 제기하는 본문 중 하나이다. "사람이 사람에게 죄를 범하면 하나님이 판결하시려니와, 사람이 여호와께 죄를 범하면 누가 그를 위하여 중보하겠느냐?"라는 이 질문은, 죄를 단순한 윤리적 위반이나 법적 잘못으로 규정하는 모든 접근을 넘어선다. 여기서 죄는 중재와 판결의 가능성을 전제로 한 분쟁이 아니라, 중보 자체를 위태롭게 만드는 관계 파괴로 정의된다.

이 본문은 인간 사이의 범죄와 하나님께 대한 범죄를 명확히 구분한다. 전자의 경우 판결과 조정의 가능성이 남아 있지만, 후자의 경우에는 그 죄가 하나님과의 관계를 직접적으로 훼손하기 때문에 중보의 자리가 사라질 수 있음을 암시한다. 이는 죄의 심각성이 단순히 행위의 강도에 있지 않고, 관계의 방향성과 대상에 달려 있음을 보여준다. 사무엘상 2장 25절은 따라서 죄를 "얼마나 나쁜 행동인가"의 문제로 묻기보다, "누구와의 관계를 파괴하는가"의 문제로 재정식화한다.

이러한 질문은 구약 신학 전개에 있어 결정적인 긴장을 형성한다. 만일 하나님께 범한 죄에 대해 중보가 불가능하다면, 제의, 제사장, 예언자, 그리고 회개의 자리는 어떻게 정당화될 수 있는가? 바로 이 긴장 속에서 이후의 제의 신학, 예언자적 회개 촉구, 그리고 시편의 고백 전통이 발전하게 된다. 구약의 회개와 용서 신학은 이러한 "중보 불가능성"의 위기에서 출발하여, 하나님의 자비와 관계 회복의 가능성을 새롭게 언어화하는 방향으로 전개된다.[45]

---

45) Johannes J. Stamm, *Erlösen und Vergeben im Alten Testament: Eine begriffs-geschichtliche Untersuchung*, 65-72; cf. Rolf Knierim, *Die Hauptbegriffe für Sünde im Alten Testament*, 210-228; James Barr, *The Concept of Biblical Theology: An Old Testament Perspective*, 102-118.

9) 소결론

　본 연구는 구약성경에서 '죄'라는 용어가 명시적으로 사용되는 전승들을 분석함으로써, 죄 개념이 하나의 고정된 정의나 교리적 공식으로 주어지지 않았음을 밝히고자 하였다. 분석 결과, 구약의 죄 이해는 처음부터 완결된 개념으로 제시되지 않으며, 정경적 해석의 과정 속에서 점진적으로 명료화되고 확장되는 신학적 언어로 형성되었음이 확인되었다.

　초기 전승에서 죄는 인간 앞에 놓인 선택과 책임의 문제로 제시되며, 이후 전개 과정 속에서 공동체 전체를 위협하는 사회적·정치적 현실, 언약 질서를 파괴하는 집단적 반역, 그리고 역사적 심판을 초래하는 구조적 죄로 확장된다. 동시에 이러한 집단적·구조적 죄 이해는 점차 개인의 선택과 책임이라는 차원으로 재조명되며, 죄의 문제는 개인 신앙의 고백과 회개의 언어 속으로 내면화된다.

　이 과정에서 죄는 단일한 행위나 일시적 실패로 환원되지 않는다. 오히려 죄는 행위, 왜곡된 상태, 의지적 반역, 제도화된 구조, 그리고 역사적 결과라는 다양한 차원에서 반복적으로 재해석되며, 각각의 차원은 상호 배타적이기보다 상호 보완적으로 작동한다. 이러한 다층성은 죄 언어의 다양성이 개념적 혼란이 아니라, 인간의 실패를 삶과 관계의 현실 속에서 총체적으로 표현하려는 신학적 시도임을 보여준다.

　결국 구약성경에서 죄는 하나의 추상적 개념이나 인간 본성에 대한 이론이 아니라, 하나님과 인간 사이의 관계를 훼손하고 위협하는 신학적 현실로 이해된다. 죄의 의미는 언제나 관계적 맥락 속에서 규정되며, 그 언어는 정경적 과정 속에서 지속적으로 재배치되고 심화된다. 이 점에서 구약의 죄 이해는 본질적으로 관계적이며 성경신학적인 언어 체계, 곧 의미장의 신학으로 이해되어야 한다.

3. 결론

본 연구는 구약성경에서 죄를 대표하는 어휘들에 대한 분석과, '죄'라는 용어가 명시적으로 등장하는 주요 전승들에 대한 본문 연구를 통해, 구약의 죄 이해가 하나의 고정된 정의나 교리적 공식으로 제시되지 않음을 확인하였다. 오히려 죄는 다양한 어휘와 서사적 맥락 속에서 의미장의 형태로 구성되는 성서신학적 언어이며, 그 의미는 정경적 전개 과정 속에서 점진적으로 명료화되고 확장된다.

어휘 연구는 구약의 죄 언어가 단일 개념을 설명하기 위한 기술적 용어 체계가 아니라, 행위, 상태, 반역, 신뢰 붕괴, 구조적 왜곡 등 서로 다른 차원을 드러내는 상호 보완적 언어망임을 보여주었다. 이 어휘들은 어원이나 사전적 의미에 의해 규정되기보다, 사용 맥락과 기능, 그리고 하나님과 인간 사이의 언약 관계 속에서 의미를 획득한다. 따라서 죄는 인간 본성에 대한 추상적 진술이 아니라, 관계 속에서 발생하고 인식되는 신학적 현실로 언어화된다.

본문 연구는 이러한 언어적 특징이 정경적 과정 속에서 어떻게 신학적으로 전개되는지를 드러냈다. 죄는 처음에는 인간의 선택과 책임의 문제로 제시되지만, 점차 공동체와 제도, 역사 전체를 규정하는 구조적 현실로 확장된다. 동시에 이러한 집단적·역사적 죄 이해는 개인적 책임과 고백의 차원으로 다시 내면화되며, 죄의 문제는 개인 신앙의 언어 속에서 재해석된다. 이 과정에서 죄는 도덕적 결함이나 규범 위반을 넘어, 언약 질서를 위협하고 공동체의 존속과 관계 회복의 가능성을 좌우하는 신학적 문제로 다루어진다.

종합하면, 구약성경의 죄 이해는 단일 개념이나 일관된 교리 체계가 아니라, 정경적 전개 속에서 형성된 관계적·역동적 신학 언어 체계이다. 죄른 언제나 하나님과 인간 사이의 관계 속에서 규정되며, 행위와 상태, 개인과 공동체, 현재와 역사적 결과를 아우르는 다층적 현실로 제시된다. 이 점에서 구약의 죄론은 본질적으로 성서신학적이며, 정경적 해석 과정을 통해 형성된 신학으로 이해되어야 한다.

아울러 본 연구는 구약의 죄 언어가 개념적 정의뿐 아니라 은유와 상징의 체계를 통해 형성된다는 점을 시사한다. 죄는 짐, 왜곡, 오염, 반역, 지움과 같은 이미지로 표현되며, 이러한 은유적·상징적 언어는 죄의 신학적 의미를 단순히 설명하기보다 경험되고 인식되는 방식 자체를 형성한다. 따라서 향후 연구에서는 죄의 어휘 분석을 넘어, 이러한 은유와 상징 체계가 구약의 예배, 제의, 회개, 그리고 공동체 윤리 속에서 어떻게 작동하는지를 더욱 심층적으로 탐구할 필요가 있다.

IV. 죄의 은유와 상징 체계

구약성경에서 죄는 개념적으로 정의되기보다, 반복적으로 은유와 상징을 통해 말해진다. 이러한 은유들은 죄의 본질을 설명하기 위한 부차적 장식이 아니라, 죄에 대한 인식과 이해를 형성하는 신학적 언어로 기능한다. 다시 말해, 죄의 은유는 단순한 표현 방식이 아니라, 신앙 공동체가 죄의 현실을 해석하고 경험하는 '이해의 틀(mode of understanding)'을 구성한다.

1. 짐과 제거의 은유: 레위기 16장

레위기 16장의 속죄일 전승은 죄를 '지워지고 제거되어야 할 짐'으로 형상화한다. 염소가 백성의 죄를 "지고" 광야로 보내지는 장면은, 죄를 단순한 도덕적 상태가 아니라 공동체 위에 축적되어 부담으로 작용하는 현실로 이해하게 한다. 이 은유는 죄를 단순히 용서받아야 할 행위로 보지 않고, 공동체를 압도하는 실질적 무게로 인식하게 만드는 기능을 수행한다.[46] 죄의 제거는 곧 공동체의 회복과 공간적 재배치를 의미하며, 이는 죄 이해가 이미 공간적·상징적 차원에서 작동하고 있음을 보여준다.

2. 오염과 세정의 은유: 이사야 1장 18절

이사야 1장 18절은 죄를 오염된 상태로 묘사하면서, 이를 씻어 정결하게 하는 이미지를 통해 회복을 말한다. "주홍 같을지라도 희어질 것"이라는 표현은 죄를 법적 유죄로 설명하지 않고, 관계와 존재를 더럽히는 현실로 인식하게 한다. 이 은유는 죄가 인간과 하나님 사이의 관계를 혼탁하게 만든다는 점을 감각적으로 전달하며, 회복은 처벌의 면제라기보다 정화와 새로움의 과정으로 이해된다. 이러한 정결 은유는 죄를 경험의 언어로 전환하여, 신앙 공동체가 죄를 '느끼고 인식하는 방식'을 형성한다.[47]

3. 깊음과 던짐의 은유: 미가 7장 18-19절

미가 7장 18-19절에서 죄는 "바다 깊은 곳에 던져지는 것"으로 표현된다. 이 은유는 죄의 완전한 소멸이나 망각을 말하기보다, 접근 불가

---

46) Gary A. Anderson, *Sin: A History* (New Haven: Yale University Press, 2009), 17-45.

47) Günter Röhser, *Metaphorik und Personifikation der Sünde* (Tübingen: Mohr Siebeck, 1987), 29-76.

능한 영역으로의 이동을 강조한다. 죄는 더 이상 관계를 규정하는 현실로 작동하지 않으며, 하나님의 자비 안에서 결정적으로 재배치된다. 이러한 은유는 죄 사함을 법정적 선언이 아니라 공간적·관계적 전환으로 이해하도록 이끈다.[48]

4. 신체적 고통의 은유: 시편 38편

시편 38편은 죄를 신체적 고통과 질병의 언어로 표현한다. 여기서 죄는 내면적 도덕 상태에 머물지 않고, 인간의 몸과 관계, 사회적 고립까지 침투하는 현실로 묘사된다. 이 은유는 죄가 인간 존재 전체에 미치는 영향을 드러내며, 죄와 고통, 관계 단절을 분리할 수 없음을 보여준다. 이러한 표현은 죄를 분석적 개념이 아니라 삶 전체를 압도하는 경험적 현실로 인식하게 한다.

5. 은유의 신학적 기능: 설명이 아닌 인식의 형성

이러한 다양한 은유들은 공통적으로 죄를 '설명'하지 않는다. 오히려 죄를 어떻게 보아야 하는지, 어떻게 느끼고 반응해야 하는지를 형성한다. 리꾀르(Paul Ricoeur)의 통찰에 따르면, 은유는 대상을 정의하는 대신 새로운 의미의 세계를 열어 보이며, 인간의 자기 이해를 재구성한다.[49] 이 관점에서 볼 때, 구약의 죄 은유는 죄에 대한 이론을 제공하기보다, 죄 앞에서의 신앙적 자기 이해와 응답의 방식을 형성하는 신학적 언

---

48) Gary A. Anderson, *Sin: A History*, 65-89.
49) Paul Ricoeur, *The Symbolism of Evil* (Boston: Beacon Press, 1967), 5-18; *The Rule of Metaphor* (Toronto: University of Toronto Press, 1977), 247-258.

어이다.

결론적으로, 구약성경의 죄 이해는 어휘와 서사뿐 아니라, 은유와 상징의 체계를 통해 구성된다. 죄는 짐이고, 오염이며, 깊은 곳으로 던져질 대상이고, 몸과 관계를 파괴하는 고통으로 말해진다. 이러한 은유들은 죄의 본질을 고정된 개념으로 규정하지 않고, 관계 속에서 경험되고 해석되는 현실로 인식하게 한다. 바로 이 점에서 죄의 은유 체계는 구약의 죄론이 단순한 교리 설명이 아니라, 이해를 형성하는 성서신학적 언어임을 분명히 보여준다.

V. 하나님과 창조: 죄의 기원과 인간 조건

구약성경의 창조 전승은 죄의 기원을 추상적 교리나 인류학적 정의로 설명하지 않는다. 대신 죄는 창조 질서 안에서 인간이 하나님과 맺고 있던 신뢰 관계가 어떻게 붕괴되는지를 서사적으로 드러내는 방식으로 제시된다. 이 점에서 창세기 1-11장은 죄의 "정의"를 제공하기보다, 죄가 인간 조건 속으로 어떻게 스며들고 확산되는지를 이야기 형태로 형성한다.

1. 선한 창조와 신뢰의 전제: 창세기 1-2장

창세기 1-2장은 반복적으로 창조의 선함을 강조하며, 인간을 하나님의 형상으로 창조된 존재, 곧 책임적 자유와 관계적 응답 능력을 지닌 존재로 제시한다. 이 전승에서 인간은 규칙을 감시받는 객체가 아니라, 하나님의 말씀과 선한 질서 안에서 살아가도록 초대받은 신뢰의 주체이다. 창조 서사는 윤리 규범의 목록이 아니라, 하나님과 인간 사이의 관계적 질서를 전제하는 신학적 진술이다.[50]

2. 창세기 3장: 죄의 서사적 형성

창세기 3장은 죄를 명시적으로 정의하지 않으며, '죄'라는 용어조차 사용하지 않는다. 대신 이 본문은 죄를 하나님의 말씀에 대한 신뢰 붕괴로 서사화한다. 핵심 문제는 금지 규정의 위반 자체가 아니라, 하나님의 선하심과 의도에 대한 의심, 그리고 인간이 스스로 선악의 기준이 되려는 시도이다. 이 이야기는 도덕적 실패담이 아니라, 인간이 하나님과의 관계 안에서 자신을 어떻게 이해하는지를 묻는 관계적 위기 서사이다.[51]

이 서사에서 죄의 결과는 즉각적인 형벌로 나타나기보다, 수치심, 두려움, 책임 전가, 관계 단절이라는 형태로 드러난다. 이는 죄가 단일 행위로 끝나지 않고, 인간의 존재 방식과 관계 구조 전체를 변화시키는 사건임을 보여준다. 창세기 3장은 죄를 규칙 위반의 문제가 아니라, 하나님을 신뢰하지 못하게 되는 인간 조건의 근본적 균열로 묘사한다.[52]

3. 창세기 4장: 관계적 균열에서 윤리적 폭력으로

창세기 4장은 창세기 3장에서 형성된 하나님에 대한 신뢰 붕괴가 인간의 실제 행위와 윤리적 선택의 영역에서 어떻게 구체화되는지를 보여주는 매개적 본문이다. 이 장은 죄를 관계적 인식의 문제로만 남겨 두

---

50) Robin Routledge, *Old Testament Theology: A Thematic Approach*, 45-62.
51) Claus Westermann, *Genesis 1–11*, 243-260.
52) Walter Brueggemann, *Genesis*, 41-55; *Theology of the Old Testament*, 214-229.

지 않고, 그것이 인간의 선택 속에서 폭력이라는 형태로 현실화되는 과정을 서사적으로 드러낸다.

특히 창세기 4장 7절은 히브리 성경에서 처음으로 '죄'(חטאת)를 명시적으로 언급하며, 앞선 창세기 3장을 소급적으로 죄의 이야기로 해석하게 하는 내적 주석적 기능을 수행한다. 그러나 이 본문은 죄를 추상적 상태로 정의하지 않는다. 죄는 "문에 엎드려 있는" 능동적 현실로 묘사되며, 인간을 위협하는 힘이면서 동시에 인간이 "다스려야 할 대상"으로 제시된다. 이는 죄의 실재성을 인정하면서도 인간의 책임과 선택 가능성을 분명히 전제하는 긴장 구조를 형성한다.[53]

이러한 구조 속에서 하나님은 가인에게 경고와 선택의 여지를 제공하며, 죄가 필연적으로 폭력으로 귀결되지 않음을 암시한다. 그러나 가인은 이 요청에 응답하지 못하고, 자신의 위기와 불안을 타자의 제거를 통해 해결하려는 선택을 한다. 그의 살인은 창세기 3장에서 나타난 책임 전가와 관계 단절이 이제 되돌릴 수 없는 행위의 차원으로 전환되었음을 보여준다.[54]

가인의 질문, "내가 내 아우를 지키는 자입니까?"는 죄의 본질을 더욱 분명히 드러낸다. 여기서 죄는 단순한 살인의 행위가 아니라, 타자에 대한 책임 자체를 부정하는 태도로 확장된다. 이 선언은 인간 공동체의 윤리적 토대를 해체하며, 이후 창세기 6-9장에서 묘사되는 폭력의 구조화와 사회적 붕괴를 이해하는 신학적 전제가 된다.

따라서 창세기 4장은 죄를 도덕 규범 위반으로 설명하지 않는다. 이 본문은 죄를 관계적 균열에서 출발하여 윤리적 폭력으로 전개되는 인간

---

53) Claus Westermann, *Genesis 1–11*, 290-296.
54) Gerhard von Rad, *Genesis: A Commentary*, OTL (Philadelphia: Westminster Press, 1972), 101-107.

조건의 위기로 서사화하며, 동시에 인간이 여전히 책임 있는 존재로 부름 받고 있음을 분명히 한다. 이러한 점에서 창세기 4장은 이후 전개되는 구조적 죄와 책임 윤리 논의를 위한 핵심적인 신학적 연결 고리를 제공한다.[55]

4. 죄의 확산과 구조화: 창세기 6-9장

창세기 6-9장은 창세기 3장에서 시작된 신뢰 붕괴가 어떻게 폭력과 파괴의 구조로 확산되는지를 보여준다. 여기서 죄는 개인의 선택을 넘어 사회적·집단적 현실로 증폭되며, 창조 질서 자체를 위협하는 힘으로 나타난다. 그러나 이 전승은 죄의 확산만을 말하지 않는다. 홍수 이후 하나님은 창조 세계를 다시 신뢰의 관계 안에 두며, 무조건적 보존의 약속을 통해 인간 조건의 지속 가능성을 선언한다. 이 전승은 죄와 심판, 그리고 창조의 재확인이 긴장 속에서 공존하는 신학을 보여준다.[56]

5. 바벨 이야기(창세기 11장): 왜곡된 신뢰의 사회적 형태

창세기 11장은 죄가 집단적 차원에서 어떻게 사회적 프로젝트로 제도화되는지를 보여준다. 인간은 흩어짐을 두려워하여 스스로 안전과 의미를 보장하려 하며, 하나님을 신뢰하는 대신 자기 확증과 통제를 추구한다. 이 본문에서 죄는 명시적 불순종이 아니라, 하나님 없이도 자신을 지킬 수 있다는 집단적 자기 신뢰로 형상화된다. 이는 죄가 개인의 내

---

55) Walter Brueggemann, *Genesis*, 56-63; *Theology of the Old Testament*, 214-229.

56) Joseph Blenkinsopp, *Creation, Un-Creation, Re-Creation*, 65-90.

면을 넘어 문화와 구조 속에 자리 잡을 수 있음을 보여준다.

6. 소결론: 창조 신학과 인간 조건

이러한 창조 전승들은 죄를 생물학적 본성이나 유전된 상태로 설명하지 않는다. 오히려 죄는 인간이 하나님과 맺고 있던 신뢰 관계의 실패에서 발생하며, 그 결과는 관계의 단절, 폭력의 확산, 그리고 사회 구조의 왜곡으로 전개된다. 그러나 동시에 이 전승들은 죄를 인간 존재의 최종 규정으로 제시하지도 않는다. 창조의 선함과 세계에 대한 하나님의 지속적인 관여는, 죄가 인간 삶의 일부가 되었음에도 불구하고 관계 회복의 가능성이 여전히 열려 있음을 전제한다.

이 점에서 구약성경의 창조 전승은 죄를 규칙 위반이나 법적 유죄 상태에 대한 이론적 설명으로 제시하지 않고, 신뢰 붕괴라는 서사적 언어를 통해 표현한다. 이러한 서사적 접근은 죄를 보다 넓은 인간 조건의 지평 안에서 이해하도록 하며, 이후 전개되는 언약, 제의, 회개 신학의 형성을 위한 신학적 토대를 제공한다. 따라서 창조 신학은 구약성경의 죄론에 있어 출발점으로 기능할 뿐만 아니라, 하나님과 인간의 관계를 해석하는 근본적인 신학적 지평을 형성한다.

VI. 죄의 존재 방식: 행위, 상태, 구조

구약성경은 죄를 인간의 책임 있는 행위(act)로 분명히 말하면서도, 죄가 반복과 축적을 통해 인간과 공동체를 규정하는 상태(state)와 구조(structure)로 작동한다는 사실을 동시에 증언한다. 이러한 다층적 이해는 죄를 단순한 도덕적 사건이나 개별 선택으로 환원하려는 모든 시도를 넘어, 죄가 인간 조건과 사회 질서 속에서 어떻게 지속되고 증폭되는지를 성서신학적으로 조명한다.

1. 죄로서의 행위: 책임과 선택의 차원

구약은 죄를 결코 인간의 의지와 무관한 숙명적 현실로 설명하지 않는다. 죄는 언제나 인간의 선택과 행위로부터 시작되며, 이 점에서 인간은 죄에 대해 책임을 지는 주체로 제시된다. 죄가 "문에 엎드려" 인간에게 접근하는 것으로 묘사되는 초기 전승은, 죄가 외적 힘으로 작용할 수 있음에도 불구하고, 인간이 그것에 대해 응답하고 결정해야 할 책임을 지닌 존재임을 분명히 한다. 구약의 죄 어휘는 인간 행위를 중심으로 의미를 형성하며, 죄를 본질적 상태로 고정하지 않는다.[57]

2. 죄로서의 상태: 반복과 축적의 현실

동시에 구약은 죄가 단일 행위로 소멸되지 않음을 증언한다. 죄는 반복되고 축적되며, 개인과 공동체의 지속적 상태를 형성한다. 이러한 상태로서의 죄는 단지 과거의 잘못이 아니라, 현재의 삶을 규정하는 조건으로 작동한다. 이 점에서 죄는 "지은 것"이면서 동시에 "처해 있는 것"이다. 구약 전승은 죄를 도덕적 범주로만 이해하지 않고, 인간과 공동체가 부정한 상태에 놓이게 되는 현실로 인식한다.[58] 이 상태성은 죄가

---

57) Rolf Knierim, *Die Hauptbegriffe für Sünde im Alten Testament*, 52-68; 196-210.

58) Jonathan Klawans, *Impurity and Sin in Ancient Judaism*, 21-48.

회개나 제의적 행위를 통해서만 변화될 수 있음을 전제한다.

3. 죄로서의 구조: 제도화와 역사화

죄의 가장 급진적인 양상은 그것이 구조로 고착될 때 드러난다. 구약의 역사 전승은 죄가 개인의 선택을 넘어 제도와 관습 속에 내재화될 수 있음을 반복적으로 보여준다. 특히 특정 정치·종교적 결정이 반복될 때, 죄는 개인적 실패가 아니라 공동체 전체를 규정하는 구조적 현실이 된다. 이러한 구조적 죄는 다음 세대에 의해 답습되며, 결과적으로 역사적 파국을 초래한다. 이 지점에서 죄는 단순한 윤리 문제를 넘어, 대안적 사회 질서를 왜곡하는 힘으로 기능한다.[59]

4. 세 차원의 긴장과 통합

중요한 점은, 행위·상태·구조라는 세 차원이 서로를 대체하지 않는다는 사실이다. 구약은 죄를 구조로 설명하면서도 개인 책임을 폐기하지 않으며, 죄를 상태로 말하면서도 행위의 중요성을 약화시키지 않는다. 오히려 이 세 차원은 상호 긴장 속에서 통합된다. 죄는 행위로 시작되지만, 상태로 굳어지고, 구조로 제도화되며, 그 구조는 다시 개인의 행위를 형성한다. 이 순환은 죄가 인간과 공동체를 얽어매는 방식을 성서 신학적으로 설명한다.

이러한 다층적 이해는 죄를 단순히 제거해야 할 도덕적 오류로 보

---

59) Walter Brueggemann, *Theology of the Old Testament: Testimony, Dispute, Advocacy*, 732-760.

지 않고, 관계·사회·역사 전체를 관통하는 신학적 현실로 인식하게 한다. 바로 이 점에서 구약의 죄 이해는 개인 윤리와 사회 윤리, 책임과 구조 비판을 동시에 요청하는 성서신학적 깊이를 지닌다.

VII. 언약과 죄: 하나님과 그의 백성

구약성경에서 죄는 도덕 규범 위반의 집합으로 정의되기보다, 언약 관계의 왜곡과 파괴로 이해된다. 이 점에서 죄는 윤리적 범주 이전에 신학적 범주이다. 즉, 무엇이 옳고 그른가의 문제에 앞서, 하나님과의 관계가 어떻게 훼손되었는가가 죄 이해의 출발점을 이룬다. 이러한 관점은 언약 전승 전반-특히 출애굽과 신명기 전승-에서 일관되게 확인된다.

1. 언약의 구조와 신뢰의 요구: 출애굽기 19-24장

출애굽기 19-24장은 이스라엘과 하나님 사이의 언약을 형성하는 핵심 전승이다. 이 본문에서 율법은 자율적 도덕 규칙이 아니라, 이미 성립된 구원 관계의 틀 안에서 주어지는 삶의 방식으로 제시된다. 따라서 순종과 불순종은 추상적 윤리 판단이 아니라, 언약적 신뢰에 대한 응답의 문제로 규정된다. 구약의 율법 윤리는 관계적이며, 은혜로 시작된 언약 관계 안에서 기능한다.[60]

이 맥락에서 죄는 규칙을 어긴 행위 그 자체보다, 하나님과의 관계를 지탱하는 신뢰와 충성을 훼손하는 사건으로 인식된다. 언약은 단순한 계약이 아니라, 하나님을 왕으로 인정하고 그의 통치에 응답하는 인격적 관계 질서를 전제한다. 따라서 언약 안에서의 죄는 곧 하나님의 통

---

60) Bruce K. Waltke, *An Old Testament Theology*, 307-322.

치에 대한 거부이자, 관계 질서의 붕괴를 의미한다.[61]

2. 금송아지 사건: 언약 파기로서의 죄

출애굽기 32장은 죄가 언약 신학 안에서 어떻게 이해되는지를 극적으로 보여준다. 이 사건에서 문제는 단순한 우상 제작이나 종교적 일탈이 아니라, 시내산에서 막 체결된 언약을 근본적으로 부정한 행위라는 점에 있다. 금송아지 사건은 하나님을 왕으로 신뢰하는 대신, 눈에 보이는 대체물을 통해 안전과 통제를 확보하려는 시도로서, 언약 관계의 핵심을 무너뜨린다.

이 본문에서 죄는 개인적 불순종의 집합이 아니라, 공동체 전체가 하나님과 맺은 관계를 다른 질서로 대체하려는 집단적 선택으로 나타난다.[62] 그 결과 죄는 곧 공동체의 존속 여부를 위협하는 신학적 위기로 전환되며, 심판과 중보, 용서의 문제가 언약 신학의 중심 주제로 부상한다.

3. 신명기 전승: 죄, 심판, 그리고 회복의 구조

신명기 28-30장은 언약과 죄의 관계를 역사적 전망 속에서 체계적으로 전개한다. 축복과 저주의 구조는 윤리적 보상 체계라기보다, 언약 관계의 유지 혹은 파괴가 가져오는 결과를 신학적으로 해석하는 틀이다. 여기서 죄는 곧 언약 불충실이며, 그 결과는 관계 단절, 곧 땅에서의 축출과 역사적 파국으로 나타난다.

---

61) Walter Brueggemann, *Theology of the Old Testament: Testimony, Dispute, Advocacy*, 214-229.

62) Robin Routledge, *Old Testament Theology: A Thematic Approach*, 103-118.

그러나 신명기 전승은 죄와 심판을 언약의 마지막 단어로 남겨두지 않는다. 회개와 귀환(שוב)은 언약 관계가 재구성될 수 있는 가능성을 열어 두며, 죄는 파기된 관계의 종결이 아니라, 회복을 요청하는 위기의 표지로 기능한다. 이 구조는 언약 신학이 단선적 보응론이 아니라, 관계의 파괴와 회복을 함께 포괄하는 신학임을 보여준다.[63]

4. 윤리 이전의 신학: 죄 개념의 위치

이러한 전승들을 종합하면, 구약성경에서 죄는 윤리 규범을 어긴 결과로 파생되는 2차적 문제가 아니다. 오히려 죄는 하나님과의 관계가 왜곡되었을 때 발생하는 근본적 신학적 현실이며, 윤리적 문제는 그 결과로 나타난다. 구약 윤리는 관계적 신학에 뿌리를 두고 있으며, 죄 역시 이 관계적 틀 안에서만 적절히 이해될 수 있다.[64]

언약 안에서의 죄는 하나님과의 관계를 재구성하려는 대안적 질서의 시도이며, 이는 곧 신학적 분쟁의 문제이다.[65] 따라서 구약의 죄 이해는 도덕 규범의 목록이 아니라, 누가 하나님인가, 누구의 통치 아래 살 것인가라는 신학적 질문에 대한 응답의 문제로 귀결된다.

5. 소결론

결론적으로, 구약성경에서 죄는 윤리 이전의 문제이며, 언약 관계

---

63) Robert W. L. Moberly, *Old Testament Theology: Reading the Hebrew Bible as Christian Scripture*, 141-160.
64) Bernard W. Anderson, *Contours of Old Testament Theology*, 145-158.
65) Walter Brueggemann, *Theology of the Old Testament*, 414-432.

의 왜곡으로 규정되는 신학적 범주이다. 죄는 규칙 위반의 집합이 아니라, 하나님과 그의 백성 사이의 관계를 무너뜨리는 사건이며, 그 의미는 언약의 구조와 신뢰의 요구 속에서 파악되어야 한다. 이 점에서 언약 신학은 구약 죄론의 중심적 해석 지평을 제공하며, 이후 제의, 회개, 예언자적 비판이 전개되는 토대를 형성한다.

VIII. 율법, 지혜, 그리고 죄의 예방

앞선 논의에서 확인한 바와 같이, 구약성경에서 죄는 윤리 이전의 문제이며, 하나님과의 언약 관계가 왜곡될 때 발생하는 신학적 현실이다. 그렇다면 율법과 지혜는 어떤 위치를 차지하는가? 율법과 지혜는 흔히 죄를 규정하고 처벌하는 윤리 체계로 이해되지만, 구약의 신학적 구조 속에서 이들은 무엇보다도 죄를 예방하고 삶을 형성하는 수단으로 기능한다. 이 점에서 율법과 지혜는 서로 분리된 전통이 아니라, 죄 이후가 아니라 죄 이전을 지향하는 공통의 목적을 공유하며 일정 부분 중첩된다.

1. 율법: 죄 규정 이전의 언약적 삶의 형성

구약의 율법은 죄를 판별하기 위한 법률 목록으로 시작하지 않는다. 오히려 율법은 이미 성립된 언약 관계 안에서, 하나님의 백성이 어떻게 살아야 하는지를 형성하는 삶의 틀로 제시된다. 따라서 율법은 죄를 사후적으로 규정하는 장치라기보다, 죄가 발생하지 않도록 삶의 방향을 설정하는 예방적·형성적 규범이다.

구약의 율법 윤리는 관계적이며, 하나님의 구원 행위에 대한 응답으로 주어진다.[66] 이 관점에서 죄는 율법을 어겼기 때문에 생기는 것이 아니라, 언약 관계가 왜곡되었기 때문에 율법이 무시되는 결과로 나타난다. 즉, 율법은 죄를 정의하기보다, 언약적 신실성을 일상 속에서 유지하도록 돕는 장치이다.

2. 지혜: 죄의 일상화 이전을 다루는 전통

지혜 전통 역시 죄를 중심 개념으로 삼지 않는다. 잠언, 욥기, 전도서는 죄를 체계적으로 정의하거나 고발하기보다, 삶의 질서와 분별, 그리고 파괴적 선택을 피하는 삶의 기술에 초점을 둔다. 이러한 점에서 지혜는 죄가 구조화되기 이전의 일상 영역에서 작동하는 미시적 예방 신학이라 할 수 있다.

지혜 전통은 인간의 삶을 도덕적 전투의 장이 아니라, 질서와 혼돈 사이의 선택 공간으로 이해한다.[67] 여기서 죄는 명시적 범주로 등장하기보다, 어리석음, 분별 상실, 자기 기만의 결과로 암묵적으로 드러난다. 지혜는 죄를 고발하기보다, 죄로 향하는 길 자체를 피하도록 형성하는 전통이다.

3. 율법과 지혜의 중첩과 구별

이 점에서 율법과 지혜는 분명히 겹치는 영역을 지닌다. 둘 다 죄를

---

66) Bruce K. Waltke, *An Old Testament Theology*, 307-330.
67) Walter Brueggemann, *Theology of the Old Testament: Testimony, Dispute, Advocacy*, 334-351.

다룬다기보다, 죄가 발생하기 이전의 삶을 형성하며, 인간의 선택과 방향성을 다룬다. 그러나 그 방식에는 차이가 있다. 율법은 언약 공동체 전체를 향한 공적·규범적 언어를 사용하고, 지혜는 개인의 삶과 경험을 중심으로 한 관찰적·분별의 언어를 사용한다.

구약신학은 이러한 전통들을 경쟁 관계로 배열하지 않고, 서로를 보완하는 방식으로 유지한다.[68] 율법은 지혜 없이 경직될 수 있고, 지혜는 율법 없이 상대주의로 흐를 위험이 있다. 그러나 함께 작동할 때, 이 둘은 죄를 단순히 처벌하는 체계가 아니라, 죄가 필요 없는 삶을 형성하는 신학적 장치로 기능한다.

4. 죄 예방 신학으로서의 율법과 지혜

이러한 관점에서 볼 때, 율법과 지혜는 죄의 결과를 처리하는 체계라기보다, 죄 이전의 인간 조건을 다루는 예방 신학이다. 죄가 언약 관계의 붕괴라면, 율법과 지혜는 그 관계가 붕괴되지 않도록 삶의 리듬과 선택을 형성한다. 구약의 윤리는 처벌 논리가 아니라 삶의 보존과 공동체의 지속을 지향하는 신학이다.[69]

따라서 율법·지혜·죄 예방은 단순히 겹치는 것이 아니라, 같은 목적을 서로 다른 언어로 수행하는 전통들이다. 이들은 죄를 중심으로 조직된 체계가 아니라, 하나님과의 관계 안에서 죄를 필요 없게 만드는 삶을 지향한다.

---

68) Robert W. L. Moberly, *Old Testament Theology: Reading the Hebrew Bible as Christian Scripture*, 171-186.

69) Bernard W. Anderson, *Contours of Old Testament Theology*, 158-172.

5. 소결론

결론적으로, 구약성경에서 율법과 지혜는 죄 개념과 분리되지 않으면서도, 죄에 종속되지 않는다. 이들은 죄를 규정하고 처벌하는 장치가 아니라, 죄가 발생하지 않도록 삶을 형성하는 신학적 전통이다. 이 점에서 율법과 지혜는 서로 중첩되며, 동시에 각기 다른 방식으로 언약 관계의 지속을 돕는다. 죄가 언약의 붕괴라면, 율법과 지혜는 그 붕괴를 막기 위한 신학적 예방 장치로 이해되어야 한다.

IX. 예언자들과 사회적·국제적 죄

구약의 예언자 전통에서 죄는 개인의 도덕적 결함이나 사적 경건의 실패로 축소되지 않는다. 예언자들은 죄를 불의(injustice)라는 범주를 통해 사회 구조, 정치 권력, 경제 질서, 그리고 국제 관계 속에 고착된 공적·구조적 악으로 규정한다. 이 점에서 예언자적 죄 이해는 윤리적 교훈이나 도덕적 훈계가 아니라, 현실 세계를 해석하고 평가하는 신학적 담론으로 기능한다.

예언자들은 개인의 내면을 교정하는 도덕 교사일 뿐 아니라, 제국과 사회가 "정상"이라고 여기는 질서를 해체하고, 대안적 현실을 상상하도록 요청하는 신학자들이다.[70] 예언자적 죄 고발은 곧 사회 질서에 대한 신학적 비판이며, 정의와 생명을 억압하는 체계 전체를 문제 삼는 공적 언어이다.

---

70) Walter Brueggemann, *The Prophetic Imagination* (Minneapolis: Fortress Press, 2001), 15-38; idem, *Theology of the Old Testament*, 732-760.

1. 사회적 죄: 정의의 전복과 구조화된 불의

아모스 2장과 5장은 예언자적 죄 이해의 출발점을 명확히 제시한다. 여기서 죄는 개인의 사적 악행 뿐 아니라, 사법 체계의 왜곡, 경제적 착취, 약자에 대한 제도적 억압으로 나타난다. "은 한 닢에 의인을 팔며"(암 2:6), "성문에서 정의를 굽게 하는"(암 5:10) 현실은, 공동체 전체가 하나님이 의도한 질서를 조직적으로 거부하고 있음을 드러낸다.

미가 2-3장은 이러한 불의가 지도층을 통해 어떻게 제도화되고 정당화되는지를 폭로한다. 미가는 통치자들을 가리켜 "정의를 미워하고 악을 사랑하는 자들"(미 3:2)이라 선언하며, 불의를 단순한 판단 착오가 아니라 질서 전복의 상태로 진단한다. 이동수가 정확히 지적하듯, 미가서에서 '정의'는 추상적 이상이 아니라, 생명과 재산을 보호하기 위한 공동체 규범이며, 이를 혐오하는 태도 자체가 이미 죄이다.[71]

이러한 본문들은 죄를 개인의 탐욕이나 도덕성 문제로 단순화하지 않고, 사회 구조가 어떻게 사람을 파괴하는가라는 질문으로 전환한다. 예언자적 죄 이해의 강점은 바로 이 지점에 있다.

2. 제의와 불의의 결합: 종교적 위장으로서의 죄

예언자들은 사회적 불의가 종교적 언어로 은폐되는 상황을 특히 날카롭게 비판한다. 이사야 1장은 정의가 붕괴된 사회에서 드려지는 제의를 하나님께서 혐오하신다고 선언하며, 예배와 삶의 분리를 신학적 범죄로 규정한다. 호세아 4장 11-13절 역시 제의가 음행과 결탁하여 욕망을 정당화하는 도구로 전락했음을 고발한다.

---

71) 이동수, "지도자들의 불의 때문에," 『교회와 신학』 제31호(1997년 겨울), 180-182.

예언자들은 하나님을 "도덕적으로 중립적인 절대자"가 아니라, 억압과 불의 앞에서 격렬하게 반응하시는 정념의 하나님으로 증언한다.[72] 따라서 사회적 불의는 단순한 윤리 문제를 넘어, 하나님의 거룩함과 성품을 훼손하는 신학적 범죄가 된다.

3. 국제적 죄와 제국 비판

구약의 예언자 전통에서 죄는 이스라엘 내부의 윤리 문제에 국한되지 않는다. 예언자들은 국제 정치·군사·경제 질서 전체를 하나님의 정의 아래 두며, 제국과 비제국을 막론하고 폭력, 교만, 착취, 연대 파괴로 구조화된 모든 체계를 국제적 죄로 규정한다. 여기서 심판의 기준은 제국의 규모나 군사력 자체가 아니라, 관계·책임·정의가 어떻게 왜곡되었는가이다.

1) 아시리아: 폭력과 공포를 제도화한 군사 제국

아시리아는 예언자 전통에서 폭력과 공포를 정치 질서로 제도화한 군사 제국의 전형으로 제시된다. 특히 나훔서는 니느웨를 향한 심판 선언을 통해, 잔혹한 군사력과 공포 통치가 하나님의 정의 아래 결코 정당화될 수 없음을 선포한다. 아시리아의 죄는 단순한 침략 행위에 있지 않고, 폭력을 통치의 원리로 삼아 공포를 정상화한 정치 체계에 있다. 따라서 니느웨의 멸망은 지정학적 우연이 아니라, 폭력적 질서에 대한 신학적 필연성으로 해석된다.[73]

---

72) Abraham Joshua Heschel, *The Prophets*, 3-25.
73) 위의 책, 185-201; 나훔 1-3장.

2) 바빌로니아: 교만과 자기 신격화의 제국

바빌로니아는 이사야, 예레미야, 에스겔 전승에서 교만과 자기 신격화를 통해 하나님의 주권을 침해한 제국으로 고발된다. 바빌로니아는 하나님의 도구로 사용될 수는 있으나, 스스로를 역사의 주인으로 오인하는 순간 죄의 주체로 전환된다. 이 전통에서 바빌로니아의 죄는 군사적 성공 그 자체보다, 자신을 절대화하며 세계 질서를 재편하려는 존재론적 교만에 있다. 바빌로니아의 심판은 정치적 패배라기보다, 하나님의 주권을 침해한 권력에 대한 신학적 판결이다.[74]

3) 이집트: 거짓 안전과 대안적 구원 체계

이집트는 출애굽의 기억과 더불어, 예언자 전통에서 반복적으로 거짓 안전과 대안적 구원 체계의 상징으로 비판된다. 이사야 30-31장은 이집트와의 동맹을 외교 전략의 문제가 아니라, 하나님이 아닌 제국의 힘에 의존하려는 신뢰의 왜곡으로 규정한다. 에스겔 29-32장은 이집트 왕이 자신을 나일강의 주인으로 묘사하는 장면을 통해, 제국 권력이 창조 질서의 중심을 자처하는 신학적 오류를 폭로한다. 이집트의 몰락은 군사적 실패가 아니라, 하나님 아닌 질서를 신뢰한 체계에 대한 신학적 붕괴 선언이다.[75]

---

74) Joseph Blenkinsopp, *Isaiah 1-39*, AB 19 (New York: Doubleday, 2000), 276-289; 예레미야 50-51장; 에스겔 25-32장.

75) Walther Zimmerli, *Ezekiel 2*, Hermeneia (Philadelphia: Fortress Press, 1983), 143-200; 이사야 30-31장.

4) 두로: 경제 제국과 구조화된 탐욕

두로는 에스겔 26-28장에서 군사 제국이 아닌 경제 제국으로 고발된다. 두로의 죄는 부 자체에 있지 않으며, 국제 무역과 축적을 통해 형성된 권력이 자기 신격화와 타자의 대상화로 전환된 데 있다. 두로 왕에 대한 애가는 경제 질서가 어떻게 신학적 교만과 불의의 구조로 굳어질 수 있는지를 상징적으로 드러낸다. 이 본문은 국제 경제 역시 하나님의 정의 아래 놓이며, 시장과 교역 또한 신학적 책임의 영역임을 분명히 한다.[76)]

5) 에돔: 형제 관계 파괴와 연대 거부의 죄

에돔은 제국이 아님에도 불구하고, 예언자 전통에서 가장 강력한 국제적 죄의 사례로 고발된다. 에스겔 25장과 오바댜서는 에돔의 죄를 군사적 정복이 아니라, 형제 민족의 고난을 방관하고 이를 통해 이익을 취한 죄로 규정한다. 여기서 국제적 죄는 힘의 우위가 아니라, 연대 책임의 파괴에서 발생한다. 에돔에 대한 심판은 국제 윤리가 근본적으로 관계 윤리임을 극명하게 보여준다.[77)]

6) 모압·암몬·블레셋: 기회주의적 폭력과 조롱의 죄

에스겔 25장은 모압, 암몬, 블레셋에 대한 심판을 통해, 국제적 죄가 제국의 규모와 무관하게 성립함을 보여준다. 이 민족들의 죄는 이스라

---

76) Daniel I. Block, *The Book of Ezekiel, Chapters 25-48*, NICOT (Grand Rapids: Eerdmans, 1998), 1-70.

77) Paul R. Raabe, *Obadiah: A New Translation with Introduction and Commentary*, AB 24D (New York: Doubleday, 1996), 33-45; 에스겔 25:12-14.

엘의 멸망을 기뻐하고 조롱하며, 폭력에 가담하거나 방관한 데 있다. 여기서 죄는 적극적 침략뿐 아니라, 기회주의적 폭력과 방관적 동조로 정의된다. 이 본문들은 국제 질서에서 중립이나 침묵조차도 하나님의 정의 앞에서는 책임을 면제받지 못함을 선언한다.[78]

7) 신학적 평가: 국제 질서 전체에 대한 하나님의 정의

이사야, 예레미야, 에스겔, 나훔, 오바댜의 열방 신탁을 종합하면, 예언자적 국제 비판은 특정 민족을 악마화하기 위한 담론이 아니다. 그것은 국제 정치·군사·경제·연대의 모든 영역이 하나님의 정의와 책임 윤리 아래 놓여 있음을 선언하는 신학적 담화이다. 라이트가 강조하듯, 예언자적 세계관에서 하나님은 이스라엘의 하나님에 머물지 않고, 열방과 국제 질서를 심판하는 보편적 주권자이다.[79]

이 점에서 예언자적 제국 비판은 반제국 이데올로기가 아니라, 현실 세계가 당연하게 여기는 질서를 해체하고 정의·생명·연대에 기초한 대안적 세계 질서를 상상하도록 요청하는 성서신학적 작업이다. 월터 브루그만의 표현을 빌리자면, 예언자들은 제국의 "정상성"을 해체함으로써 하나님의 다른 가능성을 열어 보인다.[80]

4. 구조적 죄와 언약 신학의 긴장

이러한 사회적·국제적 죄 고발은 언약 신학과 깊이 연결된다. 언약

---

78) Daniel I. Block, *Ezekiel 25-48*, 25-45.

79) Christopher J. H. Wright, *The Mission of God* (Downers Grove: IVP Academic, 2006), 454-479.

80) Walter Brueggemann, *The Prophetic Imagination*, 15-38.

은 개인 경건의 틀이 아니라, 공동체와 사회 전체를 규정하는 공적 관계 질서이다. 예언자들은 불의를 단순한 계명 위반으로 이해하지 않고, 언약이 요구하는 정의와 생명 질서를 사회적으로 배반한 상태로 진단한다.

예언자적 죄 언어는 감정적 수사가 아니라 역사와 구조를 해석하는 성서신학적 언어이다.[81] 예언자들은 죄를 고발함으로써 공동체를 절망에 빠뜨리는 것이 아니라, 다른 사회적 상상력-정의와 생명에 기초한 질서-을 요청한다.

예언자들은 파괴를 예언하는 비관론자가 아니라, 구조적 죄를 폭로함으로써 공동체의 전환과 책임 있는 응답을 촉구하는 신학자들이다.[82]

5. 소결론: 예언자적 죄 이해의 성서신학적 의의

예언자 전통에서 죄는 개인 도덕의 확장이 아니라, 불의로 구조화된 사회와 제국 질서에 대한 신학적 판단이다. 죄는 정치·경제·종교·국제 관계 속에 스며들어 공동체와 열방을 형성하며, 하나님의 정의와 생명을 체계적으로 거부하는 방식으로 작동한다. 아시리아, 바빌로니아, 이집트, 두로에 대한 심판 선언은 이러한 구조적 불의가 궁극적으로 하나님의 통치와 양립할 수 없음을 선포한다.

이 점에서 예언자적 죄 이해는 도덕 교훈이 아니라, 공적 질서 전체를 향한 성경신학적 평가이며, 동시에 폭력과 착취의 세계를 넘어 정의와 생명에 기초한 새로운 질서를 상상하도록 부르는 신학적 요청이다.

---

81) Rolf Knierim, *Die Hauptbegriffe für Sünde im Alten Testament*, 145-160; James Barr, *The Concept of Biblical Theology*, 102-118.

82) John Kessler, *Old Testament Theology: Divine Call and Human Response*, 287-305.

바로 이 통합적 시각—사회, 제국, 언약, 신학을 함께 읽어내는 시각—이 본 연구의 중요한 기여라 할 수 있다.

X. 제의, 속죄, 그리고 그 한계

구약성경에서 제의와 속죄는 종종 죄를 "제거하는 종교적 기술"로 오해되어 왔다. 그러나 제의 전승 자체와 예언자적 비판을 함께 고려할 때, 제의는 죄를 자동적으로 소거하는 기계적 장치가 아니라, 죄로 인해 훼손된 관계와 질서를 상징적으로 재구성하는 신학적 행위로 이해되어야 한다. 이 점에서 제의는 죄 이후의 문제를 처리하는 수단이기보다, 공동체가 다시 하나님 앞에 어떻게 서야 하는지를 형성하는 언어와 실천이다.

1. 제의의 신학적 성격: 레위기 1-7장

레위기 1-7장의 제사 규례는 속죄를 죄의 사법적 제거로 설명하지 않는다. 오히려 제의는 죄와 부정으로 인해 왜곡된 상태를 질서 안으로 다시 배치하는 상징적 행위로 제시된다. 제물의 바침, 피의 사용, 제단과 공간의 구분은 모두 관계 회복의 언어로 기능한다.

레위기의 속죄는 죄를 단순히 개인의 도덕적 결함으로 다루지 않고, 성소와 공동체 전체에 미치는 영향을 고려한다.[83] 죄는 공동체 공간을 오염시키는 현실로 이해되며, 제의는 그 공간을 다시 거룩한 질서 안에 두는 행위이다. 이로써 속죄는 개인의 내면 상태를 직접 조작하는 기술이 아니라, 공동체적 현실을 상징적으로 재정렬하는 행위로 이해된다.

---

83) Jacob Milgrom, *Leviticus 1-16*, AB 3 (New York: Doubleday, 1991), 253-272.

2. 속죄일 전승: 레위기 16장의 상징 체계

레위기 16장의 속죄일 전승은 제의 신학의 핵심을 집약한다. 이 전승에서 죄는 고백되고, "짐"처럼 염소에게 전가되어 광야로 보내진다. 이 장면은 죄의 제거를 말하지만, 그 방식은 법적 선언이나 심리적 정화가 아니라 공간적·상징적 이동이다.

이 전승은 죄 사함을 선언적 면제로 이해하지 않고, 죄가 공동체 위에 남긴 무게가 다른 곳으로 옮겨지는 상징 행위로 표현한다.[84] 속죄는 곧 공동체가 다시 거룩한 질서 안에서 살아갈 수 있도록 기억과 공간을 재구성하는 사건이다.

3. 예언자적 비판: 제의의 한계와 왜곡

그러나 예언자들은 제의 자체를 절대화하는 태도를 강하게 비판한다. 이사야 1장 11-17절과 호세아 6장 6절은 제의가 정의와 공의, 인애와 신실함 없이 수행될 때, 그것이 더 이상 속죄의 수단이 아니라 죄의 일부가 될 수 있음을 선언한다.

예언자적 비판은 제의를 폐기하려는 급진적 반제의 운동이 아니다.[85] 문제는 제의가 공동체의 삶을 재형성하지 못하고, 오히려 불의한 질서를 유지하는 장치로 전락할 때 발생한다. 이때 제의는 죄를 치유하는 상징이 아니라, 죄를 가리는 종교적 가면이 된다.

---

84) Gary A. Anderson, *Sin: A History*, 17-45; 65-89.

85) Walter Brueggemann, *Theology of the Old Testament: Testimony, Dispute, Advocacy*, 214-229.

4. 제의와 회개의 긴장: 윤리 이전의 문제

호세아 6장 6절의 선언-"나는 제사를 원하지 아니하고 인애를 원한다"-은 제의와 윤리를 단순히 대립시키지 않는다. 오히려 이 본문은 제의가 관계 회복이라는 목적을 상실했을 때 무력해진다는 점을 드러낸다. 구약의 제의와 윤리는 경쟁 관계가 아니라, 언약 관계 회복이라는 동일한 목적을 향한 상이한 언어이다.[86]

이 점에서 제의의 한계는 제의 자체에 있지 않고, 제의가 공동체의 상상력과 삶의 방향을 재형성하지 못하는 데 있다. 제의는 회개와 순종, 사회적 책임과 결합될 때 비로소 공동체 전환의 장치로 기능한다.[87]

5. 제의 이해의 신학적 함의

이상의 논의를 종합하면, 구약성경에서 제의와 속죄는 죄를 기술적으로 제거하는 수단이 아니라, 죄 이후의 공동체가 어떤 질서 속에서 다시 살아갈 것인가를 형성하는 상징 체계이다. 제의는 자동적 효력을 지닌 종교 기술이 아니라, 공동체의 기억과 관계, 공간을 재조정하는 신학적 실천이다.

제의 언어를 개념적 정의나 기계적 효능으로 환원하는 것은 성서 신학적으로 부적절하다.[88] 제의는 설명의 언어가 아니라, 공동체를 다시 형성하는 수행적 언어이다. 바로 이 점에서 제의와 속죄는 그 가능성과 동시에 분명한 한계를 지닌다.

---

86) Bruce K. Waltke, *An Old Testament Theology*, 307-330.

87) John Kessler, *Old Testament Theology: Divine Call and Human Response*, 305-322.

88) Rolf Knierim, *Die Hauptbegriffe für Sünde im Alten Testament*, 196-210; James Barr, *The Concept of Biblical Theology*, 102-118.

6. 소결론

결론적으로, 구약의 제의와 속죄는 죄 제거의 기술이 아니라, 공동체를 재형성하기 위한 상징적 행위이다. 제의는 죄의 현실을 부정하지 않지만, 그것을 자동적으로 해결하지도 않는다. 오히려 제의는 공동체가 다시 정의·신실함·생명의 질서 안에 서도록 요구하는 신학적 장치이다. 이 점에서 제의의 한계는 실패가 아니라, 윤리와 회개, 사회적 책임을 요청하는 열린 구조로 이해되어야 한다.

XI. 죄에 대한 공동 책임과 개인 책임의 문제

구약성경은 죄에 대한 책임을 단일한 윤리 원리로 환원하지 않는다. 오히려 죄의 책임은 공동 책임(collective responsibility)과 개인 책임(individual responsibility)이라는 두 차원이 긴장 속에서 공존하는 구조로 제시된다. 이 긴장은 단순한 개념적 충돌이나 미완의 윤리 체계가 아니라, 하나님의 거룩함·정의·자비, 그리고 인간 존재의 연대성(solidarity)과 인격성(personhood)을 동시에 드러내는 신학적 장치로 기능한다.[89]

1. 공동 책임: 언약 공동체 안에서의 연대적 책임

구약의 초기 전승들에서는 개인의 행위가 공동체 전체에 영향을 미치는 연대적 책임 구조가 분명히 나타난다. 이는 고대 근동 사회의 가족

---

89) Rolf Knierim, *Die Hauptbegriffe für Sünde im Alten Testament*, 1-19.

중심 구조와 언약 공동체 의식과 깊이 연관되어 있으며, 죄를 개인의 내면적 문제로 환원하지 않고 공동체적·객관적 현실로 인식하게 한다.

창세기 18장에서 소돔과 고모라의 심판을 둘러싼 아브라함과 하나님의 대화는, 의인의 존재가 공동체 전체의 운명을 지연시키거나 바꿀 수 있다는 전제를 보여준다. 이는 공동체의 도덕적 상태가 개인의 운명에 영향을 미칠 수 있음을 전제하는 동시에, 죄 역시 개인 차원을 넘어 도시 전체의 책임 문제로 이해되고 있음을 시사한다.[90]

창세기 20장 9절에서 아비멜렉은 아브라함의 거짓으로 인해 자신뿐 아니라 "온 나라"가 큰 죄에 빠질 뻔했다고 고백한다. 이 본문은 지도자의 판단과 행위가 공동체 전체를 죄와 심판의 위험에 노출시킬 수 있는 대표적·대리적 책임 구조를 분명히 드러낸다.[91]

신명기 21장 1-9절의 미해결 살인 사건 규례는 범인이 특정되지 않은 상황에서도 공동체가 피 흘림의 책임을 져야 함을 명시한다. 여기서 죄는 주관적 의도나 인식 여부와 무관하게, 공동체 공간 안에서 발생한 객관적 부정과 책임으로 이해된다.[92]

여호수아 7장의 아간 사건은 이러한 공동 책임 구조를 가장 극적으로 보여준다. 개인의 범죄가 이스라엘 전체의 패배와 하나님의 진노로 이어지는 이 서사는, 언약 공동체가 하나님의 거룩함 아래 집합적 책임을 지는 존재임을 분명히 한다.[93]

이러한 본문들은 구약이 때때로 개인 윤리보다 공동체 윤리와 언약적 연대성을 우선적으로 강조함을 보여주며, 이는 이후 신약의 교회론적 연대 개념이나 중보 사상으로도 신학적 확장이 가능하다.

---

90) Claus Westermann, *Genesis 12-36* (Minneapolis: Fortress Press, 1985), 268-275.

91) Gordon J. Wenham, *Genesis 16-50*, WBC 2 (Dallas: Word, 1994), 67-70.

92) James Gordon McConville, *Deuteronomy*, AOTC (Leicester: Apollos, 2002), 312-315.

93) Richard D. Nelson, *Joshua*, OTL (Louisville: Westminster John Knox, 1997), 93-104.

2. 개인 책임: 정의의 진전과 인격적 책임의 강조

그러나 구약성경은 공동 책임 구조에 머무르지 않는다. 점차 죄에 대한 책임은 개인의 행위와 선택에 초점을 맞추며 재해석된다. 이는 공동체 윤리를 폐기하는 것이 아니라, 하나님의 정의를 보다 정밀하게 드러내는 방향으로의 신학적 심화이다.

신명기 24장 16절은 형벌의 영역에서 개인 책임 원리를 분명히 선언하며, 죄와 처벌의 자동적 대물림을 거부한다. 이는 이전의 연대적 책임 구조와 대비되며, 이스라엘 법 윤리의 중요한 진전을 보여준다.[94]

열왕기하 14장 6절은 이 원칙이 실제 정치·사법 영역에서 구현되었음을 보여주는 역사적 사례로, 개인 책임이 추상적 이상이 아니라 현실적 규범으로 작동했음을 증언한다.[95]

이 흐름은 에스겔 18장에서 가장 정교한 형태로 신학화된다. 에스겔은 죄와 의를 집단적 숙명이나 유전적 전가로 이해하는 관점을 단호히 거부하고, 각 개인이 자신의 행위에 따라 평가받는다는 원칙을 강조한다. 동시에 그는 회개를 통해 새로운 미래가 열릴 수 있음을 제시함으로써, 개인 책임을 절망이 아닌 생명의 가능성과 결합시킨다.[96]

3. 혼합적·과도기적 구조: 공동 부패 속의 개인 책임

예레미야 5장은 공동 책임과 개인 책임이 복합적으로 작동하는 구

---

94) Patrick D. Miller, *The Ten Commandments* (Louisville: Westminster John Knox, 2009), 155-160.

95) Marvin A. Sweeney, *I & II Kings,* OTL (Louisville: Westminster John Knox, 2007), 289-291.

96) Walther Zimmerli, *Ezekiel 1,* Hermeneia (Philadelphia: Fortress Press, 1979), 381-401.

조를 잘 보여준다. 사회 전체가 반역과 불의에 빠져 있음을 고발하면서도, 지도자·제사장·백성 각 계층과 개인이 각자의 방식으로 책임을 지고 있음을 분명히 한다. 공동체 전체가 부패했을지라도, 개인의 책임과 회개의 가능성은 소멸되지 않는다.[97]

4. 현대 사회윤리와 구조적 죄의 문제

이러한 구약의 이중 책임 구조는 현대 사회윤리 논의에서 다시 중요한 의미를 지닌다. 오늘날의 죄는 종종 개인의 도덕적 실패가 아니라, 제도·시스템·문화·경제 구조 속에 내재한 불의로 나타난다. 인종차별, 경제적 착취, 환경 파괴, 전쟁과 제국주의, 성차별과 같은 문제들은 특정 개인의 악의만으로 설명될 수 없으며, 구조적 죄(structural sin) 혹은 집단적 책임의 범주에서 다루어져야 한다.[98]

구약의 공동 책임 전승은 이러한 현실을 신학적으로 해석할 수 있는 중요한 자원을 제공한다. 죄는 개인의 의식적 선택을 넘어, 인간이 속한 구조와 제도 속에서 객관적 현실로 작동할 수 있으며, 이에 대한 책임 역시 개인과 공동체 모두에게 귀속된다. 동시에 에스겔과 신명기의 개인 책임 신학은, 구조적 악 속에서도 개인의 윤리적 선택과 회개가 여전히 의미를 지닌다는 점을 분명히 한다.

---

97) John Arthur Thompson, *The Book of Jeremiah*, NICOT (Grand Rapids: Eerdmans, 1980), 262-269.

98) Gustavo Gutiérrez, *A Theology of Liberation* (Maryknoll: Orbis, 1973), 102-110; cf. John Paul II, *Reconciliatio et Paenitentia* (1984), §16. "구원의 역사-모든 시대의 모든 인간의 구원-는 놀라운 화해의 역사이다. 곧 아버지이신 하느님께서 사람이 되신 당신 아들의 피와 십자가 안에서 세상을 당신과 화해시키시고, 이렇게 하여 화해된 이들의 새로운 가족을 이루시는 역사이다."

이러한 이중 구조는 현대 사회윤리에서 자주 발생하는 두 극단—

① 모든 책임을 개인에게만 돌리는 도덕주의,

② 개인 책임을 소거하는 구조 결정론—

을 모두 비판한다. 구약성경은 죄를 관계적·구조적·인격적 차원이 교차하는 현실로 이해함으로써, 보다 균형 잡힌 윤리적 응답을 요청한다.[99]

5. 소결론: 신학적 균형으로서의 책임 구조

결론적으로, 구약성경은 죄에 대한 책임을 공동 책임과 개인 책임 중 하나로 단순화하지 않는다. 죄는 언약 공동체 안에서 연대적으로 공유되면서도, 동시에 각 개인의 행위와 선택에 따라 책임이 귀속되는 현실로 제시된다. 이 긴장 구조는 하나님의 거룩함과 정의, 자비를 동시에 드러내며, 인간 존재를 고립된 개인이 아닌 관계적·사회적 존재로 이해하게 한다.

따라서 구약의 죄 이해는 현대 사회윤리 논의에서도 여전히 유효하며, 구조적 불의에 대한 비판과 개인적 회개의 요청을 동시에 유지하는 신학적 균형 모델을 제공한다. 이는 구약 윤리가 미성숙하기 때문이 아니라, 오히려 현실을 정직하게 직면한 신학적 깊이의 표현이라 할 수 있다.

---

99) Walter Brueggemann, *Theology of the Old Testament*, 732-760; James Barr, *The Concept of Biblical Theology*, 102-118.

XII. 죄, 회개, 그리고 미래

구약성경에서 죄와 회개의 논의는 과거의 실패를 분석하거나 도덕적 반성을 촉구하는 데 머물지 않는다. 오히려 죄는 하나님의 미래 행위와 그에 응답하는 인간의 삶의 전환이라는 종말론적 지평 안에서 재해석된다. 이 점에서 회개(שוב, 슈브)는 단순한 정서적 후회나 내면적 각성의 문제가 아니라, 하나님이 여시는 미래를 향해 삶의 방향을 근본적으로 되돌리는 신학적 행위이다. 따라서 죄는 회개를 통해 제거되는 과거의 흔적이기보다, 하나님의 새로운 창조와 언약 갱신을 요청하는 미래 지향적 문제로 다루어진다.

1. 죄의 기억과 미래의 재구성

예언자 전통은 죄를 망각하거나 삭제해야 할 과거로 취급하지 않는다. 오히려 죄는 기억되어야 할 현실이지만, 그 기억은 절망을 고착시키기 위한 것이 아니라 미래를 재구성하기 위한 신학적 기억이다. 과거의 죄는 공동체를 규정하는 최종 언어가 아니며, 하나님이 새롭게 행하실 일에 비추어 다시 해석되는 역사가 된다.

이러한 관점에서 새 언약 전승은 죄를 단순히 사면되는 법법 행위로 규정하지 않는다. 죄 사함은 과거의 삭제가 아니라, 하나님과의 관계가 새로운 방식으로 지속 가능해지는 상태를 의미한다. 구약의 희망은 죄를 부정함으로써가 아니라, 죄의 현실을 정면으로 직시하면서도 하나님이 여전히 미래를 여신다는 신앙 고백 속에서 형성된다.[100]

---

100) Robin Routledge, *Old Testament Theology: A Thematic Approach*, 121-137.

2. 회개의 신학: 방향 전환으로서의 회개

구약에서 회개는 감정 상태의 변화나 일시적 참회의 표현으로 정의되지 않는다. 회개는 문자 그대로 "돌아섬"이며, 삶의 방향·관계·충성의 재설정을 포함하는 전인격적 전환이다. 이 점에서 회개는 죄의 반대 개념이 아니라, 죄의 현실 속에서 미래를 여는 결정적 전환점으로 기능한다.

에스겔 전승은 회개를 개인의 책임과 현재의 선택에 밀착시킨다. 과거의 죄나 구조적 악이 현실을 규정할 수는 있지만, 그것이 미래를 결정하도록 허용하지는 않는다. 예언자적 회개는 과거의 사슬을 끊고 새로운 역사적 가능성을 여는 신학적 행위이다.[101] 회개는 감정의 문제라기보다, "어디를 향해 살 것인가"라는 방향성의 문제이다.

3. 하나님의 주도성과 인간의 응답

구약의 회개 신학은 인간의 결단과 하나님의 주권을 대립시키지 않는다. 오히려 회개는 하나님의 선행적 은혜와 인간의 응답이 비대칭적이면서도 분리되지 않은 구조 속에서 이해된다. 새 마음과 새 영의 약속은 인간이 스스로 만들어내는 도덕적 개조가 아니라, 하나님이 먼저 관계를 새롭게 여심으로써 새로운 순종이 가능해지는 상태를 가리킨다.

이러한 구조는 회개를 "인간의 노력"이나 "신적 강요" 중 하나로 환원하지 않고, 관계적 사건으로 이해하게 한다.[102] 죄는 인간의 무능을 폭

---

101) Walter Brueggemann, *Theology of the Old Testament: Testimony, Dispute, Advocacy*, 706-720.

102) Robert W. L. Moberly, *Old Testament Theology: Reading the Hebrew Bible as Christian Scripture*, 155-172.

로하지만, 동시에 하나님의 신실함이 여전히 역사 속에서 작동하고 있
음을 드러내는 지점이 된다.

4. 공동체적 회개와 미래의 사회적 지평

앞선 장들에서 살펴본 바와 같이, 죄는 개인의 내면을 넘어 사회 구
조와 제도 속에 자리 잡을 수 있다. 이에 따라 회개 역시 개인의 내적 결
단에만 국한되지 않는다. 예언자적 회개는 공동체와 사회가 어떤 질서
를 선택할 것인가라는 공적 질문을 포함한다.

회개는 공동체를 과거의 죄책감에 묶어 두는 행위가 아니라, 책임
있는 새로운 삶의 방식으로 이동시키는 전환의 언어이다.[103] 이 점에서
회개는 구조적 죄를 무시하는 개인주의적 경건도 아니며, 개인 책임을
지워버리는 구조 결정론도 아니다. 회개는 개인과 공동체가 함께 미래
를 향해 이동하는 신학적 실천이다.

5. 죄, 회개, 그리고 종말론적 희망

결국 구약의 죄 이해는 종말론적 희망과 분리될 수 없다. 죄는 하나
님의 미래를 가로막는 최종 현실이 아니라, 그 미래가 더욱 분명히 요청
되는 신학적 문제 제기이다. 성경의 신학 언어는 개념 정의가 아니라 미
래를 여는 담화 행위로 작동한다.[104] 죄와 회개의 언어 역시 공동체를 닫
힌 과거에 가두지 않고, 하나님이 여실 미래를 향해 열어 놓는다.

---

103) John Kessler, *Old Testament Theology: Divine Call and Human Response*, 322-340.
104) James Barr, *The Concept of Biblical Theology: An Old Testament Perspective*, 102-
118.

이 점에서 구약의 죄론은 본질적으로 희망의 신학이다. 죄는 인간의 한계를 폭로하지만, 회개는 하나님의 신실함이 여전히 유효하다는 고백이며, 미래는 인간의 가능성이 아니라 하나님의 약속에 의해 열려 있다.

6. 소결론

종합하면, 구약성경에서 회개는 감정의 변화가 아니라 삶의 방향 전환이며, 죄는 과거에 고정된 실패가 아니라 미래의 희망 속에서 재해석되는 신학적 현실이다. 죄·회개·미래는 서로 분리된 주제가 아니라, 하나님의 언약적 신실함 안에서 하나의 신학적 지평을 형성한다. 바로 이 점에서 구약의 죄론은 도덕주의나 절망론을 넘어, 역사와 공동체를 향해 열린 희망의 신학으로 이해되어야 한다.

XIII. 결론: 구약 죄론의 신학적 의의

본 연구는 구약성경에서 죄가 어떻게 이해되고 서술되는지를 성서신학적 관점에서 종합적으로 고찰하였다. 그 결과, 구약의 죄 이해는 단일한 개념 정의나 교리적 공식으로 환원될 수 없으며, 오히려 관계적 인간 이해(relational humanism)와 책임 윤리(ethics of responsibility)를 동시에 형성하는 신학적 지평을 구성하고 있음을 확인하였다.

1. 죄 이해의 출발점: 관계 속의 인간

구약성경은 죄를 인간 본성에 대한 추상적 규정이나 도덕적 결함의 목록으로 제시하지 않는다. 죄는 언제나 하나님과 인간, 인간과 인간, 그리고 인간과 공동체 사이의 관계가 왜곡되는 사건으로 서술된다. 인간은 고립된 도덕 주체가 아니라, 관계 속에서 기억되고 부름받는 존재이며, 죄는 그 관계적 정체성을 훼손하는 현실이다.

시편 전통은 이러한 인간 이해를 집약적으로 보여준다. 시편 8편은 인간을 미미한 존재로 축소하지 않고, 하나님의 기억과 돌봄 속에서 존엄을 부여받은 관계적 존재로 노래한다. 인간의 존엄은 자율적 능력에서 비롯되는 것이 아니라, 하나님의 관계적 부르심에 근거한다. 이 점에서 죄는 인간의 가치 자체를 부정하는 것이 아니라, 그 가치가 왜곡된 관계 속에서 어긋난 방식으로 표현되는 상태로 이해된다.[105]

2. 죄와 책임: 도덕주의를 넘어서는 윤리

이 연구는 구약의 죄 이해가 단순한 도덕주의나 규범 윤리로 환원될 수 없음을 분명히 하였다. 구약성경은 죄에 대한 책임을 공동 책임과 개인 책임의 긴장 구조 안에서 제시하며, 이를 통해 인간 존재의 연대성과 인격성을 동시에 드러낸다. 죄는 구조와 제도 속에 자리 잡을 수 있지만, 동시에 각 개인의 선택과 응답을 요청한다.

이러한 책임 윤리는 예언자 전통에서 더욱 분명해진다. 예언자들은 죄를 개인의 내면적 탐욕이나 사적 도덕 실패로 축소하지 않고, 사회 구

---

105) Walter Brueggemann, *Theology of the Old Testament: Testimony, Dispute, Advocacy*, 215-229.

조와 제국 질서 속에 제도화된 불의로 고발한다. 동시에 그들은 각 개인과 공동체가 하나님 앞에서 여전히 책임 있는 응답을 할 수 있음을 전제한다. 예언자적 죄 고발은 사회를 도덕화하려는 시도가 아니라, 대안적 질서를 상상하도록 요청하는 신학적 행위이다.[106]

3. 제의, 회개, 그리고 미래 지향성

본 연구는 또한 제의와 속죄가 죄를 기계적으로 제거하는 기술이 아니라, 공동체를 다시 형성하는 상징적·수행적 행위임을 밝혔다. 제의의 한계는 제의 자체의 무의미함이 아니라, 제의가 회개와 책임, 정의로운 삶과 분리될 때 발생한다. 이 점에서 회개는 감정의 변화가 아니라 삶의 방향 전환이며, 죄는 과거에 고정된 실패가 아니라 미래의 희망 속에서 재해석되는 현실이다.

시편 130편은 이러한 신학적 전환을 잘 보여준다. 깊은 곳에서 부르짖는 인간의 탄식은 절망으로 끝나지 않고, 하나님의 용서와 인내에 대한 신뢰로 이어진다. 죄는 침묵 속에 봉인되지 않으며, 하나님의 자비 안에서 새로운 미래를 여는 고백의 언어로 전환된다.[107]

4. 죄의 결과와 하나님의 구속

구약성경에서 죄는 결코 무력한 개념이 아니며, 분명한 결과(consequences)를 동반한다. 죄의 결과는 단순한 형벌이나 응보로 환원

---

106) Walter Brueggemann, *The Prophetic Imagination*, 15-38.
107) Robin Routledge, *Old Testament Theology: A Thematic Approach*, 137-151.

되지 않고, 무엇보다도 관계적·사회적 결과로 나타난다. 하나님과의 관계 단절, 공동체의 해체, 정의 질서의 붕괴, 역사적 심판은 모두 죄가 현실 속에서 생성하는 구체적 결과들이다. 예언자 전통은 이러한 결과를 도덕적 교훈이 아니라, 관계 왜곡이 필연적으로 낳는 현실적 귀결로 해석한다.

그러나 구약성경은 죄의 결과를 최종 단어로 남겨두지 않는다. 죄가 깊어질수록, 하나님의 구속과 회복의 행위는 더욱 분명한 신학적 지평으로 제시된다. 구속은 죄를 단순히 상쇄하거나 무효화하는 행위가 아니라, 왜곡된 관계를 다시 재구성하고 책임을 회복시키는 과정이다. 이 점에서 구속은 윤리 이전의 신학적 사건이며, 인간의 가능성에 근거하지 않고 하나님의 신실함에 의해 열리는 미래이다.

성서신학의 언어는 개념 정의보다 삶의 방향을 형성하는 담화로 기능한다.[108] 죄의 결과에 대한 진단과 구속의 약속은 공동체를 과거에 묶어 두기 위한 것이 아니라, 하나님이 여시는 새로운 질서 안으로 이동하도록 부르는 신학적 장치이다. 따라서 죄와 구속은 대립 개념이 아니라, 하나님의 정의와 자비가 동시에 작동하는 하나의 관계적 드라마로 이해되어야 한다.

5. 종합적 결론: 관계적 인간주의와 책임 윤리

종합하면, 구약성경의 죄 이해는 인간을 비관적으로 규정하는 교리가 아니다. 오히려 그것은 인간을 관계 속에서 존엄을 지닌 존재로 이해하는 인간론, 그리고 그 관계에 응답해야 할 책임 있는 존재로서의 윤리

---

108) James Barr, *The Concept of Biblical Theology: An Old Testament Perspective*, 102-118.

를 동시에 형성한다. 죄는 인간의 한계를 폭로하지만, 그 폭로는 인간을 무력화하기 위한 것이 아니라, 하나님과 이웃, 공동체와 세계 앞에서 책임 있는 자유로 부르기 위한 신학적 행위이다.

구약 윤리는 규범의 집합이 아니라 하나님과 동행하는 삶의 방향성에 관한 신학이다.[109] 이 점에서 구약의 죄론은 개인주의적 도덕주의와 구조 결정론이라는 두 극단을 동시에 비판하며, 인간을 관계 속에서 부름 받은 존재로 이해하게 하고, 그 관계에 상응하는 책임 있는 삶을 요청한다.

결론적으로, 구약성경의 죄 이해는 오늘날 교회와 사회를 향해서도 여전히 유효한 신학적 자원을 제공한다. 그것은 죄를 단죄하기 위한 언어가 아니라, 관계를 회복하고 공동체를 재형성하며 미래를 열기 위한 신학적 언어이다. 바로 이 점에서 구약의 죄론은 고대의 유물이 아니라, 오늘의 인간과 사회를 여전히 형성하는 살아 있는 성서신학이라 할 수 있다.

---

109) Bruce K. Waltke, *An Old Testament Theology*, 307-330.

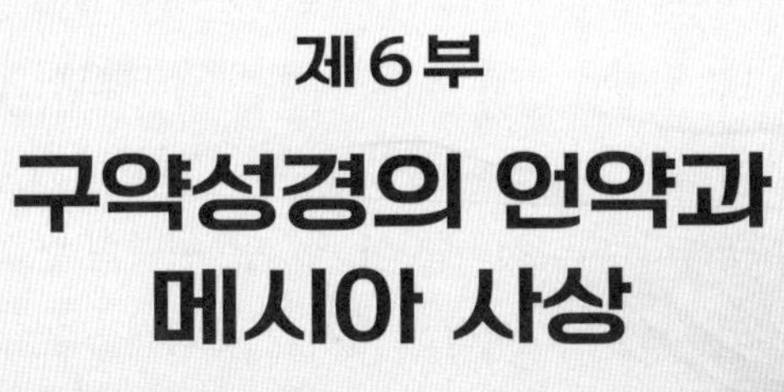

제6부
구약성경의 언약과
메시아 사상

I. 서론

구약성경에서 언약과 메시아 사상은 분리된 신학 주제가 아니라, 죄에 대한 인식과 그 결과에 대한 신학적 성찰 속에서 함께 형성된 통합적 구조를 이룬다. 언약은 야훼께서 이스라엘과 맺으신 관계의 근본적 틀이며, 동시에 인간의 불순종과 책임, 곧 죄의 현실이 가장 분명하게 드러나는 장이기도 하다. 따라서 메시아 사상은 언약의 단순한 연장이 아니라, 언약 파기와 죄의 누적이라는 역사적·윤리적 위기 속에서 발생한 신학적 응답으로 이해되어야 한다.

아브라함 언약과 시내산 언약은 야훼의 은혜로운 선택과 목적을 증언하지만, 동시에 인간의 반복되는 불신과 불순종으로 인해 언약 관계가 지속적으로 훼손되는 과정을 보여 준다. 앞서 살펴본 바와 같이, 구약에서 죄는 단순한 도덕적 결함이 아니라 관계의 붕괴, 책임의 왜곡, 그리고 야훼의 통치에 대한 저항으로 이해된다. 이러한 죄의 현실은 언약을 폐기시키기보다는, 오히려 언약의 의미를 더욱 근본적으로 재사유하도록 요구한다.

이러한 맥락에서 다윗 언약은 결정적인 전환점을 형성한다. 다윗 언약은 왕권을 통해 야훼의 통치가 역사 속에서 구현될 가능성을 제시하지만, 동시에 왕과 백성 모두의 죄로 인해 그 이상이 좌절되는 현실을 드러낸다. 왕정의 실패와 국가적 붕괴, 특히 포로 경험은 죄의 결과가 개인 차원을 넘어 공동체와 역사 전체에 미치는 파괴적 힘임을 분명히 인식하게 만들었다. 이 과정에서 메시아 사상은 단순한 정치적 회복의 기대가 아니라, 죄로 인해 무너진 언약 질서를 근본적으로 회복할 새로운 방식에 대한 신학적 탐구로 발전하게 된다.

따라서 구약의 메시아 사상은 죄의 문제를 외면한 이상화된 미래상이 아니라, 죄의 현실을 직면한 신앙 고백 속에서 형성된 희망이다. 메시아는 인간의 죄와 실패를 반복하는 기존 왕권을 대체하는 존재가 아니라, 야훼의 정의와 긍휼을 통해 죄의 결과를 극복하고 언약 관계를 새롭게 하는 통치의 표상으로 이해된다. 이러한 점에서 메시아 사상은 구약의 죄 이해-책임, 회개, 심판, 그리고 회복-와 깊이 연결되어 있으며, 야훼의 지속적인 통치가 죄의 역사 속에서도 포기되지 않았다는 신학적 선언으로 기능한다.

그러므로 이번 장에서는 구약의 언약 신학과 죄 이해, 그리고 메시아 사상이 어떻게 하나의 신학적 흐름 속에서 상호 규정되는지를 고찰하고자 한다. 이를 통해 메시아 사상이 단절된 예언적 개념이 아니라, 죄로 인해 흔들린 언약을 끝까지 책임지시는 야훼의 신실성에 대한 신앙적 응답임을 밝히는 것이 본 논의의 목적이다.

II. 구약에서의 언약 개념

구약 신학에서 언약(ברית, 베리트)은 여러 주제 가운데 하나에 불과한 개념이 아니라, 이스라엘이 야훼의 정체성, 역사적 행위, 그리고 통치를 이해하는 포괄적 신학적 틀로 기능한다. 언약은 시대를 초월한 추상적 원리라기보다는, 하나님의 나라가 역사 속에서 구현되는 구체적 형식으로 이해되어야 한다. 다시 말해, 야훼의 주권은 철학적 사유를 통해 정의되기보다, 서사적·역사적 관계 속에서 실현되고 증언된다.

이러한 통찰을 가장 체계적으로 제시한 학자는 아이히로트이다. 그는 언약을 구약 신학의 중심 개념으로 규정하면서, 율법, 예배, 윤리, 그리고 종말론적 소망에 이르기까지 모든 신학적 요소들을 통합하는 구조적 원리로 이해하였다.[1] 그에게 언약은 야훼께서 자유롭고도 신실하게 자신을 이스라엘과 결속시키시는 의지를 표현하는 매개이며, 바로 이 점에서 창조나 왕권과 같은 다른 신학적 주제들 역시 언약적 관점 안에서 해석되고 통합된다.

이러한 입장을 계승하면서도 비판적으로 발전시킨 케슬러(Rainer Kessler)는 언약과 하나님의 통치(*Königtum Gottes*) 사이의 구조적 연관성을 강조한다. 케슬러에 따르면, 언약은 단순한 쌍무적 계약이 아니라, 야훼의 왕권이 역사 속에서 구체적으로 행사되는 방식이다. 야훼는 신화적 권력이나 추상적 지배를 통해 통치하시는 분이 아니라, 언약적 질서를 통해 공동체 안에 책임, 정의, 그리고 질서를 세우시는 왕이시다.[2] 이 관점에서 볼 때, 언약과 하나님의 왕권은 분리될 수 없으며, 언약은 곧 야훼 통치의 역사적 형식이다.

한편, 초기 언약 신학이 때로 언약을 법적·제도적 틀로 환원시킬 위험을 지녔던 것과 달리, 최근 연구들은 언약의 관계적·계시적 성격을 더욱 강조한다. 브루그만은 언약을 "관계적 상상력(relational imagination)"의 산물로 이해하며, 이를 통해 이스라엘은 야훼를 초월적 군주가 아니라 관계와 위험, 상호성을 선택하시는 하나님으로 증언한다고 주장한다.[3] 언약 언어는 형이상학적 추상화나 기계적 율법주의를 거부하며, 순종과 실패, 회개와 회복 속에서 자신을 내어주시는 하나님을 신학적으로 상상하게 한다.

---

1) Walther Eichrodt, *Theologie des Alten Testaments*, vol. 1 (Leipzig: J. C. Hinrichs, 1933), 36-40; *Theology of the Old Testament*, trans. J. A. Baker, vol. 1 (Philadelphia: Westminster Press, 1961), 36-39.

2) Rainer Kessler, *Gottes Herrschaft: Eine Theologie des Alten Testaments* (Munich: Kaiser, 2001), 63-70.

3) Walter Brueggemann, *Theology of the Old Testament: Testimony, Dispute, Advocacy*, 414-419.

이와 유사하게 모벌리(Robert W. L. Moberly)는 언약을 교리적 개념으로 환원하는 것을 거부하고, 언약을 야훼와 이스라엘 사이의 인격적 만남으로 이해한다.[4] 모벌리에 따르면, 언약 신학은 후대의 체계적 사유에서 출발하는 것이 아니라, 부르심의 이야기, 구원의 사건, 위기와 회복의 경험 등 살아 있는 만남의 서사 속에서 형성된다. 그러므로 언약은 개념 이전에 경험이며, 이론 이전에 대화적 현실이다.

이러한 논의들을 종합하면, 구약의 언약 개념은 단일한 정의로 환원될 수 없다. 언약은 동시에 역사적, 관계적, 신학적 개념이다. 곧 언약은 구체적인 역사 사건 속에서 전개되며, 야훼와 이스라엘 사이의 살아 있는 관계를 형성하고, 그 안에서 야훼의 왕권이 계시되고 경험된다. 이러한 의미에서 언약은 이스라엘의 신앙과 윤리를 이해하는 핵심 틀일 뿐 아니라, 이후 예언자적 비판과 메시아적 소망이 형성되는 토대가 된다.

III. 족장 언약

1. 예비적 언약으로서의 아브라함 언약

아브라함을 중심으로 형성된 족장 언약은 구약성경에서 예비적이며 기초적인 언약 형태를 이룬다. 이 언약은 시내산 언약에서 보게 되는 제도적·법적 구조를 아직 갖추고 있지 않으며, 대신 야훼의 일방적 약속에 의해 시작된 관계 중심의 언약으로 제시된다. 이러한 의미에서 아브라함 언약은 구약 전체에 전개되는 구속사의 출발점이자 신학적 토대를

---

4) Robert W. L. Moberly, *The Old Testament of the Old Testament: Patriarchal Narratives and Mosaic Yahwism*, 21-29.

형성한다.

월트키는 창세기 12-50장을 이후 언약 신학 전개의 기초를 이루는 핵심 본문으로 해석한다. 그에 따르면, 땅과 자손, 복에 대한 아브라함 언약의 약속은 고립된 진술이 아니라, 이스라엘의 신학적 자기 이해를 규정하는 구속사적 프로그램 선언이다.[5] 족장 이야기들은 언약을 고정된 계약이 아니라, 세대를 거쳐 전개되는 역동적 약속으로 제시한다.

동시에 브루그만은 아브라함 언약이 약속과 위험의 변증법 속에서 전개된다는 점을 강조한다. 하나님의 약속은 결코 안전하고 보장된 환경 속에서 실현되지 않으며, 오히려 불확실성과 취약성, 그리고 인간의 응답을 요구하는 상황 속에서 주어진다. 아브라함의 여정은 소유의 안정이 아니라, 이주와 기다림, 그리고 위험에의 노출로 특징지어진다.[6] 이처럼 언약의 약속은 위험을 제거하지 않고, 오히려 모호함 속에서 신뢰를 요청하는 장을 형성한다.

2. 땅의 약속과 창조 회복의 신학

아브라함 언약의 중심에는 땅의 약속이 자리하고 있으며, 이는 단순한 지정학적 보장이 아니라 창조 회복의 신학적 상징으로 기능한다. 땅의 약속은 하나님과 인간, 그리고 창조 세계 사이에서 깨어진 관계를 회복하려는 야훼의 의도를 드러낸다.[7] 땅은 하나님의 복, 인간의 순종, 그리고 관계적 조화가 구체적으로 실현되는 공간이다.

브루그만 역시 땅을 관계 회복의 장으로 해석하며, 여기서 '복'

---

5) Bruce K. Waltke, *Genesis: A Commentary*, 205-210.

6) Walter Brueggemann, *Genesis*, 116-120.

7) Walther Eichrodt, *Theology of the Old Testament*, vol. 1, 51-55.

(בְּרָכָה, 베라카)은 인간의 불순종으로 초래된 저주를 극복하는 신학적 대안으로 제시된다고 본다.[8] 아브라함 언약은 창조의 근원적 파열에 응답하여, 생명과 번성, 그리고 야훼의 주권 아래에서의 공동체적 삶을 다시 가능하게 하는 약속이다. 이 점에서 땅-복-관계는 족장 언약의 회복 신학을 구성하는 핵심 삼중 구조를 이룬다.

3. 믿음, 순종, 그리고 약속의 계승

아브라함 언약은 믿음과 순종, 그리고 약속의 계승이라는 복합적 상호작용 속에서 전개된다. 족장 이야기에서 순종은 언약의 조건을 충족시키기 위한 법적 행위라기보다는, 이미 주어진 약속에 대한 신뢰의 응답으로 묘사된다. 이러한 관점은 특히 창세기 22장에서 분명하게 드러난다.

모벌리는 창세기 22장을 도덕적·윤리적 시험으로 이해하는 해석을 비판하며, 이를 관계적 신뢰의 시험으로 읽어야 한다고 주장한다.[9] 이 본문은 아브라함이 하나님의 약속이 근본적으로 위협받는 상황에서도 여전히 야훼의 신실하심을 신뢰하는지를 묻는다. 따라서 순종은 약속과 대립되는 것이 아니라, 약속에 대한 전적인 의존의 표현이다.

4. 이삭·야곱·요셉을 통한 이스라엘의 형성

아브라함 언약은 아브라함 개인 안에서 완결되지 않고, 이삭·야곱·

---

8) Walter Brueggemann, *Theology of the Old Testament: Testimony, Dispute, Advocacy*, 418-422.

9) Robert W. L. Moberly, *The Bible, Theology, and Faith: A Study of Abraham and Jesus*, 69-87.

요셉을 통해 계승되고 재해석된다. 이 인물들은 단순히 생물학적 후계자가 아니라, 변화하는 역사적 상황 속에서 언약의 의미를 새롭게 체현하는 존재들이다. 가족 갈등과 속임, 유배와 화해의 과정 속에서도 약속은 중단되지 않고 지속된다.

크니림은 족장 전승이 단편적 이야기들의 집합이 아니라, 신학적으로 통일된 전통을 형성한다고 강조한다.[10] 세대 간 불안정성과 인간의 불일치 속에서도 약속이 지속된다는 사실은, 인간의 신실성보다 야훼의 신실성이 언약의 궁극적 근거임을 분명히 드러낸다.

이와 유사하게 앤더슨은 족장 이야기들이 이스라엘의 형성을 정치적·민족적 필연성으로 설명하지 않고, 약속과 기억에 기초한 신학적 과정으로 묘사한다고 지적한다.[11] 이스라엘은 권력이나 제도를 통해 형성된 공동체가 아니라, 세대를 거쳐 보존되고 재해석된 야훼의 약속을 통해 언약 백성으로 형성된다.

5. 소결론

이와 같이 족장 언약은 언약 신학을 약속 중심적이며 관계적이고, 역사적으로 개방된 구조로 제시한다. 이는 율법이나 왕권, 제도 종교에 앞서 하나님의 헌신이 먼저 주어진다는 점을 분명히 하며, 이후의 모든 언약 전개를 이해하는 신학적 문법을 제공한다. 예비적 언약으로서 아브라함 전통은 신앙, 순종, 땅, 그리고 정체성에 대한 구약적 이해가 형성되는 필수적인 출발점이다.

---

10) Rolf Knirim, *The Task of Old Testament Theology*, 116-123.
11) Bernhard W. Anderson, *The Living World of the Old Testament*, 4th ed., 55-62.

IV. 시내산 언약

1. 하나님의 백성 형성으로서의 시내산 언약

시내산 언약은 구약 신학에서 결정적인 전환점을 이루며, 이스라엘이 야훼의 언약 백성으로 공식적으로 형성되는 사건을 의미한다. 족장 언약이 약속과 관계를 제시하였다면, 시내산 언약은 그러한 약속을 공적·공동체적·규범적 차원에서 구체화한다. 여기서 이스라엘은 더 이상 약속으로 묶인 가족 집단에 머물지 않고, 언약적 소명을 지닌 하나의 백성으로 규정된다.

아이히로트는 시내산 사건을 언약 공동체의 공식적 탄생으로 규정한다.[12] 출애굽의 구원 행위는 시내산 언약을 통해 비로소 신학적 의미를 획득한다. 곧 이스라엘은 단순히 해방된 민족이 아니라, 야훼께 속한 백성으로 선택된 공동체가 된다. 시내산 언약이 없다면 출애굽은 단순한 해방 사건에 머물겠지만, 언약을 통해 해방은 곧 선택과 책임으로 전환된다.

이러한 통찰을 발전시킨 케슬러는 시내산 언약을 왕권 없는 신정 정치(theocracy without kingship)의 형태로 이해한다.[13] 왕정이 성립되기 이전, 이스라엘의 유일한 왕은 야훼이시며, 하나님의 통치는 왕이나 제도를 통해서가 아니라 언약과 가르침, 공동체적 순종을 통해 행사된다. 시내산 언약은 권력이 집중된 정치 구조가 아니라, 야훼의 주권 아래 책임이 분산된 공동체적 질서를 제시한다는 점에서 정치신학적 의미를 지닌다.

---

12) Walther Eichrodt, *Theology of the Old Testament*, vol. 1, 36-45.
13) Rainer Kessler, *Gottes Herrschaft: Eine Theologie des Alten Testaments*, 78-85.

2. 율법과 하나님의 뜻의 구현

시내산 언약의 중심에는 율법의 수여가 자리하고 있다. 그러나 율법은 추상적인 법전이나 중립적 규범 체계가 아니라, 언약적 삶을 위한 야훼의 뜻이 구체적으로 구현된 형태이다. 율법은 구원의 사건을 예배, 정의, 공동체 질서의 구체적 실천으로 번역하는 기능을 수행한다.

바는 율법을 단순한 법 체계로 이해하는 해석을 비판하며, 이를 언약적 언어(covenant language)로 해석해야 한다고 주장한다.[14] 계명들은 이미 은혜로 확립된 관계를 전제하며, 선택과 구원을 창출하는 조건이 아니라 그 결과를 표현한다. 이러한 관점에서 율법은 비역사적·비인격적 규범이 아니라, 야훼께서 언약 백성에게 말씀하시는 신학적 담화로 이해된다.

3. 은혜와 책임의 언약적 구조

시내산 언약의 구조는 은혜와 책임의 역동적 결합을 분명히 보여준다. 야훼의 구원 행위는 인간의 순종에 앞서 선행한다. "나는 너를 애굽 땅에서 인도하여 낸 네 하나님 야훼라"(출 20:2)라는 선언은 계명의 전제가 된다. 이 선언 위에서만 이스라엘의 의무가 요청된다.

브루그만은 이 구조를 요약하여, 언약의 요구는 은혜 이전의 요구가 아니라 선재된 은혜로부터 비롯된 요구라고 말한다.[15] 순종은 구원을 얻기 위한 조건이 아니라, 이미 주어진 구원에 대한 응답이다. 이러한 질

---

14) James Barr, *The Concept of Biblical Theology*, 323-330.
15) Walter Brueggemann, *Theology of the Old Testament: Testimony, Dispute, Advocacy*, 418.

서는 율법주의와 무율법주의를 동시에 거부하며, 윤리적 책임을 두려움
이나 강제가 아닌 감사와 신뢰에 기초시킨다.

4. 언약 파기와 회복(출애굽기 32-34장; 신명기 30장)

시내산 언약은 그 중요성에도 불구하고, 금송아지 사건(출 32장)에
서 거의 즉각적으로 파기된다. 이 본문은 언약 순종의 취약성과 이스라
엘의 우상숭배 성향을 극명하게 드러낸다. 그러나 이 위기는 언약의 폐
기로 귀결되지 않는다.

출애굽기 32-34장은 심판과 더불어 중보, 회개, 언약 갱신의 신학을
제시한다. 모벌리는 이 본문을 중보와 회개의 신학이 가장 깊이 있게 전
개된 사례로 해석한다.[16] 모세는 이스라엘의 공로가 아니라, 야훼의 성
품과 약속에 호소함으로써 언약 회복을 이끈다. 언약의 갱신은 인간의
신실함이 아니라, "자비롭고 은혜로우신 하나님"(출 34:6)이신 야훼의
자기 계시에 근거한다.

이와 유사하게 신명기 30장은 언약 파기의 결과로서의 포로를 예
상하면서도, 회개와 회복의 가능성을 미래로 열어 둔다. 여기서 회개는
단순한 도덕적 개선이 아니라, 관계적 충실성으로의 귀환이며, 이는 궁
극적으로 야훼의 주도적 은혜에 의해 가능해진다.

5. 언약의 조건성과 지속성

시내산 언약은 필연적으로 조건성과 지속성 사이의 긴장을 내포한

---

16) Robert W. L. Moberly, *At the Mountain of God: Story and Theology in Exodus 32-34*
(Sheffield: JSOT Press, 1983), 45-62.

다. 순종은 명백히 요구되며, 불순종은 실제적인 심판과 결과를 초래한다. 그러나 이러한 실패가 언약의 최종적 파기를 의미하지는 않는다.

이러한 긴장은 성경적 언약 신학의 본질적 요소이다.[17] 시내산 언약은 축복의 경험에 있어서는 조건적이지만, 야훼의 구속 목적이라는 차원에서는 지속적이다. 심판과 신실성은 상호 배타적이지 않으며, 동시에 작동한다.

우리는 시내산 언약을 더 넓은 약속의 서사 안에서 읽어야 한다.[18] 율법과 심판, 회복은 단절된 요소가 아니라, 종결이 아닌 갱신을 향해 나아가는 언약적 드라마의 구성 요소들이다.

6. 소결론

시내산 언약은 구약 신학의 핵심 축을 이룬다. 이 언약은 이스라엘을 야훼의 왕권 아래 있는 구속된 백성으로 규정하고, 언약적 율법을 통해 하나님의 뜻을 삶의 질서로 구현하며, 인간의 실패에도 불구하고 하나님의 신실성을 포기하지 않는다. 은혜와 책임, 심판과 자비를 함께 붙드는 시내산 언약은 이후 예언자적 비판, 회개 신학, 그리고 메시아적 소망이 형성되는 신학적 토대를 제공한다.

---

17) Bruce K. Waltke, *An Old Testament Theology*, 398-405.
18) Bernhard W. Anderson, *Contours of Old Testament Theology*, 146-152.

V. 다윗 언약

1. 다윗 언약의 성격

다윗 언약은 구약의 언약 신학 전개에서 결정적인 전환점을 형성한다. 족장 언약이 약속의 기초를 제공하고 시내산 언약이 이스라엘을 언약 공동체로 공식화하였다면, 다윗 언약은 왕권이라는 역사적 매개를 통해 야훼의 뜻이 지속적으로 구현되는 방식을 제시한다는 점에서 독자적 위상을 지닌다. 이 언약의 가장 두드러진 특징은 상호적 계약 조건보다 하나님의 신실성에 근거한 무조건적 약속에 있다.[19]

구속사적 관점에서 볼 때, 다윗 언약은 이전 언약 전통들이 하나의 정점으로 수렴되는 지점으로 이해될 수 있다. 사무엘하 7장에 제시된 왕조와 보좌, 그리고 지속적 통치에 대한 약속은 야훼께서 역사 속에서 자신의 목적을 포기하지 않으신다는 신학적 확신을 강화한다. 이러한 점에서 다윗 언약은 앞선 언약들을 폐기하지 않고, 오히려 그것들을 왕권적 형태로 집약하고 심화한다. 이는 족장에게 주어진 자손과 땅, 복의 약속이 다윗 왕조의 성립을 통해 정치적·역사적 차원에서 구체화된다는 점에서도 확인된다.[20]

2. 영원한 왕조와 왕권 신학

다윗 언약의 중심에는 영원한 왕조에 대한 약속이 자리한다(삼하 7:13, 16). 이 약속은 왕권의 지속성과 안정성을 강조하는 동시에, 그 근

---

19) Bruce K. Waltke, *An Old Testament Theology*, 403-410.
20) Walther Eichrodt, *Theology of the Old Testament*, vol. 1, trans. J. A. Baker, 285-292.

거가 인간의 능력이나 업적이 아니라 야훼의 일방적 선택에 있음을 분명히 한다. 여기서 왕은 자율적 주권자가 아니라, 야훼의 통치를 대리적으로 구현하는 존재로 이해된다.

이러한 왕권 이해는 야훼의 통치 신학(*Königtum Gottes*)과 긴밀하게 연결된다. 다윗 왕조의 통치 권위는 독립적 실체가 아니라, 야훼의 정의와 신실성을 구현하는 한에서만 정당성을 갖는다. 따라서 다윗 언약의 왕권은 하나님의 통치를 대체하는 제도가 아니라, 역사 속에서 제한적·매개적으로 드러나는 통치 방식이라 할 수 있다.[21]

3. 다윗 언약의 내용(사무엘하 7장)

다윗 언약의 핵심 내용은 사무엘하 7장에 집약되어 있으며, 이는 왕권, 나라, 그리고 하나님의 아들됨이라는 세 요소로 요약될 수 있다. 야훼는 다윗에게 '집'(왕조)을 세워 주실 것을 약속하시고, 그의 나라를 견고하게 하시며, 왕을 향해 "나는 그의 아버지가 되고 그는 내 아들이 되리라"(삼하 7:14)라고 선언하신다.

이러한 표현은 왕의 신격화를 의미하지 않는다. 오히려 이는 언약적 양자 개념을 통해 왕을 야훼의 선택과 보호 아래 있는 대표자로 규정하는 언어이다. 그러나 이 왕권 신학은 본질적인 긴장을 내포한다. 한편으로는 정의와 평화, 그리고 야훼에 대한 신뢰에 기초한 이상적 왕권의 비전을 제시하지만, 다른 한편으로는 왕권이 주변 제국의 정치 이데올로기를 모방하며 제국적 유혹에 노출될 가능성을 항상 내포한다. 이로써 다윗 언약은 희망의 토대이자 동시에 비판의 기준으로 기능한다.[22]

---

21) Rainer Kessler, *Gottes Herrschaft: Eine Theologie des Alten Testaments*, 92-100.
22) Walter Brueggemann, *Theology of the Old Testament: Testimony, Dispute, Advocacy*,

4. 다윗 전통 속의 이상적 왕권

이스라엘의 신학적 전통 속에서 다윗 언약은 규범적 왕권 이상을 형성한다. 다윗 전통은 이후의 모든 왕들과 왕정 제도를 평가하는 신학적 기준으로 작용하며, 왕의 정당성은 군사적 성공이나 영토 확장보다 언약에 대한 충실성, 정의의 실현, 그리고 야훼께 대한 순종에 의해 판단된다.[23]

이러한 규범성 때문에 다윗 언약은 실제 역사 속 왕들이 실패한 이후에도 신학적 영향력을 상실하지 않는다. 다윗 전통에 내재된 이상은 특정 역사적 왕을 초월하여, 역사적 실패 이후에도 지속되는 희망의 기준으로 기능한다.

5. 왕정 붕괴와 신학적 긴장

주전 587년 예루살렘의 멸망과 함께 다윗 왕조가 단절되었을 때, 이스라엘은 심각한 신학적 위기에 직면하였다. 야훼께서 영원한 왕조를 약속하셨다는 고백과 역사적 붕괴라는 현실 사이의 긴장은, 다윗 언약 전통에 대한 근본적 재사유를 요구하였다.

이러한 상황에서 필요한 것은 언약 언어의 폐기가 아니라 재해석이었다. 다윗 왕조의 실패는 언약 자체의 무효를 의미하지 않으며, 오히려 언약 약속을 지나치게 문자적·정태적으로 이해해 온 해석의 한계를 드러낸다. 언약 언어는 본질적으로 은유적이고 신학적인 언어로서, 급격히 변화한 역사적 조건 속에서도 의미를 지속할 수 있는 유연성을 지닌다.[24]

600-607.

23) Rolf Knierim, *The Task of Old Testament Theology*, 124-130.

24) James Barr, *The Concept of Biblical Theology*, 331-336.

왕정 붕괴 이후, 다윗 언약은 점차 미래 지향적 희망으로 재구성되었다. 역사적 왕권에 결부되었던 약속들은 종말론적 전망 속에서 새롭게 해석되었고, 이는 메시아 대망 사상의 신학적 토대를 형성하였다. 이로써 다윗 언약은 과거의 영광에 대한 회상이 아니라, 상실과 실패 속에서도 희망을 가능하게 하는 신학적 자원으로 기능하게 된다.[25]

6. 소결론

다윗 언약은 구약 신학의 중심부를 차지하며, 언약 신학과 메시아 사상을 연결하는 결정적 고리를 형성한다. 이 언약은 왕권이라는 역사적 매개를 통해 야훼의 신실한 헌신을 증언하고, 이상적 왕권의 규범을 제시하며, 정치적 붕괴 속에서도 신학적 희망을 유지한다. 무조건적 약속과 역사적 조건성, 이상과 제국적 유혹, 지속성과 재해석이라는 긴장을 함께 붙들면서, 다윗 언약은 구약 신학의 내적 역동성을 가장 선명하게 드러내는 전통이라 할 수 있다.

VI. 궁정(시온) 언약 신학과 왕권

1. 선택된 공간으로서의 시온과 예루살렘

구약 신학에서 시온과 예루살렘은 단순한 지리적 장소가 아니라, 야훼의 임재, 왕권, 그리고 언약이 집중적으로 표상되는 신학적 공간으로 기능한다. 시온 신학은 야훼께서 역사 속의 구체적 장소를 자유롭게

---

25) Bernhard W. Anderson, *Contours of Old Testament Theology*, 165-172.

선택하시어, 그곳에 자신의 통치를 상징적으로 집중시키셨다는 신앙 고백을 표현한다. 시온과 관련된 시편들(시 46; 48; 76; 84; 132편 등)은 예루살렘을 우주적·정치적 혼돈 한가운데서 야훼의 거처가 있는 안정의 중심지로 묘사한다.

그러나 이러한 공간의 선택은 자연적 거룩함이나 본질적 우월성에 근거하지 않는다. 시온이 거룩한 것은 오직 야훼께서 그곳에 거하시기를 선택하셨기 때문이다. 예루살렘의 신학적 의미는 정치적 힘이나 제의적 성취에서 비롯되는 것이 아니라, 전적으로 언약적 임재에 의해 규정된다. 이로써 시온은 초월적 하나님께서 특정한 역사적 장소에 자신을 묶으시되, 결코 그 장소에 의해 제한되지 않으신다는 구약 신앙의 역설을 구현한다.

2. 시온 신학의 상징성과 위험성

시온 신학은 야훼의 왕권을 표현하기 위해 풍부하고 강력한 상징 언어를 사용한다. 시온은 흔들리지 않는 안정, 질서, 그리고 보편적 통치의 중심으로 묘사되며, 야훼의 주권이 집중적으로 고백되는 장소로 이해된다. 이러한 상징적 상상력 속에서 시온은 세계의 질서가 유지되고 혼돈이 제어되는 신학적 축으로 기능한다.

그러나 이 상징적 힘은 동시에 심각한 신학적 위험을 내포한다. 시온에 임재하시는 야훼에 대한 고백은 쉽게 이데올로기적 확신으로 경직될 수 있기 때문이다. 시온 신학은 언약적 순종과 윤리적 책임으로부터 분리될 때 왜곡된다. 도시와 제도, 성전이 하나님의 호의를 자동적으로 보장하는 장치로 이해될 경우, 시온 신학은 신학적 자기 정당화로 전락할 위험에 처한다.

이러한 왜곡은 예언자들의 예루살렘 비판에서 분명히 드러난다. 예레미야 7장의 '성전 설교'는 성전의 존재 자체가 안전을 보장한다는 환상을 폭로하며, 미가 3장은 구조적 불의가 만연한 상황에서도 하나님의 보호를 당연시하는 예루살렘 지도자들을 고발한다. 정의와 언약적 충실성 없이 시온을 신뢰하는 것은 종교적 환상에 불과하다. 따라서 시온 신학은 고백과 비판, 약속과 책임 사이의 긴장 속에서 기능한다.[26]

에스겔서는 이러한 비판을 한층 더 급진적으로 전개하며, 야훼의 임재가 예루살렘이라는 특정 공간에 고정되어 있다는 전제를 해체한다. 에스겔 1장에서 야훼는 생물들과 바퀴들 위에 얹힌 보좌에 좌정하신 모습으로 나타나는데, 이는 신적 임재의 이동성을 강조한다. 바퀴 달린 보좌 환상은 야훼의 왕권이 특정 성지에 구속되지 않으며 자유롭고 주권적으로 이동하실 수 있음을 상징한다.[27]

이러한 신학적 전개는 에스겔 8-11장에서 극적으로 심화된다. 이 본문에서 야훼의 영광은 점진적으로 예루살렘 성전을 떠난다. 이는 성전과 도시 안에 만연한 우상숭배와 불의에 대한 응답으로 제시되며, 제의적 공간이 언약적 충실성을 상실할 경우 더 이상 거룩한 장소로 기능할 수 없음을 선언하는 급진적 심판이다.[28]

그러나 에스겔서는 성전 신학 자체를 폐기하지 않는다. 에스겔 40-48장은 회복된 성소에 대한 환상을 제시하는데, 주목할 점은 이 광범위한 성전 환상 전체에서 '예루살렘'이라는 지명이 단 한 차례도 등장하지 않는다는 사실이다. 이는 회복된 야훼의 임재가 더 이상 역사적 도시

---

26) Walter Brueggemann, *Theology of the Old Testament: Testimony, Dispute, Advocacy*, 608-615.

27) Daniel I. Block, *The Book of Ezekiel, Chapters 1-24*, NICOT (Grand Rapids: Eerdmans, 1997), 96-110.

28) Walther Zimmerli, *Ezekiel 1*, Hermeneia (Philadelphia: Fortress Press, 1979), 230-245.

예루살렘—그 타락의 기억과 함께—에 고정되지 않음을 의미한다. 거룩함은 이제 특정 도시가 아니라, 신적 질서와 생명을 주는 임재, 그리고 새롭게 구성된 관계 속에서 재정의된다. 환상의 결말은 도시가 아니라 "야훼께서 거기 계시다"(יהוה שמה, 야훼 샴마, 겔 48:35)는 선언에 놓인다.[29]

이처럼 에스겔 전통은 시온 신학을 폐기하지 않으면서도 결정적으로 상대화한다. 야훼의 왕권은 성스러운 지리, 정치 제도, 제의적 보장 안에 가둘 수 없다. 시온은 여전히 하나님의 약속을 증언하는 강력한 상징이지만, 이데올로기적 절대성을 상실한다. 참된 안정의 중심은 도시가 아니라, 윤리적 요구를 수반하는 야훼의 자유롭고 주권적인 임재에 있다. 따라서 시온 신학은 언약적 순종과 예언자적 비판, 그리고 야훼 통치의 자유를 인정하는 한에서만 정당성을 지닌다.

3. 왕권 이데올로기와 성전 신학

궁정(시온) 신학은 성전, 왕권, 그리고 언약의 상호 연관성 속에서 이해되어야 한다. 예루살렘 성전은 야훼의 거처를 상징하며, 다윗 왕은 야훼의 통치를 역사적·정치적 차원에서 구현하는 존재이다. 성전과 왕은 각각 다른 방식으로 하나님의 주권을 매개하지만, 상호 보완적 관계를 이룬다.

이 관계는 성전-왕권-언약이라는 삼중 신학 구조로 요약될 수 있다. 성전은 야훼의 임재를, 왕은 야훼의 권위를, 그리고 언약은 이 둘을 백성과 연결하는 관계적 틀을 제공한다. 성전과 왕권 어느 것도 자율적 정당

---

29) Bernhard W. Anderson, *Contours of Old Testament Theology*, 178-185.

성을 지니지 않으며, 둘 모두는 야훼께 대한 언약적 충실성 안에서만 의미를 획득한다.[30] 이러한 구조는 제의적 마술주의와 정치적 절대주의를 동시에 경계하며, 거룩한 공간과 왕의 권력을 모두 야훼의 주권 아래 종속시킨다.

4. 야훼의 기름부음 받은 대리자로서의 왕

궁정 신학의 핵심에는 왕을 "야훼의 기름부음 받은 자"(יהוה משיח, 마시아흐 야훼)로 이해하는 관점이 자리한다. 기름부음은 왕에게 신적 지위를 부여하는 행위가 아니라, 왕이 야훼를 대신하여 통치하도록 위임되었음을 나타내는 표지이다. 따라서 왕권은 절대적 권력이 아니라 대표적 권위이다.

이러한 대표 신학은 존엄성과 한계를 동시에 규정한다. 왕은 야훼의 정의와 질서를 공적으로 구현하는 매개자이지만, 동시에 야훼의 가르침과 심판 아래 놓인 존재이다. "너는 내 아들이다"(시 2:7)라는 왕의 아들됨 언어 역시 존재론적 신성화를 의미하는 것이 아니라, 언약적 친밀성과 책임을 표현한다. 왕권은 보호의 보장이 아니라, 언제나 평가와 징계의 대상이 되는 소명이다.

이러한 맥락에서 왕권은 대표의 신학으로 이해될 수 있다. 인간 대리자는 하나님의 이름으로 행동할 권한을 부여받지만, 결코 하나님의 주권을 대체하지는 않는다. 왕의 정당성은 야훼의 정의를 얼마나 충실히 대표하는가에 달려 있으며, 이 기준에서 벗어날 때 왕권은 예언자적

---

30) Walther Eichrodt, *Theology of the Old Testament*, vol. 1, 290-300; Rainer Kessler, *Gottes Herrschaft: Eine Theologie des Alten Testaments*, 101-108.

비판과 하나님의 심판에 직면하게 된다.[31]

5. 시온 신학과 신학적 통합

궁정 신학의 궁극적 목적은 공간(시온), 권위(왕권), 관계(언약)를 통합하여 야훼의 통치를 고백하는 데 있다. 이 통합은 정치적 목적이 아니라 신학적 목적을 지닌다. 시온 신학은 야훼의 왕권이 우주적 질서와 역사적 우연성 모두를 포괄함을 증언한다.[32] 이는 역사적 취약성을 제거하기보다는, 그 속에서 심판과 희망, 그리고 회복을 말할 수 있는 신학적 틀을 제공한다.

올바르게 이해될 때, 시온 신학은 권력의 세속화와 신성화라는 두 극단을 동시에 거부한다. 이는 야훼의 가까우심을 고백하면서도 하나님을 길들이지 않으며, 인간 권위를 인정하면서도 그것을 절대화하지 않는다. 이러한 점에서 궁정 신학은 왕정 붕괴 이후의 예언자적 비판과, 왕권적 소망이 메시아적 기대로 전환되는 과정을 준비하는 신학적 토대가 된다.

6. 소결론

궁정(시온) 언약 신학은 야훼의 통치가 국지적이면서도 보편적이고, 매개되면서도 주권적임을 동시에 고백하는 신학적 비전을 제시한다. 성전, 왕권, 언약을 함께 붙들면서, 시온 신학은 야훼께서 대표적 구조들

---

31) Robert W. L. Moberly, *Old Testament Theology: Reading the Hebrew Bible as Christian Scripture*, 145-152.
32) Bernhard W. Anderson, *Contours of Old Testament Theology*, 173-180.

을 통해 역사를 다스리시되 결코 자신의 자유를 양도하지 않으신다는 확신을 표현한다. 이 전통의 지속적 의미는 정치적 승리주의에 있지 않고, 역사 변화 속에서도 신학적 희망과 윤리적 책임, 비판적 신앙을 유지하게 하는 능력에 있다.

VII. 상징적·우주론적 차원

1. 왕권과 성전의 우주적 상징성

구약성경에서 왕권과 성전은 단순한 정치적·제의적 제도가 아니라, 야훼의 창조 통치를 표현하는 우주적 상징으로 기능한다. 왕권과 성전은 즉각적인 역사적 맥락을 넘어, 야훼의 통치가 창조 전체를 포괄한다는 신앙 고백을 형성한다. 성전은 세계의 질서가 집중된 중심으로 이해되며, 왕권은 그 질서가 역사 속에서 매개되는 방식을 상징한다. 이 두 상징은 함께 야훼의 주권이 하늘과 땅을 아우른다는 확신을 표현한다.

특히 시편은 이러한 우주론적 상상력을 풍부하게 전개한다. 시편은 야훼를 혼돈을 제압하고 질서를 세우며 세계의 안정성을 유지하시는 창조주로 묘사한다(시 29; 46; 93; 96-99편 등). 이 시적 담론 속에서 시온과 성전은 우주의 축소판(microcosm)으로 기능하며, 왕권 언어는 야훼께서 모든 현실을 다스리신다는 고백을 형성한다. 이러한 표현들은 체계적 우주론을 제시하기보다는, 신학적 상상력을 통해 세계가 폭력이나 우연이 아니라 야훼의 신실한 통치에 의해 유지된다는 사실을 증언한다.[33]

---

33) Walter Brueggemann, *Theology of the Old Testament: Testimony, Dispute, Advocacy,*

2. 고대 근동 왕권 이데올로기의 재해석

이스라엘의 왕권 및 성전 상징 언어는 고대 근동의 문화적 맥락 속에서 형성되었다. 고대 근동에서 왕은 종종 신적이거나 반신적인 존재로 이해되었고, 우주 질서의 보증자로 묘사되었다. 그러나 구약성경은 이러한 왕권 이데올로기를 단순히 수용하지 않고, 비판적으로 재해석한다.

고대 근동 문헌과의 비교 연구는 이러한 재해석 과정을 조명하는데 도움을 줄 수 있지만, 그 사용에는 엄격한 방법론적 주의가 요구된다. 비교종교학은 유사한 언어와 상징이 반드시 동일한 의미를 지닌다는 것을 의미하지 않기 때문이다. 이스라엘의 왕권·우주론적 상징은 그 자체의 언약적 맥락 안에서 해석되어야 하며, 이방 왕권 이데올로기의 단순한 변형으로 이해되어서는 안 된다.[34]

이스라엘 신학에서 우주적 권위는 인간 왕에게 귀속되지 않는다. 궁극적 통치는 오직 야훼께 속하며, 인간 왕이 참여하는 권위는 언제나 파생적이며 조건적이다. 이러한 점에서 왕권 상징은 인간 권력을 절대화하기보다는, 오히려 언약적 순종과 책임의 이야기 속에 배치됨으로써 상대화된다.[35] 우주론적 이미지는 왕을 신격화하는 데 사용되지 않고, 인간 권력이 야훼의 주권 아래 놓여 있음을 드러내는 기능을 수행한다.

3. 야훼-왕의 관계와 하나님의 아들됨

구약의 왕권 상징 가운데 가장 두드러진 표현 중 하나는 야훼와 왕

310-330; *The Message of the Psalms* (Minneapolis: Augsburg, 1984), 23-36.

34) James Barr, *The Concept of Biblical Theology*, 110-125.

35) Rolf Knierim, *The Task of Old Testament Theology*, 124-135.

사이의 부자(父子) 관계이다. 시편 2편과 89편과 같은 왕권 시편은 "너는 내 아들이다. 오늘 내가 너를 낳았다"(시 2:7)라는 언어를 통해 왕의 독특한 지위를 묘사한다. 이 표현은 왕이 언약 질서 안에서 야훼와 특별한 관계를 맺고 있음을 상징적으로 나타낸다.

그러나 이러한 아들됨 언어는 존재론적 의미로 이해되어서는 안 된다. 왕은 본질적으로 신적인 존재가 아니라, 언약적 선택과 대표적 권위를 부여받은 인간이다. 이 표현은 왕이 야훼의 정의와 질서를 구현하도록 위임받은 사명을 나타낸다. 이러한 해석은 왕권 신학의 상징적 깊이를 유지하면서도, 이스라엘의 유일신 신앙을 훼손하지 않는다.[36]

이와 동시에 이 상징 언어는 윤리적 요구를 동반한다. 왕은 야훼의 대표자로서 정의를 구현해야 하며, 그 역할에 실패할 경우 어떠한 신적 정당성도 주장할 수 없다. 왕권 신학은 신화적 신격화나 단순한 정치적 현실주의로 붕괴되는 것을 방지하며, 상징성과 책임을 긴장 속에 결합시킨다.[37]

4. 상징의 통합과 신학적 의의

이처럼 구약의 왕권과 성전 상징은 야훼의 통치에 의해 질서 지어진 현실에 대한 종합적 비전을 제시한다. 이러한 상징들은 창조, 역사, 언약을 하나의 신앙 고백 안에 통합하는 신학적 은유로 기능한다. 이는 고정된 세계관을 제시하기보다는, 역사적 불안정 속에서도 희망을 가능하게 하는 해석의 틀을 제공한다.

동시에 이 상징들은 언제나 비판과 재해석의 가능성에 열려 있다.

---

36) Bruce K. Waltke, *An Old Testament Theology*, 406-412.
37) Bernhard W. Anderson, *Contours of Old Testament Theology*, 170-176.

왕권이나 제의적 상징이 절대화될 때, 그것은 곧 우상이 된다. 그러나 이 상징들이 약속과 순종 사이의 언약적 긴장 속에 유지될 때, 야훼의 우주적 주권에 대한 이해는 더욱 깊어진다. 이러한 우주론적 상징성은 이후 예언자적 비판과 왕권적 소망이 메시아적 기대로 전환되는 신학적 전개를 준비하는 토대가 된다.

VIII. 이스라엘의 왕권 신학

1. 왕권에 대한 긍정적 평가: 사울 전승

구약성경은 왕권에 대해 복합적이며 양가적인 평가를 제시하는데, 그 출발점에는 왕정을 정당화하고 심지어 신적으로 승인된 제도로 이해하는 전승이 존재한다. 이른바 사울 전승(삼상 9-11장)에서 왕권은 이스라엘의 역사적 취약성에 대한 야훼의 은혜로운 응답으로 묘사된다. 왕은 야훼에 의해 선택되고, 영에 의해 능력을 부여받아, 외적 위협으로부터 백성을 구원하도록 위임된다. 이 관점에서 왕정은 야훼의 통치에 대한 대안이 아니라, 야훼의 구원 행위를 수행하는 도구로 기능한다.

이 본문들은 왕권이 인간의 야망에서만 비롯되었다고 보지 않으며, 오히려 왕의 선택과 권위 부여가 신적 주도성에 의해 이루어졌음을 강조한다. 이러한 긍정적 왕권 이해는, 왕정이 언약적 순종의 틀 안에서 행사될 때 야훼의 목적에 봉사할 수 있음을 확인한다. 이 단계에서 왕권은 자율적 권력이 아니라, 야훼의 주권 아래 위임된 기능이다.

2. 왕권에 대한 비판적 평가: 사무엘 전승

이와 나란히, 구약성경은 왕권에 대해 날카로운 비판을 제기하는 전승을 보존하고 있으며, 이는 특히 사무엘 전승(삼상 7-8장; 10:17-27; 12장)에 집중되어 있다. 여기서 왕을 요구하는 백성의 행위는 야훼의 왕권을 거부하는 것으로 해석된다. "그들이 너를 버림이 아니요, 나를 버려 자기들의 왕이 되지 못하게 함이니라"(삼상 8:7)는 선언은 왕정 요청의 신학적 문제를 분명히 드러낸다. 사무엘의 경고 연설(삼상 8:11-18)은 중앙집권적 왕권이 초래할 수 있는 착취, 군사화, 경제적 불의를 낱낱이 폭로한다.

이러한 반(反)왕정 전승은 이스라엘 신앙 안에서 중요한 신학적 기능을 수행한다. 이 전승은 정치 권력의 절대화를 거부하고, 이스라엘의 참된 왕은 오직 야훼 한 분뿐이라는 고백을 보존한다. 왕권을 전면 부정하기보다는, 이를 상대화함으로써 왕의 권위가 언제나 예언자적 비판과 언약적 책임 아래 놓이도록 한다. 이러한 반왕정 본문들은 정치적 우상숭배에 대한 내부적 안전장치로 기능한다.[38]

3. 언약 아래 있는 왕권

이스라엘의 왕권 신학은 왕정을 무조건 승인하거나 전면 거부하는 어느 한쪽으로 환원될 수 없다. 오히려 이는 언약 아래 있는 왕권이라는 개념으로 가장 적절하게 설명된다. 왕의 권위는 오직 야훼의 언약 질서 안에서 행사될 때만 정당성을 지닌다. 왕은 백성과 동일하게 언약의 의

---

38) Walter Brueggemann, *Theology of the Old Testament: Testimony, Dispute, Advocacy*, 611-620.

무에 묶여 있으며, 야훼의 율법 아래 책임을 진다(신 17:14-20).

이러한 언약적 틀은 인간 왕권의 근본적 상대화를 의미한다. 왕은 주권을 스스로 소유하지 않으며, 오직 야훼의 통치에 파생적이고 조건적으로 참여할 뿐이다. 이로써 이스라엘의 왕권은 신성화되지는 않지만, 동시에 신학적 의미를 상실하지도 않는다. 왕권은 야훼의 통치가 역사 속에서 매개되는 하나의 방식으로 이해되며, 언제나 평가와 교정의 대상이 된다.[39]

4. 고대 근동의 신적 왕권과의 차이

이스라엘의 왕권 이해는 고대 근동의 신적 왕권 이데올로기와 뚜렷한 대조를 이룬다. 이집트에서 파라오는 호루스의 현현으로 간주되었고, 메소포타미아에서는 왕권이 하늘에서 내려온 것으로 이해되며 왕이 우주 질서의 보증자로 묘사되었다.

이에 비해 이스라엘의 왕권은 일관되게 비신격화되어 있다. 왕권 언어가 때로 '하나님의 아들됨'이나 우주 질서 참여와 같은 고양된 이미지를 사용하더라도, 왕은 결코 예배의 대상이 되지 않으며, 신으로 묘사되지도 않고, 도덕적 판단을 초월한 존재로 그려지지도 않는다. 언어적 유사성이 곧 의미의 동일성을 뜻하지는 않으며, 이 점에서 비교 연구는 신중하게 수행되어야 한다.[40] 이스라엘의 왕권 이데올로기는 엄격한 유일신 신앙 안에서 작동하며, 어떠한 인간 통치자도 신격화하지 않는다.

또한 이스라엘의 왕권은 언약과 율법에 철저히 종속되어 있다. 왕은 정의와 질서를 스스로 창출하는 존재가 아니라, 야훼의 뜻을 실행하

---

39) Rainer Kessler, *Gottes Herrschaft: Eine Theologie des Alten Testaments*, 109-118.

40) James Barr, *The Concept of Biblical Theology* (London: SCM Press, 1999), 126-140.

도록 명령받은 종이다. 왕이 그 역할에 실패할 경우, 예언자들은 거리낌 없이 왕을 고발한다. 이러한 전통은 왕권이 결코 성역화되지 않았음을 분명히 보여 준다.[41]

5. 소결론

이스라엘의 왕권 신학은 승인과 비판이 공존하는 생산적 긴장 속에서 형성된다. 왕권은 야훼의 역사적 통치에 봉사하는 정당한 제도로 인정되지만, 동시에 언약과 율법, 그리고 예언자적 감시에 의해 지속적으로 상대화된다. 반왕정 전승이 왕권 이데올로기와 함께 보존된 것은, 이스라엘의 신앙이 정치권력을 절대화하거나 신학적으로 우상화하는 것을 거부했음을 보여 준다.

왕을 신격화하지 않음으로써, 이스라엘 신학은 야훼의 유일한 주권을 보존하는 동시에 인간 지도력의 제한적 역할을 인정한다. 이러한 독특한 왕권 이해는 이후 예언자적 비판의 토대를 형성하고, 왕권 신학이 메시아적 소망으로 전환되는 신학적 길을 열어 준다. 그 소망은 권력의 신성화가 아니라, 야훼의 통치를 의와 순종으로 매개하는 통치자에 대한 기대에 있다.

---

41) Walther Eichrodt, *Theology of the Old Testament*, vol. 1, 306-315.

IX. 야훼의 보편적 왕권

1. 창조주이자 보편적 왕으로서의 야훼

구약 신학에서 야훼의 왕권은 이스라엘의 정치사나 제의 제도에 국한되지 않으며, 본질적으로 보편적이다. 이 왕권은 하늘과 땅의 창조주로서의 야훼의 정체성에 근거한다. 하나님의 왕권은 이스라엘의 언약적 역사 이전에 존재하며, 동시에 그 역사 속에서 매개된다. 따라서 창조, 언약, 왕권은 서로 분리된 주제가 아니라, 하나의 통합된 신학적 복합체를 이룬다.

이러한 통합은 전통적인 언약 신학에서 분명히 확인된다. 창조에 근거한 야훼의 주권은 언약적 관계와 역사적 통치의 존재론적 토대를 제공한다. 창조는 과거의 단회적 사건에 머물지 않고, 야훼의 왕권이 지속적으로 행사되는 장(場)이다. 야훼께서 왕이신 이유는 그분이 세계를 창조하시고, 보존하시며, 질서 있게 다스리시기 때문이다. 이런 의미에서 언약은 하나님의 왕권을 이스라엘로 제한하는 장치가 아니라, 이미 모든 민족과 창조 전체를 포괄하는 보편적 왕권을 증언하는 고백의 장이다.[42]

2. 왕권 시편과 세계적 주권

왕권 시편(특히 시편 47; 93; 96-99편)은 야훼의 보편적 통치를 가장 응축된 방식으로 선포한다. 이 시편들은 야훼가 단지 이스라엘의 왕이 아니라, 온 세상을 다스리시는 왕이심을 노래한다. 여기서 야훼는 혼

---

42) 위의 책, 191-205.

돈을 제압하고, 열방을 심판하며, 우주적 질서를 유지하시는 분으로 묘사된다. 반복적으로 선언되는 "야훼께서 다스리신다"(יהוה מלך, 야훼 말라크)는 표현은 형이상학적 명제가 아니라, 예전적이며 정치적인 선언이다.

이 시편들에서 왕권 언어는 신학적·정치적 담론으로 기능한다. 야훼의 왕권은 폭력이나 강제, 혹은 인간 통치자의 신적 권리에 기초한 제국 이데올로기에 대한 대안적 비전을 제시한다. 야훼의 통치는 의와 공의, 신실성으로 특징지어지며, 이러한 보편적 지평은 하나님을 민족적 신으로 축소하려는 모든 시도를 거부한다. 모든 민족은 하나님의 심판 아래 있으며, 동시에 찬양으로 초대받는다.[43]

3. 창조, 질서, 그리고 정의

야훼의 보편적 왕권은 창조와 질서의 신학과 분리될 수 없다. 창조주이신 왕은 물리적 안정성만이 아니라, 도덕적 질서를 세우신다. 바다와 땅의 경계를 정하신 동일한 야훼께서 열방 가운데 의를 요구하신다. 우주 질서와 사회 정의는 분리된 영역이 아니라, 하나의 신적 통치 아래 통합되어 있다.

그러므로 예배는 윤리와 분리될 수 없다. 야훼를 왕으로 찬양하는 고백은, 그분이 세우신 질서에 순종하려는 삶의 헌신을 필연적으로 요구한다. 이스라엘의 예배는 본질적으로 윤리적 성격을 지니며, 공동체의

---

43) Walter Brueggemann, *Theology of the Old Testament: Testimony, Dispute, Advocacy*, 603-617; idem, *The Message of the Psalms* (Minneapolis: Augsburg, 1984), 117-134; J. Clinton McCann Jr., *The Psalms* (Nashville: Abingdon Press, 1993), 29-44; Rainer Kessler, *Gottes Herrschaft: Eine Theologie des Alten Testaments*, 92-110.

정체성과 책임을 형성한다.[44] 보편적 왕이신 야훼를 고백하면서 불의를 용인하는 것은, 그 고백의 내용 자체를 부정하는 행위이다. 왕권 시편은 이러한 점에서 교육적 기능을 수행하며, 하나님의 공의를 반영하는 삶으로 공동체를 형성한다.

4. 하나님의 통치의 현재와 미래: '이미-아직' 구조

야훼의 왕권이 힘 있게 선포됨에도 불구하고, 구약성경은 고백과 경험 사이의 긴장을 예리하게 인식한다. 세계는 종종 무질서하고 불의하며, 하나님의 통치에 저항하는 것처럼 보인다. 이러한 현실 인식은 야훼의 왕권이 '이미-아직'의 구조 속에 있음을 드러낸다.

한편으로 야훼는 이미 왕이시다. 창조는 존재하고, 질서는 유지되며, 예배 가운데 하나님의 주권은 고백된다. 다른 한편으로 야훼의 통치는 아직 역사 속에서 완전히 실현되지 않았다. 왕권 시편은 야훼께서 장차 오셔서 세상을 공의로 심판하실 미래를 기대한다(시 96:13; 98:9). 따라서 하나님의 통치는 현재의 현실이자 동시에 미래를 향한 소망이다.

이러한 긴장은 구약 신학의 본질적 특징 중 하나이다.[45] 하나님의 왕권은 실제적이고 효과적이지만, 역사 속에서 끊임없이 도전받는다. 이 미완의 긴장은 승리주의를 차단하고 소망을 유지하게 한다. 신앙은 경험된 질서와 아직 도래하지 않은 완성 사이에서 살아간다. 그러므로 야훼의 보편적 왕권은 닫힌 체계가 아니라, 탄식과 항의, 그리고 기대가 공존할 수 있는 열린 지평을 제공한다.

---

44) Robert W. L. Moberly, *Old Testament Theology: Reading the Hebrew Bible as Christian Scripture*, 129-138.

45) Rainer Kessler, *Gottes Herrschaft: Eine Theologie des Alten Testaments*, 119-130.

5. 소결론

　야훼의 보편적 왕권은 창조, 언약, 예배, 윤리를 통합하는 구약 신학의 중심 고백을 이룬다. 예전적으로 선포되고, 역사 속에서 도전받으며, 종말론적으로 기다려지는 하나님의 통치는 민족적 제한이나 이데올로기적 절대화를 거부한다. 현재의 주권과 미래의 완성을 함께 붙들면서, 구약 신학은 세계가 이미 야훼께 속해 있으나, 하나님의 정의와 평화가 완전히 드러날 날을 여전히 기다리고 있음을 고백한다.

　그러나 바로 이 고백과 경험 사이의 긴장은 구약 신학 안에서 해결되지 않은 신학적 질문을 낳는다. 야훼께서 참으로 보편적 왕이시라면, 불의와 폭력이 만연하고 왕권과 제의 제도가 반복적으로 실패하는 역사 속에서 그 통치는 어떻게 구체적으로 실현될 수 있는가라는 문제가 제기된다. 선포된 하나님의 왕권과 세계의 분열된 현실 사이의 지속적인 간극은, 구약 신학을 단순한 선언에 머물게 하지 않고 역사적 실현을 요구하는 신학적 긴장으로 밀어 붙인다. 보편적 왕권은 원리로 고백되는 데서 멈추지 않고, 하나님의 정의와 질서, 평화가 역사 안에서 실질적으로 구현될 매개적 형식을 요청한다.

　이 해결되지 않은 공간 속에서 메시아 사상이 등장한다. 의롭고 야훼께 위임된 대리자-왕, 종, 혹은 기름부음 받은 자로 형상화되는 인물-에 대한 기대는 야훼의 왕권을 부정하는 것이 아니라, 오히려 그 왕권을 역사적으로 밀도화하려는 신학적 시도이다. 메시아적 기대는 하나님의 보편적 통치가 예전적 고백에서 역사적 실재로 이행되는 방식을 묻는다. 이로써 하나님의 왕권 신학에서 메시아 사상으로의 전이는, 누가 통치하시는가라는 질문에서 그 통치가 어떻게 실현될 것인가라는 질문으로의 이동을 의미하며, 이 전이는 야훼의 주권이 단순한 고백이나 선언에 머무르지 않고, 역사 속에서 독특하고 결정적인 방식으로 계시될 미래를 향한 신학적 지평을 열어 준다.

X. '메시아'의 의미, 어원, 그리고 언어적 배경

1. 어원과 언어적 배경

'메시아'라는 용어는 히브리어 명사 מָשִׁיחַ(마시아흐)에서 유래하며, 이는 동사 어근 מָשַׁח(마샤흐), 곧 "기름을 붓다"라는 의미와 직접적으로 연결된다. 구약성경에서 기름부음은 야훼의 권위 아래 특정 인물을 직무에 위임하는 제의적 행위로서, 주로 왕에게 적용되었고, 그 외에 제사장과 제한적으로는 예언자에게도 사용되었다. 따라서 מָשִׁיחַ는 본래부터 미래적 구원자 개념을 지시하는 용어가 아니라, 기름부음을 통해 특정 직무로 공식 위임된 인물을 가리키는 명칭이다.

언어학적으로 볼 때, 이 용어는 대부분의 구약 본문에서 이데올로기적 개념이 아니라 직무적·기술적 표현으로 기능한다. 사울과 다윗, 그리고 그 계승자들은 반복적으로 "야훼의 기름부음 받은 자"(יהוה מָשִׁיחַ)로 불리는데, 이는 그들의 고유한 신적 지위를 강조하기보다 파생적 권위와 대리적 통치를 강조하는 표현이다. 따라서 מָשִׁיחַ의 의미 영역은 종말론적 사변보다는 직분, 소명, 대표성의 어휘장에 속한다.

2. 어휘 연구에 대한 방법론적 성찰

메시아 개념을 연구할 때에는 엄격한 방법론적 주의가 요구된다. 바는 신학적 개념을 개별 단어의 용례 분석만으로 재구성하려는 시도에 대해 반복적으로 경고하였다.[46] 어휘 연구는 필수적이지만, 그것만으로 개념의 전체 신학적 지형을 포착할 수는 없다. 특정 단어가 사용되지 않더라도 개념은 존재할 수 있으며, 반대로 단어가 사용되었다고 해서 그 개념이 중심적이라고 단정할 수도 없다.

따라서 מָשִׁיחַ의 신학적 중요성은 단순한 빈도 분석이나 사전적 정의로 환원될 수 없다. 메시아 사상은 용어 자체에서만 도출되는 것이 아니라, 왕권, 언약, 약속, 역사적 위기와 같은 더 넓은 서사적·제도적·신학적 맥락 속에서 형성된다. 바의 방법론적 비판은 메시아 신학을 단어 연구로 축소하는 것을 경계하게 하며, 동시에 어휘 연구를 출발점이지 결론이 아닌 단계로 위치시킨다.

3. 구약의 용례와 왕적 중심성

구약성경에서 מָשִׁיחַ라는 용어의 용례는 압도적으로 왕적 인물들과 관련되어 있다. 특히 다윗 왕조에 속한 왕들은 야훼의 기름부음 받은 자로 지칭되며, 이는 메시아 언어가 본질적으로 왕권 언어임을 분명히 보여 준다.

크니림은 구약 신학에서 왕적 메시아 개념의 중심성을 강조한다.[47] 그에 따르면, 기름부음 받은 왕이라는 표상은 야훼의 통치, 정의, 그리고 역사적 책임에 대한 신학적 성찰이 집중되는 규범적 초점으로 기능한다. 명시적인 메시아 용어가 사용되지 않는 본문들에서도, 왕권 이데올로기는 여전히 야훼의 정당한 통치에 대한 기대를 형성하는 핵심 틀로

---

46) James Barr, *The Semantics of Biblical Language*, 206-214; idem, *The Concept of Biblical Theology*, 110-125.

47) Rolf Knierim, *The Task of Old Testament Theology*, 124-135.

작동한다.

이러한 왕적 집중성은 왕정 붕괴 이후에도 메시아 사상이 지속될 수 있었던 이유를 설명해 준다. 역사적 왕의 상실은 왕권 신학의 문법을 폐기하지 않았고, 오히려 참된 야훼 승인 통치란 무엇인가에 대한 성찰을 심화시켰다.

4. 좁은 의미와 넓은 의미에서의 메시아 개념

이러한 배경에서 '메시아' 개념은 좁은 의미와 넓은 의미로 구분하여 이해할 수 있다. 좁은 의미에서 מָשִׁיחַ는 제의적으로 기름부음을 받은 현존하거나 역사적인 왕을 가리킨다. 이 용법은 구약성경에서 가장 지배적이며, 구체적인 정치·제의적 현실에 뿌리를 두고 있다.

반면 넓은 의미에서 메시아 사상은 야훼의 미래적 개입에 대한 기대 전체를 포괄한다. 여기에는 의로운 통치, 정의의 회복, 언약 질서의 갱신, 정치적·윤리적 실패의 극복 등이 포함된다. 이러한 기대는 반드시 기름부음 받은 왕이라는 형상을 취하지 않을 수도 있으며, 때로는 상징적 인물이나 다양한 신학적 이미지로 표현된다. 이로써 메시아 개념은 어휘를 넘어서는 신학적 궤적으로 확장된다.

5. 왕적 메시아에서 종말론적 메시아로

구약 신학은 역사적 왕적 메시아에서 종말론적 메시아 기대로 이행하는 분명한 흐름을 보여 준다. 이 전이는 단절이 아니라 점진적 발전이며, 특히 다윗 왕조의 몰락과 같은 역사적 파국, 그리고 예언자적 재해석을 통해 형성되었다.

월트키는 왕적 메시아 전통이 이후 종말론적 소망을 가능하게 하는 신학적 틀을 제공한다고 주장한다.[48] 다윗 왕에게 약속된 내용들은 폐기되지 않고, 장차 야훼의 통치가 완전히 실현될 미래를 향해 재구성된다. 이로써 메시아는 현재의 직위 보유자라기보다, 장차 도래할 정의의 매개자로 형상화된다.

유사하게 앤더슨은 메시아 사상이 하나님의 약속과 역사적 실패 사이의 긴장에서 발생한다고 설명한다.[49] 종말론적 메시아는 왕적 전통을 부정하지 않고, 그것을 변형된 형태로 보존함으로써, 정치적 현실이 약속을 배반하는 상황에서도 야훼의 신실성을 고백할 수 있도록 한다.

6. 소결론

구약의 메시아 개념은 기름부음과 왕권이라는 구체적 역사적 실천에 뿌리를 두고 있으나, 점차 그 맥락을 넘어서는 신학적 희망의 상징으로 발전한다. 언어적으로는 제한되어 있으나 신학적으로는 확장적인 메시아 사상은, 언약 위기 속에서도 야훼의 통치에 대한 신앙을 포기하지 않으려는 이스라엘의 지속적인 성찰에서 형성되었다. 왕적 기름부음 받은 자에서 종말론적 기대에 이르는 이 전이는 단절이 아니라, 역사 속에서 정의와 질서, 평화를 완성하실 야훼의 능력에 대한 신앙의 심화를 보여 준다.

---

48) Bruce K. Waltke, *An Old Testament Theology*, 406-415.
49) Bernhard W. Anderson, *Contours of Old Testament Theology*, 180-188.

XI. 기름부음의 신학적 선택과 위임

1. 신적 선택과 임명으로서의 기름부음

구약성경에서 기름부음은 단순한 상징 행위가 아니라, 야훼께서 특정 인물을 선택하고 공식적으로 임명하시는 결정적 신학 행위이다. 기름부음(מָשַׁח, 마샤흐)의 예식은 한 개인이 일상적 지위에서 벗어나, 언약 공동체 안에서 신적으로 승인된 소명을 부여받는 전환점을 표시한다. 왕과 제사장, 그리고 제한적으로는 예언자가 기름부음을 받는 것은, 그들의 권위가 개인적 자질이나 사회적 권력에서 비롯된 것이 아니라 야훼의 주도적 부르심과 위임에 근거함을 분명히 한다.

이러한 점에서 기름부음은 신적 선택(election)의 신학을 표현한다. 기름부음을 통해 부여되는 권위는 혈통, 성별, 제도적 특권에서 비롯되지 않으며, 오직 야훼의 자유로운 선택에 근거한다. 비록 역사적으로 왕권과 제사직이 대부분 남성에게 한정되었지만, 기름부음의 신학적 논리는 지위를 신성화하지 않는다. 기름부음을 받은 자는 특권을 누리기 위해 선택된 존재가 아니라, 언약적 책임 아래 봉사하도록 구별된 인간으로 남는다.[50]

2. 거룩함, 권위, 그리고 위임

기름부음은 또한 성별(consecration)의 행위로 기능하며, 기름부음을 받은 인물을 야훼의 거룩함과 특별한 관계 안에 두는 사건이다. 기름부음을 받는다는 것은 야훼의 공동체 통치에 참여하도록 권위가 위임되

---

50) Bruce K. Waltke, *An Old Testament Theology*, 406-415.

었음을 의미하지만, 이는 존재론적 변화나 신적 본질의 부여를 뜻하지 않는다. 기름부음 받은 자의 거룩함은 본질적 속성이 아니라, 사명에 한정된 관계적 거룩함이다.

따라서 이스라엘에서 왕과 제사장의 권위는 언제나 대표적이며 위임된 권위이다. 그들은 야훼를 대신하여 행동하지만, 결코 야훼를 대체하지 않는다. 이 점에서 구약의 언어는 직분자에게 내재적 신성이나 절대적 권위를 부여하는 것을 일관되게 거부한다. 권위는 기능적이며 관계적이고, 야훼의 뜻에 대한 순종에 근거한다. 기름부음 받은 자가 불의하게 행할 경우, 그 거룩함은 비판과 심판으로부터 그를 보호하지 못한다.[51]

3. 기름부음과 성령의 부여

기름부음은 야훼의 영의 부여와 밀접하게 연결된다. 왕권 서사에서 성령은 사울과 다윗 등에게 임하여 지도력과 분별력, 용기를 부여한다(삼상 10:6; 16:13). 이는 기름부음이 단지 상징적 예식에 그치지 않고, 실질적 능력의 부여를 동반함을 보여 준다. 야훼께서는 위임하신 사명을 수행할 수 있도록 필요한 능력을 함께 제공하신다.

그러나 성령의 임재는 자동적이거나 불가역적인 것이 아니다. 언약적 충실성이 상실될 때 성령은 떠날 수 있으며(삼상 16:14), 이는 권위가 조건적이며 책임을 수반한다는 사실을 강조한다. 이러한 역동성은 기름부음이 과거의 행위로 권위를 보장하는 장치가 아님을 분명히 한다. 성령은 오직 야훼의 뜻에 부합하는 통치에만 권위를 부여한다.[52]

---

51) James Barr, *The Concept of Biblical Theology*, 331-336.
52) Walter Brueggemann, *Theology of the Old Testament: Testimony, Dispute, Advocacy*, 625-640.

4. 성령과 통치 윤리

기름부음에서 성령의 역할은 능력 부여에만 국한되지 않고, 윤리적 방향성을 포함한다. 야훼 아래에서의 통치는 단순히 효율적인 지배가 아니라, 도덕적으로 책임 있는 통치를 의미한다. 성령은 행동을 가능하게 할 뿐 아니라, 그 행동이 정의와 긍휼, 언약적 신실성을 향하도록 인도한다.

이 점에서 성령으로 위임된 통치는 근본적으로 관계적 통치이다. 성령은 기름부음을 받은 자를 야훼에 대한 더 깊은 응답성으로 이끌며, 지배보다는 분별을, 강제보다는 책임을 요구한다. 통치 권력은 성령에 의해 끊임없이 재지향되며, 사회적 약자의 보호와 공동체의 선을 향해 평가된다. 이러한 의미에서 성령은 권력을 절대화하는 모든 시도를 내부에서부터 해체하는 비판적 원리로 기능한다.[53]

5. 기름부음, 성별, 그리고 신학적 긴장

구약성경은 공식적 기름부음이 거의 예외 없이 남성에게 제한되어 있음을 보여 준다. 그러나 이러한 사실은 기름부음 신학 자체가 성별에 근거해 제한되어 있음을 의미하지 않는다. 이는 오히려 고대 사회의 제도적·문화적 조건을 반영한 것이다. 이에 비해 야훼의 영은 남성과 여성 모두에게 자유롭게 임하며(민 11장; 삿 4-5장; 욜 2:28-29), 제도적 한계를 넘어 역사 속에서 활동하신다.

이로써 구약 신학 안에는 제도적 제한과 신학적 개방성 사이의 긴

---

53) Robert W. L. Moberly, *Old Testament Theology: Reading the Hebrew Bible as Christian Scripture*, 145-155.

장이 존재함이 드러난다. 기름부음의 예식은 사회적으로 제한되어 있지만, 성령의 활동은 그 경계를 초월한다. 이러한 긴장은 구약 신학 내부에서 제도 자체에 대한 잠재적 비판의 가능성을 내포하며, 이후 신학 전개에서 권위와 위임이 보다 보편적으로 재구성될 여지를 마련한다.[54]

6. 소결론

구약의 기름부음 신학은 야훼의 주권 아래에서 선택, 위임, 그리고 책임의 신학을 분명히 제시한다. 기름부음은 권위를 부여하지만 신격화를 허용하지 않으며, 거룩함을 선언하지만 면책을 제공하지 않는다. 성령의 부여를 통해 기름부음을 받은 자는 통치하도록 능력을 얻을 뿐 아니라, 정의와 언약적 신실성을 구현해야 할 윤리적 책임을 함께 부여받는다.

이처럼 예식적 임명, 성령의 부여, 도덕적 책임을 함께 붙드는 구약의 기름부음 신학은 이후 메시아 사상을 이해하는 데 결정적 토대를 제공한다. 메시아는 단순히 가장 강력한 통치자가 아니라, 야훼의 영과 뜻에 완전히 일치된 권위를 구현하는 존재로 기대되기 때문이다.

XII. 기름부음 받은 인물들과 메시아적 유형론

1. 유형론, 역사, 그리고 방법론적 구분

구약성경은 기름부음 받은 인물들(מְשִׁיחִים, 마시힘)을 메시아적 소

---

54) Bernhard W. Anderson, *Contours of Old Testament Theology*, 188-195.

망의 직접적 성취로 제시하지 않는다. 오히려 이 인물들은 야훼의 왕권이 역사 속에서 어떻게 드러나고 동시에 문제화되는지를 보여 주는 유형론적 표상으로 기능한다. 따라서 메시아적 유형론을 논할 때에는 역사적 왕권과 이상적·종말론적 메시아 기대를 엄격히 구분해야 한다. 이 구분이 무너질 경우, 왕권 승리주의나 후대 신학의 무비판적 소급이라는 오류에 빠지게 된다.

이와 관련하여, 바는 후기 신학적 결론을 초기 역사 인물들에게 투사하는 해석을 강하게 경계한다.[55] 구약 자체는 왕권 전통 안에 긴장과 실패, 모순을 의도적으로 보존함으로써, 기름부음과 신적 승인, 혹은 구속적 성공을 자동적으로 동일시하지 않는다. 따라서 메시아적 유형론은 의례적 지위가 아니라 서사적·윤리적 평가에 의해 형성되는 비판적·회고적 신학이다.

2. 사울: 실패한 카리스마와 부정적 유형

이스라엘 최초의 기름부음 받은 왕 사울은 대표적인 부정적 메시아 유형을 형성한다. 그는 참으로 야훼에 의해 선택되었고 성령의 능력을 부여받았으며(삼상 10:6-7), 이를 통해 왕정이 신적으로 승인된 제도임을 보여 준다. 그러나 그의 통치는 점차 카리스마와 순종 사이의 단절을 노정한다.

사울의 결정적 실패는 정치적 무능이 아니라, 하나님의 말씀에 대한 불복종(삼상 13장; 15장)에 있다. 그는 실용적 성공과 민중의 지지를 하나님의 명령보다 우선시함으로써, 왕권을 언약적 신뢰가 아닌 인간

---

55) James Barr, *The Concept of Biblical Theology*, 331-340.

적 계산 위에 세운다. 유형론적으로 사울은 기름부음과 성령의 임재가 언약적 충실성을 보장하지 않음을 분명히 보여 주는 사례이며, 제도적· 카리스마적 메시아 이해를 근본적으로 배제하는 경고적 표상으로 기능한다.[56]

3. 다윗: 언약 아래 있는 메시아적 원형

이에 비해 다윗은 구약 전체에서 메시아적 원형(archetype)으로 자리매김한다. 그의 기름부음은 성령의 지속적 임재와 결합되어 있으며(삼상 16:13), 그의 통치는 사무엘하 7장에 제시된 다윗 언약에 의해 신학적으로 규정된다. 이 언약을 통해 왕권은 일시적 지도력을 넘어, 야훼께서 역사 속에서 자신의 신실성을 드러내시는 중심적 신학 상징이 된다.

다윗의 메시아성은 도덕적 무결성에서 비롯되지 않는다. 그의 죄와 실패는 성경 본문 안에서 명확히 증언된다. 그럼에도 불구하고 다윗은 회개, 의존, 응답성이라는 점에서 언약적 태도의 전형을 구현한다. 이러한 점에서 다윗은 이후 메시아 소망이 형성되는 신학적 문법을 제공한다.[57]

더 나아가 다윗 전통은 이후 모든 왕들을 평가하는 규범적 기준으로 기능한다. 왕정이 붕괴된 이후에도 다윗은 역사적 인물을 넘어, 의로운 통치가 무엇인가를 묻는 유형론적 척도로서 이스라엘의 신학적 상상력을 지속적으로 형성한다.[58]

---

56) Walter Brueggemann, *First and Second Samuel*, Interpretation (Louisville: John Knox Press, 1990), 112-128.

57) Bruce K. Waltke, *An Old Testament Theology*, 413-420.

58) Rolf Knierim, *The Task of Old Testament Theology*, 124-135.

4. 솔로몬: 평화의 이상과 제국적 붕괴

솔로몬은 가장 복합적이고 양면적인 메시아 유형을 제시한다. 그의 초기 통치는 평화(שלום, 샬롬), 지혜, 번영, 그리고 우주적 질서라는 다윗 언약의 핵심 이상들을 실현하는 듯 보인다(왕상 4-10장). 이러한 점에서 솔로몬은 메시아적 통치의 가능성을 부분적으로 구현한 인물로 평가될 수 있다.

그러나 그의 말기 배교(왕상 11장)는 이 가능성을 근본적으로 무너뜨린다. 부와 군사력, 외교적 동맹의 축적은 왕권이 언약적 봉사에서 벗어나 제국적 자기 확장으로 전환될 위험을 드러낸다. 솔로몬의 통치는 왕권 신학 내부에 존재하는 평화와 지배 사이의 구조적 긴장을 폭로한다.[59]

유형론적으로 솔로몬은 지혜와 번영만으로는 언약적 신실성을 유지할 수 없음을 보여 주며, 권력에 의해 훼손되지 않는 평화의 통치자에 대한 기대를 오히려 강화한다.

5. 예후: 도구적 기름부음과 제한된 순종

예후(왕하 9:1-13)는 기름부음 받은 왕들 가운데 예외적이면서도 교훈적인 사례를 제공한다. 그는 엘리사의 명령을 받은 예언자 사환에 의해 비공개적으로 기름부음을 받으며, 그 위임은 명확히 제한된 과업—곧 아합 왕조의 제거와 바알 숭배의 척결—에 국한된다.

예후는 이 과업을 철저히 수행하지만, 그의 순종은 선택적이다. 그는 여로보암의 죄를 지속하며 벧엘과 단의 금송아지를 유지한다(왕하

---

59) Walter Brueggemann, *Theology of the Old Testament: Testimony, Dispute, Advocacy*, 613-620.

10:29-31). 이로써 예후의 기름부음은 특정한 심판 행위를 정당화하는 도구적 위임으로 기능할 뿐, 포괄적 언약 개혁으로 이어지지 않는다.

예후는 기름부음이 전체적 통치 정당성이나 메시아적 충실성을 보장하지 않음을 보여 주는 사례이며, 제한적·임시적 위임의 유형으로 이해되어야 한다.[60]

6. 요아스: 제도적 회복과 지속성의 결여

요아스(왕하 11:12)는 또 다른 방식의 한계를 드러낸다. 그는 아달랴 숙청 이후 제사장 여호야다의 주도로 어린 나이에 기름부음을 받으며, 다윗 왕조의 제도적 회복과 성전 질서의 재건을 상징한다.

여호야다가 생존해 있는 동안 요아스는 "야훼 보시기에 정직히 행하였으나"(왕하 12:2), 그의 사후에는 언약적 충실성을 상실하고 우상숭배로 기울며 예언자적 비판을 억압한다(대하 24:17-22). 이는 제도적 매개가 개인적 언약 헌신을 대체할 수 없음을 분명히 보여 준다.

요아스의 기름부음은 왕조의 연속성을 확보했지만, 지속 가능한 메시아적 전통을 형성하지는 못했다.[61]

7. 여호아하스: 기름부음 없는 왕권과 전망의 부재

여호아하스(왕하 13:1-2)는 메시아적 유형론이 가장 희미하게 나타나는 사례이다. 그의 통치에는 명시적인 기름부음 기사 자체가 존재하

---

60) Rainer Kessler, *Gottes Herrschaft: Eine Theologie des Alten Testaments*, 137-139.

61) Bernhard W. Anderson, *Contours of Old Testament Theology*, 186-189.

지 않으며, 신명기계 역사가에 의해 일관되게 부정적으로 평가된다. 그는 우상숭배를 지속하며, 언약적·구속적 지평을 거의 드러내지 않는다.

유형론적으로 여호아하스는 왕권이 단순한 정치 행정으로 환원될 때 발생하는 신학적 공허함을 보여 준다. 그의 통치는 메시아적 기대와 사실상 무관한, 전형적이되 신학적으로 빈약한 왕권의 사례라 할 수 있다.[62]

8. 종합적 유형 평가: 예외인가, 전형인가?

이 모든 사례를 종합할 때, 기름부음 받은 왕들의 실패는 예외가 아니라 오히려 전형적 현상임이 분명해진다. 예후와 요아스는 기름부음의 방식과 맥락에서 예외적이지만, 그들이 드러내는 핵심 문제-곧 기름부음과 지속적 언약 충실성의 분리-는 이스라엘 왕정 전반에 반복적으로 나타난다.

구약성경은 기름부음을 의로움이나 메시아적 성취의 자동 보증으로 결코 제시하지 않는다. 기름부음은 직무를 위임할 뿐, 순종을 대체하지 않는다. 이 점에서 기름부음 언어는 언제나 서사적 평가와 윤리적 판단 속에서 해석되어야 한다.[63]

이처럼 반복되는 실패는 메시아적 소망을 약화시키기보다 오히려 심화한다. 역사적 왕권이 무엇을 할 수 없는지를 드러냄으로써, 본문들은 야훼의 뜻과 완전히 일치된 통치자에 대한 기대를 미래로 전이시킨다. 기름부음 받은 왕들의 유형론은 성취의 기록이 아니라, 역사적 왕권에 대한 신학적 비판 교육으로 기능하며, 종말론적 메시아 이해를 준비한다.

---

62) Rolf Knirim, *The Task of Old Testament Theology*, 132-135.
63) James Barr, *The Semantics of Biblical Language*, 206-214.

9. 소결론

구약의 기름부음 받은 인물들은 메시아적 성취의 종착점이 아니라, 메시아적 소망을 형성하는 유형론적 증언자들이다. 사울은 순종 없는 카리스마의 한계를 폭로하고, 다윗은 언약적 왕권의 원형을 제시하며, 솔로몬은 평화와 권력의 긴장을 드러내고, 예후는 도구적 심판의 한계를 보여 주며, 요아스는 제도적 회복의 취약성을, 여호아하스는 신학적 공허함을 드러낸다.

이 모든 인물들을 통해 이스라엘은 잠정적 제도와 궁극적 소망을 구분하는 신학적 분별을 배우게 된다. 따라서 기다려지는 메시아는 단순히 또 하나의 기름부음 받은 왕이 아니라, 야훼의 왕권과 정의, 평화를 최종적이고 결정적인 방식으로 실현할 존재로 기대된다.

XIII. 메시아 사상의 전개: 역사적 왕권에서 이상적 왕권으로

1. 왕권 제도에서 신학적 위기로

구약성경에서 메시아 사상은 고정된 교리로 출현하지 않으며, 역사적 상황 속에서 형성되고 재구성되는 신학적 발전 과정을 거친다. 이 전개의 결정적 전환점은 다윗 왕조의 붕괴와 포로 경험에서 나타난다. 포로 이전의 메시아 언어는 주로 왕권 제도 내부에 위치하며, 기름부음 받은 왕을 야훼 통치의 구체적 매개자로 이해하였다. 그러나 왕권의 상실 이후, 이러한 틀은 더 이상 무비판적으로 유지될 수 없게 된다.

포로기는 제도적 왕권의 신학적 한계를 드러내는 계기가 되었다. 다윗 언약과 결부된 약속들은 역사적 현실에 의해 심각한 도전을 받았고, 이는 야훼의 신실성에 대한 근본적 질문으로 이어졌다. 이 위기 속에서 이스라엘은 왕권 신학을 포기하기보다, 이를 미래 지향적으로 재구성하는 길을 택한다. 그 결과 메시아 사상은 즉각적 정치 현실로부터 분리되어, 장차 실현될 소망으로 재배치된다.[64]

2. 상실 이후의 상상력: 포로기와 종말론적 소망

포로기는 왕좌와 성전이 모두 사라진 상황 속에서, 상실 이후의 신학적 상상력을 요구하였다. 정치적 권력과 제의적 안정이라는 외적 토대가 붕괴된 자리에서, 이스라엘은 야훼의 통치를 새로운 방식으로 고백해야 했다. 이 시기는 기존 질서의 붕괴 이후에도 야훼의 통치를 상상하는 급진적 신학적 상상력의 시기로 발전한다.[65]

이 맥락에서 메시아 소망은 점차 종말론적 성격을 띠게 된다. 메시아는 더 이상 연속된 왕조 속의 다음 통치자가 아니라, 장차 도래할 회복과 정의, 평화를 구현할 인물로 기대된다. 예언자적 본문들은 왕권적 이미지를 사용하면서도, 동시에 그것을 역사적 왕권을 초월하는 미래적 전망 속으로 확장한다. 이로써 메시아는 역사적 붕괴 이후에도 소진되지 않은 야훼의 헌신을 상징하는 표상이 된다.

3. 메시아 사상의 신학적 재구성

이러한 변화는 우연한 발전이 아니라, 의식적인 신학적 재구성의

---

64) Walther Eichrodt, *Theology of the Old Testament*, vol. 1, 285-305.
65) Walter Brueggemann, *Theology of the Old Testament: Testimony, Dispute, Advocacy*, 733-760.

결과이다. 케슬러는 포로기 이후의 메시아 사상이 왕정의 실패에 대한 비판적 성찰을 통해 형성되었다고 분석한다.[66] 왕권은 단순히 회복되지 않으며, 오히려 재정의된다. 메시아는 강압적 권력의 소유자가 아니라, 야훼의 뜻과 정의에 완전히 일치된 통치자로 재형상화된다.

이러한 재구성은 이전 전통과의 단절이 아니라, 연속성과 변형을 동시에 포함한다. 다윗 언약은 폐기되지 않지만, 협소한 정치적 기대에서 해방되어 더 넓은 신학적 의미를 획득한다. 이 점에서 메시아 사상은 과거 제도에 대한 비판이자, 야훼의 통치를 새롭게 증언하는 건설적 신학으로 기능한다.

4. 역사적 왕에서 이상적 왕으로

역사적 왕권에서 이상적 왕권으로의 이동은 구약 신학에서 핵심적인 발전을 이룬다. 메시아는 점차 타협과 실패를 반복하는 현실의 통치자가 아니라, 완전한 정의와 지혜, 야훼에 대한 전적인 충실성을 구현하는 인물로 묘사된다. 이러한 이상화는 역사를 부정하기 때문에가 아니라, 오히려 역사 속에서 드러난 왕권의 한계 때문에 발생한다.

크니림은 이 이상적 인물이 서술적 묘사가 아니라 규범적 기능을 수행한다고 강조한다.[67] 메시아는 과거와 현재, 그리고 미래의 통치를 평가하는 신학적 기준이 된다. 또한 아이히로트는 메시아 기대가 창조, 언약, 왕권을 하나의 완성 지향적 비전 안에 통합한다고 보았다.[68]

---

66) Rainer Kessler, *Gottes Herrschaft: Eine Theologie des Alten Testaments*, 141-155.

67) Rolf Knierim, *The Task of Old Testament Theology*, 135-145.

68) Walther Eichrodt, *Theology of the Old Testament*, 305-315.

5. 미래 지향적 메시아 이해

이와 같이 전개된 메시아 사상은 점점 더 미래 지향적 성격을 띤다. 메시아는 야웨께서 최종적으로 정의를 확립하고 질서를 회복하며, 창조를 화해로 이끄실 결정적 매개자로 기대된다. 이러한 미래성은 현실 도피가 아니라, 역사적 단절을 넘어서는 신앙적 확신의 표현이다.

구약의 메시아 사상은 약속과 성취 사이의 긴장을 유지한다.[69] 메시아는 상실된 질서를 단순히 회복하는 존재가 아니라, 질적으로 새로워진 현실을 가져오는 인물로 기대된다. 이러한 미래적 소망이 현재의 삶을 윤리적으로 형성하는 힘을 지닌다.[70] 메시아 소망은 현재의 신실한 삶을 요청하는 신학적 요청이기도 하다.

6. 신약을 향하여: 축소 없는 연속성

구약의 메시아 사상은 완결된 체계라기보다, 신학적 지평을 형성한다. 역사적 왕권에서 이상적 왕권으로의 전이는 이후의 해석을 준비하지만, 그 내용을 미리 결정하지는 않는다. 바는 신약의 결론을 구약 본문에 소급 적용하는 해석을 경계하며, 각 본문의 역사적·신학적 자율성을 존중할 것을 강조한다.[71]

오히려 구약에서 재구성된 메시아상이 신약으로의 전이를 가능하고 이해 가능하게 만든다.[72] 포로기 이후 기대된 메시아는 단순한 정치

---

69) Bruce K. Waltke, *An Old Testament Theology*, 421-430.
70) Robert W. L. Moberly, *Old Testament Theology: Reading the Hebrew Bible as Christian Scripture*, 155-165.
71) James Barr, *The Concept of Biblical Theology*, 331-345.
72) Christopher Routledge, *Old Testament Theology: A Thematic Approach*, 255-270.

지도자가 아니라, 야훼의 보편적 통치와 구속 목적에 본질적으로 결부된 인물이다. 이로써 구약의 메시아 사상은 필수적이되 열려 있는 준비 단계로 기능한다.

7. 소결론

역사적 왕권에서 이상적 왕권으로의 메시아 사상 전개는, 상실과 실패, 그리고 소망 속에서 형성된 이스라엘의 지속적인 신학적 성찰을 반영한다. 포로와 회복의 경험을 거치며 메시아 기대는 제도 중심적 전망에서 미래 지향적 비전으로 전환되었다. 이러한 변화는 왕권 전통과의 연속성을 유지하면서도 그 한계를 넘어, 야훼의 최종적 통치가 실현될 미래를 지향한다. 메시아는 과거의 회귀가 아니라, 창조·언약·정의를 완성할 새로워진 미래의 실현으로 기대된다.

XIV. 방법론의 재고: 고대 근동 왕권 사상과 구약 메시아 사상 사이의 연속성과 비연속성

1. 방법론적 출발점: 비교의 필요성과 위험

구약의 메시아 사상을 성경 외 문헌과 비교하려는 모든 시도는 방법론적 경계 설정에서 출발해야 한다. 왕권, 기름부음, 신적 아들됨, 우주적 통치와 같은 왕권 언어는 고대 근동 전반에 널리 분포해 있으며, 이스라엘 역시 이러한 문화적 언어 환경 속에서 자신의 신앙을 표현하였다. 따라서 비교 연구 자체는 불가피하며, 일정한 설명력을 지닌다.

그러나 문제는 비교가 유비(analogy)를 넘어 계보(genealogy)로 오용될 때 발생한다. 형식적 유사성이나 어휘적 평행성을 근거로 신학적 기원이나 발전사를 직접 도출하려는 시도는, 성서 신학을 주변 문화의 부산물로 환원시킬 위험을 내포한다. 비교는 설명의 출발점이 될 수는 있지만, 결론이 되어서는 안 된다.

이러한 문제의식은 성경 외 자료가 "존재하는가"가 아니라, 그것이 구약의 메시아 사상과 동일한 신학적 문법 안에서 기능하는가라는 질문으로 논의를 전환하도록 요구한다. 메시아 사상은 단순한 왕권 개념이 아니라, 언약·윤리·역사적 실패·미래 소망이 결합된 복합적 신학 구조이기 때문이다.[73]

2. 고대 근동 왕권 이데올로기: 형식적 유사성과 신학적 단절

이집트, 메소포타미아, 히타이트, 가나안 문헌들에는 다양한 왕권 이데올로기가 등장한다. 이 자료들에서 왕은 신적 존재이거나 반신적 중개자, 혹은 우주 질서의 보증자로 묘사된다. 이러한 왕권 개념은 종교·정치·우주론이 밀접하게 결합된 세계관을 반영한다.

그러나 이러한 자료들과 구약의 왕권 신학 사이에는 결정적인 신학적 단절이 존재한다. 고대 근동에서 왕권은 존재론적이거나 우주론적인 반면, 구약에서 왕권은 언제나 언약 아래 놓인 파생적 권위로 규정된다. 왕은 신적 존재가 아니며, 우주 질서를 구성하는 실체도 아니다. 그는 율법 아래에 있으며, 예언자적 비판과 심판의 대상이 된다.[74]

---

73) James Barr, *The Semantics of Biblical Language*, 107-123; *The Concept of Biblical Theology*, 110-125.

74) Walther Eichrodt, *Theology of the Old Testament*, vol. 1, 285-315.

이러한 차이는 단순한 강조점의 차이가 아니라, 왕권 이해의 근본적 구조 차이를 의미한다. 구약의 왕권 신학은 신화가 아니라 윤리적 평가와 언약적 책임에 의해 형성된다. 왕의 정당성은 제의적 효능이나 신적 혈통이 아니라, 정의·순종·신실성에 의해 판단된다.[75]

3. 기름부음과 왕권 위임: 의례의 유사성과 신학의 비연속성

일부 성경 외 문헌에는 대관식이나 관유(灌油)와 관련된 언급이 존재한다. 이로 인해 구약의 '기름부음 받은 자' 개념이 고대 근동의 일반적 왕권 의례에서 기원했다는 주장이 제기되어 왔다. 그러나 이러한 주장은 비교 방법론의 한계를 충분히 고려하지 않은 경우가 많다.

관건은 기름부음이 의례적으로 사용되었는가가 아니라, 그것이 신학적으로 어떤 기능을 수행하는가이다. 성경 외 문헌에서 관유는 통치의 정당성을 선언하는 상징일 뿐, 그 의미가 언약·윤리·미래 소망과 결합되어 전개되지 않는다. 반면 구약에서 기름부음은 왕권, 성령, 책임, 그리고 장차 도래할 통치에 대한 기대를 연결하는 지속적 신학 범주로 발전한다.[76]

따라서 형식적 유사성은 인정할 수 있으나, 그 유사성은 메시아 사상의 기원이나 본질을 설명하지 못한다. 여기서 비교는 연속성을 입증하기보다, 오히려 신학적 비연속성을 드러내는 기능을 수행한다.

---

75) Rolf Knierim, *The Task of Old Testament Theology*, 124-145.
76) Bruce K. Waltke, *An Old Testament Theology*, 406-430.

4. 성경 외 문헌의 결정적 결여: 종말론적 왕권의 부재

가장 중요한 차이는 종말론적 지향성에 있다. 고대 근동의 왕권 이데올로기는 기본적으로 현존 질서의 유지와 안정에 목적을 둔다. 신화와 제의는 체제를 정당화하고 반복시키는 역할을 수행하며, 왕권의 실패 이후를 향한 미래적 재구성을 요청하지 않는다.

반면 구약의 메시아 사상은 왕권의 실패 이후에 본격적으로 형성된다. 포로와 왕정 붕괴라는 역사적 파국은 야훼의 통치를 기존 제도 밖에서 재상상하도록 강제하였고, 그 결과 메시아는 현존 왕이 아니라 장차 도래할 통치자로 기대된다. 이러한 "상실 이후의 상상력"은 성경 외 왕권 전통에서는 거의 발견되지 않는다.[77]

이 점에서 메시아 사상은 신화적 왕권의 연장이 아니라, 역사적 실패에 대한 신학적 응답이다. 왕권은 유지되어야 할 질서가 아니라, 비판되고 재구성되어야 할 문제로 전환된다.[78]

5. 수용이 아닌 변형: 왕권 언어의 재해석

책임 있게 수행된 비교 연구는 구약의 메시아 사상을 상대화하기보다, 오히려 그 독자성을 더욱 분명히 드러낸다. 성경 외 문헌들은 배경을 제공하지만, 설명 원인이 되지는 않는다. 왕의 비신격화, 언약에 의해 제한된 권위, 예언자적 비판에 대한 개방성, 그리고 역사적 실패 이후에도 지속되는 미래 지향적 소망은 고대 근동 왕권 전통에서 찾아보기 어려

---

77) Walter Brueggemann, *Theology of the Old Testament: Testimony, Dispute, Advocacy*, 733-760.

78) Rainer Kessler, *Gottes Herrschaft: Eine Theologie des Alten Testaments*, 141-170.

운 특징들이다.[79]

따라서 비교 연구는 "메시아 개념이 어디서 왔는가"를 묻기보다, 왜 오직 이스라엘 신앙 안에서만 메시아 사상이 이러한 형태로 발전했는가를 설명하는 데 기여해야 한다. 이 점에서 비교는 해체가 아니라 식별의 도구이며, 구약 메시아 사상의 신학적 독립성을 확인하는 방법론적 수단이 된다.

6. 소결론

비교는 불가피하지만 중립적이지 않다. 방법론적 절제가 결여될 경우, 성경 신학은 문화사로 환원될 위험에 놓인다. 그러나 비판적으로 수행된 비교는 오히려 구약 신학의 급진성을 드러낸다. 구약의 메시아 사상은 신적 왕권 신화의 변형이 아니라, 언약 신앙·윤리적 책임·역사적 실패·미래적 희망이 결합된 독자적 신학 전통이다.

이러한 점에서 메시아는 고대 근동 왕권 이데올로기의 산물이 아니라, 야훼의 통치가 역사 속에서 좌절된 이후에도 여전히 신뢰될 수 있다는 신앙 고백의 결과로 이해되어야 한다.

XV. 관련 메시아적 전통들: מָשִׁיחַ 용어를 넘어선 구약의 메시아적 지평

앞에서 확인했듯이, מָשִׁיחַ라는 용어에 대한 어휘적·개념사적 연구는 구약의 메시아 사상을 이해하는 데 필수적인 출발점을 제공한다. 그

---

79) Christopher Routledge, *Old Testament Theology: A Thematic Approach*, 270-285.

러나 동시에 이 용어는 구약 전체에 전개되는 메시아적 기대의 폭과 깊이를 충분히 포괄하지는 못한다. 실제로 구약성경에는 '기름부음 받은 자'라는 명칭이 사용되지 않더라도, 야훼의 통치, 구원, 정의, 회복에 대한 기대를 매개하는 다양한 인물상과 전통들이 병존한다. 이러한 전통들은 메시아 사상을 단일 직함이나 제도적 왕권 개념으로 환원하지 않고, 복합적이고 다층적인 신학적 지평으로 확장시킨다.

1. 기름부음 받은 자: 언약과 왕권의 전통

구약의 메시아 개념을 이해하는 데 있어 가장 직접적이고 역사적으로 구체적인 출발점은 기름부음 받은 왕 전통이다. 히브리 성경에서 기름부음(מָשַׁח)은 특정 인물을 야훼의 권위 아래 공적으로 위임하는 제의 행위로 기능하며, 주로 왕과 관련하여 사용된다. 이 행위는 왕에게 신적 지위를 부여하는 것이 아니라, 언약 질서 안에서 책임을 위임받은 대리적 존재로 설정한다. 초기부터 기름부음은 왕권과 긴밀히 결합되어, 야훼의 통치가 역사 속에서 매개될 수 있다는 가능성을 신학적으로 표현한다.

이러한 왕적 기름부음 전통이 다윗 언약(삼하 7장)과 결합될 때, 독특한 메시아적 지평이 형성된다. 야훼께서 다윗의 집과 왕위를 "영원히" 세우시겠다는 약속은, 신적 주권이 인간 통치자를 통해 역사적으로 실현될 수 있다는 신학적 가능성을 제시한다. 그러나 이 약속은 정치적 안정이나 왕조의 지속을 무조건적으로 보장하는 선언이 아니다. 오히려 다윗 언약은 왕권을 통해 야훼의 신실성이 증언될 수 있다는 희망의 신학적 축을 형성하며, 그 실현은 언제나 역사적 우연성과 윤리적 조건성 속에 놓여 있다.[80]

---

80) Bruce K. Waltke, *An Old Testament Theology*, 403-420; Walther Eichrodt, *Theology*

결정적으로 구약성경은 왕권 자체를 결코 절대화하지 않는다. 기름 부음 받은 왕은 항상 언약 아래 있는 존재로서, 율법에 종속되고 예언자적 비판의 대상이 된다. 신명기 17장 14-20절은 왕을 율법 위에 군림하는 자가 아니라, 백성과 함께 순종을 배워야 할 존재로 규정한다. 사울의 폐위(삼상 13, 15장), 다윗에 대한 심판(삼하 12장), 그리고 이후 왕들에 대한 반복적 예언자적 고발은, 기름부음이 면책 특권이 아니라 책임의 강화임을 분명히 보여 준다. 왕권은 오직 야훼의 정의와 신실성에 합치될 때에만 정당성을 지닌다.

이러한 언약적 제한은 메시아 해석에 결정적인 함의를 지닌다. 기름부음 받은 왕은 자동적 구원의 담지자로 이해되어서는 안 되며, 신적 은총을 보증하는 성역화된 인물도 아니다. 오히려 기름부음 받은 자는 언약의 약속과 책임이 집중되는 상징적 인물로 기능한다. 왕권은 신적 약속과 인간 실패가 교차하는 시험의 장이며, 메시아 사상은 이 긴장 속에서 형성된다.[81]

왕정 붕괴 이후에도 왕적 메시아 전통이 완전히 소멸되지 않았다는 사실은, 메시아 사상이 정치 제도에 종속되지 않는 본질적으로 신학적 성격을 지녔음을 분명히 드러낸다. 기원전 587년 이후의 본문들은 왕권 언어를 미래 지향적으로 재해석하면서도, 정치적 회복에 대한 단순한 기대를 제거한다. 이로써 기름부음 받은 왕 전통은 제도적 왕권의 잔재가 아니라, 이후 메시아 사상이 재구성되는 신학적 모태로 기능하게 된다.[82]

이에 따라 현대 구약신학은 왕적 메시아 사상을 고대 군주제의 유

---

of the Old Testament, vol. 1, 285-305.

81) Rainer Kessler, *Gottes Herrschaft: Eine Theologie des Alten Testaments*, 131-155.

82) Walter Brueggemann, *Theology of the Old Testament: Testimony, Dispute, Advocacy*, 610-630.

물이나 정치적 프로그램으로 이해하지 않는다. 그것은 언약 신앙, 윤리적 책임, 그리고 역사적 단절에 의해 형성된 신학적 구성물이다. 기름부음 받은 자는 야훼의 통치가 역사 속에서 매개될 수 있음을 보여 주는 동시에, 그 매개가 얼마나 불완전한지를 드러내는 존재이다. 이러한 이중성은 메시아적 소망이 왕권 이데올로기로 붕괴되는 것을 방지하며, 그것을 종말론적·윤리적 기대를 향해 열어 둔다.[83]

결국 왕적 기름부음 전통은 구약 메시아 사상의 토대이자 한계로 기능한다. 이 전통은 메시아 소망을 구체적 역사 경험에 뿌리내리게 하면서도, 그것이 권력, 왕조, 정치적 성공과 동일시되는 것을 단호히 차단한다. 메시아는 여기서 보장된 구원자가 아니라, 언약에 의해 형성된 신학적 지평으로 등장하며, 야훼의 약속은 왕권의 실패를 통해서도 여전히 지속됨이 증언된다.[84]

2. 인자 전통: 종말론적 통치와 보편성

다니엘 7장에 가장 분명하게 제시되는 '인자' 전통은 메시아 사상이 역사적 왕권의 한계를 넘어 본격적인 종말론적 지평으로 확장되는 결정적 계기를 제공한다. 이 환상에서 제국 권력은 혼돈의 바다에서 올라오는 포악한 짐승들로 표상되는 반면, "인자와 같은 이"(כבר אנש, 케바르 아나쉬)는 야훼로부터 직접 권세와 영광과 나라를 부여받는 존재로 묘사된다(단 7:13-14). 이러한 대비는 고대 근동의 왕권 이데올로기를 의도적으로 전복한다. 주권은 군사력, 왕조 계승, 제의적 정당화에서 발생하지 않으며, 신적 심판과 하늘의 승인에서 비롯된다.

---

83) James Barr, *The Concept of Biblical Theology*, 331-345.
84) Bernhard W. Anderson, *Contours of Old Testament Theology*, 165-179.

다니엘서에 대한 전문 주석들은 이 인자 형상이 역사적 의미에서의 다윗 왕권의 연장이 아님을 강조한다. 오히려 인자는 민족적·정치적·시간적 제약을 초월하는 초역사적이고 보편적인 통치 상징으로 기능한다. 다니엘 7장은 왕권을 역사 제도의 차원에서 우주적 심판의 장으로 이동시키며, 권세는 폭력적 구조들이 심판되고 해체된 이후에만 부여된다. 이 점에서 인자는 실패한 왕권의 다음 단계로 등장하는 대체물이 아니라, 모든 '짐승적' 체제의 한계를 폭로하고 새 질서를 여는 종말론적 매개자이다.[85]

이러한 이미지의 신학적 배경은 에스겔서와의 비교를 통해 더욱 분명해진다. 에스겔에서 예언자는 반복적으로 '인자'로 호명되는데(겔 1-3장 등), 이는 신적 영광과 대비되는 인간의 유한성을 강조한다. 동시에 에스겔의 환상은 야훼 왕권의 이동성과 초월성을 강하게 부각한다. 살아 있는 생물들과 바퀴에 의해 운반되는 보좌는 예루살렘을 떠날 수 있으며(겔 10-11장), 장차 이상화된 미래 속에서 다시 나타난다(겔 40-48장). 에스겔은 이렇게 왕권과 성전이 특정 장소나 제도에 종속되지 않음을 신학적으로 정식화한다. 다니엘은 이 전제를 한층 급진화하여, 왕권을 전적으로 종말론의 영역으로 이전시키고, 제국 권력이 심판된 이후에만 '인자적' 통치가 승인됨을 선포한다.[86]

이 관점에서 인자 전통은 왕권 이데올로기의 단순한 변형이 아니라, 메시아적 상상력의 재조직을 의미한다. 혈통, 제의적 기름부음, 제도적 연속성은 더 이상 정당한 통치를 규정하지 않는다. 인자는 역사 속 실

---

85) John J. Collins, *Daniel: A Commentary on the Book of Daniel*, Hermeneia (Minneapolis: Fortress Press, 1993), 299-323; *The Apocalyptic Imagination*, 3판 (Grand Rapids: Eerdmans, 2016), 144-168.

86) Walther Zimmerli, *Ezekiel 1-24*, 233-260; Paul M. Joyce, *Ezekiel: A Commentary* (London: T&T Clark, 2007), 17-35, 201-215.

패한 왕권을 대체하는 존재가 아니라, 그 한계를 심판하고 야훼의 궁극적 주권을 증언하는 종말론적 중개자이다. 이에 따라 메시아 사상은 정치적 연속성에서 이탈하여, 야훼의 최종적 통치를 증언하는 신학적 상상력으로 재구성된다.

이러한 이해는 복음서에서 '인자' 표현이 사용되는 맥락을 해석하는 데에도 결정적이다. 책임 있는 연구는 다니엘서의 인자 개념을 후대의 기독론적 결론으로 성급히 환원하지 말 것을 지속적으로 경고해 왔다. 구약의 맥락에서 인자는 아직 후기적 의미의 '개별적 메시아'라기보다, 신학적 상징으로 기능한다. 이 상징은 '거룩한 자들'의 대표, 집단적 표상, 혹은 하늘에서 위임받은 대리자 등으로 다양하게 이해되어 왔다. 이러한 해석들의 공통점은, 주권이 궁극적으로 야훼께 속하며, 그 주권은 짐승적 권력과 대립하는 방식으로만 매개된다는 확신이다.[87]

결국 인자 전통은 메시아 사상의 결정적 전환을 보여 준다. 메시아적 소망은 더 이상 정치적 계승이나 민족적 회복에 고정되지 않으며, 역사 자체를 심판하고 변형하는 종말론적 새 질서에 대한 기대로 이동한다. 메시아는 역사적 연속성의 정점이 아니라, 역사에 대한 신학적 판결과 변혁의 매개자로 이해된다. 이러한 점에서 인자 전통은 메시아 사상을 정치적 현실주의에서 해방시키고, 야훼의 보편적·최종적 주권을 증언하는 신학적 지평으로 재편한다.

---

87) Walter Brueggemann, *Theology of the Old Testament: Testimony, Dispute, Advocacy*, 733-752; Adela Yarbro Collins, *The Origin of the Designation of Jesus as "Son of Man,"* JSNTSup 1 (Sheffield: JSOT Press, 1983), 90-118.

3. 고난받는 종 전통: 대속과 윤리적 전복

이사야 40-55장에 제시된 '야훼의 종' 전통은 구약의 메시아 사상 전개에서 가장 결정적인 전환을 이룬다. 권력, 승리, 정치적 회복과 구원을 연결하는 왕권적·묵시적 모델들과 달리, 이 전통은 타인을 위한 순종적 고난 속에서 구원의 의미를 발견하는 인물을 제시한다. 이사야 53장은 이러한 전통의 신학적 중심에 위치하며, 종을 승리한 왕이나 영광스러운 통치자가 아니라, 멸시와 고통, 그리고 겉보기의 패배를 통해 야훼의 뜻을 성취하는 존재로 묘사한다.

제2이사야에 대한 주석 연구들은 종의 고난이 우연적이거나 단순히 모범적 차원에 머물지 않음을 일관되게 강조한다. 본문은 종이 타인의 고난을 짊어진다는 사실을 반복적으로 진술한다. "그가 찔림은 우리의 허물 때문이요 … 그가 징계를 받음으로 우리가 평화를 누린다"(사 53:5)는 표현은, 종이 자신의 죄가 아니라 공동체의 죄로 인해 고난을 받는다는 점을 분명히 한다. 또한 그는 고난을 통해 "많은 사람을 의롭게 한다"(사 53:11). '지다', '감당하다', '중보하다'라는 어휘들은 본문이 후기의 체계적 속죄 이론으로 환원되지는 않으면서도, 종이 분명히 대리적·대표적 기능을 수행함을 보여 준다. 종은 백성과 함께 서며 동시에 백성을 대신하여 서서, 그들의 운명을 자기 안에 받아들임으로써 그것을 변형한다.[88]

동시에 종 전통은 왕권 및 제국 이데올로기와의 의도적 단절을 드러낸다. 이전의 메시아적 기대가 다윗 왕권의 회복과 결부되는 경우가 많았다면, 이사야 53장은 구원을 지배나 성공과 동일시하는 사고를 근본적으로 해체한다. 종의 굴욕은 제국적 가치 체계에 대한 신학적 전복

---

88) John Goldingay, *The Message of Isaiah 40-55* (London: T&T Clark, 2005), 276-295.

을 구성한다. 여기서 영광은 수치 속에 숨겨지고, 승리는 상실을 통해 성취되며, 능력은 약함 가운데 드러난다. 구원은 통치 영역의 확장이나 강제력의 행사로 이루어지지 않고, 순종적 인내와 신실성을 통해 실현된다.[89]

이러한 윤리적 재지향은 종의 침묵과 비폭력성을 통해 더욱 강화된다. "그는 입을 열지 아니하였다"(사 53:7)는 진술은 체념이나 무력함을 뜻하지 않는다. 이는 힘을 통한 자기 정당화나 폭력적 대응을 거부하고, 야훼의 정의에 자신을 전적으로 맡기는 신뢰의 태도를 의미한다. 바로 이 지점에서 종 전통은 메시아 사상에 윤리적 전복을 도입하며, 야훼의 통치가 폭력이나 강제가 아니라 정의, 화해, 회복을 통해 구현된다는 신학적 통찰을 제시한다.[90]

문학적·신학적 관점에서 볼 때, 종을 단일한 역사적 개인으로 환원하는 해석은 본문의 의도를 충분히 설명하지 못한다. 다수의 주석가들은 종 형상이 의도적으로 집단적 차원과 개인적 차원을 오간다는 점을 지적해 왔다. 종은 이스라엘 전체, 고난 받는 신실한 공동체, 혹은 고난 속에서 순종을 구현하는 이상적 인물을 동시에 표상할 수 있다. 이러한 모호성은 종 전통이 특정 인물의 전기가 아니라, 신학적 상징으로 기능하도록 한다. 그 결과 종 전통은 기존의 메시아 기대를 폐기하기보다, 그것을 고난, 책임, 구속에 대한 더 깊은 성찰로 재지향한다.[91]

이러한 재지향은 구약과 신약의 관계를 이해하는 데에도 결정적인

---

89) Joseph Blenkinsopp, *Isaiah 40-55*, Anchor Yale Bible 19A (New Haven: Yale University Press, 2002), 349-368.

90) Walter Brueggemann, *Isaiah 40-66* (Louisville: Westminster John Knox, 1998), 148-165; Bernhard W. Anderson, *Contours of Old Testament Theology*, 179-188.

91) Klaus Baltzer, *Deutero-Isaiah: A Commentary on Isaiah 40–55*, Hermeneia (Minneapolis: Fortress Press, 2001), 413-438; H. G. M. Williamson, *The Book Called Isaiah* (Oxford: Clarendon Press, 1994), 172-185.

함의를 지닌다. 책임 있는 해석은 이사야 53장을 예수의 십자가 사건으로 직접 환원하여 그 본래 의미를 고정시키는 것을 경계해야 한다. 그럼에도 불구하고 신약이 종 이미지를 예수의 죽음과 연결한 것은, 임의적인 증명 구절 찾기가 아니라, 이미 구약 안에서 형성된 고난을 통한 구원이라는 신학적 비전에 대한 공명에 근거한다. 종 전통은 권력의 행사가 아니라, 의로운 자의 자기 헌신을 통해 성취되는 구원을 말할 수 있는 언어를 이미 제공하고 있었다.

이 점에서 종과 십자가의 관계는 단순한 예언-성취의 도식이 아니라, 상이한 역사적 지평들 사이의 신학적 연속성으로 이해되어야 한다. 십자가는 대리적 책임, 구속적 고난, 약함 속에서 드러나는 신적 능력이라는 언어를 이미 학습한 성경적 세계 안에서 비로소 이해 가능해진다. 종 전통은 따라서 승리주의적 메시아관에 대한 구약의 가장 깊은 도전으로 기능하며, 이후의 기독론적 주장들이 의미를 획득할 수 있는 신학적 지평을 제공한다.

결론적으로 고난받는 종 전통은 메시아 사상의 전개에서 결정적인 분기점에 해당한다. 이 전통은 구원을 정치적 성공으로부터 분리시키고, 권력을 윤리적으로 재정의하며, 야훼의 통치가 정의와 화해, 그리고 값비싼 순종을 통해 실현된다는 비전을 드러낸다. 이 전통은 주변적 요소가 아니라, 구약 신학의 중심에서 야훼의 주권이 지배가 아니라 타인을 위한 신실한 고난을 통해 가장 깊이 계시된다는 사실을 증언한다.

4. 지혜 전통: 창조 질서와 의의 구현

구약의 지혜 전통은 메시아 사상의 지평을 확장하는 데 있어 독자적이면서도 결정적인 기여를 한다. 잠언, 욥기, 전도서로 대표되는 이 전통은 구원을 오직 종말론적 사건이나 역사적 단절로만 이해하지 않고,

창조 질서에 합치된 의로운 삶의 실현으로 표현한다. 여기서 구원은 미래의 단회적 개입이라기보다, 야훼의 뜻이 창조 세계 안에서 지속적으로 구현되는 삶의 방식으로 나타난다. 이러한 관점은 메시아 사상을 정치적·제도적 기대로부터 해방시키며, 인간 존재 자체의 변형과 성숙이라는 방향으로 재구성한다.[92]

이러한 지혜 신학의 중심 본문은 잠언 8장이다. 여기서 지혜는 추상적 규범이 아니라 인격화된 실재로 등장하며, 창조 이전부터 야훼와 함께 있었고 세계 질서의 형성에 참여한 존재로 묘사된다(잠 8:22-31). 지혜는 야훼의 창조 사역에 동반자로 참여하며, 인간 세계를 기뻐하고 인간을 향해 즐거워한다. 이는 윤리적 삶이 자의적 규범이 아니라, 우주적 질서와 깊이 연결된 삶의 방식임을 신학적으로 선언하는 것이다.[93]

그러나 이러한 지혜의 묘사는 지혜를 신격화하려는 시도로 이해되어서는 안 된다. 고전적 지혜 연구는 이 본문이 신화적 존재론을 제시하기보다, 창조 질서와 도덕 질서의 불가분적 연관성을 신학적으로 표현한 것임을 강조해 왔다. 지혜는 야훼의 창조 의도를 인간이 인식하고 살아갈 수 있도록 매개하는 방식이며, 창조 안에 내재한 삶의 구조를 해석하는 열쇠이다. 이스라엘의 지혜 전통은 직접적 계시만이 아니라, 삶의 경험과 현실에 대한 성찰을 통해 야훼의 뜻을 분별하려는 신학적 시도로 이해되어야 한다.[94]

이러한 틀 안에서 메시아적 차원은 전혀 다른 형태로 나타난다. 지혜 전통에서 메시아적 요소는 특정 통치자의 도래가 아니라, 이상적 인

---

92) Gerhard von Rad, *Wisdom in Israel* (Nashville: Abingdon Press, 1972), 119-134.

93) Michael V. Fox, *Proverbs 1-9,* Anchor Yale Bible 18A (New Haven: Yale University Press, 2000), 279-307.

94) Roland E. Murphy, *The Tree of Life: An Exploration of Biblical Wisdom Literature,* 3rd. edition (Grand Rapids: Eerdmans, 2002), 41-63.

간성의 구현에 가깝다. 지혜로운 사람은 왕적 권위를 행사하는 인물이 아니라, 정의와 겸손, 분별을 통해 야훼의 뜻을 일상의 삶 속에서 실현하는 존재이다. 이 점에서 지혜 전통은 메시아 사상을 단일 인물 중심 기대에서 공동체적·규범적 비전으로 확장시킨다. 메시아적 희망은 한 사람에게 집중되기보다, 야훼의 창조 목적에 부합하는 삶의 형식으로 분산된다.[95]

동시에 지혜 문헌은 메시아 사상을 단순한 도덕주의나 낙관주의로 환원하는 것을 강하게 경계한다. 특히 욥기와 전도서는 의와 번영, 신실함과 성공 사이의 기계적 연계를 해체하며, 고난과 모호성, 해결되지 않은 질문들을 신앙의 중심에 위치시킨다. 이러한 비판적 지혜는 메시아적 소망이 값싼 승리주의로 전락하는 것을 방지하며, 야훼의 통치가 여전히 논쟁되고 기다려지는 현실임을 정직하게 드러낸다.[96]

최근의 구약신학적 해석은 이러한 지혜 전통의 기능을, 현재의 윤리적 책임과 미래의 소망을 통합하는 신학적 가교로 평가한다. 지혜 신학은 장차 도래할 야훼의 통치에 대한 기대가 현재의 삶과 분리되지 않도록 하며, 미래 지향적 희망이 오늘의 정의, 긍휼, 진실한 삶 속에 이미 반영되어야 함을 요구한다. 이로써 지혜 전통은 메시아 사상이 현실로부터 이탈하지 않도록 붙잡아 주는 내부적 교정 장치로 기능한다.

이처럼 메시아 사상이 지혜 전통과 결합될 때, 그 성격은 근본적으로 재구성된다. 메시아적 소망은 더 이상 특정 인물의 도래나 역사의 종결에만 한정되지 않고, 미래의 완성과 현재의 형성이 동시에 요청되는 신학적 지평으로 이해된다. 지혜로운 삶은 '마땅히 그러해야 할 세계'를

---

95) Robert W. L. Moberly, *Old Testament Theology: Reading the Hebrew Bible as Christian Scripture*, 167-176.

96) Walter Brueggemann, *Theology of the Old Testament: Testimony, Dispute, Advocacy*, 331-345.

미리 살아내는 방식으로, 장차 도래할 야훼의 통치를 선취적으로 증언한다. 따라서 지혜 전통은 왕권적·예언자적·묵시적 메시아 기대를 대체하지는 않지만, 그것들을 윤리적으로 재지향하며, 메시아적 변화를 창조 질서의 구현과 책임 있는 삶 속에 단단히 고정시킨다.

5. 소결론

앞서 살펴본 다양한 메시아적 전통들을 종합해 볼 때, 구약의 메시아 개념은 특정한 칭호나 단일한 인물, 혹은 하나의 제도적 역할로 환원될 수 없음이 분명해진다. 기름부음 받은 자, 인자, 고난 받는 종, 지혜로운 사람은 서로 다른 문학 전통과 신학적 맥락-왕권적, 묵시적, 예언자적, 지혜적 전통에서 형성되었지만, 모두 각기 다른 방식으로 야훼의 통치와 구원에 대한 기대를 매개한다. 이 전통들의 의미는 하나의 통일된 초상으로 수렴되는 데 있지 않고, 오히려 다양성과 상호 긴장 속에서 공존한다는 점에 있다.

왕적 기름부음 전통은 메시아적 기대를 언약의 역사 속에 뿌리내리게 하여, 야훼의 통치가 인간 통치를 통해 매개될 수 있다는 가능성을 제시한다. 동시에 이 전통은 그러한 매개가 지닌 윤리적 취약성과 역사적 실패를 가차 없이 드러낸다. 인자 전통은 메시아 사상을 역사적 연속성의 틀 밖으로 이동시켜, 제국 권력을 심판하고 초월하는 종말론적·보편적 통치의 지평을 제시한다. 고난 받는 종 전통은 구원을 지배와 성공으로부터 분리시키며, 야훼의 구속 행위를 대리적 고난, 순종, 화해 안에서 이해하도록 급진적으로 재정의한다. 지혜 전통은 정치적·묵시적 환원을 거부하면서, 구원을 창조 질서에 합치된 의로운 삶의 구현으로 표현함으로써 메시아 사상을 일상의 윤리와 존재 형성의 영역으로 확장한다.

이 전통들은 하나의 메시아 도식으로 통합되거나 조기에 조화되어서는 안 된다. 오히려 그 공존 자체가 구약 신학의 특징을 드러낸다. 구약의 메시아 사상은 완결된 정의를 제시하지 않으며, 대신 하나의 신학적 지평으로 기능한다. 이 지평 안에서 언약의 약속, 역사적 단절, 윤리적 책임, 그리고 미래에 대한 소망이 끊임없이 교차하고 재구성된다. 이 전통들을 하나로 묶는 것은 특정 인물이나 칭호가 아니라, "야훼의 통치는 역사 안에서, 그리고 역사를 넘어 어떻게 실현되는가?"라는 신학적 질문이다.

이러한 관점에서 메시아 사상은 "메시아는 누구인가?"라는 인물 중심의 질문에서 벗어나, 신적 주권의 방식과 의미, 범위에 대한 신학적 탐구로 전환된다. 메시아는 무엇보다도 야훼께서 인간의 실패 속에서도 창조와 언약에 신실하심을 어떻게 드러내시는지를 말하기 위한 신학적 언어이다. 이러한 전환은 메시아 사상을 정치적 도구화로부터 보호하는 동시에, 막연한 종말론적 사변으로 축소되는 것을 방지한다.

따라서 구약의 메시아 사상은 포괄적 신학적 구성물로 이해되어야 한다. 그것은 창조와 언약, 윤리와 종말론, 역사와 소망을 통합하는 신학적 중심점이다. 바로 이 개방성-하나의 형식으로 고정되지 않으려는 성격-때문에 메시아적 기대는 야훼의 자유와 주권에 충실할 수 있다. 메시아는 구약 신학을 종결짓는 해답이 아니라, 오히려 그 신학을 끊임없이 생성하게 하는 가장 생산적인 초점이며, 그 안에서 이스라엘은 계속해서 야훼의 통치를 고백하고, 질문하며, 기다린다.

XVI. 결론: 구약 신학에서의 언약과 메시아 사상

본 연구는 언약이 구약 신학의 구조적 중심을 이룬다는 사실을 분명히 보여 주었다. 언약은 여러 주제 가운데 하나가 아니라, 야훼의 정체성,

역사 속 개입, 윤리적 요구, 그리고 미래 지향을 통합하는 근본적 신학 틀이다. 창조에 근거한 야훼의 주권은 추상적으로 제시되지 않고, 언약을 통해 구체적인 역사적 관계 속에서 구현된다. 그 결과 율법, 왕권, 심판, 회개, 회복과 같은 주요 신학 요소들은 이 언약적 행렬 안에서 상호 연관성과 의미를 획득한다.

이러한 구조 안에서 다윗 언약은 메시아 사상의 신학적 축으로 기능한다. 다윗 언약은 야훼의 통치가 왕권을 통해 역사적으로 매개될 수 있다는 가능성을 제시하는 동시에, 신적 약속이 정치적 형식으로 환원되지 않음을 분명히 한다. 왕정 붕괴 이후에도 메시아적 기대가 소멸되지 않았다는 사실은, 다윗 언약이 제도적 안정의 보장이 아니라 야훼의 지속적인 신실성에 대한 신학적 고백이었음을 명확히 드러낸다. 바로 이 지점에서 메시아 사상은 역사적 단절 속에서도 지속되는 미래 지향적 언약 신앙의 표현으로 형성된다.

동시에 구약성경은 메시아적 소망을 결코 정치적 해결책으로 제시하지 않는다. 반복적으로 실패한 기름부음 받은 왕들의 역사와 예언자들의 끈질긴 비판은, 인간 권력이 야훼의 통치를 완전히 실현할 수 없음을 폭로한다. 메시아적 기대는 권력 회복이나 국가 재건에 대한 낙관에서 비롯되는 것이 아니라, 상실 이후에도 희망을 포기하지 않는 신학적 상상력에서 탄생한다. 이러한 의미에서 메시아 사상은 패배 이후의 신앙 고백이며, 역사적 환멸을 넘어서는 희망의 언어이다.

그러므로 구약의 메시아는 정치적 프로그램이 아니라 신학적 희망으로 이해되어야 한다. 메시아적 기대는 현재의 책임을 중단시키지 않으며, 오히려 언약에 기초한 윤리적 삶을 더욱 긴급하게 요청한다. 야훼의 장차 도래할 통치에 대한 소망은 현재의 삶을 무의미하게 만들지 않고, 정의와 신실함을 향한 실천을 강화한다. 메시아적 미래는 현실 도피가 아니라, 현재를 재지향하고 재구성하는 신학적 지평이다.

본 연구는 또한 메시아 사상이 특정 용어나 제한된 본문으로 규정될 수 없음을 확인하였다. 메시아 신학은 단일 개념이 아니라, 언약의 약속, 왕권에 대한 비판, 예언자적 재해석, 종말론적 기대가 교차하는 신학적 궤적 속에서 형성된다. 이 궤적은 역사적 실패를 통해 심화되고, 서사적 평가와 윤리적 판단을 통해 정련된다. 따라서 메시아는 어휘적 정의만으로 파악될 수 없으며, 구약 신학 전체가 형성하는 긴장 구조 속에서 이해되어야 한다.

마지막으로 구약의 메시아 소망은 의도적으로 열려 있는 결말을 지닌다. 그것은 성취를 준비하지만, 그 방식과 형식을 미리 고정하지 않는다. 언약의 연속성과 역사적 단절을 함께 붙들면서, 구약 신학은 야훼의 목적이 실패로 인해 무효화되지 않으며, 과거의 제도들에 의해 소진되지도 않는다는 신앙을 고백한다. 메시아는 과거로의 회귀가 아니라, 창조·언약·정의·평화가 새롭게 그리고 통합적으로 실현될 미래에 대한 기대이다.

결론적으로, 구약의 언약 신학과 메시아 사상은 분리될 수 없다. 언약은 야훼와 세계의 관계를 지탱하는 지속적 구조이며, 메시아적 소망은 역사적 상실 속에서도 이 언약이 여전히 신뢰할 만하다는 미래 지향적 고백이다. 메시아는 언약 신학의 종결이 아니라 그 심화이며, 역사가 신적 약속을 부정하는 것처럼 보일 때에도 야훼의 신실성이 여전히 유효함을 고백하는 믿음의 표현이다. 이러한 의미에서 구약의 메시아 사상은 도피적 환상도 승리주의적 이데올로기도 아니라, 언약에 뿌리내린 책임 있는 희망으로서 야훼의 통치가 온전히 드러날 날을 기다린다.

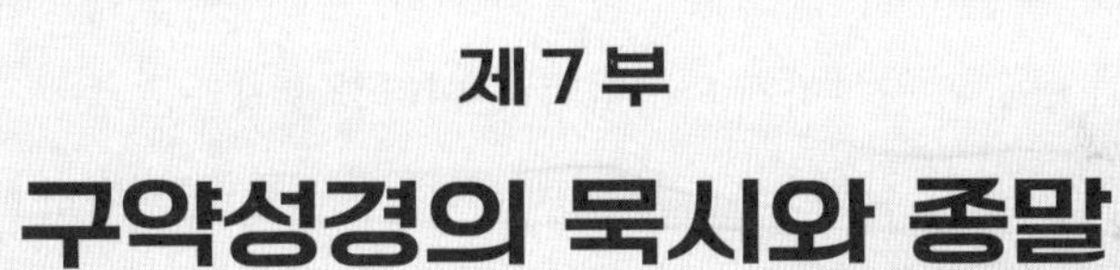

제 7 부
구약성경의 묵시와 종말

I. 서론: 구약신학에서 종말론의 문제

종말론은 오랫동안 구약신학 안에서 불안정하고 애매한 위치를 차지해 왔다. 예언 문헌 곳곳에는 '끝', '야훼의 날', 심판, 회복, 미래의 소망에 대한 언급이 풍부하게 나타나지만, 이러한 주제들은 종종 언약, 예언, 혹은 구원사와 같은 보다 포괄적인 범주 안으로 흡수되거나 주변화되어 다루어져 왔다.[1] 전통적인 구약신학에서 종말론은 독자적인 신학적 증언으로 취급되기보다는, 부차적인 부록이거나 신약신학으로 넘어가기 위한 개념적 가교 정도로 이해되는 경우가 많았다.[2]

이러한 주변화의 중요한 원인 가운데 하나는 '묵시(apocalypse)' 개념의 오용과 과도한 확장에 있다. 19세기 말과 20세기 초, 종교사적 진화론에 깊이 영향을 받은 비평학은 묵시문학을 예언의 후기적·파생적 형태, 혹은 신학적으로 퇴행한 양식으로 해석하는 경향을 보였다.[3] 그 결과, 특히 포로기 이후 예언 문헌에 나타나는 종말론적 언어는 충분한 구분 없이 '묵시적'으로 규정되었고, 이로 인해 예언적 종말론, 원(原)묵시적 형태, 그리고 본격적인 묵시적 종말론 사이의 중요한 차이들이 흐려지게 되었다. 이러한 혼합은 신화적 이미지, 상징 언어, 우주적 표현의 사용 여부만을 기준으로 묵시를 판별하는 방법론적 혼란을 초래하였다.[4]

바는 이러한 경향에 대해 반복적으로 경고하면서, 구약신학은 의미론적·역사적 다양성을 평준화하는 체계신학적 혹은 교의학적 범주

---

1) Bernhard W. Anderson, Contours of Old Testament Theology, 285-302.
2) James Barr, The Concept of Biblical Theology, 143-168.
3) Julius Wellhausen, Prolegomena to the History of Israel (Edinburgh: A. & C. Black, 1885), 343-356.
4) John J. Collins, The Apocalyptic Imagination, 2-6.

의 무비판적 도입을 경계해야 한다고 주장하였다.[5] 구약의 종말론은 하나의 통일된 교리 체계로 다루어질 수 없으며, 각각 상이한 어휘, 문학적 형식, 역사적 맥락 속에서 분석되어야 한다. 이스라엘의 미래 소망은 종말 시나리오에 대한 사변적 관심이 아니라, 창조·언약·심판·갱신이라는 지속적인 신학적 문법 안에서 이해해야 한다.[6]

브루그만은 또 다른 관점에서 종말론 담론의 상상력적·수사학적 기능을 부각시킨다. 그에 따르면, 특히 급진적이거나 묵시적인 종말론 언어는 역사적 붕괴, 사회적 전위(轉位), 그리고 전통적인 정치적 행위 능력의 상실이라는 상황 속에서 생성된 신학적 발화 방식이다.[7] 이러한 맥락에서 종말론은 '마지막 때'에 대한 연대기적 예측을 제공하기보다는, 역사와 권력에 대한 지배적 해석에 도전하는 대안적 현실 인식을 제시하는 역할을 수행한다. 이 통찰은 종말론을 시간적 순서나 성취 도식으로만 읽는 접근의 한계를 분명히 드러낸다.

배정훈의 작업은 이러한 문제의식을 더욱 날카롭게 발전시켰다. 그는 구약의 종말론이 단일한 선형적 발전 경로를 따라 전개된 것이 아니라, 역사적 상황과 장르에 따라 분화된 형태로 나타난다는 점을 설득력 있게 논증한다.[8] 그의 연구에 따르면, 포로기 이전의 예언적 종말론, 포로기 이후의 예언적(원묵시적) 종말론, 그리고 본격적인 묵시적 종말론은 명확히 구분되어야 하며, 이 구분을 무시할 경우 예언과 묵시를 동일한 발전 단계로 환원하는 진화론적 해석에 빠질 위험이 있다.

---

5) James Barr, *Old and New in Interpretation* (London: SCM, 1966), 109-127.

6) Bernhard W. Anderson, *From Creation to New Creation* (Minneapolis: Fortress, 1994), 187-210.

7) Walter Brueggemann, *Theology of the Old Testament*, 277-305.

8) 배정훈, "구약성서와 신약성서의 관계: 다니엘서와 요한계시록을 중심으로," 『구약논단』 24권 4호 (2018), 12-38.

이러한 문제의식을 바탕으로 본 연구는 다음과 같은 방법론적 입장을 취한다. 첫째, 종말론을 '마지막 일들에 대한 단일 교리'가 아니라, 분화된 신학적 담론으로 이해한다. 둘째, 예언에서 묵시로의 필연적·선형적 발전을 가정하는 진화론적 모델을 명시적으로 거부한다. 셋째, 종말론을 신약을 예비하는 부차적 주제가 아니라, 구약신학 자체의 내적 논리 안에서 이해하고자 한다.

이에 따라 본 연구는 다음과 같은 구조로 전개된다. 먼저 종말론과 묵시에 관한 핵심 개념과 용어를 정리한 후, 포로기 이전 예언적 종말론을 역사적 질서의 종결 선언으로 분석한다. 이어서 포로기 이후 예언적 (원묵시적) 종말론을 다루며, 상징적·우주적 언어의 증가에도 불구하고 여전히 역사 안에서의 회복을 기대하는 신학적 성격을 규명한다. 마지막으로 다니엘서를 중심으로 한 묵시적 종말론을 분석함으로써, 부활과 최후 심판, 죽음의 초월을 포함하는 '역사의 종말' 개념이 어떻게 본격적으로 등장하는지를 살펴본다. 이러한 분화된 접근을 통해 본 연구는 종말론을 구약신학의 일관되면서도 다성적인 핵심 차원으로 재정립하고자 한다.

II. 용어 및 개념 정리

구약신학에서 종말론과 묵시에 대한 논의를 책임 있게 전개하기 위해서는 무엇보다도 개념 정리가 선행되어야 한다. 이 주제와 관련하여 발생해 온 많은 혼란은 성경 본문 자체보다는, 종말론(eschatology), 묵시(apocalypse), 묵시문학(apocalyptic literature), 묵시주의(apocalypticism)와 같은 핵심 용어들이 부정확하거나 상호 교환적으로 사용되어 온 데에서 비롯된다. 이러한 개념들이 충분히 구분되지 않을 경우, 방법론적 환원주의와 신학적 왜곡이 불가피하게 발생한다.

1. 종말론: 역사의 종말인가, 위기의 종말인가?

종말론(eschatology)이라는 용어는 일반적으로 "마지막 일들에 대한 교리"로 정의된다. 그러나 이러한 정의는 구약에 적용하기에는 이미 지나치게 체계신학적이며 협소하다. 바가 강조하였듯이, 구약신학은 하나의 통일된 '종말 교리'를 전제하지 않으며, 오히려 다양한 어휘와 이미지들을 통해 서로 다른 종류의 '끝'을 말한다.[9] 예언서 다수에서 언급되는 '끝'은 역사 자체의 종결이라기보다는, 특정한 정치적·사회적·도덕적 질서의 붕괴를 가리킨다. 이는 곧 역사의 종말이 아니라 위기의 종말이라고 부를 수 있다.

이 구분은 결정적으로 중요하다. 포로기 이전의 예언적 종말론은 하나님의 심판 아래 이스라엘이나 유다라는 정치 공동체의 종말을 선포하지만, 그 이후에도 역사가 계속된다는 전제를 유지한다. 반면, 다니엘서 7-12장에 가장 분명하게 나타나는 묵시적 종말론은 부활, 최후 심판, 죽음의 초월을 포함하는 역사 자체의 종말을 전망한다.[10] 이 두 현상을 하나의 종말론 범주로 묶어버릴 경우, 각 본문의 신학적 의도는 심각하게 왜곡된다.

2. 묵시, 묵시문학, 묵시주의

최근 학계는 묵시를 문학 장르로서의 개념, 묵시문학을 특정 텍스

---

9) James Barr, *The Concept of Biblical Theology*, 143-168.
10) John J. Collins, *Daniel: A Commentary* (Minneapolis: Fortress, 1993), 279-310.

트 군, 그리고 묵시주의를 하나의 세계관 혹은 이념적 태도로 구분할 필요성을 점점 더 분명히 인식해 왔다. 이와 관련하여 가장 영향력 있는 정의 가운데 하나는 콜린스(John J. Collins)가 제시한 것으로, 그는 묵시를 다음과 같이 정의한다.

"묵시는 서사적 틀을 지닌 계시 문학의 한 장르로서, 초월적 존재에 의해 인간 수신자에게 중재된 계시를 통해, 시간적으로는 종말론적 구원을, 공간적으로는 또 다른 초자연적 세계를 드러내는 문학 양식이다."[11]

이 정의는 묵시가 무엇보다도 문학적 장르라는 점을 분명히 한다. 즉, 상징이나 우주적 이미지가 사용되었다고 해서 모든 본문이 곧바로 묵시문학이 되는 것은 아니다.

이에 비해 묵시주의(apocalypticism)는 한슨(Paul D. Hanson)이 강조하였듯이, 특정한 텍스트 형식이라기보다 세계관 혹은 이념적 지향을 가리킨다. 묵시주의는 급진적인 이원론, 결정론적 역사 이해, 그리고 역사 내부의 개혁 가능성에 대한 포기와 초역사적 하나님의 개입에 대한 확신으로 특징지어진다.[12] 그의 구분은 묵시를 단순한 문학 양식으로 환원하지 않으면서도, 모든 미래 지향적 신학을 묵시로 오인하는 오류를 방지하는 데 중요한 역할을 한다.

3. 신화적 언어 ≠ 묵시적 종말론

종말론 연구에서 반복적으로 나타나는 방법론적 오류 가운데 하나는, 신화적 혹은 우주론적 언어의 사용을 곧바로 묵시적 종말론의 지표로 간주하는 것이다. 그러나 우주적 격변, 신적 전투, 천상 회의, 상징적

---

11) John J. Collins, *The Apocalyptic Imagination*, 5-6.
12) Paul D. Hanson, *The Dawn of Apocalyptic* (Philadelphia: Fortress, 1975), 11-32.

동물과 같은 이미지들은 포로기 이전의 예언서에도 빈번히 등장한다. 바를 비롯한 여러 학자들이 지적하였듯이, 신화적 언어는 장르 판별 기준이 아니라 수사학적·신학적 자원이다.[13]

그중에서도 배정훈의 연구는 포로기 이후 예언 문헌이 신화적·상징적 언어를 사용하면서도 여전히 역사 안에서의 회복을 기대하고 있음을 설득력 있게 보여준다.[14] 따라서 상징, 숫자, 우주적 이미지의 존재 여부가 아니라, 본문이 궁극적으로 역사의 지속을 전제하는지, 혹은 역사의 종결을 전망하는지가 묵시적 종말론을 판별하는 핵심 기준이 되어야 한다.

4. 바의 의미론적 경고와 체계화의 한계

바의 성서신학 비판은 이 지점에서 결정적인 의미를 지닌다. 그는 성경 개념들을 체계적으로 정리하려는 시도가 종종 후대의 교의학적 틀을 성경 본문에 투사함으로써, 본문이 지닌 언어적·역사적 다양성을 훼손한다고 경고하였다.[15] 종말론은 이러한 왜곡에 특히 취약한 주제이다. 왜냐하면 후기 유대교와 기독교 전통에서 발전된 묵시적·종말론적 체계가 구약 본문을 소급적으로 규정하려는 유혹이 강하기 때문이다.

그의 관점에서 구약신학의 과제는 하나의 종말론 체계를 구성하는 것이 아니라, 각기 다른 본문들이 '끝'에 대해 어떻게, 그리고 왜 서로 다른 방식으로 말하는지를 주의 깊게 듣는 것이다. 이러한 의미론적 절제

---

13) James Barr, *Old and New in Interpretation*, 109-127.

14) 배정훈, "구약성서와 신약성서의 관계: 다니엘서와 요한계시록을 중심으로," 『구약논단』 24권 4호 (2018), 12-38.

15) James Barr, *The Concept of Biblical Theology*, 165-168.

는 예언적 경고, 회복의 소망, 그리고 묵시적 기대를 단일한 발전선 위에 올려놓는 오류를 방지한다.

5. 신학적 관점들: 브루그만, 월트키, 케슬러, 아이히로트, 앤더슨

바가 절제와 구분을 강조한다면, 다른 구약신학자들은 종말론 담론의 건설적인 신학적 의미를 부각시킨다. 브루그만은 종말론적·묵시적 언어를 역사적 붕괴 상황에서 발현된 신학적 상상력의 표현으로 이해한다. 그의 관점에서 이러한 언어는 현실 도피가 아니라, 지배적인 권력 서사에 맞서는 대안적 현실 인식을 창출하는 저항 담론이다.[16]

월트키는 종말론을 하나님의 왕권과 도덕적 질서라는 보다 넓은 목적론적 비전 안에 통합시킨다. 그는 다니엘서와 같은 본문에 나타나는 묵시적 요소를 인정하면서도, 윤리적 순종과 언약적 신실함, 그리고 미래 소망 사이의 연속성을 강조하며 사변적 종말론을 경계한다.[17] 케슬러 역시 묵시적 결정론이 역사 안에서의 도덕적 책임을 해체해서는 안 된다고 강조한다.[18]

마지막으로 아이히로트와 앤더슨은 종말론을 언약 신학의 틀 안에 위치시킨다. 이들에게 이스라엘의 미래 소망은 창조, 심판, 그리고 갱신에 대한 야훼의 지속적인 헌신과 분리될 수 없다. 이러한 관점에서 종말론은 추상적인 '끝의 교리'가 아니라, 하나님의 언약적 신실성이 도달하

---

16) Walter Brueggemann, *Theology of the Old Testament*, 277-305.

17) Bruce K. Waltke, *An Old Testament Theology*, 876-902.

18) Rainer Kessler, *The Social History of Ancient Israel* (Minneapolis: Fortress, 2008), 214-229.

는 궁극적 지평이다.[19]

6. 분화된 개념 틀을 향하여

이상의 논의는 구약의 종말론을 단일한 범주로 환원할 수 없음을 분명히 보여준다. 종말론은 단순한 위기 관리 담론도 아니며, 묵시적 사변으로 환원될 수도 없다. 또한 묵시는 신화적 언어 사용만으로 규정될 수 없다. 따라서 예언적 종말론, 원묵시적 형태, 그리고 묵시적 종말론은 장르, 세계관, 역사적 기대, 그리고 신학적 결말에 근거하여 신중하게 구분되어야 한다.

III. 포로기 이전의 예언적 종말론

포로기 이전의 예언서에 나타나는 종말론은 흔히 묵시적 종말론의 전단계로 오해되어 왔으나, 실제로는 그 성격과 신학적 지향이 본질적으로 다르다. 이 시기의 예언자들이 선포한 '끝'은 역사의 절대적 종언이 아니라, 이스라엘과 유다라는 국가적·언약적 질서의 붕괴를 의미한다. 다시 말해, 포로기 이전의 예언적 종말론은 역사의 종말이 아니라 역사 안에서 발생하는 질서의 종결에 대한 신학적 해석이다.[20]

---

19) Walther Eichrodt, *Theology of the Old Testament*, vol. 2, 493-520; Bernhard W. Anderson, *From Creation to New Creation*, 187-210.

20) James Barr, *The Concept of Biblical Theology*, 143-168.

1. קֵץ (끝): 역사의 종말이 아닌 국가 질서의 붕괴

히브리어 קֵץ (케츠, 끝)는 포로기 이전 예언서에서 반복적으로 사용되지만, 그 의미는 결코 우주적·형이상학적 종말을 가리키지 않는다. 아모스 8장 2절에서 선포되는 "내 백성 이스라엘의 끝이 이르렀다"라는 선언은 북이스라엘 왕국의 정치적·윤리적 종말을 뜻하며, 세계사나 인류 역사의 종결을 의미하지 않는다.[21] 베스터만이 지적하였듯이, 예언적 심판 선포는 항상 구체적인 역사적 상황과 정치적 실재를 전제로 하며, 그 언어는 현실을 초월하기보다 현실을 정면으로 겨냥한다.[22]

이 점에서 포로기 이전 예언자들은 역사를 포기하지 않는다. 그들은 역사가 하나님의 심판 아래 놓일 수 있음을 선언하지만, 동시에 하나님이 여전히 역사의 주권자이심을 전제한다. 따라서 예언적 종말론은 역사 자체에 대한 부정이 아니라, 특정한 역사 질서가 더 이상 지속될 수 없다는 신학적 판단이다.

2. 언약, 심판, 그리고 윤리적 붕괴

포로기 이전의 예언적 종말론은 본질적으로 언약 신학에 뿌리를 두고 있다. 예언자들의 심판 선포는 임의적 파괴 선언이 아니라, 시내산 언약에 대한 윤리적 불순종의 필연적 결과이다.[23] 예언자들은 이스라엘의 멸망을 하나님의 패배나 무능의 결과로 이해하지 않고, 오히려 언약을 위반한 백성에 대한 하나님의 신실한 심판 행위로 해석한다.

---

21) Amos 8:2; cf. Rainer Kessler, *The Social History of Ancient Israel*, 201-214.

22) Claus Westermann, *Basic Forms of Prophetic Speech* (Louisville: Westminster John Knox, 1991), 90-96.

23) Walther Eichrodt, *Theology of the Old Testament*, vol. 1, 36-58.

이러한 관점에서 종말은 정치적 실패이기 이전에 윤리적 붕괴의 결과이다. 정의의 상실, 약자에 대한 착취, 우상 숭배, 그리고 제의적 신앙과 삶의 분열은 국가 질서를 내부에서부터 붕괴시킨다. 예언적 심판 담론은 사회사적 분석과 긴밀히 연결되어 있으며, 종말은 구조적 불의가 누적된 결과로 이해된다.[24]

3. 아모스와 북이스라엘의 종말

아모스는 포로기 이전 예언적 종말론을 가장 급진적으로 선포한 예언자 가운데 한 사람이다. 그의 메시지에서 "야훼의 날"은 더 이상 이스라엘의 승리의 날이 아니라, 오히려 이스라엘 자신을 향한 심판의 날로 전도된다(암 5:18-20). 아모스 8장 2절의 '끝' 선언은 회개의 가능성이 거의 닫힌 상황을 전제하며, 북이스라엘의 멸망이 불가피함을 선언한다.[25]

그러나 아모스조차 역사의 완전한 소멸을 말하지는 않는다. 그의 예언은 북이스라엘 국가의 종말을 선포하지만, 그 이후의 역사—비록 다른 형태일지라도—가 계속될 가능성을 배제하지 않는다. 이는 예언적 종말론이 본질적으로 역사 내적임을 보여준다.

4. 이사야와 유다의 종말

이사야 전승에서도 유다의 종말은 중심 주제이다. 이사야 5장의 포

---

24) Rainer Kessler, *The Social History of Ancient Israel*, 214-229.
25) James Luther Mays, *Amos*, OTL (Philadelphia: Westminster, 1969), 141-155.

도원 노래는 언약적 기대와 현실의 괴리를 극적으로 드러내며, 유다의 멸망이 정당한 심판임을 선언한다.[26] 이사야 6장에서는 유다의 황폐화가 명확히 예고되지만, 동시에 "그루터기"(מצבת, 마체베트)가 남아 있을 것이라는 진술을 통해 완전한 절멸이 아닌 심판 이후의 가능성이 암시된다.

예언적 종말론은 본질적으로 종결과 지속의 긴장 속에 서 있다.[27] 종말은 현실 질서의 끝이지만, 하나님의 창조 목적 자체의 파기는 아니다.

5. 미가와 예루살렘의 종말

미가 3장 12절에서 선포되는 예루살렘의 멸망 예언은 성전과 도성의 절대성을 근본적으로 해체한다. 이는 제의 중심적 신앙이 윤리적 책임과 분리될 때 어떤 결과를 낳는지를 극명하게 보여준다. 예루살렘의 파괴 선언은 특정 장소나 제도가 하나님의 보호를 자동적으로 보장하지 않음을 분명히 한다.[28]

6. 전복된 '야훼의 날'

포로기 이전 예언자들에 의해 '야훼의 날' 개념은 근본적으로 재정의된다. 전통적으로 야훼의 날은 적들에 대한 하나님의 심판과 이스라엘의 구원을 의미했지만, 예언자들은 이 날을 이스라엘 자신을 향한 심

---

26) Bernhard W. Anderson, *Contours of Old Testament Theology*, 286-291.

27) 위의 책, 292-297.

28) Micah 3:12; cf. James Luther Mays, *Micah*, OTL (Philadelphia: Westminster, 1976), 83-90.

판의 날로 전도시킨다. 이는 종말론적 기대를 민족주의적 환상에서 해방시키는 중요한 신학적 전환이다.[29]

7. 심판 이후의 소망: 그루터기와 남은 자 신학

비록 포로기 이전 예언자들이 종말을 강력하게 선포하지만, 그 메시지는 절망으로 끝나지 않는다. '그루터기'와 '남은 자' 전통은 심판 이후에도 하나님이 역사와 관계를 완전히 단절하지 않으심을 증언한다. 이 소망은 무조건적 약속이 아니라, 조건적 소망이다. 즉, 심판 이후의 회복은 언약적 책임과 새로운 순종의 가능성과 결부된다.

8. 소결론

포로기 이전 예언적 종말론의 신학적 특징은 다음과 같이 요약될 수 있다.

종말은 언약 위반에 대한 하나님의 신실한 응답이다.[30]

역사는 윤리적으로 중립적이지 않으며, 사회적 불의는 필연적으로 붕괴를 초래한다.[31]

심판 이후의 미래는 자동적으로 보장되지 않으며, 남은 자의 응답에 달려 있다.[32]

---

29) Amos 5:18-20; cf. James Barr, *Old and New in Interpretation* (London: SCM, 1966), 109-127.

30) Walther Eichrodt, *Theology of the Old Testament*, vol. 1, 58-72.

31) James Barr, *The Concept of Biblical Theology*, 165-168; Rainer Kessler, *The Social History of Ancient Israel*, 220-229.

32) Bernhard W. Anderson, *From Creation to New Creation*, 187-200.

이러한 특징들은 포로기 이전 예언적 종말론이 묵시적 종말론으로 단순히 이행되는 단계가 아니라, 그 자체로 독자적인 신학적 체계를 형성하고 있음을 분명히 보여준다. 이 전통이 후대의 묵시적 사고에 일정한 영향을 미쳤을 가능성은 부인할 수 없지만, 그 둘을 동일한 범주로 환원하는 것은 방법론적으로 정당화될 수 없다.[33]

IV. 포로기 이후의 예언적(원묵시적) 종말론

주전 586년 예루살렘의 멸망은 이스라엘의 신학적 자기 이해에 결정적인 단절을 초래하였다. 왕권, 성전, 그리고 땅의 상실은 단순히 정치 질서의 붕괴를 넘어, 하나님의 임재, 언약의 안정성, 그리고 민족 정체성에 대한 기존의 신학적 전제들을 근본적으로 흔들어 놓았다. 그러나 이러한 파국 이후에도 종말론적 소망은 사라지지 않았다. 오히려 그것은 새로운 형태로 재구성되었다. 포로기 이후의 예언 문헌에서 나타나는 종말론은, 점차 우주적이고 상징적인 언어를 사용하기는 하지만, 역사의 폐기가 아니라 역사 안에서의 회복을 지향하는 점에서 예언적(원묵시적) 종말론으로 규정될 수 있다.[34]

1. 주전 586년 이후 이스라엘 정체성의 재정의

포로 경험의 가장 중대한 결과 가운데 하나는 이스라엘 정체성의

---

33) Paul D. Hanson, *The Dawn of Apocalyptic*, 11-32; Otto Plöger, *Theocracy and Eschatology* (Richmond: John Knox, 1968), 116-132.

34) James Barr, *The Concept of Biblical Theology*, 143-168.

재정의이다. 왕도, 성전도, 주권도 없는 상황에서 이스라엘은 더 이상 정치적 민족국가로 규정될 수 없었다. 그 대신 포로기 이후 예언 문헌은 이스라엘을 언약적 충성도와 도덕적 태도에 의해 규정되는 신앙 공동체로 이해하기 시작한다. 이는 언약 신학의 포기가 아니라, 언약의 내면화이자 재해석이다.[35]

이러한 정체성의 변화는 종말론에도 직접적인 영향을 미친다. 미래는 더 이상 민족 전체의 자동적인 회복이나 정치적 부흥으로 상상되지 않고, 심판을 통과한 후 정화된 공동체의 갱신으로 이해된다. 종말론적 기대는 민족 전체에서 점차 공동체 내부의 '자격 있는 집단'으로 수렴된다.

2. 민족에서 공동체로: '의로운 집단'의 부상

포로기 이후 예언적 종말론의 두드러진 특징 가운데 하나는, 이스라엘 내부에서 의인과 악인의 구별이 강화된다는 점이다. 구원은 더 이상 혈통이나 민족적 소속에 의해 보장되지 않으며, 야훼의 뜻에 대한 신실함에 따라 제한된다. 이로써 종말론의 주체는 '민족 전체'에서 '의로운 집단'으로 이동한다.

한슨은 이 현상을 사회학적으로 해석하면서, 포로기 이후 묵시적 성향은 성전 중심의 기득권 집단과 주변화된 환상가 집단 사이의 갈등에서 비롯되었다고 주장한다.[36] 플뢰거(Otto Plöger) 역시 기존 제도에 대한 실망 속에서 역사 해석의 틀을 종말론적으로 전환한 집단들의 출현을 강조한다.[37] 그러나 이러한 '의로운 집단'의 등장 자체가 곧바로 묵

---

35) Bernhard W. Anderson, *Contours of Old Testament Theology*, 302-318.
36) Paul D. Hanson, *The Dawn of Apocalyptic*, 207-232.
37) Otto Plöger, *Theocracy and Eschatology*, 116-132.

시적 종말론을 의미하는 것은 아니다. 그것은 여전히 역사 안에서의 회복을 전제하는 예언적 종말론의 변형이다.

3. 대표 본문들

1) 이사야 40-66장

제2·제3이사야는 심판 이후의 위로, 귀환, 그리고 회복을 강력하게 선포한다. 이 본문들은 종종 우주적 이미지와 신화적 모티프를 사용하지만, 그 종말론적 지평은 철저히 역사적이다. 포로는 귀환하고, 도성은 재건되며, 사회적 정의가 회복된다. 이사야 65장 17절과 같은 본문에서 '새 하늘과 새 땅'이라는 표현이 등장하지만, 이는 역사 폐기의 선언이라기보다 소망을 극대화하기 위한 은유적 언어로 이해되어야 한다.[38]

2) 에스겔 38-39장

곡과 마곡에 대한 예언은 극적인 신화적·우주적 언어를 사용하지만, 그 결말은 역사의 종언이 아니라 이스라엘의 안전과 하나님의 주권의 현시이다. 곡의 패배는 창조 질서의 해체가 아니라, 역사 속에서 야훼의 거룩함이 드러나는 사건이다.[39]

3) 요엘서

요엘은 임박한 위기, 우주적 징조, 성령의 부으심을 결합하여 종말

---

38) Bernhard W. Anderson, *From Creation to New Creation*, 187-210.
39) Walther Zimmerli, *Ezekiel 2*, 297-323.

론적 비전을 제시한다(욜 2장). 그러나 이 모든 것은 회개와 회복을 전제한다. 심판은 공동체를 소멸시키는 것이 아니라 정화하며, 미래는 여전히 역사 안에서 전개된다.[40]

4) 스가랴 1-8장

스가랴의 밤 환상들은 종종 예언과 묵시의 경계에 있는 본문으로 평가된다. 천사의 중재, 상징적 환상, 수사학적 과장이 나타나지만, 그 목적은 분명히 회복이다. 성전 재건, 지도자의 정결, 예루살렘 공동체의 갱신이 핵심 관심사이다. 스가랴 1-8장은 역사 지속성을 전제하며 공동체 재건을 목표로 한다.[41]

4. 왜 이것은 '묵시적 종말론'이 아닌가

이러한 포로기 이후 예언적 종말론은 외형적으로 묵시적 요소를 포함하고 있음에도 불구하고, 엄밀한 의미에서의 묵시적 종말론과는 구별되어야 한다. 그 이유는 세 가지로 요약될 수 있다.

첫째, 역사는 계속된다. 이 본문들이 기대하는 미래는 시간과 공간 안에서 실현된다. 둘째, 부활과 죽음의 초월이 부재한다. 다니엘 12장과 달리, 개인의 부활이나 사후 심판은 등장하지 않는다. 셋째, 목표는 우주적 파국이 아니라 회복이다. 심판은 창조 질서를 대체하기 위한 것이 아니라, 그것을 정화하고 새롭게 하기 위한 수단이다.

---

40) John Barton, *Joel and Obadiah,* OTL (Louisville: Westminster John Knox, 2001), 64-83.

41) Antonios Finitsis, *Visions and Eschatology: A Socio-Historical Analysis of Zechariah 1-6* (London: T&T Clark, 2011), 126-148.

5. 학문적 논쟁: 연속성인가, 구별인가

한슨과 플뢰거는 포로기 이후 예언적 종말론을 후기 묵시사상의 전단계, 즉 원묵시적 단계로 이해하며, 두 전통 사이의 연속성을 강조한다.[42] 반면 쿡(Stephen L. Cook)과 피닛시스(Antonios Finitsis)는 보다 엄격한 구별을 요구한다. 쿡은 회복 종말론이 주변화된 집단뿐 아니라 기득권 집단 안에서도 나타날 수 있음을 보여주며, 이것이 곧 묵시적 결정론으로 이어지지 않음을 논증한다.[43] 피닛시스는 특히 예언에서 묵시로의 선형적 발전을 전제하는 진화론적 모델을 비판하면서, 신화적 언어의 사용 자체가 묵시적 종말론을 구성하지 않는다고 주장한다.[44]

이 후자의 입장은 방법론적으로 더 설득력이 있다. 포로기 이후 예언 문헌은 후대 묵시사상이 형성될 수 있는 개념적 공간을 제공하지만, 그 자체는 여전히 역사 지향적이며 회복 중심적이다. 이를 묵시적 종말론으로 환원하는 것은 각 전통의 고유한 신학적 주장을 흐리게 한다.

6. 소결론

포로기 이후의 예언적(원묵시적) 종말론은 이스라엘 신학 발전에서 결정적인 위치를 차지한다. 이 전통은 정체성을 재정의하고, 구원의 주체를 의로운 공동체로 한정하며, 상징적 표현을 심화시키면서도, 하나님의 구원 행위를 역사 안에서 기대한다. 이러한 종말론을 묵시가 아닌

---

42) Hanson, *The Dawn of Apocalyptic*, 21-32; Plöger, *Theocracy and Eschatology*, 130-132.

43) Stephen L. Cook, *Prophecy and Apocalypticism: The Postexilic Social Setting* (Minneapolis: Fortress, 1995), 15-37.

44) Finitsis, *Visions and Eschatology*, 1-15.

회복 종말론으로 구별하는 것은 구약 종말론의 다양성과 일관성을 동시에 이해하기 위한 필수 조건이다.

V. 잘못된 연속성과 방법론적 교정

예언과 묵시에 관한 현대 학문은 종종 실제 본문이 요구하지 않는 연속성 가정에 의해 형성되어 왔다. 특히 예언에서 묵시로 이행하는 선형적 발전 도식-대개 진화론적 또는 사회학적 모델에 의해 뒷받침되는-은 중요한 신학적·방법론적 차이를 가리는 결과를 낳았다. 본 절은 이러한 가정을 '잘못된 연속성(false continuity)'으로 규정하고, 벨하우젠, 한슨, 그리고 그 이후의 학문 전통을 비판적으로 재검토함으로써 방법론적 교정을 시도한다. 이 과정에서 바의 의미론적 경계 설정과 피닛시스, 로버츠, 브루그만의 역사·신학적 통찰을 적극적으로 활용한다.

1. 벨하우젠의 에피고넨(Epigonen) 패러다임 비판

잘못된 연속성의 기원은 벨하우젠의 고전적 평가까지 거슬러 올라갈 수 있다. 종교사적 진화론의 틀 안에서 그는 예언을 이스라엘 종교의 윤리적·신학적 정점으로 이해한 반면, 묵시는 후기적이고 파생적인, 나아가 열등한 현상으로 간주하였다. 그는 묵시문학을 예언의 에피고넨(Epigonen), 곧 모방적·퇴행적 산물로 규정하였다.[45] 이 패러다임에서 묵시는 창조적 재해석이 아니라 신학적 쇠퇴의 표지로 이해된다.

---

45) Julius Wellhausen, *Prolegomena to the History of Israel* (Edinburgh: A. & C. Black, 1885), 343-356.

비록 벨하우젠의 노골적인 가치 판단은 이후 학계에서 상당 부분 비판받았지만, 그의 관점은 여전히 암묵적인 전제 형태로 잔존해 있다. 즉, 묵시를 예언의 '불가피하지만 유감스러운 후계자'로 이해하는 태도가 그것이다. 이러한 접근은 묵시적 종말론을 윤리적 실천, 역사적 현실성, 예언적 정통성의 결핍이라는 부정적 범주로 선이해하게 만들며, 묵시가 제기하는 고유한 신학적 질문을 그 자체로 다루지 못하게 한다. 방법론적으로 이는 역사적 기술과 가치 판단을 혼동하는 오류를 범하며, 묵시 담론이 발생한 전혀 다른 삶의 자리(Sitz im Leben)를 충분히 고려하지 못한다.

2. 한슨 이론에서의 묵시 개념 과잉 확장

한슨의 연구는 벨하우젠을 넘어서는 중요한 전환을 제공한다. 한슨은 묵시 사상의 형성을 포로기 이후의 사회적 갈등 맥락 속에 위치시키며, 성전 중심의 제사장 엘리트와 주변화된 환상가 집단 사이의 긴장을 묵시주의의 발생 배경으로 설명한다. 그는 포로기 이후 예언 문헌들을 보다 넓은 발전 연속선 위에서 원묵시적 단계로 이해한다.[46]

그러나 한슨의 사회학적 통찰은 동시에 묵시 개념의 과잉 확장이라는 문제를 낳는다. 사회적 박탈, 우주적 상징, 미래 지향적 소망이 나타나는 모든 본문에서 묵시적 경향을 감지하려는 그의 접근은, 회복 중심의 예언적 종말론과 본격적인 묵시적 종말론을 구별하지 못하게 만든다. 그 결과, 역사 지속성을 분명히 전제하는 본문들조차 묵시의 초기 단계로 편입되며, 본문 자체가 요구하지 않는 선형적 발전 도식이 강화된다.

---

46) Paul D. Hanson, *The Dawn of Apocalyptic* (Philadelphia: Fortress, 1975), 11-32, 207-232.

3. 박탈이론에 대한 쿡의 비판

쿡은 한슨의 박탈이론(deprivation theory)에 대해 결정적인 비판을 제기한다. 쿡은 묵시적 혹은 원묵시적 언어가 반드시 사회적으로 소외되거나 박탈된 집단에서만 발생하지 않음을 입증한다.[47] 에스겔서, 스가랴서 등 포로기 이후 본문에 대한 면밀한 분석을 통해, 그는 종말론적 언어의 강화가 제사장적·기득권적 맥락에서도 충분히 발생할 수 있음을 보여준다.

이러한 쿡의 비판은 두 가지 점에서 중요하다. 첫째, 묵시주의를 특정 사회 계층에 고정시키는 설명을 해체한다. 둘째, 예언에서 묵시로의 발전을 사회적 조건 하나로 환원하는 논리를 붕괴시킨다. 만일 유사한 종말론적 표현이 상이한 사회적 위치에서 등장할 수 있다면, 그러한 표현은 발전 단계의 지표가 아니라 신학적 의도와 내러티브 지평에 따라 평가되어야 한다.

4. 피닛시스와 선형 발전 모델의 붕괴

피닛시스는 스가랴 1-6장과 같은 이행기적 본문에 대한 사회사적·문학적 분석을 통해, 선형 발전 모델의 취약성을 더욱 분명히 드러낸다. 그에 따르면, 예언에서 묵시로의 '부드러운 이행'을 가정하는 많은 연구는 상징적·신화적 언어를 곧바로 묵시적 세계관의 증거로 간주하는 범주 오류(category mistake)에 기초하고 있다.[48]

---

47) Stephen L. Cook, *Prophecy and Apocalypticism: The Postexilic Social Setting* (Minneapolis: Fortress, 1995), 15-37.

48) Antonios Finitsis, *Visions and Eschatology: A Socio-Historical Analysis of Zechariah 1-6, 1-15*, 126-148.

그러나 포로기 이후 예언 문헌은 여전히 회복 지향적이며, 역사 안에서의 갱신을 기대한다. 부활이나 최후 심판을 통한 역사의 종결이 나타나지 않는 한, 그러한 본문을 묵시적 종말론으로 분류할 근거는 없다. 이 점이 분명해질 때, 예언에서 묵시로의 필연적 발전이라는 가정은 더 이상 유지될 수 없다. 대신 서로 다른 역사적 위기에 대한 다양한 종말론적 응답들이 병존하고 있음이 드러난다.

5. 신화와 역사: 대립이 아닌 상보성

잘못된 연속성을 강화해 온 또 하나의 전제는, 신화적 언어가 역사로부터의 후퇴를 의미한다는 가정이다. 바는 이러한 이분법에 대해 반복적으로 경고하면서, 성서신학은 '신화 대 역사'라는 대립 구도를 거부해야 한다고 주장하였다.[49] 구약에서 신화적 언어는 역사적 책임을 회피하기 위한 도피가 아니라, 오히려 하나님의 주권과 심판을 역사적으로 해석하기 위한 언어 자원이다.

로버츠(John Joseph McMahon Roberts) 역시 고대 근동 신화적 모티프들이 하나님의 통치, 질서, 심판에 대한 역사적 주장들을 표현하는 데 사용되었음을 입증하였다.[50] 이 점에서 신화는 역사를 부정하는 것이 아니라, 역사적 의미를 심화시키는 기능을 수행한다. 브루그만은 이를 한 걸음 더 나아가, 신화적·묵시적 이미지들을 지배적인 역사 서사에 맞서는 신학적 상상력의 행위로 이해한다. 이러한 상상력은 기존 질서를

---

49) James Barr, *Old and New in Interpretation*, 109-127; *The Concept of Biblical Theology*, 165-168.

50) John Joseph McMahon Roberts, "Myth versus History: Relaying the Comparative Foundations," *Catholic Biblical Quarterly* 49 (1987), 1-13.

정당화하지 않고, 대안적 미래를 열어 보인다.[51]

따라서 신화와 역사를 상보적 관계로 이해할 때, 우리는 두 가지 오류를 동시에 피할 수 있다. 하나는 신화적 언어를 곧바로 묵시적 사변으로 환원하는 오류이며, 다른 하나는 역사를 단순한 실증적 사실의 나열로 축소하는 오류이다. 예언과 묵시는 모두 신화적 자원을 사용하지만, 그 신학적 목적과 종말론적 지평은 동일하지 않다.

6. 방법론적 교정

이상의 논의를 종합하면, 구약 종말론 연구를 위해 다음과 같은 방법론적 교정이 요구된다. 첫째, 묵시적 종말론을 예언의 필연적 후계자로 정의해서는 안 된다. 둘째, 상징적·신화적 언어는 묵시 세계관의 충분조건이 될 수 없다. 셋째, 사회학적 설명은 문학적·신학적 분석에 종속되어야 한다. 넷째, 예언과 묵시 사이의 연속성과 불연속성은 역사 기대, 내러티브 지평, 그리고 신학적 결말-특히 부활과 역사의 종말의 존재 여부-에 근거하여 판단되어야 한다.

이러한 잘못된 연속성을 해체할 때에만, 구약 종말론은 그 고유한 다양성과 신학적 일관성 속에서 올바르게 이해될 수 있다.

VI. 묵시적 종말론 '그 자체': 역사의 종말

엄밀한 의미에서의 묵시적 종말론은 구약 전통 안에서 독자적인 신학적 지평을 형성한다. 그것은 예언적 위기 언어의 단순한 강화도 아니

---

51) Walter Brueggemann, *Theology of the Old Testament*, 277-305.

며, 역사 안에서의 회복 소망이 연장된 형태도 아니다. 오히려 묵시적 종말론은 역사 그 자체의 종결을 전망한다. 곧 부활, 최후 심판, 그리고 죽음의 초월을 통해 역사적 시간이 완결되는 하나님의 결정적 개입을 상정한다.[52] 여기에서는 이러한 묵시적 종말론의 규정적 특징들을 명확히 하고, 그 개념적 구조를 정리한다.

1. 묵시적 종말론의 정의

콜린스의 장르 분석에 따르면, 묵시적 종말론은 문학 장르로서의 묵시(apocalypse)가 지닌 종말론적 차원으로 이해하는 것이 가장 적절하다. 묵시는 초월적 존재에 의해 중재된 계시를 통해 궁극적 구원을 지시하는 문학 양식이며, 시간적으로는 종말론적 완성을, 공간적으로는 초월적 세계를 동시에 드러낸다.[53] 여기서 결정적인 점은, 묵시적 종말론이 말하는 '끝'은 정치 체제의 붕괴나 역사적 위기의 해소가 아니라, 역사의 성취와 종결이라는 사실이다. 이러한 성취에는 예언적·원묵시적 종말론이 전제하지 않는 요소들-죽은 자의 부활, 보편적 심판, 그리고 되돌릴 수 없는 최종적 전환-이 포함된다.

바의 의미론적 경고는 이 지점에서 결정적이다. 그는 구약이 하나의 통일된 종말론 교리를 제시하지 않으며, '끝'에 대한 언어는 반드시 문학적·역사적 맥락 속에서 해석되어야 한다고 주장한다.[54] 따라서 부활과 최후 심판이 명시적으로 등장하지 않는 본문을, 우주적 이미지나 신화적 어법만을 근거로 묵시적 종말론으로 간주해서는 안 된다. 묵시적 종

---

52) John J. Collins, *The Apocalyptic Imagination*, 1-6.
53) 위의 책, 5-6.
54) James Barr, *The Concept of Biblical Theology*, 143-168.

말론은 본문이 역사를 넘어서는 지평으로 이동할 때에만 성립한다.

2. 죽음의 초월: 부활과 최후 심판

묵시적 종말론을 규정하는 핵심 기준 가운데 하나는 죽음의 초월이다. 예언적 종말론이 역사 안에서의 생존이나 회복을 기대한다면, 묵시적 종말론은 죽음 자체의 패배를 전망한다. 다니엘 12장 2-3절은 이 점을 가장 분명하게 보여주는 구약 본문으로, 죽은 자들의 부활, 운명의 분기, 그리고 영원한 결과를 지닌 심판을 선포한다.[55]

부활 신앙은 단순한 사변적 추가 요소가 아니라, 역사 안에서 정의가 완전히 실현되지 못하는 상황에서 하나님의 정의를 완성하기 위한 신학적 필연성이다.[56] 묵시적 종말론에서 심판은 보편적이며 최종적이다. 그것은 역사 안에서 반복되는 교정의 한 국면이 아니라, 도덕 질서에 대한 결정적 결론이다. 부활과 심판은 하나님의 왕권이 궁극적으로 완성되는 목적론적 비전 안에 위치하며, 하나님의 뜻이 시간의 한계를 넘어 성취되는 것이다.[57]

3. 시간과 공간의 재구성

묵시적 종말론은 시간과 공간을 동시에 재구성한다. 시간적으로 볼 때, 역사는 시작에서 끝으로 향하는 총체로 이해된다. 시간은 더 이상 개혁과 타락이 반복되는 열린 연속체가 아니라, 완결을 향해 질서 지워진

---

55) 다니엘 12:2-3; cf. John J. Collins, *Daniel: A Commentary*, 393-410.

56) Robin Routledge, *Old Testament Theology: A Thematic Approach*, 302-315.

57) Bruce K. Waltke, *An Old Testament Theology*, 892-902.

유한한 서사이다. 이러한 시간 이해는 묵시문학에 특징적인 결정론을 뒷받침하는데, 이는 숙명론이 아니라 역사의 전 과정을 관통하는 하나님의 주권에 대한 확신에 근거한다.[58]

공간적으로 묵시적 종말론은 하늘-땅의 이중 구조를 제시한다. 구원은 역사 내부에서 점진적으로 형성되기보다, 초월적 영역에서 시작되어 역사에 침투한다. 이 과정은 종종 천사적 중재, 하늘 법정, 환상적 상승과 같은 이미지로 표현된다. 그러나 이러한 공간적 이원성은 현실 도피를 의미하지 않는다. 오히려 궁극적 해결이 하나님의 초월적 영역에서 기원하여 창조 세계에 강제적으로 실현된다는 주장을 뒷받침한다. 이러한 이중 구조가 묵시적 세계관을 예언적 신학과 구별하는 핵심 요소이다.[59]

4. 묵시문학의 유형

묵시적 종말론 '그 자체' 안에서 학자들은 대체로 두 가지 유형의 묵시문학을 구분한다. 두 유형은 상호 중첩되기도 하지만, 초월성의 강조점에서 차이를 보인다.

1) 역사적 묵시문학

역사적 묵시문학은 세계 역사를 신적 질서에 따라 배열된 여러 시대의 연속으로 해석하며, 그 흐름이 필연적으로 종말로 수렴한다고 본다. 상징적 시대 구분(제국, 주간, 시대 등)은 현재를 예정된 역사 도식

---

58) John J. Collins, *The Apocalyptic Imagination*, 44-52.
59) 위의 책, 54-62.

속에 위치시키는 기능을 한다. 다니엘 7-12장은 이러한 유형의 전형으로, 연속되는 제국들은 하나님의 심판과 영원한 나라의 도래로 종결된다. 이 유형은 역사적 내용을 다루지만, 그 결말은 역사 초월적이다.[60]

2) 저세상적(초월적) 묵시문학

저세상적 묵시문학은 하늘 여행, 천상 지리, 우주적 비밀의 계시를 중심에 둔다. 구원은 상승, 천사적 중재, 숨겨진 세계 구조의 계시를 통해 전달된다(예: 에녹서). 이러한 본문들은 역사적 언급을 포함하기도 하지만, 주된 관심은 공간적 초월성과 궁극적 정의를 보증하는 천상 질서에 있다.[61]

두 유형은 강조점이 다를 뿐, 묵시적 종말론의 핵심 전제—역사의 종결, 죽음의 초월, 최후 심판—을 공유한다.

5. 소결론

묵시적 종말론 '그 자체'는 엄밀하게 규정되어야 한다. 상징성, 신화적 언어, 혹은 미래 소망의 존재만으로 어떤 본문을 묵시적이라고 규정해서는 안 된다. 묵시적 종말론은 역사가 종결되고, 죽음이 부활을 통해 극복되며, 심판이 보편적·최종적으로 선포되고, 시간과 공간이 하나님의 주권 아래 재구성될 때에 성립한다. 이러한 기준을 인식할 때, 구약의 종말론은 잘못된 연속성에서 벗어나 그 내적 다양성과 신학적 일관성 속에서 올바르게 해석될 수 있다.

---

60) John J. Collins, *Daniel: A Commentary*, 279-310.
61) John J. Collins, *Apocalypticism in the Dead Sea Scrolls* (London: Routledge, 1997), 1-19.

VII. 정경적 묵시 종말론의 전형으로서의 다니엘서

구약성경의 여러 문헌 가운데 다니엘서는 정경적 묵시 종말론의 전형(paradigm)으로 기능한다. 포로기 이전의 예언적 종말론이 역사적 질서의 붕괴를 선포하고, 포로기 이후의 회복 종말론이 역사 안에서의 갱신을 기대한다면, 다니엘서—특히 7-12장—는 이스라엘의 소망을 명백히 초역사적(transhistorical) 지평으로 재구성한다. 다니엘서는 제국의 역사를 유한한 연속으로 해석하며, 그 종결을 하나님의 심판에 맡기고, 궁극적 정의를 부활, 최후 심판, 그리고 영원한 생명 안에 근거시킨다.[62]

1. 다니엘 2장: '위기의 종말'에 대한 재해석

다니엘 2장은 계시, 상징적 환상, 중재된 지식이라는 묵시적 요소들을 이미 포함하고 있지만, 그 종말론적 지평은 아직 엄밀한 의미에서 '역사의 종말'에 이르지는 않는다. 느부갓네살의 신상 환상은 여러 제국의 연속을 묘사하며, 인간의 주권이 하나님의 나라로 대체되는 결말로 향한다.[63] 여기서 핵심적인 신학적 전환은 단순한 정치 예측이 아니라, 위기를 신학적으로 해석하는 방식에 있다. 곧 제국의 지배는 궁극적 실재가 아니라, 한정되고 계측 가능한 것이며, 하나님의 섭리적 틀 안에서 심판받는다는 해석이다.

이 점에서 다니엘 2장은 중요한 가교 역할을 한다. 이 장은 제국들의 흥망이라는 예언적 관심을 유지하면서도, 역사를 하나의 닫힌 연속체

---

62) John J. Collins, *The Apocalyptic Imagination*, 1-6; James Barr, *The Concept of Biblical Theology*, 143-168.

63) 다니엘 2장; cf. Bruce K. Waltke, *An Old Testament Theology*, 892-902.

로 제시하며 하나님의 결정적 개입을 향해 수렴하도록 구성한다. 이 도식의 목적은 단순한 예측이 아니라, 제국의 영속성을 상대화하고 이를 넘어설 수 있는 신학적 상상력을 형성하는 데 있다.[64] 그러나 이 '끝'은 아직 다니엘 12장에서 나타나는 죽음의 초월을 명시적으로 포함하지 않기에, 다니엘 2장은 위기의 종말을 재구성한 단계로 이해하는 것이 적절하다.

2. 다니엘 7-12장: '역사의 종말'

다니엘 7-12장은 다니엘 2장의 논리를 한층 더 급진화하여, 명백히 묵시적 종말론 그 자체로 진입한다. 여기서 종말은 더 이상 한 제국이 다른 제국으로 대체되는 사건이 아니라, 모든 제국의 연속이 하늘 법정의 판결 아래 종결되는 사건이다. 다니엘 7장의 짐승 환상은 제국을 중립적 정치 실체가 아니라, 제거되어야 할 비인간화된 권력으로 해석한다.[65] 결정적 장면은 전쟁터가 아니라 하늘 법정이다. '책들이 펴지고'(단 7:10) 심판이 선고되는 이 장면은, 역사의 궁극적 결말이 초월적 재판권에 속해 있음을 분명히 한다.

1) 짐승, 제국, 그리고 최종 붕괴

다니엘서의 짐승들은 단순한 상징이 아니라 신학적 비판 장치이다. 이들은 하나님의 주권을 부정하고 피조 질서를 파괴할 때, 정치 권력이 어떻게 비인간화되는지를 드러낸다.[66] 이러한 묵시적 역사 해석은 제국

---

64) John J. Collins, *Daniel: A Commentary*, 165-204.
65) 다니엘 7장; John J. Collins, 위의 책, 279-310.
66) Walter Brueggemann, *Theology of the Old Testament*, 277-305.

의 불가피성을 폭로하고, 그 종말이 예정되어 있음을 선언하는 저항 담론으로 기능한다.

2) 인자와 초역사적 통치

"인자 같은 이"(단 7:13-14)는 짐승의 통치에 대한 대안적 질서를 제시한다. 이 인물은 폭력을 통해 권력을 탈취하지 않고, 하나님으로부터 통치를 받는다. 집단적 해석("지극히 높으신 이의 성도들")이든, 보다 인격적 해석이든 간에, 인자 형상은 정치적 강제가 아니라 신적 선물로서의 권위를 상징한다.[67] 이는 하나님의 왕권이 정치의 연장이 아니라, 정치를 판단하고 상대화하는 정치 너머의 주권임을 보여주는 신학적 전환이다.[68]

3) 부활, 심판, 영원한 생명

다니엘 12장은 구약성경에서 죽음의 초월을 가장 분명하게 진술하는 본문이다. "땅의 티끌 가운데서 자는 자 중에서 많은 사람이 깨어나… 어떤 이는 영생으로, 어떤 이는 수욕으로"(단 12:2-3). 여기서 정의는 더 이상 역사 안에서의 결과에 의해 제한되지 않는다. 하나님의 의는 죽음을 넘어선 장에서 완성된다.[69] 부활과 최후 심판은 사변적 부가물이 아니라, 역사 속에서 정의가 실현되지 못하는 현실에 대한 신학적 필연성이다.[70]

---

67) John J. Collins, *Daniel: A Commentary*, 299-310; cf. *The Apocalyptic Imagination*, 54-62.

68) Bruce Waltke, *An Old Testament Theology*, 892-902.

69) 다니엘 12:2-3; John J. Collins, *Daniel*, 393-410.

70) Robin Routledge, *Old Testament Theology: A Thematic Approach* (Downers Grove,

3. 결정론과 윤리적 책임

묵시적 결정론이 윤리적 무책임을 낳는다는 비판은 다니엘서 앞에서 설득력을 잃는다. 다니엘서는 정해진 때와 기간, "반드시 일어날 일들"을 말하면서도, 동시에 압박 속에서의 신실한 행위를 강조한다. 우상 숭배 거부(단 3장), 금지된 상황 속에서도 지속되는 기도(단 6장), 식탁과 교육을 통한 정체성 형성(단 1장)은 모두 윤리적 긴장을 유지하는 사례들이다. 묵시적 결정론의 기능은 도덕적 철수를 정당화하는 데 있지 않고, 억압이 유한하며 하나님께 책임을 진다는 확신을 통해 공동체의 인내를 지탱하는 데 있다.[71]

브루그만의 통찰은 이 점을 더욱 명확히 한다. 다니엘서의 소망은 역사적 행위 능력이 상실된 상황에서 발생하지만, 도덕적 주체성 자체를 폐기하지 않는다. 오히려 행위의 장은 정치적 지배가 아니라, 증언과 인내, 신실함의 실천으로 재배치된다.[72] 이는 다니엘서가 생산하는 독특한 윤리, 곧 정치적 지배의 윤리가 아니라 저항적 순종의 윤리이다.

4. 신학적 특징

1) 정치 너머의 하나님의 왕권

다니엘서의 중심 신학은 야훼가 제국들 가운데 하나의 제국으로 군림하는 것이 아니라, 모든 제국 위에 군림하신다는 고백이다. 하나님의 왕권은 심판, 때와 시기의 주관(단 2:21), 그리고 통치권의 수여를 통해

IL: IVP Academic, 2008), 302-315.

71) John J. Collins, *The Apocalyptic Imagination*, 44-52.

72) Walter Brueggemann, *Theology of the Old Testament*, 287-305.

드러난다. 월트키는 이를 구약 왕권 신학의 완성으로 이해하며, 정치 권력이 실재함을 인정하되 궁극적 의미를 보장하지는 못한다고 본다.[73]

2) 역사적 행위 능력이 붕괴된 상황에서의 소망

다니엘서는 전통적인 정치적 실천이 무력화된 상황에서 탄생한 소망의 문헌이다. 환상은 현실 도피가 아니라, 제국의 주장에 맞서는 대안적 현실 인식을 가능하게 한다. 이러한 소망은 역사의 점진적 개선에 대한 낙관이 아니라, 역사가 닫힌 것처럼 보일 때에도 하나님의 주권을 신뢰하는 신앙이다.[74]

3) 의인의 도덕적 변증

다니엘서의 묵시적 종말론은 변증적 기능을 지닌다. 의인의 신실함은 역사 속에서 보상받지 못할 수 있지만, 그것이 무의미하지 않다는 사실은 최후 심판과 부활 생명 안에서 확증된다. 다니엘서는 즉각적인 정치적 전환이 아니라, 궁극적 도덕 질서 안에서 의인이 변증됨을 선언한다.[75]

4) 구약과 신약 사이의 정경적 매개

배정훈의 연구는 다니엘서의 정경적 위상을 이해하는 데 중요한 기여를 한다. 그는 다니엘서와 요한계시록의 관계를 분석함으로써, 다니엘서의 상징 언어와 종말론적 주장들이 서로 다른 역사적 맥락 속에서도

---

73) Bruce Waltke, *An Old Testament Theology*, 892-902.

74) Walter Brueggemann, *Theology of the Old Testament*, 277-305.

75) Robin Routledge, *Old Testament Theology*, 302-315.

공통의 정경적 자원으로 기능함을 보여준다. 이는 다니엘서를 단순한 후기 산물이 아니라, 정경 안에서 묵시적 소망을 매개하는 핵심 문헌으로 이해하게 한다.[76]

5. 소결론

다니엘서는 구약성경 안에서 묵시적 종말론 그 자체를 가장 명시적으로 구현한 정경 문헌이다. 다니엘 2장은 위기를 하나님의 섭리적 역사 전체 속에 재배치하고, 다니엘 7-12장은 역사의 종결 지평으로 나아간다. 제국은 하늘 법정에서 심판받고, 통치는 인자/성도들에게 수여되며, 정의는 부활과 최후 심판을 통해 궁극적으로 확립된다. 이러한 묵시적 결정론은 윤리적 무책임을 낳는 것이 아니라, 역사적 행위 능력이 축소된 상황에서도 신실한 인내를 가능하게 한다. 이 점에서 다니엘서는 정경적 묵시 소망의 규범적 전형을 제공한다. 곧 역사는 실재하지만 궁극적이지 않으며, 죽음은 강력하지만 최종적이지 않고, 제국은 두렵지만 주권자는 아니다.

VIII. 개인적·공동체적·우주적 종말론

구약의 종말론은 민족의 운명에만 국한되지도, 세계 종말에 대한 묵시적 사변으로 소진되지도 않는다. 오히려 그것은 개인적·공동체적·우주적 차원이라는 상호 연관된 여러 지평 위에서 전개되며, 각 차원은

---

76) 배정훈, "구약성서와 신약성서의 관계: 다니엘서와 요한계시록을 중심으로," 12-38.

역사적 위기와 신학적 성찰에 대한 응답으로 형성된다. 이 차원들은 진화론적 단계로 이해되어서는 안 되며, 서로 다른 질문에 응답하는 구별되지만 수렴하는 종말론적 지평으로 이해되어야 한다. 이를 함께 읽을 때, 구약의 종말론은 국가적 심판에서 개인의 부활로, 그리고 궁극적으로 창조의 갱신으로 확장되는 신학적 비전을 드러낸다.

1. 민족의 운명에서 개인의 부활로

구약 종말론의 초기 형태는 압도적으로 공동체적이다. 심판과 소망은 개인이 아니라 이스라엘 민족을 향한다. 국가가 무너지고, 살아남거나, 회복된다. 이스라엘 신학의 근본 구조는 언약이며, 언약은 본질적으로 공동체적 주체를 전제한다.[77] 따라서 예언자들이 선포한 '끝'은 개인의 사후 운명이 아니라, 국가 질서의 종결을 가리킨다.

그러나 특히 포로기 경험을 통해 국가가 붕괴되면서, 공동체적 종말론만으로는 해결할 수 없는 신학적 문제가 드러난다. 곧 의로운 개인의 운명에 대한 질문이다. 신실한 자들이 역사 안에서 변증되지 못한 채 고난 속에서 죽어가는 현실은, 종말론의 지평을 확장할 필요성을 제기한다. 이 지점에서 묵시 문헌은 결정적인 전환을 이룬다. 다니엘 12장과 같은 본문에서 소망은 더 이상 민족의 회복에 머물지 않고, 개인의 부활과 구별된 심판으로 확장된다.[78] 이 전환은 공동체 신학의 포기가 아니라, 역사적 정의가 실패한 지점에서 그것을 보완하는 신학적 확장이다.

---

77) Walther Eichrodt, *Theology of the Old Testament*, vol. 1, 36-58.
78) 다니엘 12:2-3; cf. John J. Collins, *Daniel: A Commentary*, 393-410.

2. 스올, 죽음, 그리고 부활 신앙의 돌파

구약성경에서 전통적인 죽음 이해는 스올(Sheol) 개념을 통해 표현된다. 스올은 침묵과 무기력, 찬양의 부재로 특징지어지는 죽은 자들의 영역으로, 본래 보상이나 형벌의 장소가 아니다. 그것은 역사적 삶의 경계를 표시하는 개념이다.[79] 바가 경고하듯이, 후대 교의적 의미를 초기 본문에 소급해서는 안 된다.[80]

그러나 바로 역사 속에서 정의가 실현되지 못하는 경험 속에서, 신앙은 이 경계를 넘어서는 방향으로 긴장되기 시작한다. 부활 신앙은 영혼 불멸에 대한 철학적 사변에서 비롯된 것이 아니라, 야훼의 의로움이 죽음에 의해 최종적으로 좌절될 수 없다는 신학적 확신에서 탄생한다. 따라서 부활은 호기심의 산물이 아니라, 종말론적 필연성이다. 만일 하나님이 의로우시다면, 죽음은 신실한 자에 대한 최종 판결이 될 수 없다.[81]

3. 공동체 정체성과 보편적 심판

종말론이 개인의 부활을 포함하게 되더라도, 그것이 곧 개인주의로 이행하는 것은 아니다. 묵시적 종말론은 여전히 강한 공동체적 성격을 유지하며, 이제 그 공동체는 '의로운 자들의 공동체'로 재구성된다. 심판은 개인적이면서도 동시에 집단적이다. 의인은 고립된 개인으로서가 아니라, 억압 속에서도 신실함으로 정체성이 형성된 공동체의 일원으로서 변증된다.

---

79) Bernhard W. Anderson, *From Creation to New Creation*, 187-200.

80) James Barr, *The Concept of Biblical Theology*, 165-168.

81) Robin Routledge, *Old Testament Theology: A Thematic Approach*, 302-315.

동시에 종말론은 보편적 지평을 획득한다. 심판은 더 이상 이스라엘의 적대자나 내부의 문제에 국한되지 않고, 모든 민족과 권세를 포함한다. 앤더슨은 이러한 보편성이 이스라엘의 선택을 무효화하는 것이 아니라, 오히려 급진화한다고 보았다. 이스라엘의 하나님은 모든 피조 세계의 심판자이자 구속자로 드러난다.[82] 이로써 종말론은 야훼의 보편적 주권이 가장 분명하게 고백되는 신학적 장이 된다.

4. 창조 → 탈창조 → 재창조

구약 종말론의 가장 넓은 지평은 우주적이다. 종말은 단지 역사의 종결이 아니라, 창조 자체의 변형이다. 앤더슨은 이 운동을 창조 → 탈창조 → 재창조라는 도식으로 설명한다.[83] 심판은 탈창조로 경험된다. 질서는 붕괴되고, 땅은 황무지가 되며, 생명은 혼돈으로 되돌아간다. 그러나 이것이 하나님의 최종 행위는 아니다. 재창조는 하나님이 세계에 대한 헌신을 철회하지 않으셨음을 선언한다.

브루그만은 이 통찰을 발전시켜, 창조와 종말론이 분리될 수 없다고 주장한다. 종말론은 창조로부터의 탈출이 아니라, 창조의 신학적 완성이다. '새로움'에 대한 소망은 옛 세계를 부정하는 것이 아니라, 옛 세계가 하나님의 세계로 남기 위해 변형되어야 함을 주장한다.[84] 이 점에서 우주적 종말론은 소멸적도, 단순한 회복적도 아닌 변형적이다.

---

82) Bernhard W. Anderson, *Contours of Old Testament Theology*, 318-333.

83) Bernhard W. Anderson, *From Creation to New Creation*, 201-218.

84) Walter Brueggemann, *Theology of the Old Testament*, 285-305.

5. 소결론

개인적·공동체적·우주적 종말론은 함께 붙들어야 할 세 차원이다. 국가적 종말론은 역사 안에서 이스라엘의 운명을 다루고, 개인적 종말론은 부활을 통해 의인의 고난 문제를 해결하며, 우주적 종말론은 창조 세계 전체가 하나님의 구속적 미래에 참여함을 선언한다. 이 지평들은 서로를 취소하지 않는다. 오히려 그것들은 하나의 포괄적 소망 안에서 수렴된다. 곧 역사가 실패할 때에도 하나님은 개인과 공동체, 그리고 세계 전체에 대해 신실하시다는 고백이다.

IX. 묵시, 윤리, 그리고 책임

묵시적 종말론에 대해 반복적으로 제기되어 온 비판 가운데 하나는 윤리적 성격의 문제이다. 곧, 역사가 하나님의 결정에 의해 이미 규정되어 있고 그 종말이 확정되어 있다면, 묵시적 사고는 인간의 도덕적 책임을 약화시키고 수동적 태도를 조장하는 것이 아닌가 하는 질문이다. 이러한 우려는 근대 이후의 비평에서부터 현대 신학에 이르기까지 지속되어 왔다. 그러나 이러한 결론은 묵시적 결정론의 성격과 그 윤리적 기능을 오해한 데에서 비롯된다. 본문들을 면밀히 읽을 때, 묵시적 종말론은 윤리를 해체하기보다, 오히려 역사적 행위 능력이 제약되거나 붕괴된 상황 속에서 책임의 형태를 재구성한다.

1. 암시적 결정론은 윤리를 파괴하는가?

묵시문학은 종종 역사를 하나님의 정해진 시간표—'때'와 '기한',

예정된 연속—에 따라 전개되는 것으로 묘사한다. 이로 인해 묵시적 결정론이 윤리적 숙명론으로 이어진다는 인상이 형성되어 왔다. 그러나 묵시적 결정론은 인과론적 결정론이 아니라 목적론적 결정론이다. 이는 인간 행위가 무의미하다는 주장이 아니라, 역사가 하나님의 종말을 향해 방향 지워져 있다는 신학적 선언이다.

이 지점에서 바의 의미론적 분석은 결정적이다. 바는 종말의 확실성과 책임의 소멸을 동일시해서는 안 된다고 경고한다.[85] 묵시적 본문들이 미래의 확실성을 선포하는 목적은 현재의 윤리적 선택을 무효화하는 데 있지 않고, 오히려 현존하는 권력의 주장을 제한하는 데 있다. 제국은 필연적이지 않으며, 성공과 실패는 궁극적 판단의 기준이 아니다. 이러한 확신은 윤리를 즉각적 성과의 계산에서 해방시켜, 순종을 그 자체의 가치로 가능하게 한다.

2. '전체화된 미래'에 대한 경고

바는 또한 종말론 본문을 하나의 폐쇄된 미래 시나리오로 읽으려는 경향을 '전체화된 미래(totalized future)'라고 비판한다.[86] 이러한 해석은 묵시적 환상을 도덕적 결단을 흡수해 버리는 예언적 청사진으로 만들 위험이 있다. 그 결과, 현재의 윤리적 숙고는 이미 결정된 미래에 종속되어 버리고 만다.

바에게서 성경적 종말론은 이러한 전체화를 거부한다. 성경은 다양한 방식으로 '끝'을 말하며, 현재를 향한 도덕적 호소를 단일한 미래 도식 안에 흡수하지 않는다. 특히 묵시 본문을 예측 지도처럼 읽는 해석은

---

85) James Barr, *The Concept of Biblical Theology*, 165-168.
86) James Barr, *Old and New in Interpretation*, 109-127.

소망을 신학이 아니라 이데올로기로 전락시킬 위험을 내포한다. 책임 있는 해석은 미래가 확신을 가지고 선포될 때에도, 현재의 도덕적 호소가 열려 있음을 보존해야 한다.

3. 도덕적 책임 개념

케슬러는 묵시적 윤리를 권력 비대칭 상황 속에서의 책임이라는 개념으로 정식화한다. 대규모 역사 변화를 만들어낼 수 있는 수단을 상실한 공동체에게서 책임은 정치적 성공으로 측정될 수 없다.[87] 묵시적 종말론은 바로 이러한 상황에서 등장한다. 그 윤리적 요청은 역사를 통제하라는 명령이 아니라, 역사 안에서 하나님 앞에 응답하라는 소명이다.

케슬러에게 묵시적 윤리는 지배의 윤리가 아니라 책임성(answerability)의 윤리이다. 의인은 결과와 무관하게 정의와 진실, 신실함에 대한 책임을 진다. 묵시적 결정론은 도덕적 무관심을 정당화하지 않으며, 오히려 보상과 성과로부터 분리된 책임을 강화한다. 최후 심판에 대한 신앙은 윤리를 지연시키는 것이 아니라, 윤리를 역사적 계산에서 해방시킨다.

4. '암시된 소망'을 '신실한 저항'으로 이해하기

브루그만은 묵시적 윤리를 이해하기 위한 건설적인 틀로 '암시된 소망(implied wishes)'이라는 개념을 제시한다. 묵시적 환상은 공동체가

---

87) Rainer Kessler, *The Social History of Ancient Israel* (Minneapolis: Fortress, 2008), 214-229.

갈망하는 것—정의, 신원(伸冤), 억압의 종식—을 표현하지만, 그것이 역사적 수단으로 실현 가능하다는 가정을 전제하지 않는다.[88] 이러한 소망은 현실 도피적 환상이 아니라, 신실한 저항의 행위이다.

묵시 담론은 불가피성의 서사에 맞서는 대안적 도덕 상상력을 유지시킨다. 기도, 우상 숭배 거부, 인내, 진실 말하기와 같은 공동체의 실천들은 소망을 윤리적으로 수행하는 방식이다. 이 틀에서 윤리는 효과성의 문제라기보다 신실함의 문제이다.

5. 윤리는 폐기되지 않고 재배치된다

종합하면, 묵시적 종말론은 윤리를 폐기하는 것이 아니라 윤리의 위치를 재설정한다. 책임은 더 이상 역사적 성공의 기대에 근거하지 않으며, 하나님께서 최종적으로 진리와 정의를 명명하실 것이라는 신뢰에 근거한다. 묵시적 결정론은 인간 권력의 과장을 제한하는 동시에, 도덕적 성실성에 대한 부름을 유지하고 오히려 강화한다.

따라서 묵시적 종말론이 산출하는 윤리적 태도는 '신실한 저항(faithful resistance)'으로 요약될 수 있다. 이는 역사가 그러한 삶을 보상하기 때문이 아니라, 하나님께서 보상하실 것이기 때문에 현재를 정의롭고 진실하게 살아가는 방식이다. 이 점에서 묵시적 소망은 윤리를 잠식하는 것이 아니라, 다른 윤리적 틀들이 무너지는 자리에서 책임을 지탱하는 힘이 된다.

---

88) Walter Brueggemann, *Theology of the Old Testament*, 287-305.

X. 구약신학 안에서의 묵시와 종말론

묵시와 종말론은 구약신학에서 주변적이거나 부차적인 주제가 아니다. 오히려 그것들은 이스라엘의 야훼 신앙-언약적·윤리적·역사적 성격을 지닌-이 궁극적으로 해석되는 신학적 지평으로 기능한다. 정경적·신학적 관점에서 볼 때, 종말론은 언약 신학의 부록이 아니라 그 목적지(telos)이다. 곧 창조, 선택, 심판, 갱신에 관한 야훼의 뜻이 결정적으로 드러나는 자리이다.

1. 언약 신학의 지평으로서의 종말론

고전적 구약신학, 특히 아이히로트의 작업은 언약을 이스라엘 신앙의 조직 원리로 강조해 왔다.[89] 이 틀 안에서 종말론은 '마지막 일들'에 대한 사변적 교리가 아니라, 언약 관계가 향하는 미래의 지평이다. 언약은 정태적이지 않으며, 심판과 갱신을 통해 역동적으로 전개된다. 따라서 종말론은 역사적 조건이 언약적 신실함을 부정하는 것처럼 보일 때에도, 언약의 미래를 신학적으로 진술한다.

앤더슨은 이 통찰을 창조 신학의 더 넓은 틀 속에서 발전시킨다.[90] 그에게서 이스라엘의 미래 소망은 야훼의 창조주 정체성과 분리될 수 없다. 심판은 창조를 탈창조의 위기로 몰아넣지만, 종말론적 소망은 야훼의 창조적 헌신이 철회되지 않을 것임을 주장한다. 이 점에서 종말론은 언약 신학을 대체하는 것이 아니라, 역사적 실패로부터 그것을 보존한다.

---

89) Walther Eichrodt, *Theology of the Old Testament*, vol. 1, 36-58.

90) Bernhard W. Anderson, *Contours of Old Testament Theology*, 285-318; idem, *From Creation to New Creation*, 187-218.

2. 심판자·구속자·재창조주로서의 야훼

구약의 종말론은 일관되게 야훼를 심판자, 구속자, 그리고 재창조주로 증언한다. 심판은 구속의 부정이 아니라, 그것의 필연적 전제이다. 국가적·제국적·우주적 차원의 불의한 질서가 붕괴되는 것은 야훼의 정의가 드러나는 방식이다.

월트키는 하나님의 왕권이 종말론적 심판에서 가장 완전하게 표출된다고 강조한다.[91] 야훼의 통치는 역사적 통치에 의해 소진되지 않으며, 선과 악을 결정으로 구별하고 확정하는 최종 행위에서 절정에 이른다. 동시에 이러한 심판은 구속과 분리될 수 없다. 의인은 단지 보호받는 것이 아니라, 공적으로 변증된다.

브루그만은 이 삼중적 정체성을 재창조주라는 개념으로 재구성한다.[92] 그의 이해에서 종말론은 세계로부터의 탈출이 아니라, 하나님의 주권적 자유 아래에서 현실이 변형되는 사건이다. '새로움'의 언어는 소멸이나 단순한 회복이 아니라, 역사 속 왜곡이 극복된 재창조된 질서를 가리킨다.

3. 도피가 아닌 책임 있는 소망

묵시적 종말론이 본질적으로 도피적이라는 오해는 구약신학 전체의 증언과 어긋난다. 본 연구가 보여주었듯이, 종말론적 소망은 역사적 행위 능력이 제약된 자리에서 발생하지만, 윤리적 책임을 약화시키지 않고 오히려 강화한다.

---

91) Bruce K. Waltke, *An Old Testament Theology*, 876-902.
92) Walter Brueggemann, *Theology of the Old Testament*, 285-305.

브루그만의 '소망 없는 소망(hope against hope)' 개념은 이 지점을 잘 드러낸다. 종말론은 현존 권력 구조를 절대화하지 않음으로써 비판과 저항, 그리고 신실함을 가능하게 하는 책임 있는 소망을 생성한다.[93] 이러한 소망은 역사를 우회하지 않으며, 역사를 상대화함으로써 즉각적 성과의 압박에서 윤리적 순종을 해방시킨다.

케슬러 역시 종말론을 윤리 담론으로 읽어야 한다고 주장한다.[94] 하나님의 심판에 대한 기대는 수동성을 정당화하지 않으며, 오히려 책임성을 근거 짓는다. 의인은 역사가 자신을 변증할 것이기 때문에가 아니라, 야훼께서 변증하실 것이기 때문에 책임 있게 살아간다. 이 점에서 종말론은 억압, 실패, 지연의 조건 속에서도 도덕적 주체성을 유지하게 하는 힘이다.

4. 신약 종말론과의 연속성과 불연속성

구약과 신약의 종말론은 연속성과 불연속성을 동시에 지닌다. 연속성은 다음과 같은 공통 확신에 있다. 야훼의 역사 주권, 심판의 확실성, 의인의 신원(伸冤)에 대한 소망, 그리고 인간의 능력을 넘어서는 하나님의 개입에 대한 기대가 그것이다.

그러나 불연속성 또한 분명히 인식되어야 한다. 한슨과 플뢰거가 지적하듯이, 구약의 종말론—특히 예언적·원묵시적 형태—은 대체로 역사 안에서의 회복을 지향한다.[95] 부활, 최후 심판, 우주적 완성은 구약 전

---

93) 위의 책, 296-305.

94) Rainer Kessler, *The Social History of Ancient Israel*, 214-229.

95) Paul D. Hanson, *The Dawn of Apocalyptic*, 21-32; Otto Plöger, *Theocracy and Eschatology*, 116-132.

체에 고르게 분포되어 있지 않으며, 다니엘서와 같은 제한된 본문에서만 명시적으로 등장하고, 신약에서 더욱 풍부하게 전개된다.

이러한 불연속성은 신학적 결핍을 의미하지 않는다. 오히려 그것은 계시의 역사적 자리성을 반영한다. 구약의 종말론은 신약 종말론을 위한 상징적 문법, 윤리적 지향, 신학적 지평을 제공한다. 두 전통을 하나의 체계로 무리하게 통합하는 것도, 완전히 분리하는 것도 모두 오해를 낳는다.

5. 종합

구약신학 안에서 묵시와 종말론은 통합적 기능을 수행한다. 그것들은 언약과 창조, 심판과 소망, 윤리와 초월을 함께 붙든다. 야훼는 역사를 심판하시는 분이며, 신실한 자를 구속하시는 분이고, 세계를 재창조하시는 분으로 고백된다: 이로써 종말론은 책임으로부터의 도피가 아니라, 책임 있는 소망의 궁극적 근거로 드러난다. 역사와 창조 자체를 의미 있게 완성으로 이끄시는 하나님을 신뢰하기 때문이다.

XI. 결론: 성경적 소망의 문법으로서의 종말론

본 연구는 구약의 종말론을 '마지막 일들'에 관한 단일하고 통일된 교리로 이해하는 관행을 재고하고, 이를 서로 다른 역사적 위기들에 대한 응답으로 형성된 소망의 문법으로 이해해야 함을 주장해 왔다. 오랫동안 구약의 종말론이라고 단수로 말해 온 관행은 성경 본문들 안에 존재하는 종말론적 지평의 다성성과, 그럼에도 불구하고 그것들을 관통하는 신학적 일관성을 동시에 가려 왔다. 보다 적절한 이해는 하나의 종말

론이 아니라, 상호 구별되면서도 유기적으로 연결된 세 가지 종말론을
인식하는 데서 출발한다.

1. 하나의 종말론이 아니라 세 가지 종말론

첫째, 포로기 이전의 예언적 종말론은 역사적 질서의 종말을 선포
한다. 아모스, 이사야, 미가가 선언한 '끝'은 이스라엘이나 유다가 언약
적·윤리적 공동체로서 더 이상 존속할 수 없음을 가리킨다. 이 종말론은
철저히 역사적이다. 심판 이후에도 역사는 계속되며, 소망은 '그루터기'
와 '남은 자'라는 언어로 표현되는 조건적 연속성의 형태로 유지된다.

둘째, 포로기 이후의 예언적(원묵시적) 종말론은 역사 안에서의
회복을 지향한다. 왕권과 주권을 상실한 상황에서 이스라엘의 정체성
은 권력이 아니라 신실함에 의해 재정의된다. 이사야 40-66장, 에스겔
38-39장, 요엘서, 스가랴 1-8장 등은 점점 더 상징적이고 우주적인 언어
를 사용하지만, 여전히 역사의 폐기가 아니라 역사적 갱신을 기대한다.
'의로운 집단'의 부상은 구원의 주체가 축소되었음을 의미할 뿐, 묵시적
종말론으로의 도약을 뜻하지는 않는다.

셋째, 묵시적 종말론 그 자체는 다니엘 7-12장에서 가장 분명하게
나타나며, 역사의 종말을 전망한다. 이 지평에서 정의는 더 이상 역사 안
에서 확보될 수 없으며, 부활, 최후 심판, 그리고 죽음의 초월을 통해서
만 완성된다. 시간은 시작에서 끝으로 향하는 총체로 재구성되고, 공간
은 하늘과 땅의 이중 구조 속에서 이해된다.

이 세 종말론은 선형적 진화 단계로 환원되어서는 안 된다. 그것들
은 서로 다른 역사적·존재론적 압박 속에서 형성된 구별된 신학적 응답
들이다.

2. 예언적 소망과 묵시적 소망의 구별

본 연구의 핵심 기여 가운데 하나는 예언적 소망과 묵시적 소망을 엄밀하게 구별한 데 있다. 예언적 소망은 하나님의 정의가 여전히 역사 안에서 실현될 수 있다는 신뢰에 기초한다. 심판, 회복, 공동체적 갱신은 모두 역사 내부의 가능성으로 상정된다. 반면, 묵시적 소망은 이러한 신뢰가 더 이상 유지될 수 없는 지점—역사가 의인을 변증하지 못하고 폭력이 구조화된 권력이 지속되는 상황—에서 등장한다.

그러나 이 둘은 상호 배타적이지 않다. 묵시적 소망은 예언적 소망을 부정하는 것이 아니라, 역사의 한계를 넘어 그것을 확장한다. 동시에 예언적 소망은 묵시적 종말론이 윤리와 언약적 책임으로부터 이탈하지 않도록 붙들어 준다. 두 소망은 위계가 아니라 변증법적 긴장 속에서 함께 작동한다.

3. 묵시: 정당하지만 제한된 구약신학

묵시적 종말론은 구약신학 안에서 신학적으로 정당하다. 그것은 역사적 장치들이 정의를 실현하는 데 실패했을 때, 하나님의 공의와 주권을 고백하기 위한 불가피한 신학적 응답으로 등장한다. 부활과 최후 심판은 사변적 추가물이 아니라, 야훼의 성품-의로우신 심판자-에 대한 필연적 귀결이다.

그러나 동시에 묵시적 종말론은 제한적이다. 그것은 언약 신학, 예언적 윤리, 창조 신앙을 대체하지 않으며, 구약의 증언 전체를 지배하지도 않는다. 구약을 묵시적 렌즈 하나로만 읽는 것은 묵시를 배제하는 것만큼이나 왜곡적이다. 묵시 본문들은 정경 안에서 특정한 역사적 위기에 응답하는 결정적이지만 국한된 위치를 차지한다.

4. '끝'은 창조의 부정이 아니라 성취이다

마지막으로, 본 연구는 성경적 종말론을 창조의 부정으로 이해해서는 안 된다고 주장해 왔다. 예언적, 원묵시적, 묵시적 형태를 막론하고, '끝'은 하나님의 창조 목적이 폐기되는 순간이 아니라, 의미 있게 완성되는 순간이다. 심판은 탈창조로 경험되지만, 소망은 재창조를 고백한다. 가장 급진적인 묵시적 환상조차 소멸을 찬미하지 않으며, 변형을 증언한다.

이 점에서 종말론은 성경적 소망의 문법으로 기능한다. 그것은 역사가 붕괴하고, 윤리가 무력해 보이며, 죽음이 최종적인 것처럼 보일 때에도, 하나님이 개인과 공동체, 그리고 창조 세계 전체에 대해 여전히 신실하시다는 고백을 가능하게 하는 언어이다. '끝'은 하나님의 창조 사역을 부정하는 말이 아니라, 그 사역이 마침내 철회 불가능하게 성취되었음을 선포하는 말이다.

5. 최종 종합

따라서 구약의 종말론은 단일하지도 혼란스럽지도 않다. 그것은 다양하지만 질서 있는 신학적 증언이다. 본 연구는 예언적·회복적·묵시적 지평을 구별하되, 그 신학적 연속성을 단절하지 않음으로써, 종말론을 구약신학의 중심적이고 통합적인 차원으로 회복하고자 하였다. 종말론은 주변적 부록도, 신약을 위한 예비 단계도 아니다. 그것은 다른 모든 언어가 실패할 때 이스라엘이 소망을 고백하기 위해 사용한 언어이다.

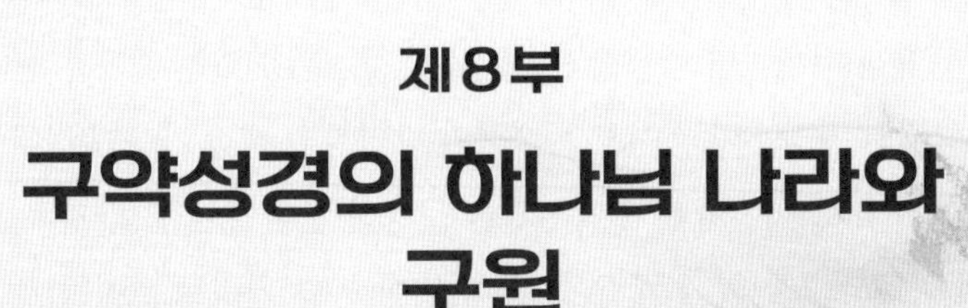

제8부

구약성경의 하나님 나라와 구원

I. 서론

1. 구약신학에서 '중심' 문제

구약신학이 하나의 통합적 '중심'을 지니는가 하는 질문은 현대 성서신학에서 가장 지속적이고 논쟁적인 방법론적 쟁점 가운데 하나이다. 20세기 이래로 학자들은 구약성경을 구성하는 다양한 문학 자료, 역사적 맥락, 그리고 신학적 목소리들이 단일한 통합 원리로 조직될 수 있는지, 혹은 그러한 시도가 필연적으로 구약의 다성적 증언을 왜곡하는지에 대해 논의해 왔다.

1) 단일 중심 거부와 신앙고백 전통

폰 라트는 구약신학에서 단일한 교리적·개념적 중심을 찾으려는 시도를 명확히 거부하였다. 그에 따르면 구약성경은 시대를 초월한 사상 체계가 아니라, 야훼의 구원 행위에 대한 이스라엘의 신앙고백적 증언들(*Glaubenszeugnisse*)의 집합이다.[1] 따라서 신학의 과제는 본문 위에 종합적 체계를 부과하는 것이 아니라, 역사 속에서 형성된 이스라엘의 신앙고백을 재구성하는 데 있다. 이 점에서 그는 특히 야훼의 역사적 행위 선포로 형성된 구원사(*Heilsgeschichte*)를 강조하였다.

이러한 접근은 추상적 통합보다는 선포와 증언을 중시함으로써, 구약의 신학적 역동성을 보존하려는 방법론적 의도를 지닌다. 폰 라트에 따르면 '중심'을 설정하려는 시도는 구약의 살아 있는 증언을 정태적 신학 본질로 환원시킬 위험을 내포한다.[2] 그의 이러한 경계는 이후 체계화

---

1) Gerhard von Rad, *Old Testament Theology*, vol. 1, 106-108.
2) 위의 책, 115-118.

에 비판적인 많은 학자들에게 지속적인 영향을 끼쳤다.

2) 정경적 의도와 최종 형태 신학

폰 라트의 전승사적 접근과 달리, 차일즈는 논의를 정경의 최종 형태로 전환시켰다. 차일즈는 전통의 다양성과 역사적 형성을 인정하면서도, 구약신학은 무엇보다도 성경으로서의 최종 본문에 주의를 기울여야 한다고 주장하였다. 왜냐하면 이 최종 형태 속에서 이스라엘 공동체는 자신들의 전통을 신앙의 규범으로 의도적으로 수용하고 해석했기 때문이다.[3]

차일즈에게 핵심 질문은 구약이 기원 단계에서 하나의 중심을 가졌는가가 아니라, 정경 형성 과정 자체가 신학적 의도를 반영하고 있는가 하는 점이다. 따라서 신학의 과제는 본문 속의 다양한 목소리를 제거하거나 통합해 버리는 것이 아니라, 정경 안에서 그 긴장들이 어떻게 유지되고 함께 증언되는지를 밝히는 데 있다. 이러한 관점은 다원성을 보존하면서도 신학적 통합 가능성을 열어 주는 길을 제시한다.[4]

3) 주제적 통합과 신학적 종합의 가능성

하젤(Gerhard F. Hasel)과 침멀리는 급진적 다원주의와 경직된 단일 중심 사이의 중재적 입장을 취하였다. 하젤은 구약이 하나의 추상적 개념으로 환원될 수는 없지만, 그럼에도 불구하고 전체를 관통하는 통합적 신학 관심사들이 존재한다고 주장하였다.[5] 여기서 '중심'은 교리적 정

---

3) Brevard S. Childs, *Introduction to the Old Testament as Scripture*, 75-82.

4) Brevard S. Childs, *Old Testament Theology in a Canonical Context*, 9-15.

5) Gerhard F. Hasel, *Old Testament Theology: Basic Issues in the Current Debate*, 4th ed.

의가 아니라, 상호 연관된 주제들의 역동적 결합으로 이해되어야 한다.

침멀리 역시 야훼가 이스라엘과 맺으신 관계성-특히 하나님의 신실한 개입-을 율법, 예언, 예배를 연결하는 신학적 축으로 강조하였다.[6] 이러한 접근들은 역사적 전개와 문학적 다양성을 존중하면서도 주제적 종합의 정당성을 인정한다는 점에서 중요한 의미를 지닌다.

2. 통합 주제로서의 하나님 나라

이러한 방법론적 논의 속에서 하나님 나라(또는 야훼의 왕적 통치)는 구약신학을 통합하는 가장 유력한 후보 가운데 하나로 부상하였다. 비록 '하나님 나라'라는 표현 자체는 구약에서 매우 드물게 나타나지만, 야훼의 주권적 통치 개념은 서사, 율법, 시편, 예언 전반에 깊이 스며들어 있다.

1) 약속-성취 모델

카이저는 구약의 통합 구조를 하나님의 약속 개념에서 찾았다.[7] 이 약속은 이스라엘의 역사 속에서 점진적으로 전개되며 성취된다. 이러한 약속의 핵심에는 선택된 백성, 땅, 그리고 왕을 통해 야훼의 통치가 확립된다는 비전이 포함되어 있다. 카이저는 왕권 언어로 구약 전체를 환원하지는 않지만, 하나님의 통치 약속은 암묵적으로 하나님 나라의 틀을

(Grand Rapids: Eerdmans, 1991), 140-154.

6) Walther Zimmerli, *Old Testament Theology in Outline* (Edinburgh: T&T Clark, 1978), 15-22.

7) Walter C. Kaiser Jr., *Toward an Old Testament Theology* (Grand Rapids: Zondervan, 1978), 9-34.

형성하며 메시아적 기대 속에서 절정에 이른다.

2) 언약 중심 접근

아이히로트는 언약을 구약신학의 중심 범주로 제시하였다.[8] 그러나 아이히로트에게 언약은 단순한 법적 계약이 아니라, 야훼의 왕권이 구조적으로 표현된 방식이다. 언약을 통해 야훼는 자신의 주권을 주장하는 동시에, 신실함 속에서 자신을 백성과 결속시키신다. 이러한 점에서 언약 신학과 하나님 나라 신학은 상호 배타적 개념이 아니라 서로를 해석하는 범주라 할 수 있다.

3) 주권적 통치로서의 왕권 개념

존 브라이트(John Bright)는 구약신학을 야훼 왕권 중심으로 명확히 정식화하였다.[9] 그에 따르면 성경은 본질적으로 하나님의 통치에 관한 책이며, 이스라엘의 역사, 율법, 예언, 종말론적 소망은 모두 야훼가 의로 세상을 다스리려는 목적 안에서 이해되어야 한다.

메릴(Eugene H. Merrill) 역시 하나님의 주권이 역사 속 중재자들-족장, 모세, 사사, 왕들-을 통해 행사되며, 궁극적으로는 메시아적 통치에 대한 기대를 낳는다고 보았다.[10] 이 관점에서 구원은 왕권과 분리될 수 없다. 야훼가 구원하시는 이유는 곧 야훼가 다스리시기 때문이다.

---

8) Walther Eichrodt, *Theology of the Old Testament*, vol. 1, 36-45.

9) John Bright, *The Kingdom of God* (Nashville: Abingdon, 1953), 7-14.

10) Eugene H. Merrill, *Everlasting Dominion: A Theology of the Old Testament* (Nashville: B&H, 2006), 25-40.

4) 서사적·정경적 하나님 나라 신학

월트키와 뎀프스터(Stephen G. Dempster)는 구약을 하나님 나라의 이야기로 읽는 서사적·정경적 접근을 제시하였다.[11] 이들은 하나님 나라를 하나님의 백성, 하나님의 장소, 하나님의 통치라는 세 요소의 결합으로 정의하며, 창조에서 회복에 이르는 구약의 전체 서사를 하나의 통합된 신학적 흐름으로 제시한다. 이러한 틀은 각 본문의 고유성을 훼손하지 않으면서도 구약의 통일성을 설득력 있게 설명한다.

5) 구원사와 하나님 나라 틀에 대한 긴장과 비판

모든 학자가 하나님 나라 신학을 무비판적으로 수용하는 것은 아니다. 골드워시(Graeme Goldsworthy)는 하나님 나라를 성경의 중심 주제로 적극 옹호하면서도, 그것이 반드시 그리스도론적·종말론적 관점에서 이해되어야 함을 강조한다. 그렇지 않을 경우 도덕주의나 정치적 환원에 빠질 위험이 있기 때문이다.[12]

이에 반해 바는 언약, 하나님 나라, 구원사와 같은 모든 거대 틀에 대해 비판적 경고를 제시하였다. 그는 이러한 틀들이 종종 본문 자체보다 현대 신학자의 관심을 더 반영한다고 지적하였다.[13] 바의 비판은 통합 주제가 본문으로부터 귀납적으로 도출되어야 하며, 본문 내부의 긴장과 반대 목소리를 존중해야 함을 상기시킨다.

---

11) Bruce K. Waltke, *An Old Testament Theology*, 1-20; Stephen G. Dempster, *Dominion and Dynasty* (Downers Grove: IVP, 2003), 47-55.

12) Graeme Goldsworthy, *Gospel and Kingdom* (Exeter: Paternoster, 1981), 45-60.

13) James Barr, *The Concept of Biblical Theology*, 143-160.

3. 소결론

이러한 논의들을 종합할 때, 하나님 나라는 고정된 교리적 중심이라기보다는 신학적 지평으로 이해될 수 있다. 즉 야훼의 통치, 언약적 신실성, 구원 행위, 윤리적 요구, 종말론적 소망을 함께 아우르는 해석 틀이다. 정경적·비판적 접근 안에서 이해될 때, 하나님 나라 신학은 구약의 다양성을 억압하지 않으면서도 그 신학적 통일성을 설명하는 유력한 틀을 제공한다.

II. 하나님의 왕권에 대한 언어적·개념적 기초

1. '하나님 나라' 용어의 희소성과 의미

하나님의 왕권 개념이 구약 전반에 깊이 스며들어 있음에도 불구하고, '하나님 나라'라는 명시적 표현은 현저히 드물다. 이 언어적 사실은 오래전부터 구약학자들의 주목을 받아 왔으며, 중요한 방법론적 함의를 지닌다. 구약은 '나라'를 공간적·제도적 실체로 규정하기보다, 야훼의 통치 행위, 곧 이스라엘과 열방, 그리고 창조 세계 전반에 대한 주권적 다스림을 강조한다.

1) '야훼의 나라' 표현의 제한적 사용

'야훼의 나라'(מלכות יהוה, 말쿠트 야훼)라는 정확한 표현은 비교적 후기 문헌의 소수 본문에서만 나타난다(대상 28:5; 대하 13:8). 이 경우에도 해당 표현은 지정학적 국가를 의미하지 않으며, 인간 왕권과 대조되는 야훼의 주권적 통치를 가리킨다. 이러한 희소성은 구약신학이 신적 통치를 주로 공간적·제도적 범주로 개념화하지 않음을 시사한다. 대신 야훼의 왕권은 통치 동사, 즉위의 은유, 그리고 결정적 역사 개입의 서사를 통해 표현된다.

이 점은 구약이 완결된 '나라 교리'를 제시하기보다는, 왕권 신학, 곧 하나님이 다스리신다는 신학을 전개한다는 학계의 공통된 인식을 뒷받침한다.[14]

2) 왕권 동사 어근: מלך(말라크)와 משל(마샬)

구약에서 왕권과 가장 밀접한 동사 어근은 מלך(말라크, '다스리다', '왕이 되다')이다. 이 동사는 인간 왕(삼상 8:7; 왕상 1:11)뿐 아니라 야훼 자신에게도 사용된다(출 15:18; 시 93:1). 야훼에게 적용될 때 מלך 는 권력 획득이나 즉위 과정을 암시하지 않고, 지속적이며 논쟁의 여지 없는 주권을 선언한다.[15] 야훼는 선거, 정복, 계승을 통해 왕이 되지 않는다. 그는 창조주이자 언약의 주로서 본질적으로 왕이시다.

이에 밀접한 또 다른 동사 משל(마샬, '통치하다')은 통치의 기능적·실천적 측면을 강조한다. 이 동사는 야훼의 우주적 통치를 드러내는 본문들에서 자주 사용된다(시 103:19; 단 4:34).[16] מלך가 왕권의 지위를 표현한다면, משל은 야훼 통치의 실효적 집행을 부각한다. 이 두 동사의 결합은 구약에서 하나님의 왕권이 제도적이라기보다 관계적이며 활동적인 통치로 이해됨을 분명히 보여 준다.

---

14) Gerhard von Rad, *Old Testament Theology*, vol. 1, 106-110.
15) 위의 책, 207-210.
16) Walther Zimmerli, *Old Testament Theology in Outline*, 20-22.

3) 왕권 명사 개념: מלכות(말쿠트), ממלכה(맘라카), מלוכה(멜루카)

왕권 관련 명사 어휘 역시 이러한 역동적 이해를 확증한다. מלכות는 영토라기보다 왕권, 지배, 통치의 행사를 가리킨다(시 145:11-13; 단 4:3).[17] 많은 본문에서 מלכות는 경계 지어진 영역이 아니라 다스림의 성격과 능력을 의미한다.

ממלכה(맘라카)와 מלוכה(멜루카) 역시 인간 또는 신적 통치의 권능을 가리키는 용어로 사용된다(대상 29:11; 시 22:28). 특히 이 용어들이 야훼와 결부될 때, 인간 왕국의 덧없음과 대조되는 초월적이며 영속적인 통치를 지시한다. 이러한 어휘적 패턴은 구약신학이 하나님의 왕권을 정치 구조가 아니라 주권적 행위로 개념화함을 재차 확인시켜 준다.[18]

4) 시편과 예언서의 즉위·통치 언어

시편과 예언서는 야훼의 왕권을 가장 응축된 형태로 증언한다. 즉위 시편들(시 47; 93; 96-99)은 "야훼께서 다스리신다"는 선포를 통해 하나님의 왕권을 현재적 실재이자 우주적 환희의 근거로 제시한다. 이 본문들은 야훼를 열방 위에 즉위하신 분으로 묘사하며, 정의를 시행하고 질서를 확립하며 혼돈을 제압하시는 통치자로 그린다.

폰 라트는 이러한 선포들이 형이상학적 명제가 아니라 신앙고백적 선언임을 강조하였다.[19] 이스라엘은 역사 속에서 경험한 구원과 심판의 행위 때문에 야훼를 왕으로 고백한다는 것이다. 예언자들은 정치적 붕

---

17) G. von Rad, "*malkût*," in *Theological Dictionary of the New Testament*, ed. G. Kittel and G. Friedrich (Grand Rapids: Eerdmans, 1964), 108-110.

18) Walther Eichrodt, *Theology of the Old Testament*, vol. 1, 82-90.

19) Gerhard von Rad, *Old Testament Theology*, vol. 1, 355-360.

괴의 순간에 야훼의 왕권을 선포함으로써, 하나님의 통치를 특정 인간 제도와 분리시킨다(사 33:22; 슥 14:9). 이처럼 왕권 언어는 제국 권력에 맞서는 신학적 대항 담론으로 기능한다.

2. 고대 근동 왕권 이데올로기와 야훼의 왕권

야훼의 왕권이 지닌 독자성을 이해하기 위해서는 고대 근동의 왕권 이데올로기와의 비교가 필수적이다.

1) 이집트와 메소포타미아의 신적 왕권 개념

이집트에서 왕은 신적 혹은 반신적 존재로 이해되었으며, 호루스나 라와 같은 신의 현현으로 간주되었다. 왕권은 신성과의 존재론적 참여를 통해 정당화되었다. 메소포타미아에서는 왕이 곧 신으로 동일시되지는 않았지만, 신들의 선택을 받은 대리자이자 양자로 이해되었다.[20] 두 문화권 모두에서 왕권은 신성화되었고, 정치 권력과 종교 권위는 분리될 수 없었다.

2) 인간 왕의 신격화에 대한 이스라엘의 거부

이스라엘의 신앙 전통은 이러한 신격화를 단호히 거부한다. 이스라엘 왕이 때때로 하나님의 '아들'로 불리지만(시 2:7), 이는 분명히 양자적·기능적 언어이지 존재론적 신격화를 의미하지 않는다. 왕은 토라 아

---

20) Henri Frankfort, *Kingship and the Gods* (Chicago: University of Chicago Press, 1948), 3-28.

래 놓인 인간이며, 예언자적 비판의 대상이다(신 17:14-20; 삼하 12장).
야훼만이 절대적 의미에서 왕이시다.[21]

3) 법과 왕권 : 제국 법전과 토라의 차이

함무라비 법전과 같은 제국 법전과 토라의 대비는 이스라엘 왕권
이해를 더욱 분명히 한다. 제국 체제에서 법은 왕에게서 나오며, 왕은 정
의의 최종 보증자로 제시된다. 그러나 이스라엘에서는 왕이 법 아래에
복속되며, 법의 근원은 야훼이시다.[22] 토라는 인간 권력을 상대화하며,
정치적 삶을 언약적 순종의 틀 안에 위치시킨다.

4) 인간 왕의 비신격화와 야훼의 단독 왕권

아이히로트는 이러한 구조를 이스라엘 신앙의 본질적 신정성의 증
거로 해석하였다. 이는 성직 지배를 의미하는 것이 아니라, 야훼만이 참
으로 다스리신다는 신앙고백을 뜻한다.[23] 브라이트 역시 구약신학의 핵
심 주장이 야훼의 왕권이며, 모든 인간 통치는 잠정적이고 책임 아래
놓여 있다고 보았다.[24] 인간 왕의 신격화를 거부하는 것은 단순한 논쟁
적 태도가 아니라, 하나님·권력·구원의 본질에 대한 심오한 신학적 선
언이다.

---

21) John Bright, *The Kingdom of God* (Nashville: Abingdon, 1953), 30-45.
22) Moshe Weinfeld, *Deuteronomy and the Deuteronomic School* (Oxford: Clarendon, 1972), 180-201.
23) Walther Eichrodt, *Theology of the Old Testament*, vol. 1, 110-118.
24) John Bright, *The Kingdom of God*, 55-63.

3. 소결론

언어적·개념적 분석은 구약이 '하나님 나라'라는 공식 교리를 제시하기보다, 다스림·통치·즉위의 풍부한 어휘를 통해 야훼의 왕권을 증언함을 보여 준다. 고대 근동 이데올로기와의 비교 속에서 드러나는 야훼의 왕권은 비신화적이며, 인간 권력을 신격화하지 않고, 율법에 의해 규율되며, 윤리적 요구를 수반하는 통치로 규정된다. 이러한 이해는 구약의 구원론, 정의론, 종말론을 지탱하는 필수적 토대를 이룬다.

III. 언약과 율법: 신정 통치의 구조

1. 언약

구약성경에서 언약은 야훼의 왕권이 역사 속에서 실현되는 핵심적인 구조적 매개로 기능한다. 언약은 단순한 법적 합의가 아니라, 하나님의 주권이 한 공동체 안에서 인식되고, 중개되며, 삶으로 구현되는 관계적·정치적 질서를 형성한다. 이러한 의미에서 언약은 야훼의 초월적 왕권과 이스라엘의 역사적 실존을 연결하는 결정적 고리라 할 수 있다.

1) 족장 언약과 왕적 약속

족장 전승에서 언약은 명백한 왕권적 함의를 지닌 하나님의 주도적 약속으로 제시된다. 아브라함과 그 후손에게 주어진 약속—자손, 땅, 복(창 12:1-3; 15장; 17장)—은 구원론적 차원에 머물지 않고 정치·신학적 지평을 포함한다. "왕들이 네게서 나리라"(창 17:6, 16)는 약속은 언약이 곧 왕권과 통치의 전망 속에 놓여 있음을 분명히 보여준다.

월트키가 지적하듯이, 족장 언약은 이미 하나님 나라의 틀을 전제한다. 즉 야훼는 왕이시며, 족장들은 장차 형성될 백성의 대표자이고, 땅은 하나님의 통치가 실현될 무대이다.[25] 언약은 이스라엘을 자율적 정치 공동체로 세우는 것이 아니라, 그 정체성과 미래를 전적으로 야훼의 주권적 약속에 의존하는 공동체로 규정한다.

2) 시내산 언약과 '제사장 나라'의 형성

시내산 언약은 이러한 언약적 왕권이 결정적으로 심화되는 지점이다. 출애굽기 19장 5-6절에서 이스라엘은 "제사장 나라요 거룩한 민족"으로 선언되는데, 이 표현은 언약·왕권·소명을 긴밀하게 결합한다. 여기서 야훼의 왕권은 인간 왕을 통해 제도화되지 않고, 율법과 예배를 통해 매개되는 신정적 질서로 구현된다.

베스터만은 시내산 언약을 반드시 선행한 구원 사건의 맥락에서 이해해야 한다고 강조한다.[26] 야훼는 이스라엘을 이집트에서 구원하신 후에 계명을 주신다. 따라서 언약 율법은 관계를 창출하는 조건이 아니라 이미 성립된 관계를 전제한다. 이스라엘의 순종은 야훼의 왕적 구원 행위에 대한 응답이며, 이를 통해 토라는 통치의 수단이지 억압의 장치가 아님이 분명해진다.

3) 히타이트 종주권 조약, 아시리아 조약, 그리고 언약 형식

시내산 언약의 형식은 후기 청동기 시대 히타이트 종주권 조약과

---

25) Bruce K. Waltke, *An Old Testament Theology*, 306-312.
26) Claus Westermann, *Elements of Old Testament Theology* (Atlanta: John Knox, 1982), 86-94.

밀접한 구조적 유사성을 보인다. 멘덴홀(George E. Mendenhall)은 시내산 언약에 나타나는 역사적 서문, 조항(규정), 축복과 저주, 그리고 언약 비준과 같은 핵심 요소들이 고대 근동의 조약 형식과 상당히 일치함을 설득력 있게 입증하였다.[27] 이러한 비교는 이스라엘 언약의 정치적 성격을 분명히 드러낸다. 곧 야훼는 종주 왕으로 제시되고, 이스라엘은 충성과 순종으로 결속된 봉신 백성으로 나타난다.

동시에 이후의 연구는 이 비교를 한층 정교하게 보완하였다. 바인펠트(Moshe Weinfeld)는 신명기 전통에 반영된 언약 형식이 히타이트 조약보다는 오히려 기원전 8-7세기의 신아시리아 종주권 조약과 구조적으로 더 많은 유사성을 지닌다고 주장하였다.[28] 특히 그는 배타적 충성 요구와 광범위한 저주 조항의 강조가 아시리아 제국의 정치 이데올로기와 맞닿아 있음을 지적한다. 이러한 관점에서 언약 전통은 제국 권력이 지배하던 후기 역사적 맥락을 반영하는 것으로 이해될 수 있다.

그러나 바인펠트의 통찰이 지니는 의의는 단순히 언약 형식의 역사적 출처를 재배치하는 데 있지 않다. 히타이트든 아시리아든, 어떤 조약 전통을 형식적으로 차용하였든지 간에, 성경적 언약은 제국 이데올로기를 의도적으로 전복한다. 강압과 공포, 무조건적 복종에 기초한 아시리아 종주권과 달리, 시내산 언약에서 야훼의 권위는 구속의 은혜에 기초한다. "나는 너를 이집트 땅에서 인도해 낸 네 하나님 야훼라"(출 20:2)는 선언은 순종의 요구에 앞서 주어진 구원의 선포이다.

따라서 언약은 독특한 왕권 이해를 표현한다. 야훼의 권위는 실제적이며 절대적이지만, 그것은 신실함, 윤리적 책임, 정의에 대한 요구와

---

27) George E. Mendenhall, "Law and Covenant in Israel and the Ancient Near East," *Biblical Archaeologist* 17 (1954), 26-46.

28) Moshe Weinfeld, *Deuteronomy and the Deuteronomic School* (Oxford: Clarendon Press, 1972), 59-88.

분리되지 않는다. 권력은 스스로를 정당화하지 않으며, 언약적으로 규제된다. 이러한 의미에서 성경적 언약은 고대 제국의 지배 논리를 그대로 반영하거나 성화하지 않는다. 오히려 정치적 조약 형식을 전유하여, 은혜에 의해 행사되고 도덕적 책임에 의해 유지되는 급진적으로 재정의된 왕권을 선포한다.

2. 토라: 하나님의 통치 수단

언약이 야훼 왕권의 구조를 형성한다면, 토라는 그 통치를 실제로 집행하는 핵심 수단이다. 구약에서 율법은 추상적 법체계가 아니라, 공동체 삶 속에서 구현되는 하나님의 통치 방식이다.

1) 의무 이전의 은혜로서의 율법

베스터만은 구약 율법을 하나님의 은혜라는 틀 안에서 해석해야 한다고 주장하였다.[29] 구원의 서술(직설법)이 순종의 명령(명령법)에 선행한다는 점이 결정적이다. 이 구조는 토라를 율법주의로부터 분명히 구별하며, 이를 언약적 왕권의 논리 속에 위치시킨다. 야훼는 이미 백성을 위해 행동하신 왕으로서 다스리신다.

따라서 토라는 자의적 명령이 아니라, 야훼의 통치 아래에서 살아가는 삶의 질서를 가능하게 하는 은총의 선물이다. 율법은 하나님의 왕권이 일상 속에서 어떤 형태를 취하는지를 구체적으로 제시한다.

---

29) Claus Westermann, *Theology of the Old Testament in Outline*, 101-108.

2) 율법과 윤리의 통합

토라는 제의적·윤리적·사회적 차원을 하나의 규범적 비전으로 통합한다. 브루그만이 강조하듯이, 이스라엘의 율법은 도덕으로 환원될 수도, 예배와 분리될 수도 없다.[30] 제사를 규정하는 동일한 언약이 경제 정의, 약자 보호, 정치 권력의 제한을 함께 요구한다.

케슬러는 토라가 반제국적 윤리로 기능함을 설득력 있게 논증하였다.[31] 토라는 지배와 착취, 절대화된 권력을 거부하는 공동체를 형성하며, 야훼의 왕권을 중앙집권적 권력이 아니라 정의와 공의가 구현되는 공동체 질서로 드러낸다.

3) 제의, 순종, 언약적 신실성

제의적 순종은 이 신정 구조 안에서 중요한 위치를 차지한다. 바인펠트는 신명기적 율법이 제의적 순종을 야훼에 대한 배타적 충성의 표현으로 재해석한다고 보았다.[32] 제의는 그 자체가 목적이 아니라, 언약적 신실성을 가시적으로 구현하는 행위이다.

브루그만은 제의와 윤리의 분리를 야훼 왕권에 대한 배반으로 간주하며, 이러한 분열이 곧 이스라엘 신앙의 위기를 초래한다고 지적하였다.[33] 월트키 역시 구약에서 순종은 본질적으로 관계적 개념임을 강조한다. 토라에 대한 충성은 은혜로 다스리시는 왕에 대한 충성이다.[34]

---

30) Walter Brueggemann, *Theology of the Old Testament*, 736-745.

31) Rainer Kessler, *The Social History of Ancient Israel*, 123-137.

32) Moshe Weinfeld, *Deuteronomy and the Deuteronomic School*, 59-88.

33) Walter Brueggemann, *The Prophetic Imagination*, 2nd ed., 39-55.

34) Bruce K. Waltke, *Old Testament Theology*, 416-423.

3. 소결론

언약과 율법은 야훼의 신정 통치를 구성하는 구조적 핵심을 이룬다. 언약은 하나님의 왕권이 역사 속에서 작동하는 관계적·정치적 틀을 제공하고, 토라는 그 통치 아래에서 살아가는 삶의 구체적 형태를 제시한다. 이 신정 구조는 권위주의적 지배를 정당화하기는커녕, 인간 권력을 제한하고, 예배와 윤리를 통합하며, 순종을 은혜에 기초시키는 통치 질서를 형성한다. 이러한 점에서 언약과 율법은 왕권 신학의 대안이 아니라, 그 본질적 매개라 할 수 있다.

IV. 이스라엘 역사 속의 하나님의 나라

1. 왕정 이전의 하나님의 통치

이스라엘의 역사에서 인간 왕정이 수립되기 이전, 구약성경은 야훼를 이스라엘의 직접적이며 절대적인 왕으로 증언한다. 하나님의 왕권은 후기 신학적 사변이 아니라, 창조·구원·공동체 형성의 초기 단계부터 작동해 온 근본적 실재이다.

1) 창조와 에덴: 하나님 나라의 원형

창세기 1-2장은 창조를 야훼의 왕적 행위로 묘사한다. 야훼는 말씀으로 혼돈을 질서로 전환하시고, 인간을 하나님의 형상으로 창조하여 창조 세계 안에서 대리 통치를 수행하도록 위임하신다(창 1:26-28). 월트키는 에덴을 하나님의 임재, 통치, 축복이 결합된 하나님 나라의 원형

(archetype)으로 해석한다.[35] 인간의 통치(רדה, 라다)는 자율적 주권이 아니라 야훼의 왕권에 종속된 대표적 사명이다. 따라서 타락은 단순한 도덕적 실패가 아니라 하나님의 왕권에 대한 반역이다.

클라인(Meredith G. Kline)은 이러한 창조 질서를 우주적 종주권 체계로 해석하며, 하나님이 창조주로서 하늘과 땅을 다스리시는 왕이라는 점을 강조한다.[36] 에덴은 단순한 정원이 아니라, 하나님의 왕적 통치가 가시적으로 구현된 성소적 공간이다.

2) 출애굽: 구원 사건이자 왕적 즉위 사건

출애굽 사건은 구약에서 하나님의 왕권이 역사적으로 가장 분명하게 드러난 계기이다. 베스터만은 출애굽을 구원 사건으로 규정하면서도, 동시에 그것이 야훼의 왕적 통치가 공식적으로 선포되는 즉위 사건임을 강조한다.[37] 홍해를 건넌 후 불려진 승리의 노래는 "야훼께서 영원무궁토록 다스리시리로다"(출 15:18)라고 선언한다.

브라이트 역시 출애굽을 하나님의 왕권 확립 사건으로 이해하며, 이스라엘은 구원을 통해 정치적·신학적 충성의 주체가 되었다고 본다.[38] 해방은 곧 새로운 통치 질서에의 편입을 의미한다.

3) 사사 시대와 카리스마적 중개 통치

사사 시대는 야훼의 왕권이 비제도적·카리스마적 방식으로 매개된

---

35) Bruce K. Waltke, *An Old Testament Theology*, 259-275.

36) Meredith G. Kline, *God, Heaven and Har Magedon* (Eugene, OR: Wipf & Stock, 2006).

37) Claus Westermann, *Elements of Old Testament Theology*, 40-55.

38) John Bright, *The Kingdom of God*, 35-52.

시기이다. 야훼는 특정 인물을 통해 일시적으로 구원을 베푸시며 공동체를 다스리신다(삿 2:16-19). "그 때에 이스라엘에 왕이 없으므로"(삿 21:25)라는 반복 구절은 단순한 왕정 옹호가 아니라, 하나님의 왕권과 이스라엘의 불순종 사이의 긴장을 드러낸다.

4) 소결론

왕정 이전의 이스라엘 역사에서 하나님의 나라는 인간 제도에 의해 매개되지 않는 직접적이고 절대적인 통치로 증언된다. 창조와 에덴에서 야훼의 왕권은 질서 부여와 생명 보존의 근원으로 나타나며, 인간의 다스림은 자율적 주권이 아니라 하나님의 통치를 대리하는 대표적 사명으로 규정된다. 출애굽 사건은 이러한 왕권이 역사 속에서 구원 행위를 통해 결정적으로 계시되는 순간으로, 하나님의 통치는 억압으로부터의 해방을 통해 공식적으로 선포된다. 사사 시대에 이르러 하나님의 왕권은 제도화되지 않은 채 카리스마적 중개를 통해 유지되지만, 이 과정에서 드러나는 반복적 불순종은 하나님의 통치와 이스라엘의 현실 사이의 긴장을 노출시킨다. 이로써 왕정 이전의 전통은 하나님의 나라가 본질적으로 구원적·관계적 통치임을 확증하는 동시에, 이후 인간 왕정 도입이 불러올 신학적 문제의식을 미리 예고하는 역할을 한다.

2. 왕정과 위임된 왕권

왕정의 도입은 하나님의 왕권 신학에 심대한 신학적 긴장을 초래한다. 인간 왕은 하나님의 통치를 대리할 수도, 그 자리를 침해할 수도 있다.

1) 왕정 요구의 양면성

사무엘 전승은 왕정에 대해 이중적 평가를 보존한다. 한편으로 왕정 요구는 "나를 버려 자기들의 왕이 되지 못하게 함"(삼상 8:7)으로 해석된다. 다른 한편으로 신명기 17장은 왕정을 야훼의 통치 아래 제한적으로 허용한다. 이는 하나님의 왕권과 현실 정치 사이의 긴장을 반영한다.[39]

2) 사울 왕권의 실패와 위기

사울의 통치는 위임된 왕권의 취약성을 여실히 드러낸다. 사울은 하나님의 선택을 받았으나, 반복적인 불순종으로 왕권을 상실한다(삼상 13, 15장). 이는 인간 왕권이 언약적 순종에 종속된 조건적 통치임을 보여 준다.

3) 다윗 언약과 양자적 왕권

다윗 언약(삼하 7장)은 왕권을 언약적 틀 안에서 재구성한다. "나는 그에게 아버지가 되고 그는 내게 아들이 되리라"(삼하 7:14)는 표현은 존재론적 신격화가 아닌 양자적(adoptive) 왕권을 의미한다. 폰 라트는 이를 통해 하나님의 절대적 왕권이 보존되면서도 인간 왕권이 합법화된다고 설명한다.[40]

클라인은 다윗 언약을 종말론적 왕권의 전조로 이해하며, 다윗 왕조가 장차 도래할 궁극적 하나님의 나라를 예표한다고 본다.[41]

---

39) Walter Brueggemann, *Theology of the Old Testament*, 603-615.

40) Gerhard von Rad, *Old Testament Theology*, vol. 1, 343-347.

41) Meredith G. Kline, *Kingdom Prologue* (South Hamilton: Gordon-Conwell, 2000), 45-67.

4) 시온, 성전, 즉위 신학

예루살렘과 성전은 야훼 왕권의 공간적·예전적 중심지가 된다. 시온 신학은 야훼를 그룹 위에 좌정하신 왕으로 선포한다(시 99:1). 브라이트는 성전 예배가 인간 왕의 절대화를 방지하고, 끊임없이 하나님의 왕권을 고백하게 하는 장치라고 보았다.[42] 폰 라트 역시 즉위 시편들이 정치적 불안 속에서 하나님의 통치를 신앙적으로 재확인하는 기능을 수행한다고 분석한다.[43]

5) 소결론: 위임된 왕권의 긴장과 한계

왕정의 도입은 하나님의 왕권 신학 안에 해소되지 않는 긴장을 낳는다. 사무엘 전승이 보존하는 이중적 평가에서 보듯이, 인간 왕권은 하나님의 통치를 대리할 수 있으나 동시에 그것을 위협할 위험을 내포한다. 사울의 실패는 위임된 왕권이 본질적으로 언약적 순종에 종속된 조건적 통치임을 분명히 드러내며, 어떤 인간 왕도 하나님의 나라를 자기 동일적으로 구현할 수 없음을 보여 준다. 다윗 언약은 이러한 한계를 극복하려는 신학적 재구성으로서, 인간 왕권을 양자적·언약적 틀 안에 두어 하나님의 절대적 왕권을 보존하면서도 왕정의 정당성을 제한적으로 인정한다. 그러나 시온과 성전 중심의 즉위 신학조차도 인간 왕의 절대화를 허용하지 않으며, 오히려 예배와 찬양을 통해 야훼의 왕권을 끊임없이 재확인하는 신앙적 장치로 기능한다. 이로써 구약의 왕정 신학은 하나님의 나라를 정치 제도에 고정시키기보다, 항상 비판과 재해석에 열려 있는 불안정한 위임 통치로 규정하며, 이후 예언자적 비판과 종말

---

42) John Bright, *The Kingdom of God*, 71-88.
43) Gerhard von Rad, *Old Testament Theology*, vol. 2, 91-101.

론적 왕권 이해로 나아갈 신학적 여지를 남긴다.

3. 예언자적 비판과 하나님의 나라의 재해석

예언서 문헌은 구약성경에서 하나님의 나라 이해가 결정적으로 전환되는 지점을 형성한다. 예언자들은 기존의 왕권 신학에 단순히 윤리적 교훈을 덧붙이는 데 그치지 않고, 하나님의 나라를 민족적 특권, 정치적 안정, 제의적 번영과 동일시하는 관점을 근본적으로 해체한다. 그들의 선포에서 야훼의 왕권은 왕실 이데올로기와 대중적 종교 기대 모두에 맞서 재정의 되며, 점차 보편적 주권, 윤리적 책임, 종말론적 소망의 방향으로 재구성된다.

1) 민족주의적 하나님 나라 이해에 대한 거부

아모스는 구약성경에서 민족주의적 신학에 대한 가장 급진적인 비판을 제시하는 예언자 가운데 한 사람이다. 그는 "야훼의 날"이 이스라엘의 정치적 승리와 국가적 회복을 보장해 줄 것이라는 대중적 기대를 정면으로 부정한다. 아모스는 다음과 같이 선포한다.

"화 있을진저 야훼의 날을 사모하는 자여!
너희가 어찌하여 야훼의 날을 사모하느냐?
그 날은 어둠이요 빛이 아니며" (암 5:18)

그는 이어서 그 날의 성격을 더욱 분명히 한다.

"야훼의 날이 어둡지 아니하며 빛이 아니며

캄캄하여 광명이 없지 아니하겠느냐” (암 5:20)

여기서 예언자는 기존의 왕권 신학을 전복한다. 하나님의 왕권이 결정적으로 드러나는 날은 이스라엘의 지배를 확증하는 순간이 아니라, 오히려 이스라엘의 불의와 자기기만을 폭로하는 심판의 날이다. 따라서 하나님의 나라는 민족적 선택이나 정치적 성공과 동일시될 수 없다. 야훼의 통치는 정의와 공의를 파괴한 공동체를 향해 먼저 심판으로 임한다.[44]

호세아는 이러한 비판을 한층 더 심화시키며, 왕권·종교·정치적 안정이 하나의 우상 체계로 결합된 현실을 고발한다. 그는 이스라엘이 하나님의 뜻과 무관하게 왕을 세운 사실을 다음과 같이 책망한다.

“그들이 왕들을 세웠으나 나로 말미암지 아니하였으며
방백들을 세웠으나 내가 알지 못하였고” (호 8:4)

호세아에게서 왕정은 더 이상 하나님의 통치를 매개하는 수단이 아니라, 야훼에 대한 신뢰를 대체하는 우상이 된다. 제의 또한 언약적 신실함(חֶסֶד, 헤세드)에서 분리되어 자기 정당화의 도구로 전락한다. 그러므로 그는 선언한다.

“나는 인애를 원하고 제사를 원하지 아니하며
번제보다 하나님을 아는 것을 원하노라” (호 6:6)

이 예언자적 증언은 분명하다. 하나님의 나라는 국가적 번영, 왕조

---

44) Gerhard von Rad, *Old Testament Theology*, vol. 1, 365-372.

의 지속, 제의적 풍요와 동일시될 수 없다. 야훼의 왕권은 정치 권력을 성화하려는 모든 시도에 맞서 비판적으로 서 있다.[45]

2) 이스라엘을 넘어선 보편적 왕권

예언 전통이 전개되면서 야훼의 왕권은 점차 보편적 차원에서 선포된다. 하나님의 통치는 더 이상 이스라엘의 정치적 지평 안에 갇히지 않으며, 열방과 온 창조 세계를 포괄하는 주권으로 이해된다. 이사야 24장은 우주적 심판의 환상 속에서 다음과 같이 선언한다.

> "그 때에 만군의 야훼께서 시온 산과 예루살렘에서 왕이 되시고
> 그의 장로들 앞에서 영광을 나타내시리로다" (사 24:23)

예레미야 역시 야훼의 왕권을 민족적 경계를 넘어 확증한다.

> "열방의 왕이여, 주를 두려워하지 아니할 자가 누구이리이까?
> 이는 주께 마땅한 일이니이다
> 열방의 모든 지혜자들과 그들의 모든 나라 가운데
> 주와 같은 이가 없음이니이다" (렘 10:7)

이 본문들에서 왕권 언어는 의도적으로 보편화된다. 이스라엘의 하나님은 특정 민족의 수호신이 아니라, 역사 전체를 다스리시는 유일한 왕이시다. 이러한 보편적 왕권 이해는 이스라엘의 정치 제도마저 상대화하며, 선택을 특권이 아니라 책임과 소명으로 재해석한다.

---

45) Walter Brueggemann, *Theology of the Old Testament*, 738-748.

케슬러는 이러한 예언자적 보편주의를 제국 질서에 대한 대안적 세계관으로 해석한다.[46] 아시리아와 바빌로니아 제국이 정치 권력을 절대화하던 상황 속에서, 예언자들은 모든 권력이 야훼의 통치 아래 상대화된다는 사실을 선언한다. 이로써 하나님의 나라는 하나의 제국이 아니라, 제국 자체를 절대적 실재로 만드는 사고방식을 부정하는 신학적 대안이 된다.

3) 정의와 평화의 메시아적 통치

예언자들은 민족주의적·제국적 왕권을 거부하면서도, 미래에 대한 소망을 포기하지 않는다. 오히려 그들은 정의와 평화에 의해 규정되는 메시아적 통치에 대한 기대를 새롭게 제시한다.

이사야는 기존 왕정의 틀을 넘어서는 통치자의 도래를 선포한다.

> "이는 한 아기가 우리에게 났고
> 한 아들을 우리에게 주신 바 되었는데
> 그의 어깨에는 정사를 메었고 …
> 그 정사와 평강의 더함이 무궁하며" (사 9:6-7)

이 기대는 이사야 11장에서 더욱 구체화된다.

> "그가 공의로 가난한 자를 심판하며
> 정직으로 세상의 겸손한 자를 판단할 것이며" (사 11:4)

---

46) Rainer Kessler, *The Social History of Ancient Israel*, 201-215.

예레미야 역시 다윗 계보에서 나올 의로운 통치자를 바라본다.

> "보라 때가 이르리니 내가 다윗에게
> 한 의로운 가지를 일으킬 것이라
> 그가 왕이 되어 지혜롭게 다스리며
> 세상에서 정의와 공의를 행할 것이며" (렘 23:5)

이 본문들에서 메시아적 왕권은 단순한 왕정 회복이 아니다. 그것은 야훼 자신의 통치가 정의와 평화, 회복의 형태로 실현되는 방식이다. 하나님의 나라는 인간 권력의 연장이 아니라, 그 변형이며 심화이다.

스미스는 이 지점을 하나님의 나라 이해가 결정적으로 윤리적·종말론적 차원으로 이행하는 분기점으로 평가한다.[47] 예언자들은 왕권을 폐기하지 않지만, 그것을 하나님의 통치 자체로 재정의한다. 미래의 나라는 창조를 회복하고 사회적 파괴를 치유하며 지속적인 평화를 확립하는 하나님의 나라이다.

4) 소결론

예언자적 비판과 재해석을 통해 하나님의 나라는 민족주의, 제의주의, 제국 이데올로기에서 해방된다. 아모스와 호세아는 하나님의 통치를 정치적 성공과 동일시하는 신학을 폭로하고, 이사야와 예레미야는 야훼의 왕권을 보편적·윤리적·종말론적 지평으로 확장한다. 이로써 예언자 신학은 하나님의 나라를 보편적 주권이자 윤리적 요청이며 종말론적 소망으로 재구성하며, 이후 묵시 문학과 정경적 전개를 위한 신학적 토대

---

47) Ralph L. Smith, *Old Testament Theology*, 217-232.

를 마련한다.

4. 포로기와 포로기 이후의 변형

바빌로니아에 의한 예루살렘의 함락과 포로는 이스라엘 신학사에서 가장 결정적인 단절 가운데 하나를 형성한다. 왕정, 성전, 그리고 땅의 상실은 하나님의 나라를 가시적 정치 질서와 동일시하던 이해를 근본적으로 붕괴시켰다. 이 위기 속에서 이스라엘은 야훼의 왕권을 눈에 보이는 제도 너머에서 새롭게 이해해야 했으며, 그 결과 포로기와 포로기 이후에는 심층적인 신학적 변형이 일어났다.

1) 정치적 왕정의 붕괴와 신학적 위기

기원전 587/586년 예루살렘의 멸망은 야훼의 통치를 상징해 왔던 다윗 왕조의 붕괴를 의미했다. 왕이 폐위되고 성전이 파괴되며 백성이 추방된 상황에서, 하나님의 왕권을 뒷받침하던 전통적 표지들은 사라졌다. 이 역사적 재앙은 하나님의 나라를 정치적 안정이나 왕조의 지속성과 동일시하던 신학의 한계를 여실히 드러냈다.

브루그만은 포로기를 단순한 역사적 비극이 아니라, "시온 신학의 모든 확실성이 근본적으로 질문 받는" 신학적 위기로 규정한다.[48] 야훼의 왕권은 더 이상 왕정 제도나 영토 주권에 근거할 수 없게 되었으며, 이스라엘은 모든 가시적 표지가 사라진 상황에서도 야훼가 여전히 다스리시는지를 물어야 했다. 포로기는 이처럼 하나님의 왕권이 정치권력과 분리되어 재고되는 결정적 맥락을 제공한다.

---

48) Walter Brueggemann, *Theology of the Old Testament*, 713-720.

폰 라트 역시 포로기 상황에서 이스라엘이 왕권의 부재 속에서도 야훼의 주권을 고백해야 했다고 강조한다.[49] 경험적 증거가 하나님의 통치를 부정하는 듯 보이는 상황에서조차, 신앙은 야훼의 왕권을 고백하는 행위로 유지되었다.

2) 마음과 영을 중심으로 한 통치의 재구성

이 신학적 위기에 대한 응답으로, 예언자 신학은 야훼의 통치 영역을 외적 제도에서 공동체의 내면적 차원으로 이동시킨다. 포로기 예언자 예레미야와 에스겔은 강압적 통치가 아닌 변혁적 통치로서 하나님의 왕권을 새롭게 제시한다.

예레미야는 새 언약의 약속을 선포한다.

> "내가 나의 법을 그들의 속에 두며 그들의 마음에 기록하여
> 나는 그들의 하나님이 되고 그들은 내 백성이 될 것이라" (렘 31:33)

이 새 언약은 율법을 폐기하는 것이 아니라 내면화한다. 하나님의 통치는 왕의 칙령이나 제의적 강제에 의해 실행되는 것이 아니라, 관계의 회복과 마음의 변화 속에서 실현된다.

에스겔은 이 내적 변화를 더욱 급진적으로 묘사한다.

> "또 새 영을 너희 속에 두고 새 마음을 너희에게 주되…
> 내 영을 너희 속에 두어 너희로 내 율례를 행하게 하리라"
> (겔 36:26-27)

---

49) Gerhard von Rad, *Old Testament Theology*, vol. 2, 281-289.

여기서 하나님의 왕권은 변혁적 통치로 나타난다. 야훼는 위에서 지배하시는 왕이 아니라, 백성의 내면을 새롭게 구성하시는 왕으로 묘사된다. 베스터만은 이러한 전환을 제도적 매개를 넘어선 은혜 중심의 갱신 신학으로 평가한다.[50]

3) '야훼 왕' 시편과 예전적 통치

포로기 이후, 이스라엘은 정치적 자율성을 회복하지 못한 채로도 야훼의 왕권을 예전적으로 고백한다. 이른바 '야훼 왕' 시편(시 47; 93; 96-99편)은 정치 현실과 무관하게 하나님의 통치를 선포한다.

시편 93편은 다음과 같이 선언한다.

> "야훼께서 다스리시니 위엄으로 옷 입으셨나이다…
> 주의 보좌는 예로부터 견고히 섰으며
> 주는 영원부터 계셨나이다" (시 93:1-2)

또한 시편 96편은 열방을 향해 야훼의 통치를 선포한다.

> "열방 가운데 이르기를 야훼께서 다스리신다 하라
> 세계가 굳게 서고 흔들리지 아니할지로다" (시 96:10)

이 시편들은 정치 현실을 부정하지 않으면서도, 그 위를 초월한다. 브라이트는 포로기 이후의 예배가 외세 지배 아래서도 야훼의 왕권을

---

50) Claus Westermann, *Elements of Old Testament Theology*, 110-123.

고백하는 중심 공간이 되었다고 분석한다.[51] 예전은 역사가 하나님의 통치를 부정하는 것처럼 보이는 순간에도, 신앙 공동체가 하나님의 왕권을 현재적으로 선포하는 행위가 된다.

4) 묵시적 왕권과 영원한 나라

다니엘서는 하나님의 왕권 이해를 묵시적 차원으로 극대화한다. 다니엘의 환상 속에서 인간 제국들은 폭력적이고 일시적인 짐승으로 묘사되며, 결국 사라질 운명에 처한다. 이에 대비되어 하나님의 왕권은 영원하고 파괴될 수 없는 통치로 제시된다.

다니엘 7장은 다음과 같이 선언한다.

> "그에게 권세와 영광과 나라를 주고 모든 백성과 나라들과
> 각 언어를 말하는 자들이 그를 섬기게 하였으니
> 그의 권세는 영원한 권세라 옮기지 아니할 것이요
> 그의 나라는 멸망하지 아니할 것이니라" (단 7:14)

여기서 하나님의 나라는 더 이상 어떤 역사적 왕정과도 동일시되지 않는다. 그것은 역사를 초월하여 역사를 심판하고 완성하는 종말론적 실재이다. 클라인은 이 환상을 하늘의 왕권이 역사 속으로 결정적으로 개입하는 장면으로 해석하며, 억압적 제국들에 대한 심판과 신실한 자들의 최종적 구원을 동시에 선언하는 비전으로 이해한다.[52]

이러한 묵시적 왕권 이해는 이전의 왕권 신학을 부정하는 것이 아

---

51) John Bright, *The Kingdom of God*, 115-129.

52) Meredith G. Kline, *God, Heaven and Har-Magedon*, 143-165.

니라 완성한다. 포로기와 그 이후는 하나님의 나라가 폐기된 시기가 아니라, 오히려 가장 급진적으로 재진술된 시기라 할 수 있다.

5) 신학적 종합

포로기와 포로기 이후는 이스라엘의 하나님 나라 이해가 결정적으로 변형되는 시기이다. 정치적 왕정은 붕괴되었지만, 야훼의 왕권은 약화되지 않았다. 오히려 그것은 내면화되고, 예전적으로 고백되며, 종말론적으로 확장된다. 예언자적 갱신, 예배를 통한 현재적 고백, 묵시적 비전을 통해 이스라엘은 제도와 제국을 초월하는 하나님의 나라를 증언하게 된다.

5. 소결론: 이스라엘 역사 속 하나님의 나라와 그 구원론적 지평

이스라엘 역사 속에서 전개되는 하나님의 나라는 선형적인 정치 서사나 단일한 제도 형태로 환원될 수 없다. 오히려 구약성경은 하나님의 나라를 역동적인 신학적 실재로 제시하며, 이는 역사적 상황의 변화에 따라 끊임없이 재진술된다. 창조에서 왕정에 이르기까지, 예언자적 비판에서 포로기와 묵시적 소망에 이르기까지, 하나님의 나라는 결코 정태적이지 않으며 어떤 인간 제도와도 자기 동일적으로 일치하지 않는다. 그 핵심은 하나의 신앙 고백, 곧 "야훼께서 다스리신다"는 고백에 있다. 이 고백은 경험적 현실이 오히려 하나님의 통치를 부정하는 것처럼 보이는 지점에서 더욱 선명하게 요청된다.

가장 근원적인 차원에서 구약은 하나님의 나라를 창조 자체에 위치시킨다. 창조를 질서 있는 통치 행위로 묘사하는 서술은 야훼의 왕권이 원초적이며 보편적임을 선언한다. 인간에게 부여된 "다스림"의 소명은 자율적 주권이 아니라 대표적·위임적 통치로서, 하나님의 나라가 이스라엘 역사에 앞서 존재함을 보여준다. 이 창조적 왕권 이해는 이미 구원론적 함의를 지닌다. 혼돈, 폭력, 죽음은 창조 질서의 본질이 아니라 야훼의 통치를 왜곡한 결과이며, 따라서 하나님의 개입과 회복을 요구하는 현실이다.

출애굽 사건은 이 왕권이 역사 속에서 처음으로 결정적으로 구체화되는 지점이다. 여기서 하나님의 나라는 영토 확장이나 왕조 수립을 통해 드러나지 않고, 구원을 통해 출현한다. "야훼께서 영원무궁토록 다스리시리로다"(출 15:18)라는 선포는, 야훼가 억압에서 이스라엘을 건져 내심으로 왕이 되셨음을 증언한다. 이처럼 왕권과 구원은 분리될 수 없다. 이스라엘은 권력을 소유함으로 하나님의 백성이 된 것이 아니라, 구원받음으로 하나님의 나라에 속하게 되었다. 이 패턴은 이후 구약 전체를 관통하는 신학적 원리가 된다. 야훼의 통치는 강압이 아니라 구원 행위를 통해 계시된다.

왕정 이전의 시기는 이 진리를 카리스마적 중개 통치를 통해 보존한다. 사사 시대에 야훼는 중앙집권적 제도 없이도 자신의 백성을 다스리시며, 반복적으로 위기 가운데서 구원을 베푸신다. 이후 왕정 요구는 깊은 신학적 긴장을 낳는다. 인간 왕권은 하나님의 통치를 대리할 수도 있으나, 동시에 그 자리를 대체하려는 위험을 내포한다. 사울의 실패와 다윗 왕권의 조건성은 어떤 인간 통치도 하나님의 나라를 그 자체로 구현할 수 없음을 분명히 한다. 다윗 언약조차도 소유가 아니라 기대의 구조로 남는다.

예언자들은 이러한 긴장을 급진적으로 폭로한다. 아모스가 비판한 야훼의 날은 하나님의 나라를 민족적 승리와 동일시하는 신학의 허구를 드러낸다. 호세아는 왕권과 종교가 결합하여 우상이 된 현실을 고발한다. 이 비판을 통해 하나님의 나라는 정치적 성공, 국가적 안정, 제의적 번영과 단절된다. 동시에 예언자 전통은 야훼의 왕권을 열방 전체로 확장하며, 모든 정치 권력을 상대화하는 보편적 주권으로 재구성한다. 하나님의 나라는 하나의 제국이 아니라, 제국을 절대화하는 사고방식 자체에 대한 신학적 대안이 된다.

바빌로니아 포로는 이러한 신학을 결정적으로 전환시키는 사건이다. 왕, 성전, 땅이 모두 상실된 상황에서 하나님의 나라를 정치 왕정과 동일시하던 이해는 붕괴된다. 그러나 이 붕괴는 하나님의 왕권의 소멸이 아니라, 그 심화와 재정식화를 낳는다. 예레미야와 에스겔은 하나님의 통치를 마음과 영의 차원으로 이동시키며, 강압적 지배가 아닌 변혁적 통치를 선포한다. 새 언약과 새 영의 약속은 구원을 단순한 외적 회복이 아니라 인간 존재의 재창조로 이해하게 한다. 이 지점에서 하나님의 나라는 명백히 구원론적 의미를 획득한다. 구원이란 정치 질서의 복원이 아니라, 하나님의 통치를 감당할 수 있는 인간의 갱신이다.

포로기 이후의 예배 전통은 이러한 고백을 현재화한다. 이른바 '야훼 왕' 시편들은 정치적 주권이 부재한 상황에서도 하나님의 통치를 예전적으로 선포한다. 예배는 하나님의 나라가 이미 현재적으로 고백되고 경험되는 공간이 된다. 공동체는 찬양과 기억, 소망을 통해 하나님의 통치 아래 살아간다.

묵시 문학은 이 신학을 종말론적 지평으로 확장한다. 다니엘서에서 하나님의 나라는 어떤 역사적 왕정과도 동일시되지 않는 파괴될 수 없는 통치로 제시된다. 인간 제국은 사라지지만, "결코 멸망하지 않을 나라"(단 7:14)는 하나님의 나라이다. 이 묵시적 비전에서 구원은 역사 안에서 완전히 성취되지 못한 정의와 생명이 하나님의 최종 개입을 통해 실현되는 사건으로 이해된다.

이 모든 전개를 종합할 때, 구약성경에서 하나님의 나라는 역사·권

력·소망을 해석하는 신학적 문법으로 기능한다. 하나님의 나라는 구원
이 일어나는 배경이 아니라, 그 자체로 구원하는 실재이다. 야훼는 창조
함으로, 구원함으로, 불의를 심판함으로, 마음을 새롭게 함으로, 그리고
영원한 미래를 약속함으로 다스리신다. 그러므로 하나님의 나라와 분리
된 구약의 구원론은 개인적 경건이나 추상적 용서로 축소될 위험을 지
닌다. 반대로 하나님의 나라에 대한 연구는 필연적으로 구원론으로 열
리게 된다. 구원받는다는 것은 곧 생명을 주시는 하나님의 통치 아래로
들어가는 것이기 때문이다.

이처럼 왕권과 구원의 불가분적 관계는 이후의 신학적 전개를 준비
한다. 구원은 더 이상 죄나 고난으로부터의 탈출만을 의미하지 않으며,
창조와 역사와 인간 삶 전체 위에 회복된 하나님의 통치에 참여하는 것
으로 이해된다. 이는 구약신학이 제시하는 하나님의 나라의 궁극적 비
전이자, 구원론적 사유의 결정적 토대이다.

V. 구약의 구원론: 다스리시는 하나님의 사역

구약의 구원론은 하나님의 나라 신학과 분리되어 이해될 수 없다.
구약에서 구원은 개인의 죄책에 대한 추상적 해법이나 역사와 분리된
영적 체험이 아니라, 하나님의 왕권이 실제로 작동하는 방식이다. 구원
을 말한다는 것은 곧 야훼가 왕으로서 권위를 행사하여 구출하고, 회복
하며, 심판하고, 새롭게 하신다는 것을 말하는 것이다. 아이히로트와 브
라이트가 강조하듯이, 야훼의 구원 행위는 그의 통치와 불가분의 관계
에 있다. 곧 하나님은 다스리시기 때문에 구원하신다.[53]

---

53) Walther Eichrodt, *Theology of the Old Testament*, vol. 1, 36-45; John Bright, *The*

이러한 관점에서 구원은 하나님의 왕권이 작동하는 실행 양식으로 이해된다. 야훼의 통치는 지배와 강압이 아니라, 위협받는 자와 억압받는 자, 죄책에 놓인 자를 향한 개입으로 드러난다. 따라서 여기에서는 구약의 구원론을 다스리시는 하나님의 사역으로 규정하고, 구원의 언어와 역사적·실존적 차원 속에서 이를 고찰한다.

1. 구원의 언어와 신학적 기초

구약은 구원을 묘사하기 위해 풍부하고 다양한 어휘를 사용한다. 이 용어들은 서로 대체 가능한 추상이 아니라, 위험·억압·상실이라는 구체적 경험에서 비롯된 고백들이다. 이들 전체는 구원하시는 왕으로서의 야훼를 증언한다.

1) יָשַׁע (야샤) - 구출과 해방

יָשַׁע(야샤)는 구약에서 가장 대표적인 구원을 의미하는 동사로, 위협과 곤경, 무력함의 상황에서의 구출을 의미한다. 이 용어는 본질적으로 힘의 비대칭을 전제한다. 구원은 강자가 약자를 위해 개입할 때 일어난다.

왕권적 맥락에서 יָשַׁע는 야훼를 원수를 물리치고 백성에게 자유를 부여하는 승리의 왕으로 묘사한다(출 14:30; 삿 3:9). 베스터만은 이 동사가 구원이 언제나 하나님의 행위이며 결코 인간의 성취가 아님을 고백하는 이스라엘 신앙의 핵심을 반영한다고 보았다.[54] 구원은 왕권의 주

Kingdom of God, 35-52.
54) Claus Westermann, *Elements of Old Testament Theology*, 40-55.

변부가 아니라, 그 중심적 표현이다.

2) פדה (파다) – 몸값을 통한 해방

פדה(파다)는 대가 지불이나 대속을 통해 결박 상태에서 풀려남을 의미한다. 이 단어는 노예 상태나 죽음의 위협과 같이 구속이 제거되어야 하는 상황에서 사용된다(출 13:13; 시 49:7-9). 야훼는 자기 백성을 해방하기 위해 필요한 대가를 지불하시는 분으로 그려진다.

이 이미지는 구원의 왕권적 성격을 강화한다. 충분한 권위와 자원을 지닌 주권자만이 포로를 속량할 수 있기 때문이다. 브라이트는 파다가 야훼를 자기 소유를 회복하는 왕으로 묘사한다고 분석한다.[55]

3) גאל (가알) – 친족 구속

גאל(가알)은 친족 구속자(고엘)의 법적 관행에서 비롯된 동사이다. 이 용어가 야훼에게 적용될 때, 하나님은 이스라엘에 대해 인격적·가족적 책임을 지는 분으로 묘사된다(사 41:14; 43:1). 여기서 구원은 단지 법적 행위가 아니라 관계적 개입이다.

월트키는 가알이 왕권과 언약을 결속한다고 강조한다. 야훼는 먼 주권자가 아니라, 자기 백성을 위해 친족의 의무를 감당하는 왕이시다.[56] 구원은 권위와 신실함의 결합 속에서 이루어진다.

4) 왕이신 하나님의 행위로서의 구원

이러한 어휘군을 종합하면 하나의 신학적 확신이 도출된다. 구원은

---

55) John Bright, *The Kingdom of God*, 47-52.
56) Bruce K. Waltke, *An Old Testament Theology*, 623-640.

왕권의 행위라는 점이다. 베스터만은 구약의 구원 언어가 일관되게 야훼를 행위의 주체로, 이스라엘을 수혜자로 전제한다고 강조한다.[57] 브라이트 역시 구원이 역사 속에서 하나님의 왕권을 확립하고 유지하는 수단이라고 결론짓는다.[58]

따라서 구약의 구원론은 본질적으로 신중심적이며 왕권적이다. 구원은 하나님의 통치에 대한 예외가 아니라, 그 가장 전형적인 표현이다.

2. 구원의 역사적·실존적 차원

구약은 구원을 역사 속에서 체현된 사건이자, 인간 삶의 지속적 취약성에 응답하는 실존적 경험으로 이해한다. 하나님의 통치는 구체적 사건을 통해 가시화되며, 동시에 일상의 위협을 다룬다.

1) 역사적 해방으로서의 구원 (출애굽과 귀환)

구약에서 구원의 전형적 사건은 출애굽이다. 야훼는 이집트에서 이스라엘을 구원하시며 그들 위에 왕권을 확립하신다(출 15:18). 해방은 단지 억압으로부터의 탈출이 아니라, 하나님의 통치 아래로 편입되는 사건이다.

바빌로니아로부터의 귀환은 제2의 출애굽으로 기능한다(사 43:16-19). 케슬러는 이 두 사건을 권력의 재정의로 이해하며, 하나님의 왕권이 착취가 아닌 해방을 통해 제국적 지배를 전복한다고 주장한다.[59]

---

57) Claus Westermann, *Theology of the Old Testament in Outline*, 101-108.
58) John Bright, *The Kingdom of God*, 115-129.
59) Rainer Kessler, *The Social History of Ancient Israel*, 201-215.

2) 보존과 보호로서의 구원

결정적 역사 사건들 너머에서, 구원은 생명의 지속적 보존으로도 경험된다. 많은 시편은 질병, 적대, 혼돈, 죽음으로부터의 보호를 구원으로 고백한다(시 18편; 121편). 여기서 야훼는 창조를 지키시는 보호의 왕으로 나타난다.

브루그만은 이러한 본문들이 일상의 구원 신학을 드러낸다고 지적한다.[60] 하나님의 통치는 대승리의 순간뿐 아니라, 신뢰 속에서 고백되는 돌봄으로 행사된다.

3) 죄의 용서와 정결로서의 구원

예언자적·제의적 전통은 구원을 죄의 용서와 도덕적 정결로 확장한다(시 51편; 사 1:18; 겔 36:25). 죄는 단순한 도덕적 실패가 아니라, 하나님의 왕권에 대한 반역으로 이해된다. 그러므로 용서는 질서를 회복하는 왕권적 행위이다.

스미스는 이 차원이 구약 구원론의 결정적 전개를 이룬다고 평가한다. 구원은 이제 외적 위협을 넘어 인간 마음의 무질서를 다룬다.[61] 하나님의 통치는 보호적 차원을 넘어 변혁적 차원으로 나아간다.

4) 민족적 구원에서 보편적 구원으로의 확장

마지막으로, 구약의 구원론은 민족적 범주를 넘어 보편적 지평으로 확장된다. 이사야는 구원이 "땅 끝까지" 이를 것을 전망하며(사 49:6),

---

60) Walter Brueggemann, *Theology of the Old Testament*, 738-748.
61) Ralph L. Smith, *Old Testament Theology*, 217-232.

후기 전통은 야훼를 모든 민족의 구원자로 고백한다(사 45:22).

이 보편화는 왕권 신학의 확장과 궤를 같이한다. 아이히로트가 지적하듯이, 야훼가 만물의 왕으로 고백되는 순간 구원은 더 이상 이스라엘에 국한될 수 없다.[62] 하나님의 통치는 세계의 구원을 지향한다.

3. 소결론

구약의 구원론은 하나님의 왕권이 역사 속에서 역동적으로 전개되는 방식으로 이해되어야 한다. 구원은 억압받는 자를 구출하고, 결박된 자를 속량하며, 반역자를 용서하고, 생명을 보존하는 야훼의 통치 행위이다. 그것은 동시에 역사적이며, 관계적이고, 윤리적이며, 보편적이다. 구약에서 구원받는다는 것은 생명을 주시는 하나님의 통치 아래로 들어가는 것을 의미한다. 그러므로 구원과 왕권을 분리하는 것은 두 개념 모두를 왜곡한다. 구약성경은 하나의 통일된 증언을 제시한다. 야훼께서 다스리시므로, 야훼께서 구원하신다.

VII. 종말론: 하나님의 통치와 구원의 완성[63]

구약의 종말론은 '마지막 일들'에 관한 추상적 교리로서 출현하지 않는다. 그것은 야훼께서 다스리신다는 이스라엘의 신앙고백이 지향하

---

62) Walther Eichrodt, *Theology of the Old Testament*, vol. 2, 406-420.
63) 앞선 제6부의 "구약의 묵시와 종말론" 연구가 그 사상적 성격과 한계를 분석하는 데 목적이 있었다면, 본 장은 그 결과를 하나님의 나라 신학 안에 재배치하여, 하나님의 통치와 구원이 미래 안에서 어떻게 완성되는지를 종합적으로 제시한다.

는 신학적 귀결로서 형성된다. 그러므로 종말론은 왕권 신학과 구원론으로부터 분리될 수 없으며, 하나님의 통치가 궁극적으로 승리하고 회복적이며 되돌릴 수 없는 실재로 드러나는 지평을 가리킨다. 구약이 증언하는 미래 소망은 구체적인 역사적 위기들 속에서 발생하고, 하나님의 주권·심판·구원에 대한 반복적 재해석을 통해 점진적으로 발전한다.

1. 구약 종말론의 전개

1) 전(前)종말론적 기대와 민족적 소망

이스라엘의 가장 이른 종말론적 기대는 민족적·정치적 소망과 밀접하게 결합되어 있다. 전고전적 전승들에서 미래는 이스라엘의 역사적 복이 회복되거나 증대되는 방향으로 상상된다. 곧 땅에서의 안전, 원수에 대한 승리, 왕조적 안정의 지속이 미래의 내용이다(창 49장; 민 24장; 신 33장 참조). 이 단계에서 '미래'는 역사적 연속성과 날카롭게 구분되지 않으며, 야훼의 과거 구원 행위가 앞으로도 지속될 것이라는 기대를 표현한다.

아이히로트는 이 시기를 언약 신학의 자연스러운 귀결로 해석한다. 곧 야훼의 왕권은 역사적 축복을 통해 고백되며, 소망은 주로 역사 내부(intra-historical)에 머문다.[64] 앤더슨 역시 초기 이스라엘의 소망이 현세적이며 공동체적이고, 야훼의 통치가 구체적인 정치적 안녕으로 드러나리라는 기대에 기초해 있음을 강조한다.[65]

그러나 이 단계에는 이미 긴장이 내재해 있다. 바가 경고하듯이, 이

---

64) Walther Eichrodt, *Theology of the Old Testament*, vol. 1, 478-490.
65) Bernard W. Anderson, *Contours of Old Testament Theology*, 228-240.

러한 기대를 후대의 완성된 종말론으로 소급하여 체계화해서는 안 된다.[66] 이는 '종말 교리'라기보다 기대에 찬 신뢰에 해당한다.

2) 예언자적 종말론과 역사적 변형

고전 예언자들의 등장과 함께 종말론은 결정적인 변화를 겪는다. 미래는 더 이상 현재 질서의 단순한 연장이 아니라, 역사를 심판하고 재구성하는 하나님의 개입의 장이 된다. 야훼의 날에 대한 선포는 이러한 전환을 집약적으로 보여 준다. 이 날은 민족적 승리를 보장하지 않으며, 오히려 이스라엘 자신의 불의를 폭로하고 심판으로 이끈다(암 5:18-20).

브루그만은 예언자적 종말론을 왕정적 낙관주의에서 윤리적 현실주의로의 이동으로 규정한다.[67] 미래는 민족적 권리가 아니라 야훼의 정의·공의·언약적 신실함에 의해 규정된다. 그럼에도 예언자적 종말론은 역사와 단절되지 않는다. 이사야의 새 시온 환상(사 2:1-4), 예레미야의 회복 약속(렘 30-33장), 에스겔의 민족 갱신 비전(겔 37장)은 모두 야훼의 통치가 역사를 변형한다는 전제를 공유한다.

케슬러는 이 지점에서 예언자적 종말론이 제국 지배에 대한 대안적 상상력으로 기능한다고 해석한다.[68] 미래는 제국이 아니라 역사를 심판하시는 하나님께 속해 있다.

3) 묵시적 종말론과 우주적 단절

다니엘과 같은 묵시 문학에서는 종말론이 또 하나의 단계로 나아

---

66) James Barr, *Biblical Faith and Natural Theology*, 131-145.
67) Walter Brueggemann, *The Theology of the Old Testament*, 791-804.
68) Rainer Kessler, *The Social History of Ancient Israel*, 216-230.

간다. 여기서 종말은 현 질서와의 급진적 단절로 표상된다. 인간 역사는 폭력적 제국들에 의해 회복 불가능하게 왜곡된 영역으로 묘사되며(단 7장), 구원은 더 이상 점진적 역사 변형으로 기대되지 않는다.

브리젠(Th. C. Vriezen)은 이를 초월화된 종말론으로 규정하였다.[69] 하나님의 미래는 역사 내부에서 진화하는 것이 아니라, 역사 너머에서 침입한다. 그러나 이는 왕권 신학의 포기가 아니라, 그 보편화이자 절대화이다. 하나님의 통치는 이제 영원하고 우주적이며 파괴될 수 없는 왕권으로 고백된다.

월트키는 이러한 묵시적 종말론을, 극단적 역사적 환멸 속에서 형성된 왕권 신학의 논리적 확장으로 이해한다.[70] 역사가 더 이상 구원을 담아낼 수 없을 때, 하나님의 나라는 종말론적 주권으로 고백된다.

2. 도래할 하나님의 나라

1) 새 언약·새 창조·새 백성

예언자적·묵시적 전통 전반에서, 도래할 하나님의 나라는 '새로움'의 언어로 묘사된다. 예레미야는 마음에 기록되는 새 언약(렘 31:31-34)을 선포하고, 제2이사야는 새 창조(사 65:17)를 선포하며, 에스겔은 하나님의 영으로 살아나는 새 백성(겔 36:26-28)을 전망한다.

이 모티프들은 하나님의 통치의 완성이 과거 질서의 단순 복원이 아니라 변혁적 갱신임을 드러낸다. 앤더슨은 구약 종말론의 소망이 창

---

69) Theodoor Christiaan Vriezen, *An Outline of Old Testament Theology* (Oxford: Blackwell, 1958), 570-585.
70) Bruce K. Waltke, *An Old Testament Theology*, 958-975.

조를 포기하는 탈출이 아니라, 창조의 치유와 회복을 지향한다고 강조한다.[71] 구원은 이때 인간 정체성, 공동체, 우주 질서 전체를 재구성한다.

2) 자비와 영원한 통치

구약 종말론의 두드러진 특징은 주권과 더불어 하나님의 자비가 지속적으로 강조된다는 점이다. 묵시적 심판의 장면들 속에서도 하나님의 통치는 신실한 자들의 회복과 생명의 보존을 지향한다. 다니엘 7장은 억압적 제국들에 대한 심판을 묘사하지만, 그 결말은 "지극히 높으신 이의 성도들"에게 주어지는 영원한 나라이다(단 7:27).

아이히로트는 주권과 자비의 긴장이 모순이 아니라 성경 종말론의 핵심이라고 보았다.[72] 하나님의 영원한 통치는 폭압적 지배가 아니라, 구원을 위한 신실한 왕권이다.

3) 심판과 구원의 통합

마지막으로, 구약 종말론은 심판과 구원을 통합한다. 하나님의 미래 통치는 위로만도, 파괴만도 아니다. 심판은 생명을 파괴하는 불의를 제거하는 필연적 행위이며, 구원은 하나님의 목적이 긍정적으로 실현되는 사건이다.

브루그만은 심판 없는 소망은 감상주의로, 소망 없는 심판은 허무주의로 전락한다고 지적한다.[73] 하나님의 나라는 이 둘을 함께 붙든다. 야훼는 생명을 파괴하는 것을 심판하심으로 다스리시고, 회복 가능한

71) Bernard W. Anderson, *Contours of Old Testament Theology*, 241-255.
72) Walther Eichrodt, *Theology of the Old Testament*, vol. 2, 407-420.
73) Walter Brueggemann, *The Prophetic Imagination*, 2nd ed., 111-124.

것을 구원하심으로 다스리신다. 이러한 의미에서 종말론은 구원론의 완성이다. 하나님의 통치가 보편적으로 승인되고, 불의가 극복되며, 창조가 지속적 평화 안으로 들어가는 지점이 바로 종말이다.

3. 소결론

구약의 종말론은 하나님의 나라 신학을 궁극적으로 완성한다. 민족적 소망에서 출발하여 예언자적 비판을 거치고, 묵시적 비전을 통해 급진화된 종말론은, 야훼의 통치가 마침내 승리할 것임을 선포한다. 하나님의 미래는 역사로부터의 도피가 아니라 역사의 성취이다. 그러므로 하나님의 통치의 완성은 곧 구원의 완성이며, 이 두 개념은 최종적으로 하나로 수렴한다.

VIII. 결론: "야훼께서 다스리시며, 야훼께서 구원하신다."

본 연구는 구약성경의 신학이 하나의 근본적 신앙 고백 위에 일관되게 구조화되어 있음을 논증해 왔다. 곧 "야훼께서 다스리신다. 그러므로 야훼께서 구원하신다"는 고백이다. 구약성경에서 왕권과 구원은 독립적이거나 순차적인 교리가 아니라, 서로를 해석하고 규정하는 상호관계적 차원이다. 구약은 먼저 하나님의 주권을 선언한 뒤 그 결과로 구원을 덧붙이지 않는다. 오히려 구원은 역사와 창조와 인간 삶 속에서 하나님의 통치가 실제로 작동하는 방식으로 이해된다.

이 마지막 장은 이러한 통찰을 종합적으로 정리하고, 구약신학이 지니는 지속적 기여를 성찰하며, 그 정경적 흐름이 신약을 향해 어떻게 열려 있는지를 조심스럽게 조망한다.

1. 왕권과 구원의 통일성

구약성경 전반에서 하나님의 왕권은 추상적 주권이나 형이상학적 지배로 제시되지 않는다. 여호와의 통치는 구원의 행위들을 통해 인식되고 고백된다. 혼돈에서의 창조, 속박으로부터의 해방, 위기 가운데서의 보존, 죄의 용서, 그리고 새로움에 대한 약속은 모두 하나님의 왕권이 드러나는 방식이다. 출애굽으로부터 시작된 이스라엘의 중심 증언은 통치와 구원을 분리하지 않는다. 야훼는 구원하심으로 왕이 되시며, 구원은 하나님의 통치가 취하는 구체적 형태이다.

이 통일성은 이스라엘의 다양한 전승 속에서도 유지된다. 토라에서는 하나님의 왕권이 언약적 신실성과 해방의 율법을 통해 행사된다. 역사서에서는 인간 왕권이 오직 위임되고 조건적인 방식으로만 하나님의 통치에 참여할 수 있음이 드러난다. 예언자들은 왕권 이데올로기를 가차 없이 비판하며, 정의와 공의, 자비로 재지향한다. 시편에서는 정치적 주권이 상실된 상황에서도 예배를 통해 하나님의 왕권이 고백된다. 포로기와 묵시적 소망 속에서 하나님의 통치는 내면화되고 보편화되며, 마침내 파괴될 수 없는 종말론적 나라로 제시된다.

따라서 구원은 하나님의 통치에 부수적으로 따라오는 결과가 아니라, 그 핵심적 실행 양식이다. 구약에서 구원받는다는 것은 생명을 주고 질서를 회복하는 하나님의 통치 아래로 들어가는 것을 의미한다. 반대로 구원과 분리된 왕권 개념은 지배와 폭력으로 전락하며, 왕권과 분리된 구원 개념은 개인화된 경건으로 축소된다.

2. 구약신학의 지속적 기여

구약신학은 하나님의 권능을 단순화하거나 환원하지 않는다는 점에서 오늘날에도 결정적인 신학적 기여를 제공한다. 하나님의 통치는 민족주의적이지도, 강압적이지도 않으며, 단순히 정치적이거나 순수하게 영적인 것으로 축소되지 않는다. 그것은 언약적이며, 윤리적이고, 관계적이다. 구약은 구원을 왕권의 틀 안에 위치시킴으로써, 정의와 생명을 향한 하나님의 주권을 강력하게 증언한다.

이 비전은 현대 세계에서도 여전히 필수적이다. 제국적 권력, 정치적 절대화, 종교의 도구화가 반복되는 현실 속에서, 구약성경은 모든 인간 권력을 상대화하는 하나님의 통치를 선포한다. 왕권은 오직 하나님께 속하며, 그 통치는 폭력이나 지배가 아니라 신실함, 자비, 그리고 연약한 자의 회복을 통해 행사된다. 심판과 구원은 대립되는 개념이 아니라, 창조에 대한 하나님의 책임과 헌신을 구성하는 두 차원이다.

또한 구약신학은 구원의 역사적·공동체적 성격을 굳건히 지킨다. 구원은 내면적 체험에 국한되지 않으며, 사회 구조와 공동체의 질서, 세계의 방향성을 포괄한다. 동시에 예언자적·포로기 전통은 구원을 정치적 성공으로 환원하지 않도록 경계하며, 마음과 영의 변혁을 강조한다.

3. 신약을 향한 정경적 궤적

구약은 그 자체의 신학적 언어와 범주 안에서 해석되어야 하지만, 그 정경적 형상은 분명히 미래의 성취를 향해 열려 있다. 하나님의 왕권과 불완전한 인간 중개 사이의 지속적 긴장, 의로운 통치에 대한 미완의 약속, 새 백성과 새 창조에 대한 종말론적 소망은 스스로를 넘어서는 방향성을 지닌다.

정경적 맥락에서 신약성경은 이 궤적이 예수 그리스도 안에서 수렴된다고 고백한다. 구약에 신약의 기독론을 소급하여 투사하지 않더라도, 신약은 예수의 사역 안에서 하나님의 통치와 하나님의 구원이 결정적으로 결합되었다고 선포한다. 예수의 하나님 나라 선포, 고통 받는 자들과의 연대, 억압적 권력과의 대결, 순종적 아들로서의 삶은 정의·자비·신실함을 통해 행사되는 하나님의 왕권이라는 구약의 기대와 깊이 공명한다.

이러한 의미에서 예수 그리스도는 구약신학의 단절이 아니라, 그 정경적 연속으로 이해될 수 있다. "야훼께서 다스리시며, 야훼께서 구원하신다"는 고백은 신약에서 하나님의 통치가 예수의 삶과 죽음과 부활 안에서 계시되고 실행된다는 신앙 고백으로 절정에 이른다. 구원은 더 이상 미래의 약속만이 아니라, 현재의 현실이자 지속되는 소망으로 선포된다.

4. 소결론

구약성경의 하나님의 나라 신학은 기독교 교리의 단순한 서론이 아니라, 하나님·역사·윤리·소망을 이해하는 포괄적 틀을 제공한다. 왕권과 구원을 분리하지 않는 구약의 증언은 하나님의 통치를 주권적이면서도 구원적인, 심판적이면서도 자비로운 통치로 제시한다.

결국 구약은 하나의 체계가 아니라 하나의 고백을 남긴다.

"야훼께서 다스리신다. 그러므로 야훼께서 구원하신다."

이 고백은 오늘날의 성서신학과 기독교 신앙을 여전히 규정하며, 추상적 권력이 아니라 구원하는 통치로서의 하나님을 증언한다.

제 9 부

결론:
하나님의 나라를 향한 준비와 실천

본 연구는 창조와 시작에서 출발하여 하나님의 나라와 구원에 이르기까지, 구약성경이 증언하는 신학의 전체 여정을 통합적으로 고찰하였다. 이 여정은 구약신학이 단편적인 교리의 집합이나 신약을 위한 배경 지식에 머무르지 않고, 야훼의 통치가 인간의 역사와 삶 속에서 어떻게 계시되고, 요청되며, 실천을 요구하는가를 증언하는 살아 있는 신학임을 분명히 보여 준다. 구약신학은 과거의 신앙 고백을 보존하는 데 그치지 않고, 오늘의 삶과 미래의 역사를 향해 방향을 제시하는 규범적 신학으로 기능한다.

구약의 창조신학은 세계가 혼돈이나 우연의 산물이 아니라, 야훼의 자유롭고 질서 있으며 생명 지향적인 의지에서 비롯되었음을 선포한다. 인간은 하나님의 형상으로 창조되어 피조 세계를 소유하거나 착취할 권리를 부여받은 존재가 아니라, 창조 질서를 보존하고 돌보도록 위임받은 책임적 청지기이다. 따라서 창조는 단순한 기원의 문제가 아니라, 인간의 정체성과 윤리, 공동체의 방향을 규정하는 근본 신학의 토대이다. 오늘날 기후 위기와 생명 경시가 심화되는 현실 속에서, 창조 질서의 보전과 회복은 선택적 윤리가 아니라 하나님의 나라를 준비하는 신앙의 출발점으로 이해되어야 한다.

이와 함께 구약의 인간론과 죄론은 인간을 기술이나 정보의 집합으로 환원하지 않고, 야훼 앞에서 응답해야 할 책임적·관계적 존재로 이해한다. 죄는 개인적 도덕 실패를 넘어 하나님, 이웃, 공동체, 그리고 창조 세계와의 관계를 파괴하는 실재로 묘사된다. 인공지능과 트랜스·포스트 휴머니즘이 인간의 능력과 정체성을 재정의하려는 오늘의 상황 속에서, 구약신학은 인간의 존엄성과 고유성이 기술적 효율성으로 대체될 수 없음을 분명히 한다. 하나님의 나라를 향한 준비는 기술을 거부하는 태도가 아니라, 인간의 존엄, 공동체성, 영성을 회복하는 방향으로 기술을 비판적으로 성찰하고 사용하는 책임 있는 실천을 요청한다.

예언자 전통이 일관되게 강조하듯, 회개와 구원은 결코 개인의 내면적 변화에 국한되지 않는다. 예언자들은 야훼에 대한 예배와 사회적 정의를 분리할 수 없다고 선언하며, 억압과 불의의 구조가 해체되고 정의와 공의가 흐르는 공동체가 세워질 것을 요구한다(사 1:17; 미 6:8). 그러므로 하나님의 나라를 준비하는 삶이란 고통 받는 이웃 곁에 서고, 억눌린 자의 목소리에 귀 기울이며, 자비와 정의를 일상의 실천으로 구현하는 삶이다.

또한 언약과 메시아 사상은 하나님의 구원이 본질적으로 공동체적이며 역사적인 성격을 지님을 보여 준다. 야훼는 언약을 통해 자신의 주권을 역사 속에서 드러내셨으며, 왕권의 실패와 포로라는 붕괴 속에서도 그 언약의 신실함을 포기하지 않으셨다. 메시아적 소망은 제도나 권력의 유지가 아니라, 야훼의 통치가 새로운 방식으로 실현될 미래에 대한 신앙 고백이다. 이 언약적 소명은 오늘의 교회에도 이어지며, 교회는 자기 보존적 종교 집단이 아니라 세상 가운데 하나님의 통치를 증언하는 메시아적 공동체로 부름받는다. 환대, 나눔, 화해, 그리고 예언자적 비판은 하나님의 나라를 가시적으로 드러내는 교회의 본질적 사명이다.

구약의 묵시와 종말론은 현실 도피적 신앙이 아니라, 현재를 변혁하는 소망의 신학이다. 종말에 대한 기다림은 수동적 체념이 아니라, 야훼의 미래를 신뢰하며 지금 여기에서 정의와 평화를 실천하도록 이끄는 능동적 믿음이다. 구약이 바라보는 종말은 하늘에서 갑자기 도래하는 세계가 아니라, 눈물과 불의가 제거되고 창조 질서가 회복되는 역사적 변혁이다(사 65:17-25). 이처럼 기다림은 행동이며, 소망은 현실을 변화시키는 힘이다.

이러한 논의를 종합할 때, 하나님의 나라를 향한 준비와 실천은 외부에서 임의로 부가된 윤리적 요구가 아니라, 구약신학의 내적 논리에서 필연적으로 도출되는 결론이라 할 수 있다. 하나님의 나라를 준비한다는 것은 곧 야훼께서 지금도 계속 수행하고 계신 사역에 대한 신실한 참여를 의미한다. 이는 창조 세계를 보존하고 회복하는 책임을 감당하는 일이며, 기술 문명이 지배하는 시대 속에서 인간의 존엄과 고유성을 재확인하는 실천이다. 동시에 이는 구체적인 사회 현실 속에서 회개와 정의를 살아내고, 언약 공동체로서 증언의 삶을 살며, 종말론적 소망을 현실 변혁의 동력으로 구현하는 삶을 뜻한다.

따라서 구약성경은 하나님의 나라를 장차 완성될 미래이면서 동시에 지금 여기에서 살아내야 할 현재의 현실로 선포한다. 그 궁극적 완성은 야훼께 속해 있으나, 그 나라를 선취하고 증언하는 책임은 하나님의 백성의 신실함에 맡겨져 있다. 구약은 독자들을 창조를 돌보고, 정의를 추구하며, 회개로 날마다 새로워지고, 소망을 행동으로 전환하는 신앙의 여정으로 초대한다. 하나님의 나라는 이미 이 믿음과 실천의 길 위에서 시작되었으며, 그 완성을 향해 살아가는 삶은 모든 세대의 하나님의 백성에게 맡겨진 지속적이고 공동체적인 소명이다.

마지막으로 본 연구는 구약신학의 이러한 통합적 전개가 결코 닫힌 체계가 아니라, 후속 연구와 신학적 대화를 지속적으로 요청하는 열린 지평임을 분명히 한다. 향후 연구에서는 구약신학과 신약신학, 그리고 조직신학 사이의 상호 연관성을 더욱 정밀하게 탐구할 필요가 있다. 특히 하나님의 나라, 언약, 메시아, 종말에 대한 구약의 증언이 신약의 그리스도론과 교회론, 더 나아가 조직신학의 신론·인간론·구원론과 어떻게 창조적으로 연결될 수 있는지는 중요한 과제로 남아 있다. 더불어 구약 윤리학, 곧 사랑, 정의, 공의, 평화가 구약 전체에서 어떻게 통합적으로 전개되는지에 대한 연구, 그리고 화해·회복·통합이라는 주제가 포로와 귀환, 심판과 재창조의 서사 속에서 어떻게 형성되는지에 대한 탐구 역시 중요한 신학적 과제가 될 것이다.

이러한 후속 연구들은 본서가 제시한 창조에서 하나님의 나라에 이르는 구약신학의 큰 흐름을 더욱 확장하며, 구약신학이 오늘의 교회와 사회, 그리고 학문적 신학 담론 속에서 여전히 살아 있는 신학적 자원임을 한층 더 분명히 드러낼 것이다. 구약신학은 이미 완결된 체계가 아니라, 야훼의 통치와 인간의 책임을 새롭게 사유하도록 끊임없이 요청하는 신학적 여정이며, 그 여정은 앞으로도 다양한 신학적 대화와 실천을 통해 계속 확장되어야 할 과제로 남아 있다.

참고문헌(Bibliography)

1. 성경 및 1차 자료

『성경전서 개역개정판』. 서울: 대한성서공회, 2011.

Biblia Hebraica Stuttgartensia. Stuttgart: Deutsche Bibelgesellschaft, 1997.

Septuaginta. Alfred Rahlfs (ed.). Stuttgart: Deutsche Bibelgesellschaft, 1979.

2. 구약신학·성서신학 (영문)

Anderson, Bernhard W. *Creation Versus Chaos: The Reinterpretation of Mythical Symbolism in the Bible*. Philadelphia: Fortress Press, 1987.

Barr, James. *The Semantics of Biblical Language*. Oxford: Oxford University Press, 1961.

__________. *The Concept of Biblical Theology: An Old Testament Perspective*. London: SCM Press, 1999.

Blenkinsopp, Joseph. *Creation, Un-Creation, Re-Creation: A Discursive Commentary on Genesis 1–11*. London: T&T Clark, 2011.

Brueggemann, Walter. *Genesis*. Interpretation. Atlanta: John Knox Press, 1982.

__________. *Theology of the Old Testament: Testimony, Dispute, Advocacy*. Minneapolis: Fortress Press, 1997.

Childs, Brevard S. *Biblical Theology in Crisis*. Philadelphia: Westminster Press, 1970.

__________. *Biblical Theology of the Old and New Testaments: Theological Reflection on the Christian Bible*. Minneapolis: Fortress Press, 1992.

Eichrodt, Walther. *Theology of the Old Testament*. Trans. J. A. Baker. 2 vols. Philadelphia: Westminster Press, 1961-1967.

Friedman, Richard E. *The Hidden Book in the Bible*. San Francisco: Harper, 1998.

Goldingay, John. *Old Testament Theology*. 3 vols. Downers Grove, IL: InterVarsity Press, 2003-2009.

Hayes, John H., and Frederick C. Prussner. *Old Testament Theology: Its History and Development*. Philadelphia: John Knox Press, 1985.

Kessler, John. *Old Testament Theology: Divine Call and Human Response*. Waco, TX: Baylor University Press, 2008.

Moltmann, Jürgen. *God in Creation: An Ecological Doctrine of Creation.* London: SCM Press, 1985.

Propp, William H. C. *Exodus 19-40.* Anchor Yale Bible 2B. New York: Doubleday, 2006.

Rolf Knierim, Klaus. *The Task of Old Testament Theology: Method and Cases.* Grand Rapids: Eerdmans, 1995.

Routledge, Robin. *Old Testament Theology: A Thematic Approach.* Downers Grove, IL: InterVarsity Press, 2008.

Smith, Ralph L. *Old Testament Theology: Its History, Method, and Message.* Nashville: Broadman & Holman, 1993.

Von Rad, Gerhard. *Genesis: A Commentary.* Philadelphia: Westminster Press, 1972.

_____________. *Old Testament Theology.* Trans. D. M. G. Stalker. 2 vols. New York: Harper & Row, 1962-1965.

Waltke, Bruce K. *An Old Testament Theology: An Exegetical, Canonical, and Thematic Approach.* Grand Rapids: Zondervan, 2007.

Wenham, Gordon J. *Genesis 1-15.* Word Biblical Commentary 1. Waco, TX: Word Books, 1987.

Westermann, Claus. *Genesis 1–11: A Continental Commentary.* Minneapolis: Fortress Press, 1994.

3. 고전 신학·조직신학 (본문 인용 범위)

Augustine. *Confessions.* Trans. Henry Chadwick. Oxford: Oxford University Press, 1991.

Calvin, John. *Institutes of the Christian Religion.* Trans. Ford Lewis Battles. Louisville: Westminster John Knox Press, 1960.

4. 국문 문헌

장일선. 『구약신학의 주제』. 서울: 대한기독교서회, 1991.

Anderson, Bernard W. *Understanding the Old Testament.* 강성렬, 노항규 역. 『구약성서 이해』. 고양: 크리스챤 다이제스트, 1994.

Augustine of Hippo. *Confessions*. 김종흡 역.『고백록』. 서울: 분도출판사, 2004.

Blenkinsopp, Joseph. *Creation, Uncreation, Re-creation*. Seoul: CLC, 2014.

Brueggemann, Walter. *Genesis*. Interpretation. 강성열 역.『창세기』. 서울: 한국장로교출판사, 1998.

Calvin, John. *Institutes of the Christian Religion*. 원광연 역.『기독교 강요 I』. 서울: 크리스챤 다이제스트, 2007.

Childs, Brevard Springs. *Biblical Theology of the Old and New Testaments*. 유명선 역.『성서신학』. 서울: 은성, 1994.

Hayes, John H., and Frederick C. Prussner. *Old Testament theology*. 장일선 역.『구약성서 신학사』. 서울: 나눔사, 1992.

Moltmann, Jürgen. *Gott in der Schopfung*. 김균진 역.『창조 안에 계신 하나님』. 서울: 한국신학연구소, 1990.

Von Rad, Gerhard. *Theologie des Alten Testament*. 허혁 역.『구약신학 I·II』. 서울: 분도출판사, 1990.

Zimmerli, Walther. *Grundriss der alttestamentlichen Theologie*. 김정준 역.『구약신학』. 서울: 한국신학연구소, 1982.

5. 학술 논문

이상웅. "플로티노스와 어거스틴의 창조론에 대한 고찰."『신학논단』 33 (2003. 11), 121-133.

이은우. "창세기 1장 1절-2장 4a절의 수사적 구조에 나타난 생태윤리."『구약논단』 18-2 (2012. 6), 10-34.

______. "오경 문서비평의 새로운 방향 찾기: 출애굽기 13장 17절-14장 31절을 중심으로."『구약논단』 29-1 (2023. 3), 224-248.

______. "시편 8편에 대한 수사 비평적 연구."『교회와 신학』 제83집 (2019), 11-36.